体卫融合
理论与实践研究

董宏 著

厦门大学出版社
XIAMEN UNIVERSITY PRESS
国家一级出版社
全国百佳图书出版单位

图书在版编目（CIP）数据

体卫融合理论与实践研究 / 董宏著. -- 厦门 : 厦门大学出版社，2024. 9. -- ISBN 978-7-5615-9486-5

Ⅰ. G804.3；R193

中国国家版本馆 CIP 数据核字第 2024WG7276 号

责任编辑　郑　丹
美术编辑　蒋卓群
技术编辑　许克华

出版发行　厦门大学出版社
社　　址　厦门市软件园二期望海路 39 号
邮政编码　361008
总　　机　0592-2181111　0592-2181406（传真）
营销中心　0592-2184458　0592-2181365
网　　址　http://www.xmupress.com
邮　　箱　xmup@xmupress.com
印　　刷　厦门集大印刷有限公司

开本　720 mm×1 020 mm　1/16
印张　20.5
字数　368 千字
版次　2024 年 9 月第 1 版
印次　2024 年 9 月第 1 次印刷
定价　68.00 元

本书如有印装质量问题请直接寄承印厂调换

厦门大学出版社
微信二维码

厦门大学出版社
微博二维码

国家社科基金后期资助项目
出版说明

后期资助项目是国家社科基金设立的一类重要项目，旨在鼓励广大社科研究者潜心治学，支持基础研究多出优秀成果。它是经过严格评审，从接近完成的科研成果中遴选立项的。为扩大后期资助项目的影响，更好地推动学术发展，促进成果转化，全国哲学社会科学工作办公室按照"统一设计、统一标识、统一版式、形成系列"的总体要求，组织出版国家社科基金后期资助项目成果。

全国哲学社会科学工作办公室

前　言

当前学界研究体育与医疗卫生融合发展仅聚焦在两者宏观融合思路和移植国外成熟的健康促进模式,没有很好地将中国特色的传统体育养生、中医康复理疗精华融入其中,同时体卫融合研究对于公共卫生力量介入的关注不够,依旧停留在将全民健身与临床治疗相结合的传统体卫融合模式。本书针对这一学术问题和现实需要,从理论与实践两个方面较为全面地阐述了体卫融合的相关内容,既系统介绍了体卫融合的基本理论,强调了多学科交叉在体卫融合研究方面的积极意义,又论述了体卫融合的体制机制、目标任务、路径导向、现实依据、工具手段等实质性内容,并且引用了大量有针对性的案例来说明体卫融合发展成效,对积极应对人口老龄化、普惠性供给的战略要义也做出了展望。

全书共八章。第一章详细地介绍了体卫融合的概念、特征和意义,对体卫融合进行了深入浅出的论述;第二章到第五章分别介绍了体卫融合的发展历程、要素维度、供给体系、政策法规体系;第六章和第七章重点阐述了体卫融合示范区建设成效和健康促进效果的实证研究;第八章对体卫融合助力健康中国的理论探索与实践模式进行了展望,旨在完善体卫融合的理论实践,构建适合我国体卫融合发展的学术体系。本书重点阐述示范区建设的成效、经验,着力于突破现有"重医轻卫、体卫分离"认知、理念的制约,以体育强国与健康中国建设面临的重大理论与现实问题为切入点,探索具有中国特色的体卫融合模式。在体育社会科学视角下,从体卫融合历史演变视角分析我国体卫融合现存问题产生的原因,探寻现象背后的逻辑机理,寻求有效的破解之道;通过体卫融合实证研究,形成有效的运动处方和微观层面的体卫融合方案。

本书全面、系统地对我国体卫融合发展进行了介绍,从体卫融合到健康中国战略,展示我国在健康领域的不懈努力和独特优势。希望本书的出版能对广大读者有所启发,为体卫融合发展和全民健康事业做出贡献。

董宏

2024 年 1 月

目 录

第一章　导　论 …………………………………………………… 1

　第一节　研究背景与意义 ………………………………………… 1
　第二节　国内外研究现状 ………………………………………… 3
　第三节　体卫融合研究动态与演变趋势 ………………………… 29
　第四节　相关理论基础与研究方法 ……………………………… 37

第二章　中国体卫融合发展历程与价值 ………………………… 45

　第一节　中国体卫融合发展的基本历程 ………………………… 45
　第二节　中国体卫融合发展的价值意蕴 ………………………… 49

第三章　体卫融合要素维度探析 ………………………………… 53

　第一节　体卫融合主体辨析 ……………………………………… 53
　第二节　体卫融合环境透视 ……………………………………… 56
　第三节　体卫融合方式探索 ……………………………………… 59
　第四节　体卫融合服务解构 ……………………………………… 66

第四章　体卫融合服务供给体系 ………………………………… 71

　第一节　体卫融合服务供给体系概述 …………………………… 71
　第二节　体卫融合服务供给机制 ………………………………… 74
　第三节　体卫融合服务供给模式 ………………………………… 77
　第四节　体卫融合服务供给困境 ………………………………… 79

第五节　体卫融合服务供给路径 …………………………… 81

　　第六节　体卫融合服务可及性分析 …………………………… 85

第五章　体卫融合的政策法规体系 …………………………… 101

　　第一节　体卫融合政策法规概述 …………………………… 101

　　第二节　体卫融合政策法规内容分析 ……………………… 107

　　第三节　体卫融合政策法规执行困境 ……………………… 122

　　第四节　体卫融合政策法规实施的提升策略 ……………… 125

第六章　体卫融合示范区建设的实践路径 …………………… 129

　　第一节　我国体卫融合地方实践 …………………………… 129

　　第二节　国外推进体卫融合的主要经验 …………………… 137

　　第三节　国内开展运动处方的实践模式 …………………… 141

　　第四节　全民运动健身模范市建设中的体卫融合成效 …… 145

第七章　体卫融合健康促进效果的实证研究 ………………… 164

　　第一节　体卫融合对慢性病患者健康促进的实验研究 …… 164

　　第二节　体卫融合对青少年脊柱侧弯干预效果的实验研究 … 176

　　第三节　体卫融合对老年人认知功能退化的循证医学研究 … 183

　　第四节　体卫融合背景下中年人群体育锻炼与自评健康关系研究 … 199

　　第五节　体卫融合背景下体力活动与居民抑郁症关系研究 … 209

　　第六节　血流限制训练对不同人群肌肉力量的干预效果研究 … 221

第八章　中国体卫融合发展的时代走向 ……………………… 239

　　第一节　民族传统体育与中西医结合的体卫融合模式 …… 239

　　第二节　体卫融合积极应对人口老龄化的方案 …………… 243

　　第三节　体卫融合促进青少年身体姿态健康的方案 ……… 246

　　第四节　场景赋能体卫融合产业化策略 …………………… 265

　　第五节　体卫融合背景下全民健身公共服务普惠性供给策略 … 271

　　第六节　我国体卫融合高质量发展战略 …………………… 296

参考文献 ………………………………………………………… 309

后　记 …………………………………………………………… 319

第一章 导 论

体卫融合早在新中国成立之初就已经形成,但由于体育和医疗、卫生的体制机制还没建立成熟的管理体系,历经改革开放和社会主义现代化建设后逐渐出现规模化发展趋势。本章利用CiteSpace科学文献分析工具,厘清体卫融合研究状况及演进脉络、研究热点及前沿,反映当前学界研究体卫融合的整体态势、研究焦点和研究热点,从系统科学角度梳理体卫融合的领域概况和理论发展演变特征,提供一个研究体卫融合的新视域。

本章通过对"体卫融合背景、意义、研究现状"的分析,形成以下观点:

(1)通过文献梳理和系统科学的统计发现,当前体卫融合研究以复合型人才培养,专业建设,体医养模式,全民健康与健身融合的体制机制,社区健康促进新模式,体卫融合的本质特征、机制路径为主。

(2)从演化趋势看,体卫融合的探索从最初的体育干预疗法,逐渐过渡到医疗体育干预、医学院校人才培养新路径,未来的研究逐渐向具体化、政策化的方面发展,体卫融合的新路径、智慧化治理模式将成为新的学术热点。

第一节 研究背景与意义

党的二十大报告指出:"广泛开展全民健身活动,加强青少年体育工作,促进群众体育和竞技体育全面发展,加快建设体育强国。"当下体卫融合的健康治理问题依然是我国公共治理方面的突出短板。因此,引入结构功能主义理论、共生理论模型探索我国体卫融合公共服务模式、供需资源匹配机制、多元主体协同治理路向,既是新时期进一步完善体卫融合理论体系的学理诉求,又是进一步推进多元主体分工共治、倒逼改革的居民诉求。

一、研究背景

2022年3月23日,中共中央办公厅、国务院办公厅印发《关于构建更高水平的全民健身公共服务体系的意见》，把"推动健康关口前移，深化体卫融合"放在了建设健康中国的突出位置。这也意味着今后一个时期融合发展是较为重要的一种战略智慧。所谓创新性的融合发展是要求体医融合在向体卫融合转型、升级的过程中体现出学科交叉、部门协同、资源整合的可持续发展路向，即健康关口前移式的主动健康，将全人健康理念融入大健康促进全过程、全人群。科技部2018年就提出以主动健康应对老龄化问题的专项课题，这就凸显了国家层面倡导、鼓励开展跨学科协同治理的新要求。主动健康作为一种理念、体系、机制，需要从健康状态的变化情况重新认识、评估、诊断疾病，将亚健康这种状态作为干预重点，通过新技术、新方法、新模式，高质量地破解人体健康状态难题，也为新兴产业提供新的导向和路径选择。强化全民健身与全民健康两者的融合，全面提升国民身体素质，不是体育部门一家的工作，而是一项综合性工作，涉及众多部门，需要统筹协调。强化各级政府、各个部门的责任，调动政府、市场、社会以及公民个体的积极性，推动全民健身公共服务工作更广泛、更深入地开展起来，才能实现健身、健康更高质量、更有效率、更加公平、更可持续地发展，提升人民的幸福感。通过梳理体育和医疗卫生领域融合发展的研究发现，有关体卫融合的研究主要集中在以下五个方面：一是体卫融合的体制机制问题，即何种组织结构、运行机制、协作方法才是有效融合的问题；二是体卫融合的政策法规问题，即配套的实施细则如何落地的问题，体育与医疗卫生各自政策体系相互交叉融合的政策支持问题；三是体卫融合复合型人才培养的问题，即医院开具运动处方还是体育健身指导中心出具运动处方，运动处方准入机制的问题；四是体卫融合健康产业的问题，即体育与医疗卫生融合产业链、动力链的问题；五是体卫融合服务模式的问题，即以体育系统为主，还是以医疗卫生系统为主。但立足新发展阶段的体卫融合技术创新、体卫融合服务标准化、体卫融合示范区建设、体卫融合服务质量评价体系方面的研究相对薄弱，这恰恰是体卫融合实现高质量发展必须解决的问题。在健康中国和体育强国、全民健身等多重战略背景下，梳理体卫融合领域的相关理论和实践探索经验就显得尤为迫切。

二、研究意义

（一）理论意义

（1）本书系统梳理体卫融合的本质内涵，并阐释体卫融合理论依据、体制机制、政策法规等基本要素，在此基础上进一步深入论证体卫融合应对主动健康及全生命周期健康的理念、模式及路径，拓展体卫融合理论的学术视野，深化对其系统性、整体性、科学性的研究和把握，为理解新时代健康中国战略的相关理论提供学理支撑，强化以人民为中心的体育主体性的时代价值。

(2)本书从体育社会科学和循证医学两个视角，以全民运动健身模范市创建和体卫融合示范区建设为切入点，分析我国体卫融合发展现状和变化趋势，在结构功能主义理论、共生理论指导下，全面分析体卫融合供给体系、政策法规体系、多元主体参与机制、体卫融合促进全人群健康的干预效果等，对体卫融合在健康中国和体育强国建设中的角色定位以及体育和医疗卫生资源配置方式进行重新思考，夯实中国式现代化体卫融合发展的理论基础。

(二)实践价值

(1)本书重点阐述示范区建设的成效、经验，进而提炼形成理论及国家制度。突破现有"重医轻卫、体卫分离"思想、观念的约束，以健康中国和体育强国建设面临的重大问题为出发点，探索具有中国特色的民族传统体育与中西医结合模式。满足人民日益增长的美好生活需要，为"体卫融合"服务的实施提供科学依据。

(2)在当前运动处方实证效果缺乏和评价体系薄弱的前提下，针对不同疾病诊治与健康管理的居民诉求，本书采用实证与实验相结合的方法，对运动处方中涉及的关键指标、要素进行试验，找到能够为慢性病人群、健康人群、特殊人群服务的个性化干预方案。这有助于提炼体卫融合背景下的体质、身体活动与慢性病防控的成功经验，促进体卫深度融合"新时代新模式"，即具有新时代特色的可借鉴、可推广、可复制的体卫融合新模式，为新时代背景下政府实现有效管理和科学决策提供一种有效治理方略。

第二节　国内外研究现状

一、相关概念界定

(一)全民健身与全民健康融合

全民健身与全民健康深度融合是指通过整合全民健身和全民健康资源，将健康融入全民健身的各个领域和环节，形成一个相互促进、共同发展的有机整体。这种深度融合旨在实现全民健身与全民健康在政策、服务、设施和活动等多方面的融合,从而提高全民健康水平,促进社会和谐发展。① 全民健身与全民健康深度融合的内涵可以从多个方面进行解释。首先,从政策层面来看,深度融合旨在实现全民健身与全民健康政策的一致性和协同性,通过政策引导和激励,推动健康和健身的有机结合。其次,从服务层面来看,深度融合意味着全民健身和全民健康服务资源的共享和整合。通过构建一个全面覆盖、连续性的健康服务体系,将健康服务与健身活动紧密结合,满足人们多样化的健康需求。再者,两者设施互融使之成为全民健康服务的载体,提高设施的综合利用效率。最后,从活动层面来看,深度融合表现为全民健身和全民健康活动的互动和融合。通过举办丰富多样的健康促进活动,将健康知识传播、健康检查、健身指导等融入其中,引导人们积极参与健身活动,提高健康素养。总之,全民健身与全民健康深度融合的内涵丰富多样,涵盖政策、服务、设施和活动等多个方面。实现这一目标,需要全社会共同努力,营造健康、积极、向上的全民健身环境,助力全民健康水平的提升。在当前的理论框架、技术蓝图、整合途径、法规体系、管理模式以及创新氛围的基础上,将健身与健康进行深度整合已逐渐成为世界各国推动全民健康的主要策略。

从国际视野来看,实现全民健身与全民健康深度融合的关键因素包括跨部门协作、明确实践导向、实施配套细则、量化标准制定以及关注普惠性供给。然而,在我国全民健身与全民健康深度融合的推进过程中仍面临诸多挑战。首先,在政策制定方面,我国的政策存在针对性不足、体系完整性欠佳、法律法规保障不足、政策主体模糊等问题。这导致政策在实施过程中,可能出现目标不明确、权责不清、实施效果不佳等问题。其次,体育社会组织力量较弱,政策资源分配失衡,协同共享机制不健全,目标群体覆盖不全,供需矛盾突出。这些问题都影响了全民健身与全民健康深度融合的推进。再次,体育与卫生医疗系统内部的资源分配更多倾向于竞技体育与疾病治疗,导致群众体育与预防保健领域发展相对滞后。这种资源分配的不平衡,使得全民健身与全民健康深度融合的目标难以实现。最后,运动促进健康的信息资源共享与协同管理机制尚未完善,全民健身与全民健康融合发展中的权责划分与利益分配问题亦未达成共识。这些问题都影响了全民健身与全民健康融合的深度和广度。

全民健身与全民健康深度融合的体制涵盖了机构设置、领导隶属关系

---

① 邱希,杜振巍."健康中国2030"背景下全民健身与全民健康深度融合发展的基本态势及发展策略[J].武汉体育学院学报,2021,55(11):41-49.

和管理权限划分等的体系、制度、方法、形式等方面。① 然而,对于这一体制的理解,可能存在不同的观点和解释。一种观点认为,全民健身与全民健康深度融合的体制应是一个综合性的、协调性的体制,能够将体育部门、卫生部门、社区、企业等各方有效地组织起来,形成一个协同工作的网络。这个体制应该有明确的权责划分,有高效的资源配置机制,有完善的政策支持体系,有科学的评价机制。另一种观点认为,全民健身与全民健康深度融合的体制应是一个开放性的、创新性的体制,能够鼓励各方参与到全民健身与全民健康深度融合的工作中来,能够激发各方的创新活力,能够推动全民健身与全民健康深度融合的持续发展。还有一种观点认为,全民健身与全民健康深度融合的体制应是一个人性化的、普惠性的体制,能够关注到每一个人的健康需求,能够提供满足每个人健康需求的公共服务,能够使每一个人都享受到全民健身与全民健康深度融合的好处。总的来说,全民健身与全民健康深度融合的体制是一个复杂的问题,需要从多个角度进行理解和分析,需要综合考虑各种因素,以形成一个科学合理、符合我国实际情况的体制。从体制与机制的互动视角来看,体制关注的是系统的架构层面,而机制则侧重于系统的功能层面。因此,全民健身与全民健康深度整合的体制,可以理解为关于全民健身与全民健康深度整合的机构组织,而全民健身与全民健康深度整合的机制,则是描述将涉及整合的不同主体相互连接的方法。

根据其功能和角色的不同,全民健身与全民健康深度融合的要素被划分为动力要素、政策要素和支持要素。② 这三个要素相互关联,共同推动全民健身与全民健康深度融合的实现。动力要素是指推动全民健身与全民健康深度融合的内在驱动力。这主要包括人民群众对健康的需求、社会各界的参与度、企业和市场的推动力以及科技创新的驱动力。随着人们生活水平的提高,对健康的关注度越来越高,这为全民健身与全民健康深度融合提供了广泛的群众基础。同时,社会各界的积极参与和市场力量的推动,也为全民健身与全民健康深度融合提供了强大的支持。科技创新作为驱动力,为全民健身与全民健康深度融合提供了新的技术手段和方法。政策要素是指政府在全民健身与全民健康深度融合中的角色和作用。政府

---

① 尤传豹,刘红建,周杨,等.推动全民健身与全民健康深度融合的政策路径研究[J].沈阳体育学院学报,2022,41(3):56-63.
② 卢文云,陈佩杰.全民健身与全民健康深度融合的内涵、路径与体制机制研究[J].体育科学,2018,38(5):25-39.

需要制定一系列相关政策,为全民健身与全民健康深度融合提供制度保障。这包括完善全民健身与全民健康深度融合的法律法规、制定相应的政策措施、加大资金投入、建立激励机制等。政府还需要加强部门间的协作,推动体育、卫生、教育、科技等部门的资源共享和协同创新,形成全民健身与全民健康深度融合的政策合力。支持要素是指全民健身与全民健康深度融合所需要的各种资源和支持。这包括人力资源、设施资源、技术资源、信息资源等。在人力资源方面,需要培养一支专业化的全民健身与全民健康深度融合的工作队伍,包括体育教练、健康顾问、运动康复师等。在设施资源方面,需要构建完善的全民健身设施网络,提供便捷的全民健康服务设施。在技术资源方面,需要充分利用现代科技手段,提高全民健身与全民健康深度融合的科技含量。在信息资源方面,需要建立全民健身与全民健康深度融合的信息共享平台,实现信息资源的整合和优化。不同主体追求利益最大化也是推动深度融合的重要因素,通过深度融合,各主体可以实现经济效益和社会效益的双重提升。政策要素则是深度融合发展的指导方针,这些要素为深度融合提供了必要的基础设施和保障,是深度融合能够顺利进行的关键。

从国家对产业类型划分看,体育与医疗卫生相融合的业态涵盖体育和卫生健康部门提供的有形和无形的产品、服务,也可以宏观地认为是机构结构、管理方式等。从产业链的角度看,体卫融合服务所需要的各类可穿戴设备、仪器设备、健身休闲类器械、医疗卫生类诊断评价设备,康养结合类体育健康用品、保健品、营养品等市场供应充足,但体育与医疗卫生类融合的产业链还没有形成,上游产业和下游产业均采取割裂的单一供给模式,没有针对体卫融合服务开发的有效产品,所谓的可穿戴设备仍以监测健康指标和身体机能指标为主。

(二)体医融合本质内涵

从字面意思看,体医融合与各类政策用语中的概念,如医疗体育、体医结合、医体结合等概念相类似。有学者刚开始时认为,呼吸和按摩的医疗体育运动干预,对于防治疾病和改进体质是有效的。[①] 体医融合是一个将体育与医疗相结合的概念,旨在通过整合两个领域的资源,为人们的健康提供更好的服务和保障。这一概念最早由宣海德提出,并得到了广泛的认同和推广。体医融合的核心理念是体育和医疗应该共同协作,以实现更佳的健康效果。在实践中,体医融合可以通过多种方式实现。例如,体育部

---

① 曾義宇.新中国的医疗体育运动[J].中医杂志,1953(9):22-23.

门可以与医疗卫生部门合作,在医学体检、体质测定、运动健身和保健康复等方面相互配合、相互补充。通过这种合作,体育部门可以利用医疗卫生机构的人员、技术和设备等资源,为人们提供更加专业、全面的健身服务;而医疗卫生部门则可以借助体育部门的力量,帮助人们更好地预防和治疗疾病,维护健康。

胡扬提出了一种新的体医融合联动管理机制,主张医学和体育领域不再孤立,而是卫生和体育管理部门共同参与和协商,以期让城市居民,尤其是慢性病人群能够更多地享受到包含体育运动在内的健康生活方式。① 有学者从价值功能的角度定义体医融合,认为这是一种结合体育运动和医疗手段的健康促进模式,通过综合运用体育和医疗的多种元素,发挥其在慢性病预防和康复、健康促进等方面的积极作用。刘海平从全民健身的角度探讨了体医融合对全民健康的重要性。② 与此同时,一些学者从体育和医疗关系的角度对体医融合进行了定义。他们认为,体医融合需要在医学体检、体质健康评估、运动健身以及保健康复等领域推动体育与医疗卫生部门的整合与互相补充,从而达到预防和治疗疾病,以及促进身心健康的目标。从广义上讲,体医融合是一种跨学科的合作模式,将体育和医疗相结合,共同致力于提高人们的身心健康水平。为了实现这一目标,体育和医疗部门需要在多个方面进行深度合作,包括医学体检、体质测定、运动指导以及康复治疗等。通过这种融合,体育和医疗能够相互补充,发挥各自的优势,为人们提供更加全面和专业的健康服务。③

学者们对于体医融合的本质内涵的理解可以概括为以下三种:一是跨界合作观点。这一观点强调了体医融合的跨领域特点,突出了体育与医学资源的整合和共享。在实践中,这种跨界合作有助于实现体育与医学的优势互补,为人们的健康提供全面保障。然而,这一观点可能忽视了体医融合在实际操作中的难度,以及如何确保跨界合作的顺利进行。二是健康干预观点。这一观点强调了运动在健康促进方面的核心地位,突出了体医融合在疾病预防、康复和健康维护等方面的作用。在实践中,这种健康干预观点有助于提高人们对运动健康的认识,推动体育运动在健康领域的发

---

① 胡扬.从体医分离到体医融合:对全民健身与全民健康深度融合的思考[J].体育科学,2018,38(7):10-11.

② 刘海平,汪洪波."体医融合"促进全民健康的分析与思考[J].首都体育学院学报,2019,31(5):454-458.

③ 李璟圆,梁辰,高璨,等.体医融合的内涵与路径研究:以运动处方门诊为例[J].体育科学,2019,39(7):23-32.

展。然而,这一观点可能过于关注运动的健康价值,忽视了体医融合在其他方面的意义。三是健康促进策略观点。这一观点从战略高度审视体医融合,强调了政策、教育、服务等多方面的改革和创新对于体医融合的重要性。在实践中,这种健康促进策略有助于为体医融合提供全面的政策支持,推动体医融合的全面发展。然而,这一观点可能过于宏观,需要进一步细化为具体的操作措施。

综上所述,体医融合的实施需从社会和非医疗干预的角度明确体育的属性,以运动非医疗干预的方式促进全民健康。① 在构建体医融合体育体系时,要跳出传统全民健身体系的框架,通过优化多部门协同治理手段和制定监督评估体系,实现体医融合的精准融合。② 首先,政府部门应加大对体医融合的支持力度,将其纳入国家健康战略,明确其在全民健康中的地位和作用。同时,通过政策引导和资金支持,推动体医融合的实践和发展。其次,医疗机构应加强与体育机构的合作,共同开展运动健康促进项目,将体育疗法纳入临床诊疗范畴。此外,医疗机构还可以通过培训专业运动健康管理师,为全民提供科学、个性化的运动健康管理服务。再者,体育机构应转变发展思路,从单纯的竞技体育向全民健身体育转变。这需要体育机构积极开展全民健身活动,推广科学、健康的运动方式,为广大民众提供丰富多样的运动方式选择。最后,社会各界也应关注体医融合的发展,共同营造健康的生活方式和氛围。企业可以加大对健康产业的投入,研发更多有助于全民健康的运动产品;媒体可以加强健康教育宣传,普及运动健康知识,提高民众的健康素养。

(三)体卫融合本质内涵

体卫融合是以主动健康作为体育与医疗卫生系统融合的目标,以项目融合干预和服务活动开展作为主要切入点,以健康促进类运动处方作为主要载体,协同实现全周期、全人健康的疾病防控、慢性病干预、健康促进的管理模式。如果说体医融合的理念是非医疗性质的健康促进,那么体卫融合则是将主动健康这种关口前移式的理念作为指导。体医融合主要存在于医院平台,体卫融合则是强调全社会参与到"体育+卫生+医疗"的三融

---

① 朱晓东,刘炎斌,赵慎.健康中国建设背景下的"体医结合"实践路径研究:基于现代医学模式视角[J].山东体育学院学报,2019,35(4):33-38.

② 张波,刘排,葛春林,等.全民健身与全民健康融合发展研究[J].体育文化导刊,2019(5):28-33.

合中,但两者的落脚点一样,即促进人的健康发展。[①] 体卫融合的外延要比体医融合的外延还要大,毕竟卫生不仅仅是诊治疾病,医疗也有预防保健的职责,只是当前医疗体系的治病端的工作任务和大众的健康理念仍倾向于治病,使得体医融合的治病理念占主导,体卫融合的防治融合理念没有引起关注。随着国家规划的调整,"十四五"经济与社会发展规划要求,提高全民族的整体素质,倡导每个人是自己的第一健康责任人,也就是要求推广主动健康理念。从地方实践看,体医融合模式正在逐渐向体卫融合模式转型升级,围绕科学健身进行健康促进,推广集预防、治疗和康复为一体的主动健康监测模式。

二、体卫融合服务模式

在服务模式方面,很多学者认为,体卫融合服务模式包括社区体质监测中心模式、医院健康指导中心模式、体育俱乐部模式、产学研医合作模式四种。[②] 既然体医融合是在体卫融合服务模式基础上的转型升级,本书认为,体卫融合服务模式从载体上看,可以归纳为社区型、医院型、学校型三种。

(一)模式载体

1. 社区型

社区型体卫融合服务模式主要是指在社区范围内,通过设立体育和卫生相结合的服务站点,为社区居民提供方便、快捷的健康服务。这种模式以居民需求为导向,服务内容贴近居民生活,服务方式灵活多样,覆盖面广。[③] 随着社会的进步和人们健康意识的不断提高,社区型体卫融合服务模式越来越受到人们的关注和欢迎。它将体育和卫生相结合,为社区居民提供全方位、多层次的健康服务,具有以下几个优势和特点:一是以居民需求为导向。社区型体卫融合服务模式以满足居民需求为出发点,根据社区居民的实际需求,提供有针对性的服务内容。这既能满足居民的健康需求,又能提高居民的生活质量。二是服务内容贴近居民生活。社区型体卫融合服务模式的服务内容涵盖健康教育、预防保健、康复训练等多个方面,

---

① 姜庆丹,张艳,赵忠伟.体卫融合视域下全民健身促进全民健康的障碍及破解路径[J].沈阳体育学院学报,2022,41(6):85-89.
② 倪国新,邓晓琴,徐玥,等.体医融合的历史推进与发展路径研究[J].北京体育大学学报,2020,43(12):22-34.
③ 刘海平,汪洪波."大健康"视域下中国城市社区"体医融合"健康促进服务体系的构建[J].首都体育学院学报,2020,32(6):492-498.

都是与居民日常生活息息相关的话题。通过举办各类健康讲座、培训课程、义诊等活动,让居民在家门口就能享受到便捷的健康服务。三是服务方式灵活多样。社区型体卫融合服务模式采用多种服务方式,如固定服务站点、流动服务车、线上服务平台等,以满足不同居民的个性化需求。同时,还可以根据社区居民的反馈,及时调整服务内容和方式,提高服务的满意度。四是覆盖面广。社区型体卫融合服务模式通过设立在社区内的服务站点,方便社区居民就近接受服务。这种模式可以覆盖到社区的每个角落,让更多的居民享受到便捷的健康服务。

  在实际操作中,体卫融合服务进社区面临着诸多挑战。首先,社区医疗设施和体育部门的发展不足,导致体卫融合难以深入推进。其次,融合发展不足,使得体卫融合在社区的实施面临诸多困难。尽管城市社区体育健身活动取得了一定的成果,推动了《全民健身计划》的实施,但在"体卫融合"干预和管理健康的社区服务体系方面仍有待完善。为了应对这些挑战,有必要采取以下措施:加强社区医疗设施和体育部门的建设,为体卫融合提供良好的基础;推动融合发展,实现医疗与体育在社区的深度融合;完善"体卫融合"干预和管理健康的社区服务体系,提高居民健康水平。通过这些措施,有望在社区范围内实现体卫融合服务的全面覆盖,为居民提供更加优质的健康保障。以一项针对上海市居民的调查为例,居民对"体卫结合"的满意度仅为48.3%。居民对"体卫结合"的满意程度直接关系到该模式的实施效果。社区"体卫结合"还面临着资源优化配置和制度整合的挑战。[①] 这些措施旨在为居民提供更加便捷、高效的体卫服务,从而提高"体卫融合"模式的满意度。通过关注居民需求和满意度,不断优化体卫资源配置,为社区居民创造更好的健康环境。

  在我国全民健康促进过程中,社区医疗和体育健身指导服务等具有重要的战略价值和意义。通过提供便捷、高效的医疗服务,社区医疗能够预防和控制疾病的发生,降低居民的疾病负担。科学的体育锻炼能够增强居民的体质,预防慢性疾病,提高生活质量。此外,体育健身指导服务还能够引导居民养成健康的生活方式,促进全民健康意识的提高。社区医疗可以为体育健身指导服务提供医学支持,确保居民在锻炼过程中避免因方法不当造成的运动损伤。一方面,社区卫生服务中心针对社区居民开展基本医疗、保健及康养服务,更多的是预防保健工作,面向居民的疾病治疗和慢性

[①] 沈世勇,李陈,谢亲卿,等.上海市居民"体医结合"满意度现状及其影响因素[J].医学与社会,2021,34(12):15-18.

病防治服务不多,针对运动促进健康等疾病预防服务相对更少。另一方面,社区体育基本都是自发组织或者社会体育组织主办,社区卫生服务中心不参与社区公共体育服务,而且街道办事处和社区居委会均没有设置专职体育职能岗位,多主体协同治理机制、社区体育管理制度不健全。在管理机制方面,基于扁平化管理模式,应该重点发挥社区卫生服务中心和社区居委会的作用。在服务平台方面,整合居民健康信息平台、运动健康知识平台、健康促进干预实践平台(医疗服务干预平台、运动康复实施平台、运动健身促进平台)。在复合型人才培养方面,通过校招补充和在岗培训的方式培养,强化医体结合的全科医生、运动康复师、社会体育指导员三类人群的培训力度。[①] 在制度保障方面,将服务纳入社会保障体系,多渠道增加人才激励举措,如培训激励、情感激励、物质激励和晋升激励等。[②]

根据调研数据,我国社区体卫融合试点呈现出明显的区域性非均衡和空间聚集特征。这些试点主要集中在经济发达地区,由此导致资金供给不足、制度建设相对落后、专业人才短缺、服务设施配置不足以及智慧服务平台缺失等实际问题。在服务设施配置方面,由于社区专项资金的限制,主要以基本医疗检查设备为主,诊疗服务设备较少,设备更新换代慢,多数设备较为陈旧,这进一步加剧了体卫融合服务设备的短缺。卫生人力资源的短缺问题仍然显著,基层医务人员的综合素质亟待提升,全科医生的人数严重不足。[③] 面对当前健康老龄化、疾病年轻化、青少年体质下降等健康挑战,需要从源头解决问题。社区资源短缺、行政和技术壁垒导致要素整合不足,缺乏多链衔接,使得体育、医疗、文娱、养老等资源供给分散、破碎、不足,无法满足居民日益增长的健康需求。[④] 非均衡运行方式反映了我国社区体卫健康服务模式发展的现实情况,说明我国社区体卫融合试点在推进过程中面临一些挑战,包括资源配置、制度建设、人才培养和服务设施等方面的问题,需要进一步研究和探讨解决方案。

---

① 叶春明,于守娟,杨清杰."体医结合"复合型人才培养模式及策略[J].体育文化导刊,2019(1):7-10.

② 刘海平,汪洪波."大健康"视域下中国城市社区"体医融合"健康促进服务体系的构建[J].首都体育学院学报,2020,32(6):492-498.

③ 杜本峰,郝昕.我国卫生健康服务体系的发展改革与建设路径[J].郑州大学学报(哲学社会科学版),2021,54(2):39-43.

④ 戴红磊,苏光颖.我国社区体医健康服务模式困境及发展路径[J].体育文化导刊,2020(3):62-66.

2. 医院型

医院型体卫融合服务模式是指在医院内设立体育和卫生相结合的服务项目,为患者提供康复治疗和健康促进服务。这种模式以患者康复需求为导向,服务内容专业化,服务方式个性化,针对性强。基于临床医生视角,从体制机制、观念理念、利益冲突、能力精力、人文精神等方面分析体卫融合推进困境。从本质上看,其实就是职责分工和融合效益不均衡、不平等,加之与"医保"相关政策衔接方面的严重滞后,使得体卫融合健康服务推进缓慢。医院以市场化为运行机制的医院管理和经营模式,从医生个体讲,一方面,工作负荷巨大,缺乏足够的时间、精力和体力为患者提供运动指导,限制了医生推进、实施体卫融合的进程。另一方面,多年来"医改"形成的医生收入和门诊量、手术量挂钩。而对患者的运动指导没有纳入国家医保,无法合理收费。临床医生在体卫融合方面所面临的阻力,其根源在于体制机制问题以及利益相关者诉求的平衡难题。因此,作为顶层设计者,需要在国家层面制定相关政策,以更加全面和现实的态度来处理体卫融合问题。围绕体卫融合的关键领域、难题和关注点来设定目标,寻求国家、患者和医生之间的新平衡点,探索并建立高效的体卫融合管理体系、运行机制、激励机制以及配套政策支持系统。① 体育科学与临床医学的理念融合方面,表现出了主动性、全周期性、全过程性、全面性、全民性特征。技术融合中最大的难点在于体育与医疗打破技术边界,从标准、制度和规划上进行融合创新。通过共享病患、联合治疗、相互建设和学习、科研攻关以及科技服务等方式,将运动处方业务拓展到心脏康复、肺康复、慢性病防治、健康管理等多个领域,共同推进运动处方理论与诊疗技术的发展,目标是将运动干预融入临床门诊实践。体育与医疗的业务融合主要体现在对人民健康工作模式的重构和方法手段的创新,旨在实现理想的疾病治疗和健康促进效果。②

3. 学校型

学校型体卫融合服务模式是指在学校内开展体育和卫生相结合的教育活动,培养学生的健康意识和行为习惯。这种模式以学生健康成长为导向,服务内容注重知识性和趣味性,服务方式多样,易于接受。学校体育包含了体育锻炼、体育教育、健康教育三部分,这三部分相互融合、互为依托,

---

① 贾三刚,乔玉成.体医融合:操作层面的困境与出路[J].体育学研究,2021,35(1):29-35.

② 李璟圆,梁辰,高璨,等.体医融合的内涵与路径研究:以运动处方门诊为例[J].体育科学,2019,39(7):23-32.

健康教育融入体育教育就是"体卫"融合的具体体现。体育与健康课程也可以看成是体卫融合以学校为载体,以满足学生健康成长为出发点,根据学生的年龄特点和生理需求,提供有针对性的服务内容。这是一种包含了体育技能与健康教育、健康意识、健康行为、体育参与等多方面内容的综合性教育。因此,新时代学校教育的关键任务之一就是通过学校健康教育与学校体育的深度融合,以促进学生健康素养和体育素养的共同提升。学校型体卫融合服务模式的服务内容涵盖健康教育、体育锻炼、卫生知识普及等多个方面,都是与学生日常生活息息相关的话题。通过生动有趣的教学方法和富有创意的活动形式,让学生在愉快的氛围中学习健康知识,养成良好的行为习惯。学校型体卫融合服务模式采用多种服务方式,如健康课程、体育活动、卫生讲座、心理咨询等,以满足不同学生的个性化需求。同时,还可以根据学生的反馈,及时调整服务内容和方式,提高服务的满意度。然而,研究发现健康教育在学校教育体系中的地位尚未明确。在实际的体育课程实施过程中,仍然以身体锻炼、技能学习、体能提升为主要内容,体育教师关注的重点仍然是青少年的运动技能学习和体能增强,而健康教育的课时数量严重不足。体育教师在健康教育方面的意识不足,过度关注体育运动技能的教学,却忽视了健康知识、传染病防治、科学锻炼知识的传授以及健康能力的培养,这导致了学生健康知识学习与健康行为养成的缺失。另外,我国学校医务室的卫生队伍整体素质不高,大部分中小学医务室的卫生人员主要由本校教师转岗和兼职人员构成,专职人员仅占总数的31.2%。[①] 健康中国和全民健身国家战略背景下,学生体育与健康素养提升需要转变新模式、新理念、新技术,如将单纯体育锻炼或者医疗卫生治疗向体卫融合联合干预的方式转变。体卫融合对青少年健康的作用主要体现在,通过体育锻炼增强健康促进的效果、根据病情适当进行运动干预、通过运动康复的手段和技巧防治病情的复发。因此,青少年健康素养促进模式主要以学校、社区、医疗机构为干预场域,将青少年群体按照健康态、亚健康态、疾病态区别对待。根据青少年健康状态,主要围绕运动健康课程、科学运动健身知识与技能、校级层面的体育竞赛、社团体育活动等场景进行学校健康教育;围绕社区卫生健康服务中心(社区医院)、社区物业管理中心进行社区健康服务;围绕青少年常见疾病开展医疗机构健康服务,强化医疗体育与临床治疗的融合,并将亚健康和慢性病青少年诊治场

---

① 曹磊,葛新."体医"融合视域下我国健康教育融入学校体育的路径[J].体育学刊,2022,29(4):126-130.

所下沉到属地社区,通过部门机构立足自己的资源优势和技术优势进行综合干预。①

针对我国青少年体育生态环境恶劣、体态健康科研基础薄弱、主体体态健康素养缺失以及体态异常防治面临行政管理体制失范等现实困境,需要进一步构建出基于体制、环境、过程及主体四要素的青少年体态异常风险防控和管理体系。在体制要素方面,需要加大投资、系统互联,各部门形成资源互换、利益共享机制;在环境要素方面,需要升级硬件、引导舆论,如针对书包、课桌椅等硬件进行升级。通过体育教育让学生在完成技术动作的同时,享受体育、热爱体育,让体育成为一种生活方式。在过程要素方面,需要健全体系,注重策略。如采用伤病隐患筛查和运动健康管理双管齐下策略。通过对青少年体态的评估、分析和分级,采用医学、体育或体卫融合的方案解决问题。针对具有突出性、共性的青少年体态异常问题,对体态异常风险防控所涉及的筛查、评估、解决方案等内容进行运动处方设计和推广。在主体要素方面,需要提高素养,互促共进。预防青少年体态异常,需要围绕青少年体态健康问题,对学生、家长、教师多主体实施健康教育,使其掌握一定的体态健康知识和技能,做出有利于健康的选择。②

从结构功能主义视角对青少年身体姿态健康促进的现实困境、推进机制与实践路径展开深入系统的研究。有机体系统的适应功能不足方面主要包括桌椅设计的普适性问题和指导人员的专业性问题;人格系统的达鹄功能不足方面主要包括政策引导的针对性问题和组织管理的落实性问题;社会系统的整合功能不足主要涉及主体参与的协同性问题和政社联动的监管性问题;文化系统的维模功能不足方面主要有价值观念的偏离性问题和文化内化的缺失性问题。解决这些问题需要建立政府主导的统筹机制、价值判断的转变机制、效果引领的督导机制、资源供给的保障机制来产生新的运行机制。在此基础上,需要进一步围绕政府、高校、中小学、医院、家庭维度确立青少年身体姿态健康促进的实践路径。具体表现在政府需要深化政策扶持,加大资金支持力度;高校要发挥平台优势,输入行动资源;中小学应该提升理念认知,打造内容体系;医院需要提供健康咨询,做好诊疗服务;家庭应该强化体态引导,注重家校协同,力求实现改善青少年体态

---

① 黄越,吴亚婷,万强,等.体医结合青少年健康素养促进模式构建[J].中国学校卫生,2019,40(3):325-329.
② 魏铭,牛雪松,吴昊.体医融合视域下青少年体态异常防治的现实路径[J].沈阳体育学院学报,2022,41(4):57-63.

异常的服务目标。①

(二)模式困境

体卫融合试点多围绕体卫融合研究中心、医保健身卡、体卫融合示范区形式开展相关工作。通过对当前服务模式困境的梳理发现,一是体卫融合制度问题。体卫融合的条块管理体制使得服务模式运行中很难找到资源和利益共享的载体,机构基本都是在各自的轨道上拓展延续出结合体。体卫融合的顶层政策设计中,也没有相关的全国性配套的计划、部署和项目等,更缺乏精细、有效的公共政策调控。二是体卫融合理念意识欠缺,体现在国民大众和体育、医疗执业者几方面。体卫融合存在民众理念意识缺乏、着力点偏离、关系羸弱、利益无法交叠、融合环境和载体缺失、技术标准错位、支撑体系不完善等困境。由于大众观念仍停留在治已病层面,通过主动健康引导体育锻炼改善身体素质的比例较低。在医疗端方面,经济利益导向的康复治疗占据主导地位,使得体育等非医疗干预的技术途径被边缘化。

体卫融合着力点偏离主要表现在体卫融合服务聚焦在慢性病人群的康复干预上,这导致体育的功能与价值发挥存在不确定性,因为疾病配置资源和构建组织架构与体育的预防功能存在偏离。另外,医疗系统固有的"医学补救"理念和医生对医学诊断与治疗的依赖也是利益冲突的现实本质。体卫融合技术标准错位的核心表现是医疗技术标准遵循患病临界值与药物研发逻辑,而体育遵循提升健康储备的逻辑,两者错位导致体卫融合复合型人才培养受阻。另外,打通体卫融合上下游的产业链也是从根本上盘活社会力量与市场主体有效资源的根本路径,比如医疗、体育以及健康行业以共同的目标群体,围绕健康储备促进而展开,并且都在构成新业态的各个行业内部完成各自的循环。②体卫融合支撑体系主要包括财政支持、人才培养、科技支撑和信息共享四大部分。其中,经费主要依赖于政府财政拨款,现代信息技术、大数据及云计算等新技术与智慧健身结合仍处于探索阶段,未能大范围用于科学健身。体卫融合发展不均衡主要表现在区域发展不均衡、社会参与度低和配套实体产业滞后三个方面。

当前,体卫融合发展主要体现在体卫融合试点、运动处方师培训和慢

---

① 梁思雨,杨光,赵洪波.体医融合视域下青少年身体姿态健康促进研究[J].沈阳体育学院学报,2021,40(4):8-14.

② 岳建军,王运良,龚俊丽,等.后疫情时代体医融合新取向:健康储备[J].成都体育学院学报,2021,47(4):112-117.

性病的体卫融合干预三方面。① 从社会共生理论视角看,体育与医疗具备形成共生关系的三要素,医疗从健康服务中的获益大于体育,故两者属于非对称性的共生利益分配。且存在连续共生组织模式及正向共生环境。从理论上讲,体育与医疗这两个共生单元的质参量兼容,在改善人类健康方面存在较高的关联度,体育与医疗是以为人类健康服务作为共生界面的。但从实践角度看,健康服务主要依托医疗,医疗与体育的关联度低。体育与医疗卫生的融合问题主要体现在健康促进工程中体育缺席、两者关联不够、融合环境缺乏。而且,大众对于通过体育锻炼促进健康、预防疾病的理念缺乏、意愿不足。

从共生单元、共生模式、共生环境三要素分析发现,体育与医疗卫生共生关联度不高,点共生与间歇共生并存,连续共生与互惠共生不足,医疗卫生单方依存、重医轻体偏利依存的问题还相当普遍,需要从需求侧优化升级,引导供给侧动能转换。② 主要根源在于,一是人民防病意识欠缺;二是我国医疗卫生管理模式以疾病为中心,造成医疗系统体卫共生的主动性差;三是医疗卫生是否和全民健身相结合,需要看医疗卫生体系中拥有处方权的医生群体是否认可体育疗法;四是体育与医疗的主管部门分别为体育局、卫健委,存在条块管理制度限制;五是当前我国康复治疗师、运动处方师、运动防护师、健康指导师等人才匮乏。体育与医疗的共生关系稳定性较差,共生组织模式主要表现为医疗机构独立设置诊疗科室,医疗与体育未形成共生体。在共生界面方面,沟通、交流不畅。我国的研究主体则为体育部门,这限制临床应用中的推广及医疗界的认同度。③ 结合社会场域论视角,从场域、资本、惯习三个维度看体育与医疗的关系,两者关系孱弱主要体现在需要体育与医疗共同干预的亚健康人群、慢性病高危人群没有表现出强大的关联价值。当前体卫融合场域主要包括医学院校与体育院校联合培养体卫复合型人才,医院设立运动处方门诊、运动康复科,体育场所开设康复咨询服务、体卫康养机构,即体育与医疗在教育、养老、康复等领域已经形成体卫融合场域。体育与医疗因本质属性、学科分类、活动场所、实践目标、实践主体存在不同,限制体卫在空间场域进行融合。在健

---

① 张阳,吴友良.健康中国战略下体医融合的实践成效、困境与推进策略[J].中国体育科技,2022,58(1):109-113.

② 冯振伟,韩磊磊.融合·互惠·共生:体育与医疗卫生共生机制及路径探寻[J].体育科学,2019,39(1):35-46.

③ 常凤,李国平.健康中国战略下体育与医疗共生关系的实然与应然[J].体育科学,2019,39(6):13-21.

康场域医疗中心与体育边缘结构中,体育的介入影响到医疗部门创收的效益。另外,体疗制度资本乏力限制体疗的主体发展,传统医疗文化惯习遏制体卫融合理念的形成,医疗技术依赖惯习遏制体疗技术的融合发展。[1]

结合协同治理模型分析基层社区模式、体育机构模式、医疗机构模式、产学研结合模式和多主体共建的多元主体模式等5种典型服务模式,基层社区模式中多元主体协同参与的积极性不高、持续性合作意愿不足。需要着力完善体卫融合服务行业的准入、退出与激励政策,加强体卫融合服务行业的监督管理与政策激励,明确体卫融合行业的服务内容与标准、流程与价格、权益保障等相关方面的具体规定,如保险管理部门加快体育保险业务开发,工商管理等部门应尽快出台行业监管与考核评价办法。[2]

从大数据视角对正在落实体卫融合的机构、事件、项目案例进行收集和整理,对表现形式、运行方式、功能作用等进行分析。调查对象的覆盖面比较广泛,主要涉及医院康复科、专科康复医院、专业公司、养生中心、社区卫生服务中心、校园、健身会所和居家8种体卫融合案例。从实现机制看,有体育实现健康促进和体育手段和医疗手段共同达到疾病治疗或疾病康复两种机制;从功能作用看,主要包括疾病预防、疾病康复、健康促进;从运行方式看,有非营利方式、市场化运行方式、公益推广,但体卫融合在居家类体卫融合健康促进和中小学推广的案例偏少,推广力度小、宣传力度弱,并没有受到足够重视。当前体卫融合服务中,主要依靠非营利运营类服务居多(占69.9%),这类模式主要分布在医院康复科类和康复医院类。从产品服务类型上看,仍以治已病为主,包括42%的疾病康复类和40.4%的疾病治疗。[3]

在体卫融合慢性病试点的社会阻力方面,通过体卫融合慢性病试点中的案例进行研究,可以提炼出体育部门和医疗部门两种构架下的慢性病干预模式。体育部门主导下主要以社区医院为主进行体卫融合试点。例如,上海模式主张体育局、社区及社区医院三方联动,实现资源共享与优化;而安徽模式则倡导体育局、社区及体育科技企业三方的协同创新,以促进体育与医疗领域的深度结合。在医疗部门的主导下,以科室为核心的体卫融

---

[1] 李彦龙,陈德明,聂应军,等.场域论视域下我国体医融合的实然困境与应然进路[J].体育学研究,2021,35(1):36-43.

[2] 刘颖,王月华.基于SFIC模型的我国体医融合推进困囿与纾解方略[J].沈阳体育学院学报,2021,40(4):1-7.

[3] 段昊,吴香芝,刘耀荣,等.大数据视角下我国体医融合案例分析与推行方案[J].沈阳体育学院学报,2023,42(1):73-78,122.

合试点在北京广安门医院、北京儿童医院及北京安定医院等三甲医院展开，分别通过整合内外部资源、场地租赁以及引入外部体育专业人员等方式，推动体卫融合的实施与发展。①

体卫融合示范区建设的核心要素是服务建设，重点是构建包括运动健身指导、慢性病运动预防等在内的服务类型体系；关键要素是政府支持，重点是政府出台专门性发展规划；基本要素是基础建设，重点是做好运动处方师、慢性病康复指导师等体卫人才库建设；必备要素是管理建设，重点是建设包含各参与主体的协同机构；保障要素是安全建设，包括过程安全的日常保障和应对突发情况的急救保障。②

三、体卫融合体制机制

（一）体制制度

在制度建设方面，现有的政府和社会管理体制运转到体卫融合服务工作上呈现出"条块分割、多头管理、渐进改革"的特点，说明多部门共管共治的情况并没有根本性改变。体育工作由国家体育总局负责，卫生与健康工作由国家卫健委负责，两者在体制上各自为政、条块管理，且在健康促进方面鲜有融合的技术、业务和产业等。体卫融合机制具体表现在统筹推动机制、部门协同机制和监督考核机制三方面仍略显不足，政府及市场引导力度较小，使得体卫融合实体产业发展迟滞。上海模式中，虽然有体卫融合服务特色，但是根源性的体卫互动性不强，条块管理障碍仍然是深度融合的阻滞。

在社区体卫融合制度建设方面尤为突出，制度安排仍沿袭社会保障制度模式，缺少专门的管理制度和相关配套政策。产生这种现象的主要原因在于，体育健康服务模式的创新，以及体卫融合的必要性，很大程度上取决于医疗部门对此的理解和接受程度，而非全民健康需求的实际状况。③ 在当前的公共健康服务体系中，商业化的健康服务模式已经崭露头角，但其亟待规范和调整。以科室模式为例，虽然其运动诊疗效果显著，但价格高昂，使得医保难以覆盖，个人负担过重。在此背景下，亟待市场进一步开发

---

① 李靖，张漓.健康中国建设中慢性病防治体医融合的试点经验、现实挑战及应对策略[J].体育科学，2020，40(12)：73-82.

② 田学礼，赵修涵.体医融合示范区建设评价指标体系研究[J].成都体育学院学报，2021，47(5)：59-64.

③ 刘海平，汪洪波."大健康"视域下中国城市社区"体医融合"健康促进服务体系的构建[J].首都体育学院学报，2020，32(6)：492-498.

和创新,以满足全民健康需求的日益增长。总之,我国健康服务体系在体卫融合、商业化和多元化方面存在诸多挑战。要解决这些问题,需要医疗部门、体育部门以及市场主体的共同努力,形成合力,推动我国健康服务体系的持续改进和完善。

在实际操作中,过度依赖政府健康保障服务体系的现象较为常见,这通常需要借助居委会或街道的力量,协调体育和卫生两大部门,在体质监测、健康宣传以及业务划分、资金投入和利益分配等方面展开合作。①

(二)管理机制

在我国,政府是体育和医疗卫生工作的主导者,具有制定政策、分配资源、监督实施等权力。体育和医疗卫生部门则负责具体的健康促进工作,包括制定和实施健康政策、开展健康教育、提供医疗卫生服务等。然而,由于各种原因,这种权责分配并不总是均衡的。由于缺乏将体育视为非医疗手段的法律保障,以及体育系统和医疗卫生系统整合的协同机制,同时在财政资源、人才资源和基础设施等资源配置方面存在"重医轻卫"和"重医轻防"的倾向,且缺乏推进"体卫融合"的管理机制、责任分配、部门间协作以及政策支持的具体措施和路径②。

首先,政府在健康促进工作中的权力过大,容易导致其他相关部门的权力被削弱。例如,政府在制定健康政策时,可能会忽视医疗卫生部门的专业意见,导致政策的实施效果不佳。其次,责任分配不均衡也会影响体卫融合的实施效果。虽然体育和医疗卫生部门都有健康促进的责任,但由于资源和能力的限制,他们可能无法全面履行自己的责任。此外,由于权责分配不明确,政府与其他相关部门之间的协同治理难以发挥出应有的效果。在这种情况下,需要建立完善的约束监督机制,以确保各相关部门能够按照规定的权责行事。体卫融合管理机制涉及多个部门和领域,但在实际操作中,各相关部门之间的权责划分不明确,协调沟通机制不完善,这导致在推进体卫融合服务的过程中,出现管理混乱、效率低下的问题。根源在于政府管理主体间的权力和责任不均衡,体育和医疗卫生部门都被赋予健康促进的权力,相对应的责任却不均衡匹配。政府与横向的体卫融合主体之间也存在权力不均衡现象,在这种权责不均衡、约束监督机制又不健全的情形下,多元主体协同治理难以发挥治理效能。

---

① 张剑威,汤卫东."体医结合"协同发展的时代意蕴、地方实践与推进思路[J].首都体育学院学报,2018,30(1):73-77.

② 李彦龙,陈德明,聂应军,等.场域论视域下我国体医融合的实然困境与应然进路[J].体育学研究,2021,35(1):36-43.

四、体卫融合保障体系

(一)政策法规

从体卫融合的宏观设计视角出发,现行的体卫融合相关法律并未对体卫融合以及体育和医疗等多部门协同促进健康的过程进行详细规定,受益范围极其有限。[①] 关于体卫融合的政策措施多以间接方式呈现,表现出碎片化、部门化和低层次化的特点。[②] 虽然我国已经制定了一系列体卫融合政策法规,但由于宣传普及不足,很多基层单位和居民对相关政策法规并不了解。这导致政策法规在执行过程中,难以发挥预期的引导和规范作用。[③] 在体卫融合政策法规的执行过程中,一些地方政府和相关部门对政策法规的重视程度不够,实施力度不足。这使得一些政策法规在执行过程中流于形式,难以真正发挥实效。

当前政策并未有效消除阻碍体卫融合市场发展的"痛点",新形势下体卫融合参与市场的明确政策仍然缺失,进一步导致市场化运作难以持续。政策落地的"最后一公里"尚未完全打通,具体表现在政策配套实施细则和监管机制不健全,政策实施难以推进。从政策网络理论视角,围绕需求侧、供给侧、环境侧分析体卫融合服务的政策网络构成、特征与主体间的互动逻辑。根据政策网络理论观点,在体卫融合服务领域,利益相关者之间的协同程度对整个政策网络的协同效果产生重要影响。以实现体卫融合服务为目标的政策网络正在逐步建立,各利益相关者形成需求侧、供给侧和环境侧的耦合协同系统,系统内各要素相互依存、共同演化,以优化行动策略。在政策社群方面,体卫融合服务的政策体系尚不完善,在专业网络方面,体育服务业和医疗服务业之间的先天关联度相对较低,因此,有必要从多个维度对利益相关者进行梳理,以形成联动、互助的政策网络。针对当前体卫融合服务政策体系的不足,应加强政策体系建设,确保政策的专门性和完整性。同时,加强体育服务业与医疗服务业之间的关联度,促进体卫融合服务的深入发展。

我国缺乏权威的体卫融合服务的效果评价指标体系及监督机制。体

[①] 刘颖,王月华.基于SFIC模型的我国体医融合推进困囿与纾解方略[J].沈阳体育学院学报,2021,40(4):1-7.

[②] 薛欣,徐福振,郭建军.我国体医融合推行现状及政策问题确认研究[J].体育学研究,2021,35(1):20-28.

[③] 杨京钟,于洪军,仇军,等.体医融合发展:财税激励模式与中国现实选择[J].武汉体育学院学报,2021,55(10):13-19.

卫融合服务发展资金来源渠道较为单一，主要以政府投建为主(82.8%)，造成政府的财政投入和社会融资仍然不能满足体卫融合服务发展需要。议题网络方面，居民健康素养不足是体卫融合服务发展的内生动力不足、意识不强、路径不畅的主要根源。[①] 在全民健身和健康中国双重战略背景下，从财税激励视角深入探讨体卫融合发展的财税激励模式，体卫融合服务作为一种准公共服务，其供给与分配需依赖政府公共财政，同时需要充分发挥市场资源配置与社会力量的运营优势，以提供相应的产品与服务。由此可见，体卫融合准公共服务的供给需要政府公共财政的介入以及市场相关行业企业的协同参与。财税激励与体卫融合之间的关联性体现在：市场失灵与失效时需要财税的适度干预与调控，体卫融合的外部经济性则需要政府的政策扶持与正向激励。在现实中，由于垄断经济、外部性经济、信息不对称等外在因素的干扰，市场失灵现象无法及时有效地促进资源配置效率的提升。

总之，从财税激励角度审视体卫融合发展，准公共服务领域的体卫融合需要政府公共财政的支持，并依赖市场资源配置与社会力量的运营优势。在市场失灵与失效的情况下，财税激励发挥着调控的作用，同时，体卫融合的外部经济性也需要政府的政策扶持与激励。深入分析财税激励与体卫融合之间的关联性，有助于理解市场失灵现象对资源配置效率的影响，并为推动体卫融合的深入发展提供有益的政策启示。

在具体涉及体卫融合产品供给方面，由于体育与医疗资源在融合过程中面临配置效率低、供给短缺等问题，因此，有必要通过政府实施财政政策和税收优惠政策进行干预。这主要源于准公共服务的排他性和消费过程中的"拥挤效应"。财税激励调控在推动体卫融合发展中的作用机制主要包括以下几个方面：首先，体卫融合产品的数量和价格与产品本身的外部经济溢出效应存在不匹配，导致体卫融合服务供需失衡、不对称。其次，体卫融合服务的正外部经济性特征决定了采用公共财政补贴政策对其进行支持和激励是合理的，这不仅有助于推动非排他性和非竞争性体卫融合准公共服务的创新开发和优质供给，还能引导体卫融合消费者的消费行为。纵观国际体卫融合财税调控策略，可以将其总结为两类财税激励模式：一是以日本和英国为代表的政府主导推动、多元主体参与的体卫融合财税激

---

① 李扬,方慧,王随芳,等.体医融合服务的政策网络耦合协同：需求、供给与环境分析[J].沈阳体育学院学报,2023,42(1):57-63.

励模式；二是以美国和欧洲为代表的商业化主导型体卫融合财税激励模式。①

我们需要明确体卫融合的现实状态，理解其政策的内涵、核心内容、突破口以及边界点。具体来说，这包括什么样的"体"和"医"进行结合，如何进行结合，政策由哪个部门执行，相关制度向哪个方向发力，资金投向何处等问题，设定标准并提出具体要求。从体卫融合的推进情况来看，目前还存在顶层设计的缺乏、发力方向的不明确以及有效的融合措施和专业人才不足等现实问题。现行的体卫融合模式处于结合阶段，尚未利用新的方法、理念和技术进行深度融合。这主要是因为国家相关纲要和计划措施尚未将体卫融合的细则付诸实践，缺乏专门性的对口政策。此外，体育和医疗部门之间的结合程度较低，管理机制、融通机制以及政策技术等支持不足，缺乏固定化的内容，实际工作中的互动不积极，相互协作难以进行，给体育与医疗的融合发展带来了挑战。总的来说，问题在于政策的确认上，宏观指导性意见较多，中观和微观层面的落地措施较少。

在政策实施过程中，缺乏明确的步骤和流程，无法形成有效的体制机制以促进体卫融合。在这种背景下，深入研究体卫融合政策显得尤为重要，它为解决公共健康服务领域的社会问题提供了新的突破口。在体制环境方面，由于顶层设计不完善，政策发力方向模糊，执行机构不明确，国家层面的公共财政投资无法精确投放。在体卫融合健康产业方面，当前尚未建立融合的体制机制，无法实现优化信息的有效供给，也无法推动政府、高校、企业、社会组织等各方实现无缝合作。在复合型人才方面，尽管许多体育和医学院校已经在学科融合和人才培养方面进行了尝试，使得人才数量有所增加，但在人才质量上仍存在专业定位不清晰，无法适应专业化、系统化、综合化体卫融合需求的问题。②

（二）资金投入

政府资金引导结构单一，服务经费主要来自财政拨款，以区级政府财政补助为主，社会资本参与投融资力度不够。首先，体卫融合产业的市场化程度不高，服务准入门槛较高，这使得投资回报周期较长，医疗服务资质获取困难。其次，由于市场投资规模较大，缺乏成功的案例引导，进一步加

---

① 杨京钟，于洪军，仇军，等.体医融合发展：财税激励模式与中国现实选择[J].武汉体育学院学报，2021，55(10)：13-19.

② 薛欣，徐福振，郭建军.我国体医融合推行现状及政策问题确认研究[J].体育学研究，2021，35(1)：20-28.

大了体卫融合产业的发展难度。民间资本注入不足,其结果是地方项目虽已挂牌落地启动,但是后续运营费用不足。另外,我国各省市现主要通过产业资金引导,不管是中央还是地方政府的体育产业类资金主要来自中央财政资金专项拨款和体育彩票获益所得分配,这其实解释了当前的投融资渠道太单一,导致了体育产业专项资金支持形式没有出现新模式,主要依靠税收、土规、融资等举措实施。在融资方面,相关的规章制度并不规范,虽然各地也努力出台了体育产业类融资政策,但在具体执行实施时受到跨机构、跨部门的层级审查限制,例如银行金融机构的信用审核机制。另外,体育类上市企业偏少,中小微体育企业市场融资渠道不多,限制了中小微体育类企业的可持续发展。

(三)复合型人才建设

人才是国家和社会发展的关键驱动力,然而当前体卫融合人才培养的策略、教学大纲和职业发展路径各不相同。[①] 在课程模式方面,与体卫融合相关的专业大致可分为"医体融合""以医学为主,体育为辅""以体育为主,医体结合"三类。在体育院校实践方面,成都体育学院始终秉持"以医学为基础,服务体育"的办学理念和"医体结合、体卫渗透"的教育改革。临床实习医院选择国家三甲医院,确保临床实习质量。[②] 体卫融合的专业建设主要表现在教学计划、师资建设和学生体育教育等方面。袁琼嘉研究认为[③],高等体育院校在实施"体卫渗透"实验教学模式后,对学校整体教学质量的提高起到了促进作用。在医学院校的实践方面,医学院校作为体卫融合人才培养的重要场所,复合型教学团队的设置和体卫融合类生源招生类别都有利于新的人才培养方案的改革和实施。医学类高等院校应该立足社会发展需要和生源背景、学校发展规划等完善"医中有体、体中有医"的人才培养格局。[④] 运动处方作为体卫融合的重要载体,对于医学院校课程体系改革起到了特别重要的作用,从医学专业课程设置和体育课程设置的结合方面找到融合的内容。有些医学类高等院校通过以公体类教学改

[①] 龙佳怀,刘玉.健康中国建设背景下全民科学健身的实然与应然[J].体育科学,2017,37(6):91-97.

[②] 苏全生,解勇,何春江,等.体育院校医学专业"医体结合"的改革实践[J].成都体育学院学报,2001(5):44-46.

[③] 袁琼嘉,侯乐荣,李雪.高等体育院校"体医渗透"实验教学模式的研究与实践[J].北京体育大学学报,2009,32(3):82-84.

[④] 成明祥.体医结合:医学院校体育教学改革的发展模式[J].体育文化导刊,2006(2):66-67.

革作为切入点,围绕体卫融合进行人才培养方案的修订与优化,而且出台相关的可以评估体卫融合的复合型人才培养课程的实施指标体系。① 有研究证实,体卫融合类教学的实施不仅能够提高医学类高等院校的整体学生素质,而且在教学实践过程中,高等医学院校学生的体卫融合处方设计和医疗体育的处方设计都在很大程度上得以提高。这对于创新我国医学类高等院校的师资力量、生源类型具有重要的指导意义,而且可以培养出市场需求的体卫融合复合型人才,弥补当前体育与医疗卫生人才支撑的短板。通过梳理当前的体卫融合复合型人才培养模式发现,有依托社区创建而成的"社区卫生服务团队和社会体育知识"模式,有依托体育工作者设定的"社会体育指导员和医学知识"模式,也有根据医学类实践者进行创建而成的"医学技术人员和社会体育知识"模式,还有社会体育指导员创立的"社会体育和医学知识"模式四种人才培养模式。②

(四)信息技术手段

在智慧服务平台方面,社区卫生服务智慧化水平不高,仅为简单的模块化管理系统,服务智慧化建设需要从技术上入手。要建立一个全面、高效的信息化平台,实现居民健康数据的自动收集、处理、分析和监测。同时,要加强对社区卫生服务人员的信息化培训,提高其信息化素质,使其能够更好地利用信息化平台为居民提供服务。③

要实现体卫融合相关的功能模块配置,需要在信息化平台上建立一个全面的健康管理服务体系,将医疗服务和卫生服务结合起来,形成一个完整的健康服务链条。同时,要加强与医疗机构的协作,实现信息共享和资源互补,提高服务质量和效率。社区卫生服务智慧化建设是提高服务质量和效率的重要途径,需要加强技术支持和信息化培训,建立健康管理体系,加强动态监测和评估,提高居民的信息化素养和健康管理意识。只有这样,才能实现对居民健康数据进行系统化、精细化处理及动态监测,提供更加优质、高效的服务。一些学者认为,信息技术手段是推动体卫融合发展的关键。通过大数据、云计算、物联网等技术的应用,可以实现体育和医疗卫生领域的信息共享,提高服务质量和效率。同时,信息技术手段还可以

---

① 傅兰英,付强,齐琦.医学院校体育课程的改革与实验[J].新乡学院学报(社会科学版),2011,25(4):171-173.
② 叶春明,于守娟,杨清杰."体医结合"复合型人才培养模式及策略[J].体育文化导刊,2019(1):7-10.
③ 郭海英,刘晖.生命健康共同体视域下社区"体卫融合"发展困境与推进策略[J].体育文化导刊,2022,243(9):52-58.

为居民提供个性化的健康建议，帮助他们更好地管理自己的健康。数字化医疗是近年来备受关注的领域。有学者认为，数字化医疗可以通过远程诊断、智能设备等手段，实现医疗资源的优化配置，提高医疗服务的可及性。在体卫融合发展中，数字化医疗可以辅助体育部门为居民提供更加精准、个性化的健康服务，降低居民的医疗成本。智慧化信息平台是体卫融合发展的基础。有学者指出，构建一个整合体育和医疗卫生资源的信息平台，可以实现各种服务的无缝对接，提高服务效率。此外，智慧化信息平台还可以为政府部门提供决策支持，帮助他们更好地制定和实施体卫融合政策。全民健身公共服务场景化手段是体卫融合发展的重要方向。有学者提出，打造多元化的全民健身场景，如社区健身中心、公园健身区等，可以为居民提供更加便捷、实用的健身服务。此外，利用移动互联网、物联网等技术，还可以实现全民健身服务的智能化、个性化，满足居民多样化的健身需求。

(五) 产业融合发展

由于体卫融合服务的准公共产品属性，可以用公共产品理论和公共选择理论来阐释其现存的困境，主要体现在产业价值链、技术链、产品链、信息链和服务链五个方面。

在产业价值链方面，一是准入资质的限制和壁垒造成社会力量进入受限；二是土地出让、金融支持、医保覆盖和税收减免等政策支持机制缺乏；三是受体育产业投融资环境的制约，聚焦到融合服务的投融资渠道匮乏。在产业技术链方面，体卫融合健康促进服务产业技术链面临融合效果不佳、研发创新能力不足等问题，仍停留在体育和医疗融合的初级阶段。在产品链方面，一是没有形成权威的管理规范和服务标准；二是产品和服务模式的同质化严重，即针对慢性病人群和术后人群的干预多，针对青少年、孕妇等特殊人群的干预少；三是仍然使用国外的产品，缺乏中国式现代化的本土产品。在信息链方面，体卫融合健康促进服务"信息孤岛"依然存在，主要体现在产业信息、基础设施信息和个体信息三个方面。在服务链方面，人力资源、基础设施和资金来源等生产要素是体卫融合健康促进服务产业发展的重要支撑。[①]

从体育与医疗卫生融合发展的业态看，体育服务综合体和体育健康促进类综合体的建设成为新的业态选择、模式供给的路径，这种业态的整合

---

① 刘晴,王世强,罗亮,等.产业链整合视角下我国体医融合健康促进服务产业化发展研究[J].沈阳体育学院学报,2023,42(1):87-93.

发展和融合尝试对于创新体卫融合新方案具有重要的借鉴意义,在一定程度上有助于促进新的全民健身模范市、运动健康活力城市实现高质量的发展。"技术融合—业务融合—市场融合"路径是成功建设综合体的必要途径,而"体育医院门诊、运动健康体检、科学健身康体、体育与健康旅游等体卫融合型产品"是体育健康综合体的主要服务供给内容。[①]

五、国外体卫融合模式

发达国家体育与卫生健康融合发展政策做到了跨部门合作、注重循证实践、实施配套细则、评估标准可量化、普惠性全覆盖。体育与卫生健康系统的融合缺乏法律层面的顶层设计,体卫融合实施标准、收费标准、督导制度、评估制度、医疗保险等相应政策法规建设尚未完善。[②] 许多国家是多部门参与共同促进国民健康政策的实施,而且其主要特征表现为以卫生健康部门牵头负责体卫融合模式的推广、标准制定以及成果宣传。为保障政策的有效执行和实施,国外模式中更多采用效果评估,并对评价等级进行设置。家庭、学校、社区以及社会组织等多元主体要根据各自职能和边界要求,设定明确的角色职责要求和执行要求。美国健康与公共组织在多元主体协同治理的同时,还积极倡导和协助本国青少年学生参与到体力活动的指南推荐量的制定中,完善体力活动指南。国外的体育健康指导体系不仅是一种健康促进的有效工具,还增加了运动营养、身体活动、生活行为习惯内容。从政策的颁布实施看,大健康中的公共卫生与健康促进政策主要涉及预防保健知识、生活行为习惯改变以及公共卫生促进等方面。另外,体育类活动指南和卫生类健康促进类指南都是体卫融合政策涉及的重点领域和内容。

从国外经验看,美国作为体卫融合促进健康领域的早期推动者,通过这种方式,成功地推动了体卫融合的发展。以美国为例,卫生健康机构主要由医学类健身指导中心协助推动"运动是良医"实践,帮助从治病端向健康促进端转型升级。当前,打造体力活动临床诊断体系势在必行,其潜在

[①] 张文亮,杨金田,张英建,等."体医融合"背景下体育健康综合体的建设[J].体育学刊,2018,25(6):60-67.

[②] Simopoulos A P. Nutrition and fitness from the first Olympiad in 776 BC to the 21st century and the concept of positive health[J]. World review of nutrition and dietetics,2008,98:1-22.

的价值和功能已经在芬兰、荷兰等欧洲五国得到验证和实践。① 全球范围内已经研发出十多种体力活动临床诊断系统，这些系统能够在2～3分钟内对患者的体力活动能力进行评估。因此，可以将体力活动作为医疗诊断和运动处方干预的关键切入点，构建"预防、治疗、保障"的全生命周期健康储备管理体系。例如芬兰的线上线下一体化医院模式，芬兰启动了北卡项目，该计划运用医学和流行病学的方法，识别并分析了慢性疾病的主要风险因素和干预策略，同时，该项目也借助行为科学和社会科学理论框架，创新性地制定了健康生活方式的传播策略和评价方法。其他欧洲各国采用的也是类似模式，诸如英国的运动转诊计划，主要构建了各级各类的体育、医疗卫生技术人员，从基层向高层次转移的体系；瑞士的体力活动水平纳入医疗就诊体系，瑞典推行临床运动处方模式等。② 芬兰的家校联动的实施效果较为良好，通过家庭教育和学校教育深化对青少年的健康促进教育，将青少年肥胖、危险行为作为主要干预的目标。从实践的成果看，很多研究证实了传统运动营养干预向生态干预转型升级是时代发展的趋势。③

在人才培养方面，美国运动医学会设立了认证运动生理学家和认证临床运动生理学家。在运动促进健康领域，澳大利亚体育与科学学会已经设立了认证运动生理学家这一专业角色。这种做法确保了从业者在运动转诊领域的专业知识和技能能够得到持续更新和提升。④ 专业人才认证与评价体系研究方面，德国联邦联合委员会牵头对体卫融合健康促进政策进行评估和监督，以保障体卫融合顺利进行。美国实行认证运动生理学家和认证临床运动生理学家；澳大利亚实行认证运动生理学家；英国培训认证运动转诊从业者。在微观层面，地方卫生部门与高校、新闻媒体、保险公司、社区医院等部门合作在社区实施健康促进计划。高校进行慢性病的宣传，协助社区制订健康促进计划，为社区提供药物、运动、膳食等方面的指导咨询；社区全科医生帮助慢性病患者建立保健目标，对患者进行指导，建

---

① Kallings L V.The Swedish approach on physical activity on prescription[J]. Clinical Health Promotion,2016,3(2):32-34.

② Wormald H,Ingle L.GP exercise referral schemes:Improving the patient's experience[J].Health education journal,2004,63(4):362-373.

③ Penedo F J,Dahn J R.Exercise and well-being:A review of mental and physical health benefits associated with physical activity[J].Current opinion in psychiatry,2005, 18(2):189-193.

④ Lotan M,Merrick J,Carmeli E.A review of physical activity and well-being [J].International journal of adolescent medicine and health,2005,17(1):23-31.

立健康档案,并持续追踪他们的健康数据;当地新闻媒体通过健康电视节目和广播进行健康舆论宣传,为项目的推行提供舆论环境。①

六、简要述评

其一,在体制机制方面:"体卫融合"运行机制、激励机制、服务收费机制、监管和评价机制改革不充分问题没有得到根本解决,针对顶层设计的制度问题缺乏有效的解决路径,面对条块管理体制单纯的联席会议制度的治理效能问题缺乏实证检验。

其二,在多元主体协同治理方面:缺乏对体卫融合多元治理机制的关注,智能化治理手段也鲜有涉及。另外,体卫融合协同治理内涵、核心内容、突破口以及治理边界的研究偏少。在微观技术层面、中观组织制度层面以及宏观战略层面,学界缺少提出深入推进体卫融合的全面解决方案,旨在为党和政府提供关于加快推进体卫融合工作的科学决策依据,改革体育与医疗卫生领域的资源配置与利用模式。

其三,在体育健康产业方面:尽管体卫融合产品和服务的潜在需求较大,但是受到居民健康意识和供给方面的影响,这些需求尚未转化为实际消费。需要从多方面出发,提升居民健康意识,优化供给,进一步释放体卫融合产品的消费潜力。产业转型升级问题的有效路径和对战略突破口的关注不够。公共健康服务的商业化体系建设与新业态之间的关联度缺乏足够的实证支撑。

其四,在政策法规体系方面:当前从政策工具的视角研究全民健身、体卫融合类政策法规,很多是偏向于定性类的描述,从体卫融合的视角,研究卫生健康促进类以及体卫融合专项类政策的偏少,而且没有深入透视体卫融合财税优化的政策支持环境和投融资实施方案。另外,体卫融合服务可及性的政策效果研究还没过多涉及。

其五,在服务模式发展定位方面:当前研究将场域限定在社区,也是以人民为中心最直接的体现。但研究中针对供给服务内涵挖掘、配套服务的可及性问题、资源配置效度、评价指标体系、居民诉求、财税政策支持、多元主体参与等还是涉及不足,而且针对已有困境所提出的针对性策略创新性不足。

综上所述,关于体卫融合更多停留在宏观的体制机制、中观的服务模

---

① Stanner S. At least five a week: A summary of the report from the Chief Medical Officer on physical activity[J]. Nutrition bulletin, 2010, 29(4):350-352.

式以及微观的推进困境类研究中。未来研究应更多地针对体卫融合服务的可及性、技术创新性、服务标准化体系方面进行完善和创新,不仅要强化体育与医疗方面的融合发展,而且要使体育、卫生、医疗三者实现防治融合,提高协同治理的有效性,并且要加强关于中国式现代化体卫融合业态创新的研究。

第三节 体卫融合研究动态与演变趋势

一、体卫融合研究动态

关键词是经过提炼而得的,主要源自现有论文的观点,通过对论文关键词进行提炼,找到关键词之间的主题属性,也可以从另一个角度传递出体卫融合研究领域的方向性问题和研究的热点动态,用以说明体卫融合领域以往和现在的研究趋势和研究焦点问题所在。

采用可视化统计分析软件,将节点替换为关键词,并把限定阈值调整为50。数据分析结果显示,有关体卫融合研究的关键词节点共计73个,节点之间的相互联系合作的连线高达203条,研究热点的密度共现值为0.08。由于关键词的多少主要通过节点的个数进行反映,所以体卫融合之间的关联密切程度存在差异。体卫融合的研究热点从频次和可视化中心度系统显示出,1998年以来的研究呈现出节点连线较多的现状。由图1-1可知,在体卫融合主题词的共现词中,体医结合、体医融合、健康中国、运动处方、全民健身等关键词再现程度最高,而且这些关键词与其他节点的主题词关联也比较密切,凸显了政策导向性特征,也反映了体卫融合研究热点与医学院校、健康促进、大健康教育之间形成了稳定的共线。另外,诸如医疗保障体系、运动康复、运动医学与中心词的距离较远,出现在核心词的最外围。这说明了当前学者的研究是紧贴国家政策法规的要求,也反映出我国体育事业发展迅速,带动了全民健身公共服务相关研究。从核心关键词的共现程度看,从体医结合向体医融合的过渡中,学者研究较多,但在体医融合向体卫融合转变的过程中,关键词共现程度较低,这主要是因为体卫融合是"十四五"规划中出现的新词汇,从引起学者关注到相关成果的解读与转化需要一定的时间周期。另外,新医改出台之后的公共卫生服务和公共医疗服务逐渐步入正轨,朝着防治融合的方向发展,这其中就含有体卫融合的影子。改革开放以来的体卫融合研究在指导地方实践方面的作用和功能没有得到最大限度的发挥,使得体卫融合在青少年体质健康促进、老年慢性病治疗等方面没有实现质的飞跃。这也意味着单纯的依赖被动型的治疗方案逐渐不能适应新时期居民对健康促进的服务诉求,以主动健康为背景的新型健康促进方案逐渐被提上日程,即破除体育、医疗、卫生三者之间的壁垒显得极为迫切,主动预防、健康促进、康复保健一体化健康链可以成为体卫融合未来的趋势。

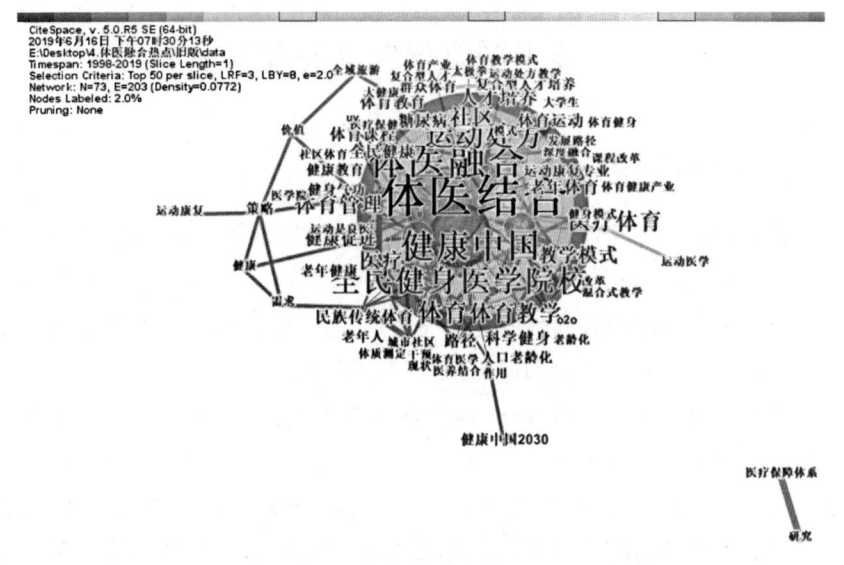

图 1-1 体卫融合研究主题词和关键词共现分布图

依据可视化分析工具,以关键词为聚类分析的关联词,探析关键词之间的内在联系和潜在关联。如图 1-2 所示,通过可视化分析工具得到体卫融合的聚类分析共现词,在图谱上共计出现 90 多个网络关键点,被 118 条连线关联,网络密度达到 0.03,共现关键 Q 值为 0.7,远高于临界值,这反映出通过可视化聚类分析得到的共现关键词图谱有意义,而且聚类结果比较合理。通过算法聚类分析,得到 10 个聚类关键词,主要包括复合型人才、医学院校、老年人、exercise、老年体育、价值、路径、体育健康产业、社区、体育教学。上述 10 个聚类关键词,揭示了当前我国体卫融合研究的整体概要。根据自动生成的聚类关键词图谱,结合纳入文献的特征,以及地方实践案例和典型经验做法,将我国体卫融合研究整合出 5 个知识体系。主要包括体卫融合的体制机制、模式、路径研究;体卫融合复合型人才培养及课程建设研究;老年人体医养整合及诉求研究;全民健身和全民健康深度融合研究;基于体卫融合的社区体育健康促进研究。

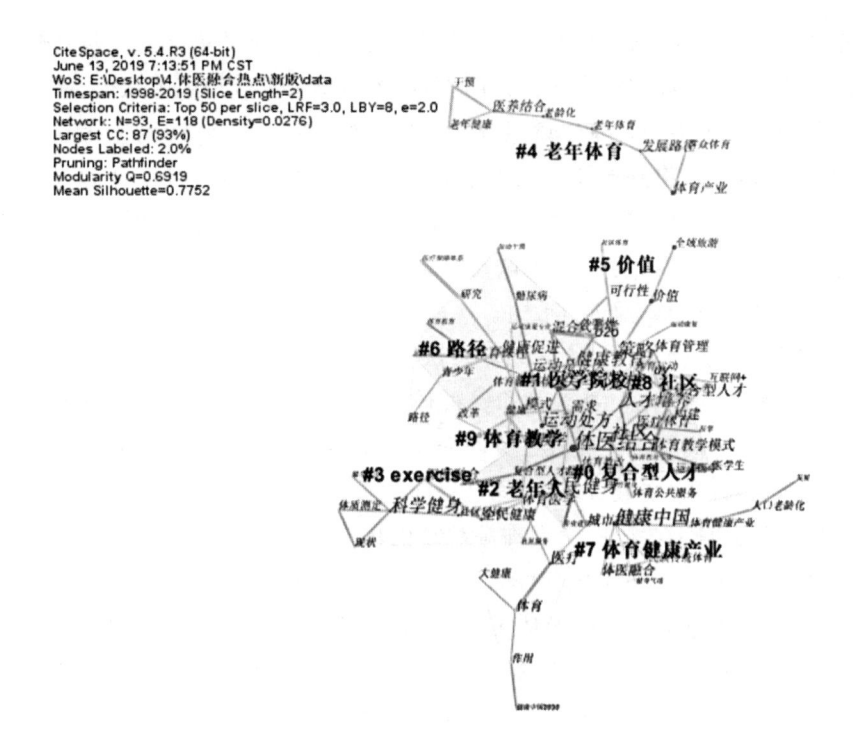

图 1-2　体卫融合研究聚类分布图

(一)体卫融合的体制机制、模式、路径研究

有关体卫融合的实践研究,相关学者从机制层面、模式层面、实施路径层面给出了不少有价值的观点和成果。比如,围绕体卫融合的运行,机制和组织结构进行理论层面的探讨,围绕体卫融合的服务模式进行了实践层面的案例分析,对比体育与医疗系统各自服务模式的区别与联系;围绕体卫融合的路径方面,从可操作层面、服务体系、服务机构质量评价方面进行探讨。从省部级课题的立项和选题指南方面看,机制、路径、模式一直是当前学者研究的热点范围。从国家政策层面看,《"健康中国 2030"规划纲要》《健康中国行动(2019—2030 年)》《全民健身计划(2021—2025 年)》等政策的密集出台,不断强化体育与医疗卫生融合发展及非医疗健康干预手段的创新,推进全周期全人群的健康管理和服务模式创新。国家政策主要发挥体育在健康促进、慢性病干预、康复治疗方面的价值和优势,其中并没有涉及体育与医疗卫生系统的分工,使得权责利边界仍不清晰。从体医融合到体卫融合内涵和外延都有所扩大,不仅仅要求体育与医疗进行合作,还要求有公共卫生服务参与其中,然而有碍于体育与卫生健康融合环境的缺乏,行业壁垒仍未消除、横向合作体制条块分割。这都是体卫融合内生协作动力不足的原因。有学者指出,体卫融合目前的制约因素主要包括政策法规协同缺失、体卫融合部门协同不足、体卫融合复合型人才缺失、体卫融合服务产业迟滞等。基于体卫融合的社区健康促进服务体系,应该建立在大健康视域下,将基层社区卫生服务中心作为重要平台,将体育健康服务纳入其中,促进体卫融合资源之间的融合共享。从共生角度看,体卫融合存在的问题在于共生单元关联羸弱,缺乏融合环境,其可以从认知、协同、分担、共享机制方面进行改进。

(二)体卫融合复合型人才培养及课程建设研究

复合型人才作为人才培养和课程体系建设的高频词,与医学高等学校、体育教育等高频词汇组成了关联密切的子矩阵网络。从体卫融合的复合型人才培养研究视域看,成明祥是目前文献被引量最高的作者。他针对新发展格局背景下我国医学类高等院校的体卫融合复合型人才培养方案进行分析,认为新形势下的医学高等院校应该组建体卫融合教学工作小组,围绕高等医学院校的生源质量、特征和市场对医学院校学生的需求情况,在以医学理论学习为中心的同时,兼顾体育健身理论知识传授和开设相关课程,制定新一轮体卫融合复合型人才培养的办法。探索围绕运动处方课程的改革和修订,对医学院校的医学类和体育类专业课程进行融合贯穿设计,打造新的体卫融合教学模式。有学者也进一步针对医学院校的体育课程改革进行研究,围绕医体融合专业人才培养方案和医体融合专业课程改革进行探讨,制定科学合理的效果评价体系。医体融合教学模式的改革提高了医学院校大学生的整体素养,使学生掌握了将运动处方和医疗处方相结合的实践能力,达到了人才培养的目标要求,对于探讨医学院校课程体系改革起到了一定的促进作用,也给同类院校的发展提供了参考。在人才培养的过程中,体卫融合复合型人才的打造不是只有依托高等院校这一条出路。随着学者们研究的深入,他们总结提炼出社会体育知识与社区卫生服务团队模式、医学知识和社会体育工作团队模式、社会体育知识和医学相关专业模式、医学知识和社会体育相关专业模式四种培养模式。从培养模式上看,概括了当前我国体卫融合人才培养模式,即由在职在岗的岗位培训和在校在读的学习教育培养组成。前者基数大,具有医疗执业资格证书可以很快转化为运动处方师;后者属于贯通制教育,属于系统性教育型,基础理论功底扎实。相比较而言,体育专业类院校的人才培养改革显得尤为重要。作为体卫融合的重要构成元素,体育院校不论是师资力量还是健身锻炼技能学习都有着得天独厚的优势,通过大力发挥体育院校的运动康复、运动保健专业优势,可以有效促进体卫元素相互渗透和深度融合。

(三)老年人体医养整合及诉求研究

最新的数据显示,我国已经进入老龄化时代。如何从老龄化过渡到健康老龄化成为学者们研究的热点主题,从体质健康的状况到体适能水平的提升是否可以改善老年慢性病患者的病情,降低因平衡能力不足导致的跌倒损伤的发生。老年人的体质健康问题成为体卫融合干预活动的关注点。对老年人进行体育健身和医疗卫生保健两方面的保障显得尤为迫切,这也凸显了体卫融合在积极应对健康老龄化问题上的功能价值。知识聚类结果显示,围绕老年人的共现关键词主要集中在体育健康需求方面,如老年体育、老年健康促进。在健康中国视域下探讨我国老年群体的体质健康促进政策问题,通过分析与老年人有关的体育、卫生健康政策方面的执行困境,如健康教育促进宣传、专业复合型人才培养、适老化的体育健身场地设施、非医疗干预性的诊治举措。另外,基于体卫融合的社区老年人健康促进方面的研究成果显示,老年人因自身问题对公共体育服务的利用率较低,依赖于公共卫生服务,而且不同年龄段、不同健康状况的老年人还存在认知偏差,这在一定程度上也制约了体卫融合理念的宣传。从一个角度看,这也与当前基本公共服务在基层供给侧改革不充分有关,导致适老化的设施、场地缺乏,未能给老年人提供专业的体育健身指导服务。

(四)全民健身和全民健康深度融合研究

全民健身和全民健康深度融合研究是整个体卫融合研究的核心内容,更是国家政策导向和学者们研究的热点之一。从政策协同角度看,如何推动全民健康与全民健身两者深度融合是引导体育与医疗卫生政策走向协同的关键点。从体育类政策看,从最初倡导融合理念的《"健康中国 2030"规划纲要》和《健康中国行动(2019—2030 年)》,到后续颁布的《全民健身计划(2021—2025 年)》《关于构建更高水平的全民健身公共服务体系的实施意见》《"十四五"体育发展规划》,再到医疗卫生领域的《中华人民共和国基本医疗卫生与健康促进法》《中国防治慢性病中长期规划(2017—2025 年)》《"十四五"国民健康规划》等文件的出台,预示着全民健身和全民健康深度融合政策逐渐走向协同。从共现词看,"运动是良医""科学健身""全民健身""全民健康""体育健康产业"等关键词是二者融合的聚集共现词。从体育和卫生健康的对接方面看,体卫融合的瓶颈主要在于认知观念障碍、工作机制障碍、财税政策支持障碍等。下一步应该围绕体卫融合的资源、技术、话语权进行充分融合。在体卫融合实践过程中,主要由体育类科研机构、运动医学研究所联合医疗机构单位成立体育健康促进中心,会同体育类高等院校、高等医学专科学校协同成立体育医疗合作共同体，形成全民健身与全民健康深度融合发展的良好局面。有学者提出可以采取双轨并行的策略促进全周期全人群的主动健康。因为仅依赖公共卫生机构开展健康促进显得有些力不从心，需要着力从体卫融合的角度切入促进健康治理方式朝着均衡、公平可及的路向发展。在大健康协同治理路径下，探讨体育融入大健康、大卫生中的实践方略，提升体育健康促进锻炼行为转变方面的价值和意义，革新大健康协同治理观念，形成体育健康促进与医疗健康促进的双重模式，对于完善整个公共卫生服务体系和医疗服务体系具有重要价值，尤其是对构建主动健康模式来说也是不可忽略的。体卫融合的本质就是要求全民健身和全民健康实现部门协同，要求各级体育和卫生健康机构承担起相应的责任和义务。探索健全体卫融合的科学健身模式是目前需要解决和落实的。科学的健身处方和健康指导需要运动医学、运动康复医学理论支撑，在医学知识和健身技能知识的加持下，体卫融合复合型人才才能得到有效的培育和培养。体卫融合从理论到实践层面的转化和跨越，需要打破全民健身与全民健康两者之间的机制壁垒、认知壁垒以及技术壁垒。

（五）基于体卫融合的社区体育健康促进研究

伴随着大健康领域治理体系的出现，大卫生观也逐渐被更多人认可和接受。在这种时代背景下，全球范围内的社区健康促进进入了融合发展阶段。传统意义上的社区健康促进主要有教育、政策法规、支持性环境在内的多重干预策略。从"社区"聚类关键词可以看出，功能价值、康复保健、融合策略、社会体育、社区、体育锻炼等共现词的聚集主要围绕某一中心问题进行探讨，如围绕社区健康促进中的健康素养水平、社区群众的体育锻炼标准、体质与健康状况、社会体育指导员培训等。从本领域的研究学者看，宣海德、赵仙丽、王慧超几位学者是高频被引作者。从社区体卫融合研究的渊源看，有研究者指出，基层社区的健康促进中具有体卫融合的影子，但这一阶段的体卫融合存在若干问题，诸如科学健身指导的水平不高、运动促进健康的理念还不被大众所接受、体质监测站点网络不健全、亚健康的健身处方干预效果不明显等。只有建立健全体卫融合的政策体系才能实现政策之间的协同治理，体卫融合的主体间责权利边界和关系定位不清晰也影响政策落地。可以尝试探索将国民体质监测站点网络融入社区，逐渐建立起具有示范带头作用的评估指导体系。另外，针对城市社区体卫融合的开展情况，有学者从构建公共体育服务体系和模式出发，设计出体卫融合的公共体育服务模式，主要服务内容涵盖国民体质测试、科学健身指导、体卫融合宣传教育,并将健康教育、卫生服务、体育锻炼进行有效的融合。另外,从慢性病人群的体卫融合干预前后的对比发现,体卫融合干预方案可以降低肥胖人群的血压、血糖水平,改善胰岛素抵抗的程度,降低身体脂肪含量。这反映出体卫融合疗法对降低肥胖人群的血脂、血压、血糖具有良好的效果,这为有效开发运动处方奠定了循证医学的证据。

二、体卫融合研究演进趋势

体卫融合的研究进展和演变趋势可以通过共现关键词和主题词的分布角度分析,很形象地将体卫融合研究热点和变化特征呈现出来,显示出体卫融合的研究动态。

(一)时区图演进趋势

从体卫融合发文时间和发文关键词展开研究,分析选取体卫融合的研究演变过程,研究发现从时间轴上看(图1-3),体卫融合的研究热点已经从最初的无序转变到现在的研究主题稳定,如2000年前后学者们主要围绕体卫融合的课程内容改革和教学模式构建进行深入探讨,之后逐渐切入体卫融合的复合型人才培养方面。随着全民健身上升为国家战略,以及国家倡导实施健康和健身的融合发展,体卫融合的研究开始围绕融合的本质特征、融合的内涵外延进行创新。

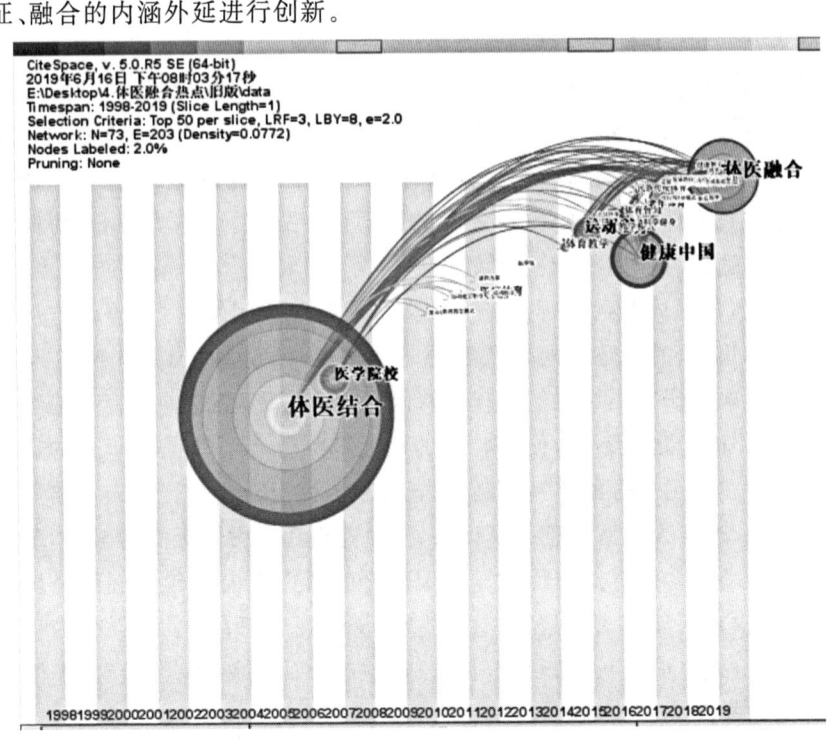

图1-3 体卫融合研究时区演进图

从研究方法的选取方面看,期初由于并没有清晰的研究范式,学者们多采用访谈法和问卷法进行实际调研,也有学者从哲学思辨的视角论证体育与医疗卫生融合发展的历史、现实逻辑,包括内涵的功能价值,现在有些学者更加聚焦微观视角的研究,从慢性病中的糖尿病、高血压、高血脂等进行体卫融合方面的设计与干预。而且地方实践中,更多的依托医疗机构的康复专科门诊和基层社区卫生服务中心进行干预。近几年体卫融合的服务模式、实施机制、实现路径也逐渐成为新的研究方向和主题。

(二)研究热点的变化特征

通过统计软件分析可知,在聚类分析过程中节点的数量反映了研究主题的活跃程度和密切程度。从体卫融合研究出现以来,体卫融合的研究热点和主题逐渐从体育与医疗的治病干预疗法、医疗与体育的特色诊断方法、高等院校医学改革、公共服务过渡到协同治理等主题,使体卫融合的研究范围和边界逐渐扩大,而且出现交叉融合的变化特点。近几年的体卫融合逐渐从宏观研究和微观研究向中观层面进行过渡,研究还发现公共服务的发文量呈现出增加的趋势,说明体卫融合的研究开始关注资源配置的供给问题,尤其是侧重研究资源结构是否均衡、可及问题。也有很多研究指出,目前不管是体育领域学者进行的体卫融合研究,还是医疗领域、公共卫生领域关于医疗体育的研究,均未能有效地构建出跨界治理、条款管理的服务模式、管理体制、组织机制,关键问题在于体医卫缺乏有效沟通和数据共享的端口,人才培养的准入机制和互认机制也没有健全,体育与医疗卫生融合发展的政策支持虽然逐渐出台,但还是缺乏进一步有效落地的配套政策和执行监督的评价体系。新时代在深化体制机制改革的背景下,研究出台有效打通体育与医疗卫生之间的顶层设计方案,为跨界融合、协同治理找到合适的合作路径。

总之,我国体卫融合研究整体发文特征按照时间轴看,从平缓增加向急速增加迈进,其中还有两个重要的时间节点,分别为2011和2018年前后。体卫融合研究领域虽然出现团队研究的模式,但是这种研究的趋势不明显,合作的稳定度不高,使得整体的研究机构分布不均衡。研究的热点主要集中在体卫融合的体制机制、模式、路径,体卫融合复合型人才培养及课程建设,老年人体医养整合及诉求,全民健身和全民健康深度融合,基于体卫融合的社会体育健康促进。体卫融合的研究方向和领域逐渐呈现出立体研究趋势,涉及宏观层面、中观层面及微观层面;跨学科研究趋势明显,协同治理将成为新的研究生长点,体卫融合研究热点更加趋向于体卫融合实施方案。

第四节 相关理论基础与研究方法

一、理论支撑

(一)结构功能主义理论

随着社会的发展和科技的进步,体育与卫生领域的融合越来越受到人们的关注。结构功能分析模型作为一种重要的社会科学研究方法,在许多领域都取得了显著的成果。本节将探讨结构功能分析模型在体卫融合领域的适用性,以期为后续研究提供理论基础和方法论指导。

1. 结构功能分析模型的基本原理

结构功能分析模型起源于20世纪50年代,它强调社会是一个复杂的系统,各个组成部分相互依赖、相互作用,共同维持社会的稳定和秩序。国内的侯钧生教授在《西方社会学理论教程》一书中详细介绍了结构功能主义理论的构建渊源、学派及主要观点,清晰地呈现了结构功能主义理论在多学科交叉应用中的实践。其理论认为,社会是一个集合体,通过各部分相互支撑构造成一个统一体,各个机制要素在集合体中发挥相应的作用。[1] 结构功能主义理论的主要目的是分析处理系统间的功能问题,其中结构功能理论的权威专家是帕森斯教授,其在功能主义的基础上构建出具有普适意义的分析模型。帕森斯结构功能主义理论模型是由适应功能、目标获取功能、整合功能和模式维持功能构成。[2]

2. 结构功能分析模型在体卫融合领域的应用

在体卫融合领域,结构功能分析模型可以用于分析体育与卫生之间的相互关系,以及它们在社会结构中的地位和作用。具体应用情况如下:

(1)分析体育与卫生在社会结构中的地位和作用。

运用结构功能分析模型,可以揭示体育与卫生在社会结构中的地位和作用,如体育对于促进个体身心健康、社会和谐稳定的功能,卫生对于保障人民生命健康、维护社会秩序的作用等。

(2)分析体育与卫生之间的相互关系。

结构功能分析模型可以用于分析体育与卫生之间的相互关系,如体育

---

[1] 侯钧生.西方社会学理论教程[M].4版.天津:南开大学出版社,2017.
[2] 梁思雨,杨光,赵洪波.体医融合视域下青少年身体姿态健康促进研究[J].沈阳体育学院学报,2021,40(4):8-14.

与卫生在政策制定、资源配置、服务提供等方面的互动,以及它们在促进全民健康、提高生活质量方面的协同作用。

(3)分析体卫融合发展的制约因素和动力机制。

运用结构功能分析模型,可以揭示影响体卫融合发展的制约因素和动力机制,如政策支持、资源配置、社会需求、技术进步等,为政策制定和实施提供依据。结构功能分析模型作为一种重要的社会科学研究方法,在体卫融合领域具有较高的适用性。运用结构功能分析模型,可以全面、深入地分析体育与卫生在社会结构中的地位和作用,以及它们之间的相互关系,为体卫融合领域的研究提供有力支持。

3. 结构功能分析模型在体卫融合研究中的方法论意义

结构功能分析模型在体卫融合研究中的方法论意义主要体现在以下几个方面。一是提供全面分析框架。结构功能分析模型提供了一个全面分析框架,有助于研究者从多维度、多层次全面把握体卫融合现状,避免片面理解和局部分析。二是强调动态性。结构功能分析模型强调社会现象的动态性,这有助于研究者关注体卫融合发展的动态过程,以及不同时期、不同背景下体卫融合的特点和规律。三是注重功能分析。结构功能分析模型注重从功能角度进行分析,有助于研究者关注体卫融合的实际功能和效果,以及如何更好地发挥体育和卫生在促进全民健康方面的协同作用。四是强调系统性和综合性。结构功能分析模型强调社会现象的系统性和综合性,有助于研究者把握体卫融合现象背后的社会结构、文化、经济、政治等因素,以及它们之间的相互关系。

结构功能分析模型作为一种重要的社会科学研究方法,在体卫融合领域具有较高的适用性。运用结构功能分析模型,可以全面、深入地分析体育与卫生在社会结构中的地位和作用,以及它们之间的相互关系,为体卫融合领域的研究提供有力支持。同时,研究者还需关注结构功能分析模型在体卫融合研究中的局限性,并采取相应的应对策略,以提高研究的科学性和实用性。

(二)协同治理理论

协同治理理论作为一种重要的治理理论,强调治理过程中的协商、合作、协调等行为,有助于提高治理效率,实现公共利益最大化。分析协同治理理论,有助于更好地理解和应用这一理论,为我国公共事务治理提供理论支持。学术界对于协同治理的概念内涵还没有形成统一的定义。1995年,联合国全球治理委员会最早给出了明确而权威的界定,协同治理是个人、公共及私人机构管理他们共同事务的全部行动。

1. 协同治理理论的核心概念

(1)治理主体。

协同治理理论中的治理主体包括政府、企业、社会组织、公民等。这些主体在治理过程中各司其职,共同参与公共事务的决策和管理。

(2)治理网络。

治理网络是指由多个治理主体组成的网络结构,包括正式和非正式的互动关系。协同治理理论强调治理网络的重要性,认为网络中的互动关系对治理效果具有重要影响。

(3)协同治理模式。

协同治理模式是指在治理过程中,各治理主体通过协商、合作、协调等手段,共同解决问题,实现公共利益最大化。

2. 协同治理理论的基本原理

协同治理理论主张通过多元主体之间的合作与互动,实现公共事务的有效治理。这一理论强调治理过程中的协商、合作、协调等行为,以期提高治理效率,实现公共利益最大化。协同治理理论的基本原理包括以下几个方面:

(1)强调治理主体的多元性。

协同治理理论认为,公共事务的治理应由多个利益相关者共同参与,而非单一的政府或市场。这些治理主体在治理过程中相互依赖、相互制约,共同维护公共秩序和公共利益。

(2)注重治理过程中的协商与合作。

协同治理理论强调治理过程中各治理主体之间的协商与合作,认为通过协商可以达成共识,提高治理效率。同时,合作有助于各方共同解决问题,实现公共利益最大化。

(3)倡导分权和自主治理。

协同治理理论倡导权力下放,鼓励地方和基层组织在治理过程中发挥自主作用。这一理念有助于调动治理主体的积极性和创造性,提高治理效果。

3. 协同治理理论在实践中的应用

(1)环境保护。

在环境保护领域,政府、企业、社会组织等治理主体协同治理,共同解决环境问题,努力实现可持续发展。

(2)城市治理。

城市治理中,政府与企业、社会组织等协同治理主体共同参与城市规划、建设和管理,提高城市治理水平。

(3)公共安全。

在公共安全领域,政府与社会组织、公民等协同治理,共同维护社会稳定和安全,保障人民生命财产安全。

4. 协同治理用于指导体卫融合实践

本书将按照协同治理理论框架分析体育和医疗卫生部门在政策协同治理、体制机制协同、供需匹配方面的治理路径,分析探究体卫融合服务如何更好地实施供给,即对供给机制进行创新研究:体卫融合服务系统内部各组成要素之间如何实现均衡关系、进行科学合理的协同治理,协同治理理论的运用将会为解决体卫融合服务供给创新问题提供良好而有益的启示。

(三)利益相关者理论

利益相关者理论源于20世纪60年代的美国,由学者Freeman首先提出。在此之前,企业治理主要关注股东利益,认为公司的目标是追求股东价值最大化。然而,随着企业与社会的关系日益紧密,人们逐渐认识到企业决策和行为对社会、环境和其他利益相关者的影响。因此,利益相关者理论应运而生,强调企业在决策过程中应考虑到所有利益相关者的利益,而不仅仅是股东的利益。

1. 利益相关者理论的核心概念

(1)利益相关者。

利益相关者是指与决策结果有直接或间接利益关系的个体或组织,包括股东、员工、顾客、供应商、社会团体等。

(2)利益相关者分析。

利益相关者分析是指在决策过程中,对企业内外部的利益相关者进行识别、评估和排序,以确定各利益相关者的权重和影响力。

(3)利益相关者参与。

利益相关者参与是指在决策过程中,邀请利益相关者参与讨论和决策,以实现多方共赢和可持续发展。

2. 利益相关者理论的基本原理

利益相关者理论主张在决策过程中,应考虑到所有与决策结果有直接或间接利益关系的个体或组织,而非仅关注股东利益或企业利润。这一理论强调治理过程中的多元利益相关者的参与,以期实现可持续发展和社会责任。

(1)强调多元利益相关者的参与。

利益相关者理论认为,企业决策应考虑到各类利益相关者的需求和利益,而非仅关注股东利益。这些利益相关者包括股东、顾客、供应商、社会团体等。

(2)重视长期利益。

利益相关者理论强调企业在决策过程中应兼顾各方利益,关注长期发展。这有助于维护企业与利益相关者之间的合作关系,实现可持续发展。

(3)倡导企业社会责任。

利益相关者理论倡导企业承担社会责任,关注利益相关者的福祉。这有助于提升企业的社会形象,为企业创造良好的发展环境。

3. 利益相关者理论用于指导体卫融合实践

在体卫融合实践中,利益相关者理论提供了一个分析和处理各方利益关系的框架。利益相关者理论认为,组织的行为和决策应该考虑到所有与组织有关联的利益相关者的利益。

首先,政府是体卫融合的重要推动者,也是最大的利益相关者。政府应当制定相关政策,引导和推动体卫融合的发展。同时,政府也需要投入必要的资金和资源,保障体卫融合的顺利进行。在此过程中,政府需要平衡各方利益,确保体卫融合的发展符合国家和社会的整体利益。

其次,体育和卫生健康部门是体卫融合的具体执行者,也是重要的利益相关者。这两个部门需要打破传统的行政壁垒,实现信息、资源、技术等方面的共享,共同推进体卫融合的发展。在此过程中,体育和卫生健康部门需要考虑到自身的利益,同时也需要考虑到其他利益相关者的利益。

最后,社会组织和企业也是体卫融合的重要利益相关者。社会组织可以积极参与体卫融合的宣传、推广和实施,为企业提供技术支持和专业指导。企业则可以发挥市场机制的作用,投资研发体卫融合产品和服务,满足公众多样化的健康需求。在此过程中,社会组织和企业需要平衡自身的利益和整体的利益。

运用利益相关者理论理解和处理体卫融合实践中的各种利益关系,可以推动体卫融合的顺利进行,找到改进体卫融合实践的路径和方法,提高体卫融合的效率和效果。

(四)共生理论

共生理论是生物学领域中一个重要的概念,它描述了生物之间相互依赖、共同生存的现象。共生理论源于生物学的共生现象,指的是两种或多种生物相互依赖、共同生存的生态关系。共生理论包括互利共生、竞争共生、偏利共生和中性共生等类型。在生态系统中,共生关系有助于维护生物多样性、提高生态系统的稳定性和生产力。

1. 共生理论的核心概念

(1)共生。

共生是指不同物种之间通过相互依赖、相互合作的关系共同生存和繁衍的现象。

(2)共生关系。

共生关系是指生物之间通过相互依赖、相互合作而形成的一种特定的关系,包括互利共生、竞争共生和腐生共生等。

(3)共生现象。

共生现象是指生物之间在共同生活过程中所表现出的各种现象,如互惠共生、相互依赖、协同进化等。

2. 共生理论的基本原理

共生理论主张不同物种之间通过相互依赖、相互合作的关系共同生存和繁衍。这一理论强调生物之间的互动和互利共生,以期达到生物多样性和生态系统的稳定。共生理论的基本原理包括以下几个方面:

(1)强调生物之间的相互依赖。

共生理论认为,生物之间存在着密切的相互依赖关系,某些物种通过与其他物种的合作可以获得更多的资源和生存机会。

(2)重视生态系统的稳定和平衡。

共生理论强调生态系统的稳定和平衡,认为生物之间的共生关系有助于维持生态系统的稳定,防止物种灭绝和生态失衡。

3. 共生理论在实践中的应用

(1)生物多样性保护。

在生物多样性保护方面,共生理论有助于提高人们对共生现象的认识,加强对共生物种的保护。

(2)生态系统恢复和修复。

在生态系统恢复和修复方面,共生理论可以指导人们合理利用共生关系,促进生态系统的稳定和平衡。

(3)农业和养殖业。

在农业和养殖业方面,共生理论可以应用于种植、养殖和微生物发酵等,以提高产量和品质,减少环境污染。

4. 共生理论用于指导体卫融合实践

共生理论作为一种重要的生态学理论,关注生物之间的相互依赖和互利共生关系,有助于维护生态系统的稳定和平衡。运用共生理论,有助于调动社会、市场及私人等多元主体参与治理的积极性,构建需求的表达机制和反馈通路。共生模式理论框架可以用于阐释居民诉求表达不畅和体卫融合的多中心治理问题。从共生界面(体卫融合委员会)、共生单元(居民自治组织、社区体育俱乐部、社区卫生服务中心)、共生基质(设备、人才、技术、资金),为居民诉求中的体卫融合共生和协同发展提供更多的能量支持和物质保障。

二、研究方法

(一)软系统方法

软系统方法是一种解决问题和制定决策的系统化方法。它通过七步循环法来逐步分析和解决问题。在体卫融合服务质量评价中,运用软系统方法,可以逐步逐层分析体卫融合服务质量相关问题,系统地理解体卫融合服务质量,并提出更加切实可行的评价指标体系设计方案。软系统方法的七步循环法包括:(1)确定问题;(2)分析现状;(3)制定目标;(4)提出方案;(5)评估方案;(6)实施方案;(7)反馈与调整。运用这一方法,可以更加全面地考虑体卫融合服务质量评价中的各种因素,从而制定出更科学、更合理的评价指标体系。

(二)专家访谈法

专家访谈法是一种通过与专家进行深入交流,获取专业意见和信息的方法。在对专家进行有关评价指标体系构建的背景、目的和意义、指标的重要性方面访谈的同时,运用德尔菲法设计问卷进行三轮专家咨询,并运用李克特五级量表定性的优化评价指标体系。通过专家访谈法可以了解到体卫融合服务质量评价中的关键问题和重要指标,为评价指标体系的构建提供有力支持。同时,采用专家访谈法可以了解评价指标体系在实际应用中的可行性和有效性,从而使评价指标体系更加符合实际需要。

(三)层次分析法

层次分析法是一种通过比较各级指标的重要程度,来确定具体评价指标权重的科学方法。通过层次分析法并运用五级量表定量可以确立具体评价指标的权重。层次分析法可以从定性和定量两个方面确立评价指标的权重。通过这一方法,可以更加客观地确定各个评价指标在评价体系中的地位和作用,从而使评价指标体系更加科学、合理。

(四)田野调查法

田野调查法是一种深入实际,通过对实际现象的观察和记录,来获取第一手资料的方法。在体卫融合服务质量评价中,课题组通过深入体卫融合机构、监管机构、体育与卫生主管部门等实务部门开展调研,对体卫融合服务案例、调研数据等进行整理和类型化研究。通过田野调查法，课题组了解到体卫融合服务在实际运作中的具体情况，以及服务提供者和接受者的需求和期望。这将有助于更好地理解体卫融合服务质量，并为其评价提供有力依据。

(五)多学科综合研究法

多学科综合研究法是一种综合运用多个学科的知识、理论和方法，来解决复杂问题的研究方法。由于本书的内容涉及多个学科领域，可以力求综合运用自身具备的知识、所掌握的文献材料等进行研究，特别是对人口学、社会学、管理学等学科的理论知识和研究方法的吸收和借鉴。在体卫融合服务质量评价中，运用多学科综合研究法可以从不同角度和层面全面分析体卫融合服务质量，从而使评价更具深度和广度。此外，运用多学科综合研究法还有助于发现和解决评价过程中可能出现的各种问题，提高评价的质量和效果。

(六)数据挖掘技术

数据挖掘技术是一种从大量数据中提取隐藏的、未知的、有价值的信息和知识的方法。在体卫融合服务质量评价中，运用数据挖掘技术对收集到的各种数据进行分析，可以发现其中的规律、趋势和异常情况。这将帮助相关研究人员更好地理解体卫融合服务的现状和问题，并为服务质量的改进提供依据。通过应用数据挖掘技术可以更加客观、准确地评价体卫融合服务质量，并为服务质量的改进提供有力支持。

(七)公众满意度调查

公众满意度调查是一种通过收集公众对某一事物的满意程度，来评价其质量的方法。在体卫融合服务质量评价中，可以运用公众满意度调查，了解公众对体卫融合服务的满意程度，从而为服务质量的评价提供依据。通过公众满意度调查，可以更加直观地了解体卫融合服务的质量，从而为服务质量的改进提供指导。

第二章　中国体卫融合发展历程与价值

本章通过对"中国体卫融合发展历程与价值"的分析,形成以下观点:

(1)我国体卫融合发展经历了新中国成立初期的萌芽期、改革开放后的复苏期、世纪之交的形成期、走向新时代的确立期、新发展阶段的转型期5个阶段。

(2)加强政策制定与实施之间的衔接,推动体卫融合在实际工作中的落地生根。拓宽体卫融合的推广渠道,通过公众宣传教育、专业培训等方式,提高社会各界对体卫融合的认识和参与度,形成全民关注、参与的健康促进新格局。

第一节　中国体卫融合发展的基本历程

一、以医疗体育为发展方向的萌芽期

新中国成立初期,国家针对健康人群和患病人群制定了一系列国家层面的法律法规。如全国政协第一届全体会议就首次在宪法性文件中明确规定,新中国"提倡国民体育"。为了加大国民体育的推广力度和提高普及率,1954年1月,中共中央批转中央人民政府体育运动委员会党组《关于加强人民体育工作的报告》的指示中指出:改善人民的健康状况、增强人民体质,是党的一项重要政治任务。同年3月,政务院公布《关于在政府机关中开展工间操和其他体育活动的通知》,要求"人人都要锻炼,天天要上操场,为人民健康工作50年"。

在健康人群方面,"劳卫制"的实施采取的是跨部门协同联动的模式,这也是体育与医疗卫生领域最早实行跨部门协同配合的历史起点。全国范围内各级各类体育运动委员会分别负责领导和监督全国或属地辖区的劳卫制工作;各类工会和教育部门分别负责领导职工和大中小学校的劳卫任务;卫生部门负责医务监督和预防工作。

在患病人群方面,医疗体育发挥了重要的桥梁作用。医疗体育即体育疗法,是一种医疗性质的体育活动,包括各种特定的医疗体操、气功和器械

体操等。医疗体育是防病、治病的有效手段,也是运动康复中的重要防治手段,其主要目的是促进患病人群功能失常的康复,主要依托医院进行临床观察和康复治疗。毛泽东主席和周恩来总理对医疗体育作过多次批示,要求把医疗卫生和体育结合起来,在医院层面开展多种多样的群众性医疗体育活动。

二、以学校体育卫生为发展方向的复苏期

这一时期国家密集出台了一系列学校体育的政策保障性文件。1979年5月扬州会议的召开标志着体育卫生工作出现了新的转机。扬州会议主要针对当时我国各级各类学校体育领域的系列问题进行一系列调整,从此,我国学校体育工作进入稳步发展阶段。同年,我国恢复在国际奥委会的合法席位,使得参加奥运会、夺取好成绩成为当时中国体育的一项政治任务。这也造成后来一段时间更为重视竞技体育,而忽视群众体育工作。随着经济社会发展和改革进程的加快,20世纪80年代中期,体育界开始对国家体委方针政策进行审思,逐渐扭转了全民健身与竞技体育的非均衡发展状态。1987年召开的全国体育发展战略研讨会,提出"以青少年为重点的全民健身战略和以奥运会为最高战略的竞技体育发展战略同步协同"[①]。

三、以体医结合为发展方向的形成期

1992年邓小平发表南方谈话后,体育领域也开始了实质性的改革酝酿,这促进和加快了发展体育事业的法律、法规等纲领性文件的形成,使我国体育事业进入了有法可依、协调发展的快车道。社会转型和经济转轨是这一特殊时期公共体育服务发展的主要内驱力。1993年,国家体委在《关于深化体育改革的意见》中提出针对全民健身的改革举措——制订全民健身计划。在围绕全民健身的政策试验和社会调查过程中,国家体委连续两年将全民健身计划作为全国体育工作会议的重要议题,一时间各方媒体对其进行了大量的专题报道,起到了舆论宣传的作用。

1995年6月,国务院发布了《全民健身计划纲要》,与此同时,全国人大常委会在通过的《中华人民共和国体育法》中做出详细规定,"体育工作坚持以开展全民健身活动为基础"和"国家推行全民健身计划",这说明全

---

① 马宜建.继续开拓具有中国特色的社会主义体育道路:1990年全国体育发展战略讨论会综述[J].体育科学,1990(4):1-2.

民健身上升为国家战略,也反映出全民健身具有了法律地位。这使得全国群众体育现状调查与国民体质监测工作步入正轨,另外,也为下一步能够进行体医结合的健身指导奠定了前期的基础。

2002年,党的十六大形成了较为完善的"全民健身体系"。2004年,北京首家医体结合的健身中心宣告成立,随后可以开具运动处方的体质监测指导中心也逐渐涌现出来。有关资料显示,体育院校医学专业"医体结合"是体医结合的最早改革试点。在20世纪60年代初,成都体育学院就开始设置医学专业来探索医学专业在体育领域存在的必要性和可行性,摸索出运动与医学相结合的办学模式,为国家培养了大批临床医疗和运动医学复合型专业人才。

紧接着,医学院校也迎来体育教学和复合型人才培养的改革。医学院校的体育教学不仅具备了一般院校体育的共性,还突出了医学专业的特殊性。体育运动的目标是通过增强体质来促进健康;医学工作的目标是通过防治疾病进而维护健康。因此,体育和医学具有一定融合性。

四、以体医深度融合为发展方向的确立期

2009年《全民健身条例》(以下简称《条例》)的出台,标志着全民健身事业又上了一个新的台阶。同年3月,中共中央、国务院向社会公布了《关于深化医药卫生体制改革的意见》,简称"新医改"。新医改的出现预示着体医融合发展进入了一个新的历史阶段。自2011年起,国务院便开始持续执行5年一个周期的全民健身计划,并要求全国各地在县级以上各级地方政府制定推行适合本区域内实施的全民健身实施计划。[1]

2014年,国务院印发《关于加快发展体育产业促进体育消费的若干意见》(国发〔2014〕46号),将全民健身上升为国家战略。2015年10月,党的十八届五中全会再次提出,加快推进"健康中国"建设。随着《体育发展"十三五"规划》《全民健身计划(2016—2020年)》《"健康中国2030"规划纲要》等政策文件的实施,体卫融合的战略地位得以凸显,逐步开始向提升全周期全人群全民族的健康素养发展,要求推动形成体医融合的疾病管理与健康服务新模式。

体卫融合被纳入完善全民健康生活方式的关键路径,这将是实现健康中国建设乃至推动体育强国建设的重要途径,从而发挥其在健康中国建设

---

[1] 于善旭.论我国全民健身的宪法地位[J].体育科学,2019,39(2):3-14.

中的应有功能价值。① 在党的十九大报告中,习近平总书记再次强调,"广泛开展全民健身活动,加快推进体育强国建设",这为全民健身工作指明了发展方向。政策的出台是推进实施健康中国战略,由体育大国迈向体育强国的目标使然。随后,健康中国行动推进委员会又印发了《健康中国行动(2019—2030 年)》,它明确指出了这次行动的指导思想和主要原则以及主要内容,还有组织实施的要求。健康中国行动相关文件使健康中国建设有了实实在在的着力点,便于执行和落实到具体行动目标上。将健康中国建设有关指标纳入政绩考核评价体系中,将使政策执行力度得到强有力的保障,再次彰显国家提高国民健康水平,推动健康中国、体育强国建设的初衷。体医融合不是结果与终点,而是"治未病""防未病"过程中的协作方式。

这一时期,关于体医融合的科学研究,国内很多学者围绕体医融合的不同维度进行经验介绍、机制分析以及路径构建,但"体医融合"服务模式尚未形成固定化的内容和形式,即还没有一个通用的健康服务模式。

五、以体卫融合为发展方向的转型期

2021 年 3 月 11 日,十三届全国人大四次会议表决通过了关于国民经济和社会发展第十四个五年规划和 2035 年远景目标纲要的决议,这预示着新的五年计划的开启。从体医融合到体卫融合虽然只有一字之差,但是融合的内涵和意义呈现出显著的不同,这体现了融合发展要走内涵式发展道路,更体现出中国式现代化背景下体育与卫生健康融合的时代功能。以主动健康为引领的健康促进新模式便成为新的时代命题。"医防融合"是从医疗端口针对疾病防、控、管融合发展的新型医疗卫生服务模式,体卫融合便在这种背景下诞生。

体卫融合的转型发展正在深刻地改变着体育与医疗机构的职能和角色。这种变革使得这些机构能够更主动地参与到慢性病防控工作中来,打破了过去仅由疾控机构负责慢性病预防工作的局面。现在,体育和医疗机构正在与疾控机构合作,共同主导一些慢性病的防控工作,疾控机构则提供技术支持。这种新型模式的优势在于,体育和医疗机构能够利用其专业知识和技能,为慢性病防控工作提供更全面和专业的支持。例如,医疗机构可以提供医学检测和治疗服务,体育机构则可以通过运动疗法等方式,

---

① 张剑威,汤卫东."体医结合"协同发展的时代意蕴、地方实践与推进思路[J].首都体育学院学报,2018,30(1):73-77.

为患者提供非药物治疗方案。这不仅有助于提高慢性病的防控效果,还能够促进不同机构之间的合作和协调,实现资源的最大化利用。同时,这种模式也能够提高公众对慢性病的认识和防控意识,让更多的人参与到慢性病防控工作中来,共同打造健康的生活环境。在实践中,这种体卫融合的转型发展模式还需要不断完善和优化。不同机构之间的协调和合作需要更加紧密,人员培训和技术交流也需要得到进一步加强。同时,还需要探索更多的慢性病防控方案,以满足不同人群的需求。体卫融合的转型发展为慢性病防控工作带来了新的机遇和挑战。通过加强不同机构之间的合作和协调,以及探索更多的防控方案,我们可以共同提高慢性病的防控水平,为人民群众的健康保驾护航。

进入新时代,体卫融合发展迎来了新的战略布局期。一方面,国家政策的引导和支持为体卫融合提供了有力保障,例如《"健康中国2030"规划纲要》等文件的出台,为体卫融合的发展指明了方向。另一方面,社会各界对健康问题的关注度不断提高,为体卫融合提供了广泛的社会基础。在这个阶段,体卫融合发展呈现出以下特点:一是以全民健康为中心。体卫融合发展的核心目标是提高全民健康水平,将体育和医疗卫生资源有机结合,形成协同效应,满足人民群众多样化的健康需求。二是跨界合作与创新。体卫融合发展需要体育、医疗卫生等领域的专业人才共同参与,通过跨界合作实现技术创新、服务创新和模式创新。三是信息化驱动。借助互联网、大数据、人工智能等现代信息技术手段,为体卫融合发展提供智能化支持,以提高服务效率和质量。四是产业融合。体卫融合发展将带动体育、医疗卫生等相关产业的发展,形成产业链、价值链的整合,为经济增长注入新动力。

第二节 中国体卫融合发展的价值意蕴

体卫融合发展作为一种创新性的健康促进模式,正逐渐成为我国健康事业的重要发展方向。本节将从主动健康促进、慢性病防治、防治融合发展、全民健身公共服务、协同治理、创新大健康业态融合六个方面阐述体卫融合的价值。

一、实现主动健康促进

体卫融合发展将体育与卫生相结合,强调从源头上预防和控制疾病,实现主动健康促进。主要通过推广科学的运动锻炼方法和健康知识,引导人们树立正确的健康观念,培养健康的生活方式,从而降低患病风险,提高全民健康水平。其一,培养健康生活方式,使人们从源头上预防和控制疾病,降低患病风险。这对于公民提高体质、减少疾病发生、延长寿命具有积极作用。其二,减轻社会医疗负担。实现主动健康促进,有利于减轻社会医疗负担。通过加强健康教育、倡导科学运动、推广健康生活方式等手段,可以引导人们主动关注和维护自身健康,减少不必要的医疗资源消耗。这有助于缓解我国医疗资源紧张的状况,降低社会医疗成本,提高医疗服务质量。其三,提高全民生活质量。实现主动健康促进,有利于提高全民生活质量。健康是人们享受美好生活的基础,只有拥有健康的身体和心理,人们才能全身心地投入工作、学习和生活中。通过主动健康促进,有助于增强人们的幸福感和获得感,促进社会和谐稳定。

二、优化慢性病防治服务模式

慢性病已经成为影响我国居民健康的主要因素,体卫融合发展从预防和控制慢性病的发生入手,将体育活动和健康教育纳入慢性病的综合防治体系。通过科学的运动处方和健康教育,帮助患者改善生活方式,提高生活质量,减轻社会和家庭的疾病负担。一是提高慢性病防治效果。优化慢性病防治服务模式有助于提高慢性病防治效果。通过改进慢性病防治政策、完善服务体系、提高服务质量、加强基层医疗卫生机构建设等措施,可以更好地满足患者的需求,降低慢性病患者的发病率和死亡率,提高患者的生活质量和健康水平。二是降低因病返贫的概率。优化慢性病防治服务模式有利于降低因病返贫的概率,减轻慢性病患者及家庭的医疗费用负担。这对于缓解我国医疗资源紧张状况、降低社会医疗成本具有积极作用。三是促进健康产业发展。优化慢性病防治服务模式有助于促进健康产业的发展。随着人们对健康的关注度不断提高,健康产业正逐渐成为我国经济发展的新引擎。优化慢性病防治服务模式,将推动相关产业的创新和发展,为经济增长注入新的活力。四是推动健康中国建设。优化慢性病防治服务模式是实现健康中国建设目标的重要途径。慢性病防治是健康中国建设的重要组成部分,优化慢性病防治服务模式,有助于全面推进健康中国建设,增进全体人民健康福祉。

三、促进防治融合发展

体卫融合发展促进了体育与卫生资源的整合和优势互补,形成了以防病、治病、康复为一体的健康服务体系。构建多元化的健康服务网络,可以提高健康服务的可及性和针对性，满足人们多样化、个性化的健康需求。通过加强疾病预防和治疗，实现预防、治疗、康复等环节的无缝衔接，帮助人们从源头上预防和控制疾病，降低患病风险。这对于提高全民体质、减少疾病发生、延长寿命具有积极作用。

四、提升全民健身公共服务水平

在健康中国战略背景下，提升全民健身公共服务水平与体卫融合发展相互促进具有重要意义。一是增强全民健康意识。提升全民健身公共服务水平，有助于增强全民健康意识，使人们更加重视体育锻炼在预防和治疗疾病中的作用，从而更加积极地参与体育锻炼，形成健康的生活习惯。二是丰富体卫融合服务内容。随着全民健身公共服务水平的提升，越来越多的体育场馆、健身设施和活动将融入健康元素，为人们提供更加丰富多样的体卫融合服务。三是促进体卫融合政策制定和实施。全民健身公共服务水平提升将促使政府更加重视体卫融合工作，加大政策制定和实施的力度，推动体卫融合在更大范围内推广和应用。相关部门应当采取有力措施，全面推进提升全民健身公共服务水平与体卫融合工作，为提高全民健康水平、减轻社会医疗负担、提高全民生活质量、推动健康产业发展、推动健康中国建设做出更大贡献。

五、提高协同治理效能

体卫融合发展促进了政府、社会、市场等多方力量的积极参与，推动了健康领域各主体共同发力，共同为健康中国建设贡献力量。一方面，协同治理效能对体卫融合的促进作用主要表现在可以优化资源配置。提高协同治理效能，有助于优化体卫融合相关的政策、资金、人才等资源配置，为体卫融合工作提供有力保障；增强部门合作，提高协同治理效能，有助于形成推动体卫融合工作的强大合力；提升政策执行效果，提高协同治理效能，有助于确保体卫融合政策的落地生根，实现政策目标。另一方面，体卫融合对协同治理效能的提升作用表现在体卫融合将体育和卫生领域的优势资源进行整合，为协同治理提供更多创新手段和途径。

六、创新大健康业态融合发展

在新时代健康中国战略背景下，创新大健康业态融合发展具有重要的价值和意义。这不仅是推进健康中国建设、增进全体人民健康福祉的重要途径，而且是减轻社会医疗负担、提高全民生活质量的关键举措。一是通过整合健康、医疗、养老、体育、教育等领域的资源和优势,实现多元化、全方位的健康服务,帮助人们从源头上预防和控制疾病,降低患病风险。二是促进产业结构优化升级。创新大健康业态融合发展,有利于促进产业结构优化升级。在新时代背景下,健康产业已成为我国经济发展的新引擎。通过创新大健康业态融合发展,可以激发健康产业的市场需求,推动相关产业的创新和发展,实现产业转型升级,为经济增长注入新的活力。三是满足多样化健康需求。创新大健康业态融合发展,有利于满足人们多样化、个性化的健康需求。随着生活水平的提高,人们对健康服务的需求越来越多样化。创新大健康业态融合发展,可以提高全民生活质量。四是推动健康科技创新。创新大健康业态融合发展,有利于推动健康科技创新。在大健康业态融合发展的过程中,将催生出许多新的技术、产品和服务,推动健康科技创新,为提高全民健康水平提供有力支撑。五是助力健康中国建设。创新大健康业态融合发展是实现健康中国建设目标的重要途径。

第三章　体卫融合要素维度探析

在新时期经济转型发展的背景下,供给侧结构性改革也进入了深水区,调整与优化产业结构能够不断提高各种生产要素资源之间的配置效率,实现公共服务的最优化升级。体卫融合发展亦不是空中楼阁,理想化建构并不能适应现实诉求,应从融合主体、融合环境、融合方式、融合服务等方面做好纵向的衔接发展。

本章通过对"体卫融合要素维度"的分析,形成以下观点:

(1)在融合主体方面,政府、社会、市场、民众四位一体的联动机制有待优化。

(2)在融合环境方面,需要增加社会参与服务全民健康的力量,建立起体育界与医疗卫生界之间的融合机构才是破壁之道。

(3)在融合方式方面,体卫融合的大健康治理逻辑应该是体卫融合以服务综合体的方式独立存在,省域间已经通过地方特色探索出众多的体卫融合服务新模式。

(4)在融合服务方面,需要破解民众对高品质生活的迫切期盼与运动健康产业供给侧结构性改革进程缓慢的不平衡,以及快速推进体育医疗融合新业态发展与复合型专业人才缺乏的不平衡等矛盾。

第一节　体卫融合主体辨析

一、政府的角色定位与管理错位

党的十八届三中全会提出了处理政府与市场的关系,要从供给端进行结构性改革。在这种背景下,就要防止政府过多的直接干预,弱化市场机制的作用。否则容易导致资源错配和效率低下,同时也容易导致市场的不稳定和不可持续性。因此,政府需要重新审视其角色定位,更好地平衡供给侧和需求侧的发展,以实现经济的高质量发展。一是政府应该把更多的精力放在供给侧,即促进经济结构调整、优化产业布局、提高科技创新能力和质量等方面。这需要政府采取一系列措施,如优化营商环境、加大科技创新投入、推进市场化改革等,以提高市场效率和竞争力。政府应合理配置和优化体卫领域的资源,包括资金、人才、技术等,以提高资源利用效率,为体卫融合提供有力支持。二是政府还需要避免过度干预市场。政府应该明确自己的职责和权限,避免越俎代庖,同时在市场失灵时要及时干预,避免市场失灵对公共利益造成损害。政府应制定一系列政策,如财政支持政策、税收优惠政策等,以激励企业、社会组织和个人积极参与体卫融合,推动体卫融合的快速发展。三是政府应加强部门间的协同,打破信息壁垒,实现信息共享,提高政府服务效率,为体卫融合创造良好的政策环境。总之,政府在体卫融合过程中扮演着至关重要的角色。政府需要充分发挥引导、协调、监管、激励等职能,推动体卫融合的全面发展。

二、社会参与服务全民健康的力量较为单薄

在当前我国的健康领域公共治理活动中,社会组织发挥着日益重要的作用。这些社会组织,包括企业、体育社团、慈善组织、民办非企业单位以及社区等。一般来说,社会组织的存在主要以公益的方式为主,在公共政策框架下以自身独立的活动方式或承担政府购买服务的形式来开展健康领域的公共治理活动。在开展公共治理活动过程中,存在以下问题:一是组织定位不明确。部分体卫融合社会组织在发展过程中,对于自身的定位和职责认识不够清晰,导致资源整合和项目推进的效果不尽如人意。二是资源配置不足。由于资金、人才等方面的限制,部分体卫融合社会组织在资源配置方面存在不足,影响了服务的覆盖范围和质量。三是运营管理不规范。很多体育类社会组织依附于政府部门,缺乏独立性和自主性,这限制了它们的发展空间和活力。另外,有些体卫融合社会组织在运营管理方面缺乏规范性,内部治理结构不完善,导致组织运作效率低下。四是专业人才短缺。体卫融合社会组织在人才引进和培养方面存在困难,导致专业人才短缺,影响了服务水平和质量。体卫融合社会组织之间缺乏有效的协同机制,导致资源浪费和重复建设,制约了整体事业的发展。体育类社会组织在数量上呈现出增长较快、类型日渐多元的特征,然而政府部门或者第三方机构对其监管不足或监管力度小等因素导致体育类社会组织信任度降低、角色定位不清晰、治理思路不顺畅等多重问题,这在一定程度上削弱了体育类社会组织的权威性。

三、体卫融合资源市场化配置失衡

在我国体卫融合事业的发展过程中,资源市场化配置失衡问题日益凸

显。体育与医疗卫生资源的配置问题不仅关系到民众的健康需求,还影响到全民健康水平的提升。因此,深入分析市场化运行机制下体卫融合资源配置失衡的困境,并提出相应的应对策略,对于推动体卫融合事业的健康发展具有重要意义。首先,市场化运行机制下的体卫融合资源配置问题主要体现在:一是资源配置的不均衡。在市场化运行机制下,资源配置存在不均衡的现象,可能导致部分地区体育与医疗卫生资源丰富,而其他地区资源匮乏,进一步加大地区间的发展差距。二是资源配置的效率低下。市场化运行机制可能导致资源配置效率低下,无法有效满足民众的健康需求,影响体卫融合事业的发展。因此,政府应进一步明确其在资源配置中的角色,加强对体卫融合服务体系的战略规划和指导,推动相关政策的制定和实施。政府在资源配置中的引导作用是不可替代的,只有明确的规划和指导,才能确保体卫融合资源配置的优化方向。其次,体卫融合资源配置失衡的困境主要有:一是供需矛盾突出。由于资源配置失衡,民众对体育与医疗卫生资源的需求与实际供给之间存在较大差距,导致供需矛盾突出。二是服务质量低下。资源配置失衡可能导致部分地区的体育与医疗卫生服务质量低下,进一步影响民众的健康水平。三是资源浪费与闲置。在市场化运行机制下,部分资源可能得不到充分利用,造成浪费与闲置,影响资源配置的效率。最后,应关注体卫融合资源配置的公平性和可及性。在优化资源配置的过程中,要充分考虑地域、人群、收入水平等因素,确保资源配置的公平性和可及性。针对市场化运行机制下体卫融合资源配置失衡的问题,政府、企业和社会组织需要共同努力,采取有效措施,推动体卫融合事业的健康发展。

四、民众诉求表达机制不畅

随着体卫融合的深入推进,民众对于健康服务的需求日益多样化。然而,在体卫融合过程中,民众诉求表达机制存在一定程度的不畅,这无疑对体卫融合的健康发展构成了挑战。体卫融合中居民诉求表达机制存在的问题主要体现在:一是诉求表达渠道不畅通。在体卫融合过程中,居民诉求表达渠道不畅通,导致居民的需求信息无法及时有效地传达至相关部门,影响精准供给的实现。二是居民参与度低。在体卫融合项目中,居民的参与度不高,导致诉求表达机制的运行缺乏有效的民众基础。大部分居民对于体卫融合的认知还没得到普遍推广。三是回应机制不健全。体卫融合过程中,相关部门对居民诉求的回应机制不健全,导致居民诉求无法得到及时有效的解决。在体卫融合政策执行过程中,部分地区政策执行力度不足,导致居民诉求表达机制无法得到有效落实。体卫融合过程中,民众诉求表达机制不畅问题需要引起高度重视。通过加强信息沟通、提高民众参与度和完善回应机制等手段,有望破解这一问题,推动体卫融合事业的健康发展。

第二节 体卫融合环境透视

体卫融合环境是以服务信息、能量传导为载体的通道,也是健康促进科学化发展及体卫融合发展的重要土壤。[①]

一、内部环境氛围不够浓厚导致大众认知观念滞后

在我国,体卫融合作为一种新兴的发展方向,在社会中的认知度和接受度仍有待提高。当前,体卫融合内部环境氛围不够浓厚,这一点在很大程度上导致了大众对其认知观念的滞后。首先,体卫融合内部环境氛围不够浓厚,使得其对社会的影响力有限。由于体卫融合的相关政策和措施并未得到全面的推广和实施,其在社会中的认知度不高,许多人对体卫融合的概念和意义并不清楚,对其价值和作用的认识也相对模糊。其次,体卫融合内部环境氛围不够浓厚,使得大众对其认知观念滞后。在许多人的认知中,体卫融合仍然是一个陌生的概念,他们对体卫融合的理解往往停留在表面,很难深入理解其内涵和外延。这种认知观念的滞后,不仅影响了大众对体卫融合的接受度,也制约了体卫融合的发展。因此,要解决体卫融合大众认知观念滞后的问题,就需要从改善体卫融合内部环境氛围入手。一方面,需要加大对体卫融合的宣传力度,通过各种媒体平台,全面、深入地介绍体卫融合的概念、价值和作用,提高其社会认知度。另一方面,需要进一步完善和实施体卫融合的相关政策和措施,使其在社会中得到广泛的推广和应用,从而提高大众对体卫融合的接受度和认可度。只有当体卫融合的内部环境氛围足够浓厚,大众对它的认知才能得到有效的提升,体卫融合的发展才能得到更为坚实的基础。

二、缺乏国家标准导致人才培养模式不够清晰

在我国,体卫融合正在成为推动健康中国发展的重要力量。在这一背

[①] 冯振伟,张瑞林,韩磊磊.体医融合协同治理:美国经验及其启示[J].武汉体育学院学报,2018,52(5):16-22.

景下,对运动健身指导师和运动处方医师的需求日益增加,而主要的培养基地则是高等院校和培训机构(继续教育)。然而,目前人才培养的方案、口径、出路各有不同,这无疑给人才培养带来了一定的挑战。[①] 与体卫融合有关联的专业大致可以分为三类:"医体渗透""以医为主,兼顾体育""以体为主,医体结合"。(见表 3-1)这三类专业的设立,旨在满足不同类型人才的需求,同时也反映了我国在体卫融合领域人才培养的多元化。首先,"医体渗透"专业主要培养的是对医疗和体育都有深入理解和实践的人才。这类人才能够将医疗知识应用到体育活动中,以达到帮助人们预防疾病、提高体质的目的。其次,"以医为主,兼顾体育"专业主要培养的是具有扎实医学基础,同时对体育有一定了解的人才。这类人才能够将医学知识应用到运动健身中,为人们开具科学、有效的运动处方。最后,"以体为主,医体结合"专业主要培养的是具有扎实体育基础,同时对医学有一定了解的人才。这类人才能够将体育知识与医学知识相结合,为人们提供全面、科学的运动健身指导。

表 3-1　当前开设与体卫融合相近专业情况一览表

序号	类型	专业名称	归属	典型院校
1	医体渗透	运动康复、运动人体科学	理学、教育学	上海体育大学、成都体育学院等
2	以医为主,兼顾体育	康复治疗学、运动医学	医学	上海中医药大学
3	以体为主,医体结合	社会体育	教育学	泸州医学院、成都中医药大学等

当前,随着体育和卫生融合的发展,社会对于复合型人才的需求越来越大。然而,由于高等院校开设专业课程的顺序,先前设置的专业人才培养模式并不能完全适应体卫融合复合型人才的需求。首先,这种转变体现了体育教育理念的更新。在过去,体育教育主要关注的是运动技术的学习和指导,而忽视了健康技术的教育。然而,随着社会的发展,人们对健康的关注越来越多,体育教育也需要适应这一变化,更加注重健康技术的教育。其次,这种转变反映了我国体育教育改革的方向。在新的历史条件下,我国体育教育需要从传统的"运动技术指导"教育向"健康技术指导"教育转

---

① 龙佳怀,刘玉.健康中国建设背景下全民科学健身的实然与应然[J].体育科学,2017,37(6):91-97.

变,以满足社会对复合型人才的需求。总的来说,虽然当前的专业人才培养模式并不能完全适应体卫融合复合型人才的需求,高等院校重点关注慢性病人群的运动治疗与康复技能,医学院校在"新医改"后增强了"体育非医疗手段干预"理念,通过开设"医体结合"特色专业,构建物理治疗、运动科学、临床病理、临床诊断等模块相衔接的课程体系,但人才培养改革的步伐还是比较缓慢,并不能适应体卫融合的需求体量,"医体结合"教育体系在我国高等医学院校尚未形成。

三、组织结构异同导致行业协作壁垒严重

在当今社会,体育和医疗卫生部门在促进全民健康方面发挥着重要作用。然而,这两个部门在组织结构、部门属性以及协同联动等方面仍存在一些困境,这不仅影响了健康中国行动的推进,还可能对国民健康水平的提高造成阻碍。

首先,从体育和医疗卫生部门各自的职责和任务看,体育部门主要负责推动全民健身活动,提升国民体质,培养优秀的运动员,以及组织各类体育竞赛等。而医疗卫生部门则肩负着保障国民身体健康,预防疾病,治疗疾病,以及监督管理公共卫生、医疗服务等重要任务。现行的体育和医疗卫生部门的组织结构在一定程度上影响了它们的协同工作。体育部门通常隶属于各级政府的体育局或教育局,而医疗卫生部门则隶属于各级卫生健康委员会。这种分属不同政府部门的管理模式使得两个部门在资源分配、政策制定等方面相对独立,缺乏有效的沟通与协作。一是资源分配不均。由于体育和医疗卫生部门分属不同的政府部门,因此在资源分配上往往会出现矛盾和冲突。例如,体育部门可能会认为医疗卫生部门的资源过多,而医疗卫生部门则可能认为体育部门的资源过于浪费。这种矛盾导致了资源的分配效率低下,无法最大限度地满足公众的需求。二是政策制定缺乏协同。由于体育和医疗卫生部门分属不同的政府部门,因此在政策制定上往往会出现各自为政的现象。例如,体育部门可能会制定一些鼓励全民健身的政策,而医疗卫生部门则可能会制定一些关于疾病预防控制的政策。这些政策在制定时缺乏协同,可能导致政策效果大打折扣。

其次,部门属性也是影响协同联动的一个因素。体育部门主要负责全民体育活动的推广和竞技体育的发展,而医疗卫生部门则主要负责疾病预防、治疗和卫生监督等方面的工作。不同的部门属性使得两个部门在工作重点和目标上存在差异,导致在实际工作中难以形成合力。体育部门更注重全民体育活动的推广和竞技体育的发展,而医疗卫生部门则更关注疾病

的预防和治疗。这种差异在实际工作中可能导致两个部门在资源分配和合作上难以形成合力,从而影响协同工作的效果。

第三节 体卫融合方式探索

当前,众多学者围绕体卫融合方式进行了多视角、多层次、多学科的探讨,总结了诸如共生、多元协同、双轨并行、双元创新等方式。但本书认为不管是哪种融合方式,都不能简单地理解成体卫融合就是将体育拉到医院,成立专门的科室来开具运动处方;也不是将医学搬到体质监测中心,用来监测体质健康。鉴于目前部门协作的局限性和组织结构的职责背景,体卫融合的大健康治理逻辑应该是体卫融合以服务综合体的方式独立存在。体卫融合是发展全民健身事业的关键技术手段。有学者认为将体育拉到医院,倡导"去医院—开运动处方—治(未)病—获得健康"的理念,与世界卫生组织倡导的建立基于行为干预的生物社会学健康治理理念背道而驰,而且会继续损害体育的独立发展,抹掉体育所具有的特殊的、独立的健康治理价值。这一点,在体育刚刚获得社会身份基本认可的转折时期,显得尤其重要。[①] 但当前我国体卫融合机制的不完善,掣肘了"体"与"卫"的深度融合发展。

一、共生方式

(一)共生方式的概念

共生方式是一种体育与卫生资源共享,服务互相促进的合作模式。在这种模式下,体育与卫生服务不再是单独发展,而是相互依存,共同成长。共生方式旨在打破传统体育与卫生服务之间的界限,实现两者之间的优势互补,以提供更全面、更高效的服务。

(二)共生方式的特点

共生方式的特点主要表现在资源共享和相互促进上。资源共享意味着体育与卫生服务可以共同使用各种资源,包括硬件设施、人力资源等,从而提高资源的利用效率。相互促进则表示体育与卫生服务之间存在相互支持、相互提升的关系。通过服务互相促进,可以增强服务效果,使双方都能更好地满足人们的需求。

---

① 董传升,汪毅,郑松波.体育融入大健康:健康中国治理的"双轨并行"战略模式[J].北京体育大学学报,2018,41(2):7-16.

(三)共生方式的内容

(1)体育与卫生资源共享:包括体育设施和卫生设施的共享,以及相关资源的共享。例如,在社区中,体育场馆可以与附近的卫生站共享场地,开展联合活动,共享人力资源,如体育教练可以为社区居民提供健康知识讲座,而卫生服务人员也可以在体育活动中提供急救培训。

(2)体育与卫生服务互相促进:指的是体育服务可以促进卫生服务效果的提升,反之亦然。例如,通过体育活动可以增强人们的体质,从而降低其生病的概率。同时,卫生服务可以保障人们的健康,帮助他们更好地参与体育活动。如此,体育与卫生服务相互支持,共同提高人们的生活质量。

(四)共生方式的作用

(1)提高资源利用效率:通过资源共享,可以避免资源的浪费,提高资源利用效率。同时,这也有助于降低服务成本,使体育与卫生服务更加亲民、便民。

(2)增强服务效果:体育与卫生服务的互相促进,可以使得双方的服务效果都得到提升。人们可以在享受体育活动的同时,获得健康知识和卫生服务,从而提高自身的生活品质。

(3)促进体卫融合深度发展:共生方式可以推动体卫融合向更深层次发展。在共生模式下,体育与卫生服务将更好地融合,为人们提供更加全面、更加个性化的服务。这将有助于我国体卫融合事业的发展,为人们的健康和幸福做出更大贡献。

(五)共生方式实践案例

(1)健康促进项目:在一些社区和企事业单位,体育和卫生部门联合开展健康促进项目,通过组织健康讲座、健身指导、体检筛查等活动,提高人们的健康素养,预防疾病的发生。

(2)慢性病干预:针对我国日益严重的慢性病问题,体育和卫生部门共同开展慢性病干预工作。例如,通过运动疗法、健康饮食等方法,帮助患者控制血糖、血压等指标,降低慢性病患者产生并发症的风险。

(3)康复训练:在康复医学领域,体育与卫生服务深度融合。康复患者可以在体育场馆进行康复训练,通过运动改善身体状况,提高生活质量。

二、多元协同方式

(一)多元协同方式的概念

多元协同方式是指通过跨部门合作、跨界人才联合,以及多元服务供给来实现体育与卫生融合的一种方式。这种模式旨在打破传统体育与卫生服务之间的界限,实现两者之间的优势互补,形成一个高效、协同的服务体系。

(二)多元协同方式的特点

多元协同方式的特点在于它的多元性,包括跨部门、跨界、多元服务等多个方面。这种多元性使得资源可以得到更优化的配置,服务质量也可以得到提高。此外,多元协同方式还能够促进体育与卫生服务创新,满足人们多样化、个性化的需求。

(三)多元协同方式的内容

1. 跨部门合作

这指的是体育部门和卫生部门之间的合作。在跨部门合作中,体育与卫生资源可以相互支持、相互补充,共同为人们提供服务。例如,体育部门可以利用其场地资源为卫生部门提供健康教育讲座场地,而卫生部门则可以为体育部门提供健康顾问,为运动员提供健康指导。

2. 跨界人才联合

这指的是体育人才和卫生人才共同提供服务。跨界人才联合有助于充分发挥其各自领域的专业优势,提高服务质量和效率。例如,体育教练可以与卫生部门专业人员共同开展健康教育活动,为人们提供更加全面的健康服务。

3. 多元服务供给

这指的是提供多种体育和卫生服务,满足人们的不同需求。在多元服务供给模式下,人们可以根据自己的需求选择合适的体育和卫生服务。例如,针对不同年龄、性别、职业等人群,提供有针对性的体育活动和卫生服务,以满足他们不同的健康需求。

(四)多元协同方式的作用

1. 优化资源配置

通过跨部门合作,可以使资源得到更优化的配置。体育与卫生资源可以共享,降低服务成本,提高资源利用效率。

2. 提高服务质量

跨界人才联合和多元服务供给可以提高服务质量。跨界人才联合意指体育与卫生人才相互支持,共同提高服务水平。在多元服务供给中,体卫融合服务机构可以根据人们的需求提供更加精细化、个性化的服务。

3. 扩大体卫融合影响力

这种方式可以使得体卫融合的影响力得到扩大。通过跨部门合作、跨界人才联合和多元服务供给,体育与卫生服务可以更好地融入人们的日常生活,提高人们的生活质量,从而使体卫融合理念更加深入人心。

(五)多元协同方式实践案例

1. 健康促进活动

各地通过开展健康宣讲和义诊活动,普及科学膳食与科学运动的知识,提高居民的健康意识和科学运动的能力。例如,南京市建邺区莲花社区卫生服务中心与南京市体科所联合开展的体卫融合健康宣讲和义诊活动,通过专题讲座和现场演示,帮助居民了解如何结合饮食与运动维护健康。

2. 体医融合服务机构建设

通过落实国民体质监测和科学健身指导服务,建立健全的服务体系,推动体卫融合服务机构向基层覆盖延伸,如在社区医疗卫生机构中设立科学健身门诊,提供运动健康服务,实现远程评估、线上指导、成效分析等智慧服务功能。

3. 慢性病防治与康复

通过运动干预慢性病的防治,通过社会体育指导员、全科医生、执业医师等多元主体为亚健康人群和慢性病患者提供个性化的运动处方和康复指导,帮助他们改善健康状况。

三、双轨并行方式

(一)双轨并行方式的概念

双轨并行方式是指体育与卫生政策并行、体育与卫生服务并重的一种方式。这种方式强调体育与卫生领域的同步发展,通过政策和服务两方面的相互支持与促进,实现体卫融合的全面发展。

(二)双轨并行方式的特点

双轨并行方式的特点在于它的并行性,包括政策并行和服务并重。这种并行性可以保障体卫融合的全面发展,确保体育与卫生的政策和服务在推进全民健康的过程中发挥各自的作用。

(三)双轨并行方式的内容

1. 体育与卫生政策并行

这指的是体育政策和卫生政策同时进行。政策制定过程中,体育与卫生部门要相互沟通、协调,确保政策内容相互补充,形成合力。例如,在健康中国战略框架下,体育部门和卫生部门可以共同制定相关政策和规划,推动全民健身和全民健康深度融合。

2. 体育与卫生服务并重

这指的是体育服务和卫生服务都受到重视,共同发展。在服务提供方面,体育部门和卫生部门要相互支持,共同满足人们多元化的健康需求。例如,体育部门可以提供运动指导、健身培训等服务,卫生部门则可以提供健康教育、预防保健等服务,共同促进人们的身心健康。

(四)双轨并行方式的作用

1. 保障体卫融合的全面发展

双轨并行方式可以使体卫融合得到全面发展。在政策层面,体育与卫生政策相互支持,形成良好的政策环境。在服务层面,体育与卫生服务并重,满足人们多样化的健康需求。

2. 促进全民健康水平的提升

体育与卫生服务并重,可以提升全民的健康水平。体育活动有助于增强人们的身体素质,降低慢性病发病率,而卫生服务则可以提供健康教育和预防保健,帮助人们养成良好的生活习惯,形成健康的生活方式。

3. 强化体卫融合政策的实施

双轨并行方式可以强化体卫融合政策的实施。政策并行有利于确保体育与卫生政策的协同推进,避免政策之间的冲突和重复。服务并重则有助于确保体育与卫生服务在推进全民健康的过程中发挥各自的作用,形成合力。

在实际工作中,双轨并行方式需要体育与卫生部门加强沟通与协作,共同推进体卫融合的发展。通过不断优化政策和服务,双轨并行方式将为全民健康水平的提升和健康中国建设提供有力支持。

四、合作共赢方式

(一)合作共赢方式的概念

合作共赢方式是指体育与卫生部门通过资源共享、优势互补、协同创新等方式,实现共同发展、共同提高的一种方式。

(二)合作共赢方式的特点

合作共赢方式的特点在于它的合作性,包括资源共享、优势互补和协同创新。这种合作性可以促进体卫融合的深入发展,实现体育与卫生领域的共同进步。

(三)合作共赢方式的内容

1. 资源共享

这指的是体育与卫生部门在资源方面进行共享,如场地、设备、人才等。通过资源共享,可以提高资源利用效率,降低成本,为体卫融合提供良好的基础。

2. 优势互补

这指的是体育与卫生部门在职能、业务等方面发挥各自优势,相互补充,形成合力。例如,体育部门在运动指导、健身培训等方面具有优势,卫生部门在健康教育、预防保健等方面具有优势,双方可以共同推动体卫融合全面发展。

3. 协同创新

这指的是体育与卫生部门在技术创新、服务创新等方面进行合作,共同研发新产品,提高体卫融合的内涵和质量。

(四)合作共赢方式的作用

1. 促进体卫融合的深入发展

合作共赢方式可以推动体育与卫生部门在政策、服务、技术等方面的深度融合,实现体卫融合的全面发展。

2. 提高全民健康水平

通过资源共享、优势互补和协同创新,可以为人们提供更加全面、优质的体育与卫生服务,从而提高全民健康水平。

3. 增强体育与卫生部门的竞争力

合作共赢方式有助于体育与卫生部门在各自领域内提高竞争力,提升社会影响力,为健康中国建设做出更大贡献。

在实际工作中,合作共赢方式需要体育与卫生部门打破传统的部门壁垒,加强沟通与合作,共同推进体卫融合的发展。通过不断优化合作机制,合作共赢方式将为全民健康水平的提升和健康中国建设提供有力支持。

五、双元创新方式

(一)双元创新方式的概念

双元创新方式是指通过体育与卫生技术创新、体育与卫生制度创新来实现体育与卫生融合的一种方式。这种方式强调在技术层面和制度层面进行创新,以推动体卫融合的发展。

(二)双元创新方式的特点

双元创新方式的特点在于它的创新性,包括技术创新和制度创新。这种创新性可以推动体卫融合方式变革,实现体育与卫生领域的深度融合和共同发展。

(三)双元创新方式的内容

1. 体育与卫生技术创新

这指的是通过技术创新,提高体育和卫生服务的质量和效率。例如,在运动康复领域,可以运用现代科技手段如虚拟现实、生物力学等,为患者提供更加精准、个性化的康复方案。同时,通过信息化技术,可以实现体育与卫生服务的数据共享,提高服务效率。

2. 体育与卫生制度创新

这指的是通过制度创新,推动体育和卫生服务的融合。例如,政府可以出台相关政策,鼓励医疗机构与体育机构合作,共同开展体卫融合项目。此外,还可以建立体卫融合的标准化体系,规范服务内容、质量评价等方面,推动体育与卫生服务的深度融合。

(四)双元创新方式的作用

1. 推动体卫融合方式变革

双元创新方式可以推动体卫融合方式的变革。通过技术创新和制度创新,可以为体卫融合提供源源不断的动力,实现体卫融合的可持续发展。

2. 激发体卫融合活力

通过技术创新和制度创新,可以激发体卫融合的活力。新技术的应用可以提高体育与卫生服务的吸引力,制度创新则可以为体卫融合提供良好的政策环境,进一步激发市场活力。

3. 提升体卫融合整体水平

双元创新方式可以提升体卫融合的整体水平。技术创新可以推动体育与卫生服务的专业化、精细化发展,制度创新可以为体卫融合提供有力的组织保障,确保体卫融合的全面发展。

双元创新方式是推动体卫融合发展的重要途径。在实际工作中,体育与卫生部门需要加强沟通与协作,共同推进技术创新和制度创新,为全民健康水平的提升和健康中国建设提供有力支持。

六、跨界合作方式

(一)跨界合作方式的概念

跨界合作方式是指体育与卫生部门通过与其他行业或领域合作,共同推进体卫融合的一种方式。

(二)跨界合作方式的特点

跨界合作方式的特点在于它的合作性,包括跨行业合作和跨领域合作。这种合作性可以拓展体卫融合的发展空间,实现体育与卫生领域的优势互补。

(三)跨界合作方式的内容

1. 跨行业合作

这指的是体育与卫生部门与其他行业如教育、旅游、科技等合作,共同推进体卫融合项目。例如,体育部门可以与教育部门合作,开展体育教育课程,培养学生的体育兴趣和运动技能;卫生部门可以与旅游部门合作,开展健康旅游项目,提供健康养生服务。

2. 跨领域合作

这指的是体育与卫生部门在同一行业内与其他领域如运动康复、健康促进等合作,共同推进体卫融合项目。例如,体育部门可以与运动康复机构合作,开展运动损伤康复服务;卫生部门可以与健康促进机构合作,开展健康教育和健康促进活动。

(四)跨界合作方式的作用

1. 拓展体卫融合发展空间

跨界合作方式可以拓展体卫融合的发展空间,实现体育与卫生领域的优势互补。通过与其他行业或领域合作,可以充分利用各方资源,提高体卫融合的质量和效果。

2. 丰富体卫融合服务内容

跨界合作可以为体卫融合提供更加丰富、多样化的服务内容。例如,通过与教育、旅游等行业的合作,可以为人们提供更加全面的健康服务,满足人们多样化的健康需求。

3. 提升体卫融合社会影响力

跨界合作有助于提升体卫融合的社会影响力。与其他行业或领域合作,可以使体卫融合项目得到更多关注和支持,从而提高体卫融合在公众心中的认知度和接受度。

第四节 体卫融合服务解构

健康是人们生活中最基本的权利和保障,但目前公众所必需的基本健康权利与基本保障条件有限的矛盾导致人民日益增长的健康需求无法被满足。随着社会经济的发展和人们生活水平的提高,人们对健康的需求也越来越多元化、个性化,追求更健康、更美好的生活方式。然而,健康产业发展的不平衡模式,使得人们对健康的需求与健康服务供给之间存在巨大的鸿沟;供给侧结构性改革进展缓慢,导致健康服务供需矛盾日益突出。在现代社会,人们对于健康的要求不仅仅是消除疾病,更是追求健康的生活方式和健康的心理状态。但是,当前的体育健康产业供给侧结构性改革进展缓慢,无法满足人民日益增长的健康需求。供给侧结构性改革的核心是优化供给结构,提高供给效率和质量,而当前的体育健康产业还存在很多问题,如供给不足、服务质量不高、价格昂贵等,这些问题严重制约了健康服务业的发展。

一、服务内容:供给侧结构性改革下的健康促进服务内容单一

在当前社会,体卫融合服务作为一种将体育和卫生相结合的创新模式,已经越来越受到人们的关注。然而,随着体卫融合服务的推广和普及,服务内容单一的问题也逐渐暴露出来。如何在满足人们多样化需求的同时,丰富体卫融合服务内容,提高服务质量和水平,成为亟待解决的问题。体育类服务机构现阶段主要以活动展示为主,相应的诊疗服务开展活动少、力度小、辐射范围有限,与医院系统类服务机构相比较而言,有进一步挖掘和提升的空间。而且,现有的体卫融合服务模式中的服务内容,更多的仅是将全民健身监测中心和体检中心的服务项目进行了简单的整合。"整合"只是物体间的物理层面的叠加,融合是指物体(事物)之间的联系由联合或合并,逐渐向相互渗透、融为一体的方向和趋势发生着化学变化。[1]

(一)体卫融合服务内容单一的表现

1. 服务项目同质化严重

在体卫融合服务市场中,许多服务提供者为了降低成本、提高效率,往往选择提供相似的服务项目,导致服务内容同质化严重。这种现象不仅使得消费者难以享受到多样化的服务,还容易引发恶性竞争。比如,很多服务提供者都会提供基本的运动指导、健康咨询等服务,但缺乏针对个体差异的定制化服务。

2. 服务方式单一

目前,体卫融合服务主要以传统的讲座、宣传等形式为主,缺乏创新。这种单一的服务方式无法满足人民群众日益增长的健康需求,也难以激发人们参与体卫融合活动的积极性。比如,如果一直以传统的讲座形式进行健康教育,可能会导致听众的注意力难以集中,效果并不理想。

3. 服务领域局限

体卫融合服务主要集中在运动健身、康复训练等领域,对于健康生活方式的培养、心理健康等方面的关注相对较少。这种局限性使体卫融合服务难以覆盖人们生活的方方面面,影响了服务的全面性和有效性。比如,

---

[1] 卢文云,陈佩杰.全民健身与全民健康深度融合的内涵、路径与体制机制研究[J].体育科学,2018,38(5):25-39.

体卫融合服务不仅应该关注身体健康,还应该关注心理健康,并为此提供相关的咨询和帮助。

(二)改进策略

1. 拓展服务领域

在满足人们多样化需求的背景下,体卫融合服务应跳出传统的服务领域,关注人们生活的各个方面。除了运动健身、康复训练外,还应关注健康生活方式的培养、心理健康、慢性病管理等领域,为人们提供更加全面、个性化的服务。

2. 创新服务方式

在体卫融合服务中,应积极引入新的服务方式和技术,如互联网、大数据、人工智能等。通过创新服务方式,提高服务质量和效率,满足人们多样化的需求。例如,可以开发线上健康教育平台,提供实时互动、个性化的健康课程,让更多人能够方便地参与体卫融合活动。

3. 加强跨界合作

体卫融合服务提供者应加强与其他行业,如教育、医疗、旅游等的合作,共同开发新的服务项目和服务模式。通过跨界合作,可以实现资源共享、优势互补,为人们提供更加丰富多样的体卫融合服务。例如,可以与心理医疗机构合作,为有心理问题的人提供专业的心理辅导和运动疗法。

因此,拓展体卫融合的体育医院门诊服务类型、提升体育与健康指导服务水平、打造体育服务综合体等,将是体育在体卫融合中地位提升和多元功能实现的现实诉求。

二、服务模式:尚未形成适合普遍推广的模式

(一)体育俱乐部模式

体育俱乐部模式是指将体育服务与卫生服务相结合,形成一个全方位的体卫融合服务模式。在这个模式中,体育俱乐部不仅提供各种体育活动,还提供健康检查、康复训练、健康咨询等服务。这种模式的优点在于它可以满足人们对于健康生活的多元化需求,将体育与健康相互融合,让人们能够在享受运动的同时,关注自己的身体健康。由表3-2可知,上海市杨浦区长白新村社区在提供各类体育活动的同时,也设立了一个健康服务中心。这个中心有专业的医护人员,可以为会员提供健康检查、康复训练和健康咨询等服务。例如,会员在进行剧烈运动前,可以在健康服务中心进行心电图检查,以确保安全。同时,俱乐部还定期邀请医生为会员开展健康讲座,普及健康知识。

(二)医院健康指导中心模式

医院健康指导中心模式是指以医院为载体,提供健康教育、健康检查、康复训练等服务的体卫融合模式。在这个模式中,医院充分发挥其专业优势,为患者和其他社区居民提供科学、系统的健康指导,帮助他们养成健康的生活习惯,预防和减少疾病的发生。同时,医院健康指导中心还可以与体育机构合作,共同开展体卫融合项目,为患者和其他社区居民提供更加全面的健康服务。由表3-2可知,黑龙江体育医院设立了一个健康指导中心,为患者和其他社区居民提供健康教育、健康检查和康复训练等服务。例如,该中心定期举办健康讲座,由医生讲解常见疾病的预防和治疗知识。同时,中心还提供康复训练服务,帮助患者恢复身体功能。此外,中心还与附近的体育机构合作,共同开展体卫融合项目,如心肺康复运动等。

(三)社区体质监测中心模式

社区体质监测中心模式是指在社区设立专门的体质监测机构,为居民提供体质监测、健康评估、运动指导等服务。在这个模式中,社区体质监测中心利用先进的设备和技术,为居民提供个性化的体质监测服务,帮助他们了解自己的健康状况,并根据监测结果为居民制订合适的运动方案,以提高他们的身体素质和健康水平。由表3-2可知,合肥庐阳区设立了一个体质监测站,为居民提供免费的体质监测服务。中心配备了先进的体质监测设备,如血压计、心电图仪等,为居民进行全面的体质监测。根据监测结果,中心会为居民提供个性化的运动建议,如哪些运动适合、运动强度如何等。此外,中心还定期举办健康讲座,开设运动指导课程,帮助居民提高健康素养。

(四)产学研医合作模式

产学研医合作模式是指体育、卫生、教育、科技等行业跨界合作,共同开展体卫融合服务的一种模式。在这个模式中,各合作方充分发挥各自的优势,共同研发体卫融合服务项目,为人们提供更加专业、系统的健康服务。产学研医合作模式有利于资源共享、优势互补,可以推动体卫融合服务向更高水平发展。由表3-2可知,北京大学人口研究所研发了一款基于人工智能的运动健康管理系统。该系统可以通过用户输入的健康数据和运动习惯,为其提供个性化的运动建议和健康指导。例如,用户可以通过该系统预约运动课程,系统会根据用户的身体状况和运动需求,为其推荐合适的运动项目和强度。同时,系统还可以实时监测用户的运动状况,提醒他们注意运动安全和健康。

表 3-2 体卫融合服务模式类型特征一览表

类型	典型代表	时间	形式	内容
体育俱乐部模式	上海市杨浦区长白新村社区	2018年	社区体育健身俱乐部与社区卫生服务中心合作	体质监测调查和体质健康评估,提出阶段性的健身处方
医院健康指导中心模式	黑龙江体育医院	2017年	省体育局和省卫计委建构全国首家体育医院	开设运动处方门诊窗口,进行体质健康检查
社区体质监测中心模式	合肥庐阳区国民体质监测站	2018年	政府购买服务	健康体检和体质监测,由运动专家和医生共同开具运动处方
产学研医合作模式	北京大学人口研究所	2017年	北京大学运动健康科研成果与泰山体育公司的健康管理平台相结合	慢性病干预

第四章 体卫融合服务供给体系

体卫融合服务强化以治未病为中心的健康观念及个性化运动处方设置等精准化的健康服务模式。本章总结体卫融合服务现有模式和供给的现实困境,提出符合新时代需求的优化路径。

本章通过对"体卫融合服务供给体系"的分析,形成以下观点:

(1)体卫融合服务供给模式经过不断的探索与地方实践,形成了政府主导型、市场主导型、社会主导型和混合主导型四种模式。

(2)国家卫生健康委员会在颁布相关体卫融合文件的时候,应该着实考虑体育在整个体卫融合工作中的功能作用。与此同时,国家体育总局在实施相关体卫法规时,也应会同卫健委职能部门进行条款的拟定。

第一节 体卫融合服务供给体系概述

在新时期经济转型发展的背景下,供给侧结构性改革也进入了深水区,调整与优化产业结构能够不断提高各种生产要素资源之间的配置效率,实现产业健康、快速可持续发展,推动产业优化升级。体卫融合是一个循序渐进的推进过程,在融合之势不断加深的过程中,体卫融合服务模式出现发展困境和融合瓶颈也是在所难免。无论是政府还是市场都会存在"失灵"状况,存在难以克服的单方面服务缺陷。

一、体卫融合服务供给体系的概念与特点

(一)体卫融合服务供给体系的概念

体卫融合服务供给体系是一个将体育与卫生两个领域的资源进行整合,形成一个统一的服务平台,为我国广大人民群众提供全方位、全生命周期的健康服务的创新体系。

(二)体卫融合服务供给体系的特点

1. 跨领域整合

体卫融合服务供给体系突破传统思维模式,有机结合体育与卫生领域的资源,实现跨界合作,提高服务效果。体育与卫生领域的专业人士共同

参与，使得服务内容更加丰富，服务方式更加多元，从而更好地满足人民群众的健康需求。

2. 全方位服务

体卫融合服务供给体系覆盖健康促进、预防、治疗、康复等多个层面，满足人们在不同生命周期阶段的健康需求。这一体系既注重疾病的预防，又关注疾病的治疗和康复，使得健康服务更加全面，提高了人民群众的健康水平。

3. 全生命周期

体卫融合服务供给体系关注人的整个生命周期，为胎儿、儿童、青少年、中老年等各个阶段提供具有针对性的健康服务。这意味着，无论人们处于生命的哪个阶段，都能享受到体卫融合服务供给体系提供的个性化、精准化的健康服务。

4. 个性化定制

体卫融合服务供给体系根据个体差异，为人们量身定制合适的运动处方和卫生保健方案，提高服务质量和满意度。这不仅有助于提高人民群众的健康水平，还有利于提高人民群众的生活质量，让人们享受到更加美好的生活。

5. 资源优化配置

体卫融合服务供给体系有助于优化资源配置，提高资源利用效率。通过整合体育和卫生领域的资源，避免重复建设，使得资源得到更高效的利用，为人民群众提供更为经济、便捷的健康服务。

6. 信息共享

体卫融合服务供给体系有助于实现信息共享，提高服务效率。在这个体系中，体育和卫生领域的信息可以互相交流、互相补充，使得服务提供者能够更全面地了解服务对象的健康状况，从而提供更精准、更有效的服务。

7. 强化健康教育

体卫融合服务供给体系注重健康教育和健康促进，通过普及健康知识，提高人们的健康素养，引导人们树立正确的健康观念和生活方式，从而预防疾病，促进健康。

8. 促进健康产业发展

体卫融合服务供给体系的发展有助于推动健康产业的发展，为健康产业创造更多的发展机遇。健康产业是未来经济增长的重要驱动力，体卫融合服务供给体系的发展将为健康产业提供巨大的市场空间。

9. 有利于应对老龄化挑战

随着我国人口老龄化程度加深,老年人健康需求不断增加。体卫融合服务供给体系关注全生命周期,为老年人提供具有针对性的健康服务,有助于应对老龄化带来的挑战。

二、体卫融合服务供给体系发展方面的成效

首先,我国政府出台了一系列有利于体卫融合服务供给体系建设的政策措施,例如《"健康中国2030"规划纲要》等,这些政策在推动体卫融合服务供给体系的发展上起到了关键作用。其次,我国在体卫融合领域的科技创新取得了突破性成果。科研团队的不断努力,为服务供给体系的发展提供了强大的技术支持。再次,随着市场需求的不断扩大,体卫融合服务供给体系相关产业得到了迅速发展。许多具有竞争力的企业和品牌应运而生,为体系的完善和发展做出了积极贡献。最后,各类社会组织、企业、学校等积极参与体卫融合服务供给体系的建设,形成了多元化的合作模式和共赢格局。这种社会广泛参与的模式,为体卫融合服务供给体系的发展提供了强大的动力。

三、体卫融合服务供给体系的发展趋势与挑战

随着健康意识的不断提升,体卫融合服务供给体系将得到更多关注和投入,进一步发展壮大。在新时代背景下,人们对健康的认识不断深化,对健康服务的需求也日益多元化。体卫融合服务供给体系作为一种创新型的健康服务模式,旨在将体育与卫生相结合,提供个性化、全方位的健康保障。随着社会各界对体卫融合服务供给体系的关注度不断提高,各类资源将不断涌入,推动服务体系的发展壮大。

(一)技术创新

人工智能、大数据等新兴技术将为体卫融合服务供给体系带来更多创新可能,提高服务质量和效率。在新技术的推动下,体卫融合服务供给体系将实现智能化、数据化,为居民提供更精准、更高效的健康服务。例如,借助大数据分析,可以对居民的健康状况进行精准评估,为其提供量身定制的运动处方;利用人工智能技术,可以实现远程健康监测和干预,降低居民的就医成本。

(二)跨界合作

体育、卫生、教育、科技等领域将加强合作,共同推进体卫融合服务供给体系的建设。在跨界合作的推动下,体卫融合服务供给体系将实现资源共享、优势互补,为居民提供更加全面、优质的健康服务。例如,体育部门可以与卫生部门共同开展健康促进活动,提高居民的健身意识和健康素养;教育部门可以与科技部门联手,研发相关课程和产品,培养具备体卫融合知识的专业人才。

(三)人才培养

未来,体卫融合服务供给体系将加大对专业人才的培养和引进力度,为服务体系建设提供有力保障。为满足体卫融合服务供给体系的发展需求,我国将加大对相关领域专业人才的培养和引进力度。一方面,高校和科研机构将加强体卫融合相关专业的设置,培养具备跨学科知识的专业人才;另一方面,政府部门和企业将加大人才引进力度,吸引更多优秀人才投身于体卫融合服务供给体系的建设。通过人才培养,为体卫融合服务供给体系的发展提供有力保障。

然而,体卫融合服务供给体系在发展过程中也面临一些挑战,如资源分配不均、服务质量参差不齐、法规政策不完善等。因此,有关部门需加强政策制定和监管,推动体卫融合服务供给体系持续健康发展。

第二节　体卫融合服务供给机制

一、体卫融合服务供给机制的内涵

"机制"一词,源于自然科学领域,它有两层含义。第一层含义是指一个工作系统的组成部分之间相互作用的过程、方式或原理,这个过程包括了各种元素的相互联系、相互影响和相互制约。第二层含义是指在一定的制度安排和规则约束下,各个组成部分按照一定的规律和方式进行互动和协作,以实现整体目标的一种运行模式。本节将从这两个层面来探讨"机制"在体卫融合事业中的作用和意义。

二、机制在体卫融合事业中的作用与意义

(一)组成部分之间的互动与协作

在体卫融合事业中,政府、企业、社会组织等多个组成部分之间需要通过有效的机制来促进互动和协作,共同推进体卫融合事业的发展。例如,政府需要制定相关政策,引导和激励企业和社会组织的参与;企业需要通过市场化运作,提供优质的体育和医疗卫生服务;社会组织需要在政府和企业的基础上,做好资源整合和服务提供等工作。

(二)制度安排和规则约束

在体卫融合事业中,需要通过制度安排和规则约束来确保各个组成部分按照一定的规律和方式进行互动和协作。例如,政府需要建立健全相关法规,规范企业和社会组织的市场行为;企业需要遵循市场规则,提供符合标准的服务;社会组织需要遵守相关法规,确保服务质量和效果。

(三)提高资源配置效率

通过有效的机制,可以实现体育和医疗卫生资源的合理配置,提高资源配置效率,更好地满足民众的健康需求。

(四)促进服务质量提升

通过制度安排和规则约束,可以确保体卫融合事业的服务质量得到有效保障,提升民众的健康水平。

(五)推动体卫融合事业发展

有效的机制可以调动政府、企业和社会组织的积极性,共同推动体卫融合事业的健康发展。

三、体卫融合供给机制的构成要素

体卫融合供给机制是体育和医疗、卫生健康等多元供给主体提供健康促进服务的过程和形式。体卫融合供给机制的实质是在供给中的资源配置方式,是指由体卫融合供给主体、供给方式等构成的供给体系,以及由该体系内部各组成部分之间关系决定的体卫融合供给的运行机制和实施成效,主要包括供给主体、供给内容、供给方式、互动渠道等内容。

(一)供给主体

体卫融合供给主体包括政府、企业、社会组织和个人等,各主体在供给过程中扮演不同角色,共同为民众提供健康促进产品和服务。体卫融合的主体从部门分离走向协同,从以政府为核心的单一模式走向政府、私人机构多部门合作模式。然而从居民需求端发力,多部门协同是实然中主体间关系的颠覆。体卫融合的供给主体主要包括政府机构和社会力量两种类型。但由于体卫融合的发展现状还处于初始阶段,这决定了供给主体以政府机构为主导,以社会力量为辅助。从融合的性质看,政府机构的供给形式分为两类:一类是体育行政部门主导的全民健身监测站点形式;另一类是依托医疗机构开展的运动处方(临床康复)形式。随着地方实践的逐步探索,慢慢在两类供给主体中衍生出体卫融合机构性质的供给形式。

(二)供给内容

体卫融合供给内容涵盖体育、卫生健康等多个领域,包括运动指导、健康教育、康复训练等多种形式，以满足不同群体的健康需求。体卫融合的供给内容主要包括体质健康监测、慢性病运动干预、运动康复、青少年健康管理、老年人运动健康服务、主动健康促进、社区健康促进、体卫融合人才培养、运动促进健康产品研发、科学健身指导、建立和完善体卫融合服务网络、打造"体卫融合＋互联网"项目、竞技体育医疗保障等。但并不是说每个体卫融合试点都能实现上述服务内容，这取决于地方政府和相关职能部门是否成立了工作领导小组统筹推进各项工作，并督导供给内容的落实进度和质量。另外，多元主体建立沟通协调机制，完善政策措施保障，都是影响供给内容落地实施的重要因素。

（三）供给方式

我国基本公共服务主要是采取从上到下的单一供给方式。目前部分区域在供给方式上逐步探索进行多种供给方式的融合，主要包括政府供给、普惠性供给、公益性供给三种。首先，政府供给是指政府在体卫融合领域发挥主导作用，通过制定政策、投入资金和组织实施等手段，为民众提供健康促进产品和服务。政府供给的主要特点是具有主导性、权威性和保障性。如政府供给的具体内容包括支持体育场馆建设、开展全民健身活动、组织体育人才培养等方面。其次，普惠性供给是指通过市场机制，调动企业和社会组织的积极性，为全民提供多样化、高质量的体卫融合服务。普惠性供给的特点为多元化、个性化和可持续性等。普惠性供给的具体内容包括企业提供的运动指导、健康教育、康复训练等服务，以及政府购买的公共卫生和医疗服务等。最后，公益性供给是指非营利的，通过社会捐赠、志愿者参与等形式，为民众提供的体卫融合服务。公益性供给的特点是非营利性、社会责任性和公众参与性等。具体内容涉及健康教育活动、慢性病防治和健康管理项目、全民健身活动等。但不管是哪种模式，目前均采用单向度的供给，并没有结合居民的诉求进行有针对性的匹配性供给。

（四）互动渠道

体卫融合互动渠道包括信息共享、资源整合、项目合作等多种方式，旨在促进各供给主体间的沟通与合作，提高服务质量和效率，充分挖掘不同类型居民明确和隐含的需求，透视当前不同类型居民对于体卫融合的现实诉求状况。在此基础上梳理居民对于健身指导、健身服务等方面的体育诉求，对于医疗诊断、康复服务等方面的医疗诉求，对于未来体卫融合服务的诉求，并厘清其诉求表达的阶段特征。一方面，要厘清不同类型居民对体卫融合的现实诉求状况，如城市居民对健身指导和健身服务的需求较为明确，对医疗诊断和康复服务的需求也日益增加。农村居民对健身指导和健身服务的需求逐渐显现,对医疗诊断和康复服务的需求相对较低。特殊群体如老年人、残疾人等,对医疗诊断、康复服务和健身指导、健身服务的需求较为迫切。另一方面,要解决居民在健身指导、健身服务、医疗诊断、康复服务等方面的问题。如居民对个性化、科学的健身指导需求强烈,希望获得专业的运动建议和指导;对便捷、高质量的健身服务需求日益增长,包括健身设施、健身课程等;对精准、及时的医疗诊断需求较高,希望享受到优质的医疗服务;对专业、个性化的康复服务需求迫切,希望提高生活质量和工作能力。

第三节　体卫融合服务供给模式

体卫融合服务供给模式是指将体育和卫生服务结合起来,为人们提供更加全面、专业的健康服务。根据主导者的不同,体卫融合服务供给模式可以分为政府主导型、市场主导型、社会主导型和混合主导型。

一、政府主导型体卫融合服务供给模式

政府主导型体卫融合服务供给模式是指政府通过政策引导、资金投入等手段,推动体育和卫生服务融合发展。在这种模式下,政府充分发挥其引导和推动作用,有效整合体育和卫生资源,提高服务效率。然而,这种模式也存在一定的问题,如政府管理过度干预,市场机制不够灵活等。在这种模式下,政府的主要职责是制定相关政策,引导和鼓励社会资本投入,同时对体育和卫生服务的供给进行有效的管理和监督。政府通过投入资金,可以推动体育和卫生服务的融合,使得两者相互促进,形成一个良性的发展循环。然而,政府主导型体卫融合服务供给模式也存在一些问题。首先,政府管理过度干预,可能会导致市场机制不够灵活,不能及时适应社会需求的变化。其次,政府投入资金可能会导致资源分配不均,一些地区和群体可能会因为资源不足而无法享受到体卫融合服务。政府主导型体卫融合服务供给模式在推动体育和卫生服务融合发展方面起到了重要作用,但也需要注意到其中存在的问题,不断进行改革和完善,以更好地满足人民群众需求。

二、市场主导型体卫融合服务供给模式

市场化在我国已经深入到各个领域,其中也包括体育和卫生服务。市场主导型体卫融合服务供给模式正是这一趋势的体现。它以市场为主导,通过竞争机制推动体育和卫生服务的融合,旨在为消费者提供更加灵活、优质的服务。从成效上看,市场主导型体卫融合服务供给模式已经取得了一定的成果。首先,市场机制的灵活性使得服务内容可以根据消费者的需求进行及时调整,满足了消费者的多样化需求。其次,市场竞争也推动了体卫融合服务质量和效率的提升,为消费者提供了更好的服务体验。然而,市场主导型体卫融合服务供给模式也存在着一些问题。首先,市场失灵是一个无法忽视的问题。在市场机制中,资源的配置可能会出现不均衡的情况,这可能会导致一些地区或人群无法享受到体卫融合服务。其次,市场机制也可能导致资源的浪费,这对于资源的合理利用来说是一个挑战。总的来说,市场主导型体卫融合服务供给模式在提供灵活、高质量的服务方面具有优势,但也存在着市场失灵和资源配置不均等问题。因此,在推动体卫融合服务发展的同时,需要更好地平衡市场和政府的作用,以实现资源的公平配置,满足广大人民群众的需求。

三、社会主导型体卫融合服务供给模式

社会主导型体卫融合服务供给模式是指社会力量通过非政府组织、志愿者服务等途径,推动体育和卫生服务融合发展。这种模式充分调动了社会各界的积极性,强化了公众参与,提高了服务的公众性和社会性。首先,社会主导型体卫融合服务供给模式的优点在于其高社会参与度。在这一模式下,非政府组织、志愿者等社会力量积极参与体育和卫生服务的供给,有助于弥补政府在资源和服务方面的不足。同时,这种模式有利于形成全民参与、共建共享的良好氛围,强化了社会团结和社会责任感。然而,社会主导型体卫融合服务供给模式也存在一定的问题:由于社会力量组织松散,管理难度较大,在体卫融合服务供给过程中,非政府组织、志愿者等社会力量的参与可能存在一定的盲目性和无序性,需要有效的组织和管理来确保服务的质量和效率。针对社会主导型体卫融合服务供给模式存在的问题,需要采取一定的措施加以改进。首先,政府应加强对非政府组织、志愿者等社会力量的引导和培训,提高其专业素质和服务能力。其次,政府应与社会力量建立良好的合作机制,实现资源互补、协同发展。最后,政府还应加强对体卫融合服务领域的监管,确保服务质量和安全。总之,社会主导型体卫融合服务供给模式具有一定的优势,但也面临着一些挑战。为了充分发挥其优势,需要针对存在的问题采取相应的措施,推动体卫融合服务领域持续健康发展。

四、混合主导型体卫融合服务供给模式

混合主导型体卫融合服务供给模式是指政府、市场、社会三种力量共同参与,形成优势互补、协同推进的体卫融合服务供给模式。这种模式充分发挥了政府、市场、社会各自的优势,实现了服务供给的优化和协同。首先,政府在混合主导型模式中发挥主导作用,负责制定政策、规划和发展战略,保障基本公共服务供给的公平性和可持续性。同时,政府还可以通过购买服务、公私合作等方式,引导和撬动市场和社会力量参与体卫融合服务供给。其次,市场在混合主导型模式中发挥资源配置的作用,通过市场竞争机制,推动体育和卫生服务领域的技术创新、服务升级和效率提升。此外,市场还可以为体卫融合服务供给提供资金、人才等要素支持,助力服务领域的发展。最后,社会力量在混合主导型模式中积极参与,通过非政府组织、志愿者等途径,弥补政府在资源和服务方面的不足,提高服务的公众性和社会性。同时,社会力量还可以在政府引导下,与市场力量共同推进体卫融合服务领域的创新和变革。然而,混合主导型体卫融合服务供给模式也存在一定的问题。首先,协调管理难度大。在政府、市场、社会三种力量共同参与的过程中,需要处理好各方的权责关系,确保服务供给的协同性和高效性。其次,权责分配不明确。在混合主导型模式下,政府、市场、社会力量之间可能存在权责边界模糊的问题,需要进一步明确和划分各方的职责和权益。针对混合主导型体卫融合服务供给模式存在的问题,相关方需要采取一定的措施加以改进。首先,建立健全协调管理机制,确保政府、市场、社会力量在服务供给过程中的高效协同。其次,明确权责分配,制定相应的法律法规,规范各方行为。最后,加强监管和评估,确保服务供给的质量和安全,推动体卫融合服务领域持续健康发展。

第四节 体卫融合服务供给困境

从学理上讲,公共服务供给方式有科层制模式、市场模式和治理模式三种。体卫融合服务的协同正是基于治理模式的合作。体卫融合供给矛盾不仅体现在慢性疾病患者数量的持续攀升,加大了医疗资源使用比例,还表现在体育公共服务的供给与民众体育需求之间的错位,加之目前研究对于供给模式和服务绩效间作用机制的分析还不完善[①],使体卫融合供给矛盾仍无法在短时间内解决。目前,我国医疗服务供给能力与需求还不相适应,优质医疗卫生资源尤其匮乏。医疗资源的增长跟不上需求的发展。2007年至2017年,执业(助理)医师仅增长68%,十年间每千人口执业(助理)医师仅增长0.88人[②],卫生需求的上升和医疗资源的稀缺导致供需差距加大,迫切需要以提高卫生服务的供应能力来填补。

一、体卫融合服务需求不断增长

随着生活水平的提高,人们对健康的需求也在不断增长。然而,当前体卫融合服务供给与需求之间的矛盾日益凸显,表现为服务内容单一、服务方式缺乏创新、服务领域有局限性等问题,难以满足人民群众日益增长的健康需求。为解决这一问题,我们需要丰富服务内容、创新服务方式,并拓展服务领域,以满足人们多样化、个性化的健康需求。

二、服务提供者与需求者之间的匹配问题

体卫融合服务市场中,服务提供者与需求者之间的匹配问题也日益严重。一方面,服务提供者为了降低成本、提高效率,往往选择提供相似的服务项目,导致服务内容同质化严重。另一方面,消费者在选择体卫融合服务时,往往难以找到符合自己需求的个性化服务。为解决这一问题,需要建立有效的信息沟通平台,促进供需双方的对接,提高服务满意度。

三、体卫融合服务资源分布不均

在我国,体卫融合服务资源分布不均,部分地区和人群难以享受到优质的体卫融合服务。这不仅加剧了城乡、区域之间的健康差距,还可能导致社会公平问题。因此,优化体卫融合服务资源分布,提高服务可及性是当务之急。政府应加大对农村和欠发达地区公共体育服务的投入,促进城乡、区域间公共体育服务的均衡发展。

四、培养专业人才,提高服务质量

为了解决体卫融合服务供给矛盾,我国需要大力培养具备专业知识和

---

① 王喆,丁姿.公共服务供给模式改革的多案例研究:以医疗服务为例[J].管理评论,2018,30(3):264-272.

② 范宪伟,王阳.我国医疗服务供需矛盾及发展建议[J].宏观经济管理,2018(8):40-46.

技能的体卫融合人才,提高服务质量。此外,政府、企业和社会组织等也应加大对体卫融合服务的投入,鼓励创新和合作,共同推动体卫融合服务的发展。通过多渠道、多层次的合作与交流,提升体卫融合服务的整体水平,满足人民群众日益增长的健康需求。

第五节 体卫融合服务供给路径

一、加强顶层设计

完善相关法律法规和政策,明确体卫融合服务供给体系的发展目标、任务和路径,为体系建设提供有力保障。未来体卫融合服务供给体系应着重关注运动处方、健康中国政策、慢性病防治等方面,将体育与卫生相结合,为全民提供全方位、全周期的健康服务。

(一)加大运动处方开发力度

运动处方作为体卫融合服务的重要组成部分,对于慢性病防治具有显著效果。未来应制定相关政策和法规,推动医疗机构与体育部门紧密合作,共同推广运动处方,让更多民众从中受益。

(二)建立健全健康中国配套政策

在健康中国的战略背景下,体卫融合服务应积极响应国家政策,通过完善相关法律法规和政策,推动体育与卫生资源的合理配置,加强跨界合作,形成优势互补、协同发展的格局。

(三)完善慢性病防治保障体系

面对我国慢性病防治的复杂形势,体卫融合服务供给体系应加强政策支持,推动运动处方在慢性病防治中的广泛应用,提高全民健康水平,减轻社会医疗负担。

二、优化资源配置

合理分配体育和卫生领域的资源,加强跨界合作,形成优势互补、协同发展的格局。在资源配置上,应重视运动处方在慢性病防治中的作用,鼓励医疗机构与体育部门合作,共同推进体卫融合服务的发展。

(一)加大资源整合

体卫融合服务的发展需要体育和卫生领域的资源相互支持与合作。通过整合两个领域的资源,可以实现资源的最大化利用,提高服务效率和质量。例如,体育部门可以提供运动场馆、教练等资源,而卫生部门可以提供医疗设施、专业人才等资源。

(二)实施跨界合作

医疗机构与体育部门之间的跨界合作是体卫融合服务发展的关键。双方应共同推进运动处方在慢性病防治中的应用,建立合作机制,开展联合培训,提高运动处方在慢性病防治中的实际效果。

(三)推进优势互补

体育和卫生领域各自拥有独特的优势,通过优势互补可以促进体卫融合服务的发展。例如,体育部门在运动指导、运动场地等方面具有优势,而卫生部门在健康教育、疾病防治等方面具有优势。双方应共同发挥优势,共同推进体卫融合服务的发展。

(四)促进协同发展

体育和卫生领域的协同发展是实现体卫融合服务的关键。双方应共同制定发展策略,共同开展业务培训,共同推进政策制定,共同为全民提供全方位、全周期的健康服务。

三、提升服务质量

通过标准化、信息化、智能化等手段,提高体卫融合服务供给体系的服务质量和效率。在服务质量提升方面,可以借助大数据、人工智能等技术手段,为个体提供精准、科学的运动处方,实现慢性病防治和健康促进的目标。通过不断优化服务流程、提高服务人员和设备的配置效率,确保服务质量和效率。

(一)开展标准化研制工作

制定体卫融合服务的标准化流程和规范,明确服务内容、服务方式和服务标准,确保服务质量和效率。通过标准化建设,可以提高服务的一致性和可重复性,降低服务过程中的不确定性,为民众提供更加稳定、可靠的服务。

(二)建立信息化资源平台

运用信息技术手段,实现体卫融合服务供给体系的信息共享和互联互通。通过建立信息平台,整合体育和卫生领域的相关信息,为民众提供个性化、全方位的健康服务。同时,信息平台可以实时收集和分析服务数据,为政策制定和服务优化提供有力支持。

(三)打造智能化路径

借助大数据、人工智能等技术手段,实现体卫融合服务的智能化。通过数据分析,挖掘民众的健康需求,为个体提供精准、科学的运动处方。同时,利用人工智能技术,实现运动处方的智能调整和优化,使服务更加贴合个体需求,提高服务效果。

四、培育市场需求

加强健康教育和宣传,提高人们对体卫融合服务供给体系的认知度和接受度,培育市场需求。通过广泛开展健康教育和宣传活动,使民众充分认识到运动处方在慢性病防治中的重要作用,从而为体卫融合服务供给体系创造更大的市场需求。

(一)健康教育和宣传的重要性

在体卫融合服务供给体系建设过程中,健康教育和宣传的作用不容忽视。通过健康教育和宣传,可以提高民众的健康素养,引导人们树立正确的健康观念,为体卫融合服务供给体系创造良好的市场环境。

(二)制定健康教育和宣传策略

为了使健康教育和宣传活动取得实效,需要制定相应的策略。策略应结合民众的健康需求,突出体卫融合服务的重要性,以及运动处方在慢性病防治中的作用。此外,还应充分利用各种传播渠道,强化宣传效果。

(三)创新健康教育和宣传形式

在健康教育和宣传活动中,应注重创新形式,提高民众的参与度。例如,可以采用线上线下相结合的方式,举办健康讲座、知识竞赛、主题展览等多种活动,让民众在轻松愉快的氛围中学习健康知识,提高对体卫融合服务的认知度和接受度。

(四)与专业机构和组织开展合作

与健康教育、卫生、体育等专业机构和组织开展合作,共同推进健康教育和宣传活动。通过整合各方资源,发挥各自优势,形成合力,为民众提供更加全面、专业的健康教育服务。

(五)运动处方在慢性病防治中的作用

广泛宣传运动处方在慢性病防治中的重要作用,使民众充分认识到运动处方对预防和控制慢性病的积极作用。通过宣传成功案例,分享运动处方在慢性病防治中的实际效果,提高民众对运动处方的信任度和接受度。

(六)关注民众诉求反馈

在健康教育和宣传活动中,要关注民众的反馈意见,及时了解民众的需求和期望,不断优化宣传内容和方法。通过持续改进,为民众提供更加贴近需求、更具针对性的健康教育服务,为体卫融合服务供给体系创造更大的市场需求。

五、强化科技创新

鼓励科研团队进行体卫融合领域的创新研究,推动科技创新成果的转化应用,为体系建设提供技术支持。在科技创新方面,应关注运动处方在慢性病防治中的实际效果,以及如何将体卫融合服务更好地融入全民健康管理体系。

(一)科研团队创新研究

鼓励科研团队深入研究体卫融合领域的关键技术和应用,为体系建设提供技术支持。通过设立科研基金、项目招标等方式,激发科研团队的创新活力,推动体卫融合领域的科学研究。

(二)科技创新成果转化应用

建立科技创新成果转化应用机制,推动体卫融合领域的技术进步。通过搭建技术转移平台、加强与产业界的合作等方式,加速科技创新成果的转化应用,为体卫融合服务供给体系建设提供有力支持。

(三)关注运动处方在慢性病防治中的实际效果

在科技创新过程中,重视运动处方在慢性病防治中的实际效果研究。通过实证分析、案例研究等方法,评估运动处方在慢性病防治中的作用,为完善和推广运动处方提供科学依据。

(四)体卫融合服务融入全民健康管理体系

研究如何将体卫融合服务更好地融入全民健康管理体系,提升全民健康水平。从政策制定、服务提供、民众参与等多个层面出发,探讨体卫融合服务与全民健康管理体系的对接策略,为全民健康保驾护航。

(五)跨学科合作与交流

加强体卫融合领域的跨学科合作与交流,促进科技创新。通过举办研讨会、论坛等活动,搭建科研团队与政策制定者、产业界等各方的交流平台,推动体卫融合领域的科技创新和发展。

六、深化人才培养

加强体卫融合专业人才的培养和引进,提高人才队伍的整体素质和能力,为服务体系的建设和发展提供人才保障。在人才培养方面,应重视运动处方师、健康顾问等专业人才的培养,为全民提供科学、专业的体卫融合服务。

(一)人才培养的重要性

深化人才培养是体卫融合服务供给体系建设的关键环节。只有拥有高素质、专业化的服务人才,才能保证体卫融合服务的科学性、专业性和有效性,从而满足民众日益增长的健康需求。

(二)制订人才培养计划

为了确保人才培养工作的顺利开展,需要制订具体的人才培养计划。计划应结合体卫融合服务的发展需求,明确人才培养目标、培训内容和方式,以及人才引进和选拔的标准。

(三)加强专业教育与培训

在人才培养过程中,应重视专业教育与培训。通过开设体卫融合相关专业课程,帮助学生掌握系统的理论知识和实践技能。此外,还应加强实践教学,为学生提供实习和实践的机会,提高其服务能力和素质。

(四)运动处方师和健康顾问的培养

在人才培养方面,应重视运动处方师和健康顾问等专业人才的培养,为全民提供科学、专业的体卫融合服务。通过专业培训和实践锻炼,运动处方师应具备制定和调整运动处方的能力,健康顾问应具备提供全面健康咨询和服务的能力。

(五)人才引进与选拔

在加强人才培养的同时,还要注重人才引进和选拔。通过设立优惠政策、拓宽招聘渠道等方式,吸引优秀人才加入体卫融合服务领域。同时,建立健全人才选拔机制,选拔具有潜力和能力的人才,为服务体系建设和发展提供充足的人力支持。

(六)加强人才队伍建设

为了确保人才队伍的整体素质和能力,需要加强人才队伍的建设。通过设立人才培养基地、组织研讨会和培训会等方式,为人才提供学习和交流的平台,促进人才队伍的团结和协作,提高人才队伍的凝聚力和战斗力。

第六节　体卫融合服务可及性分析

党的二十大报告提到要健全基本公共服务体系、提高公共服务水平、增强均衡性和可及性,这也是为进一步推动共同富裕迈上新台阶打下坚实的基础。从中可以看出,增强公共体育服务、公共卫生服务的均衡性和可及性将成为新时代我国体卫融合公共服务发展的新指向和新目标。这也决定了基本公共服务和普惠性公共服务的发展重点,为新时代推进体卫融合服务体系建设指明了方向。当前学界围绕体卫融合的体制机制、保障体系、政策制度、技术手段、资金人才方面展开了详细全面的研究,为体卫融合理论的发展和创新提供了扎实的理论基础,但进一步分析发现,当前研究更多的是从"供给侧视角"切入,探析其服务模式及案例实践困境,从"供需适配视角"切入的研究鲜有涉及,即对服务系统与目标人群的适配度问题关注不够。虽然当前中国的体育公共服务财政支出比例不断提高,全民健身公共服务覆盖范围和覆盖率、人均全民健身公共服务设施等指标不断向上向优发展,但是发展与问题并存,具体表现在全民健身公共服务的居民获得感和满意度有待提升,制约有效性达成的客观现实是体卫融合服务的可及性较低。可及性是体卫融合服务潜在诉求转化为现实诉求的基本条件,在构建大健康发展格局过程中,提升体卫融合服务可及性具有重要的现实价值。因此,本书借鉴托马斯提出的可及性分析框架[1],探析我国体卫融合服务可及性的现实价值,在此基础上借助国内现有的政策文件和学术研究成果,分析体卫融合服务可及性的现实困境,为在实践中改进相关政策的执行效果和完善评价体系提供参考。

一、体卫融合服务可及性内涵界定与理论框架构建

"体卫融合"是一种关注人们主动健康的理念。现有研究认为,体卫融合旨在以预防为主实现体育和卫生健康系统有效合作,是对全民健身运动进行健康管理的有效手段。本书认为,体卫融合是指体育和医疗卫生系统以主动健康为协同治理目标,通过项目和活动进行连接,以卫生保健、健康指导及运动处方为载体,共同实现对全人群进行疾病预防、慢性病管理、健康教育、康复治疗的健康促进新模式。"服务"可解释为"为集体或为别人工作;亦称劳务,不以实物形式而以提供活劳动的形式满足他人某种需要的活动"。体卫融合服务是脱胎于传统体育健身和临床治疗产业的一个新兴业务模式,其从体育学和医疗卫生学方面提取民众的个人健康信息,再由体育和医疗卫生专家进行跨领域的信息整合与知识共享,联合制定运动处方,实现个性化的健康促进,服务内容涉及体质健康咨询与评估、健康体适能测评、运动处方制定与调整、个性化运动健身指导、健康营养科普教育等。

可及性概念来源于医疗卫生服务领域,最早是由安德森提出,他从"使用服务"角度,将其界定为受众对服务的实际享用量及获得服务的便捷或受阻程度。可及性概念被官方文件记载始于2000年,《世界卫生报告》中

---

[1] Penchansky R, Thomas J W. The concept of access: definition and relationship to consumer satisfaction[J]. Medical care, 1981, 19(2): 127-140.

指明了卫生服务的可及性是居民实现最基本医疗卫生需求的难易程度,即居民到医疗卫生机构的方便程度。1981年,洛伊·潘查斯基和威廉·托马斯把可及性定义为一个代表顾客与卫生服务系统间"适合度"的概念,可及性由可适合性、可接受性、可获得性、可负担性以及可接近性五个要素指标构成。其中,可适合性主要衡量服务的组织和输送方式是否适合服务对象群体和个体的特征。可接受性主要用于评价客户对服务机构的认可程度和心理预期程度,一般根据客户的主观认知情况评价。可获得性主要评价服务机构提供的资源多少和形式及这些内容与目标人群之间的匹配程度。可负担性主要衡量卫生服务价格是否为目标人群所接受。可接近性主要衡量服务机构空间距离的远近情况,主要包括距离服务机构交通便捷程度、实际交通用时、实际距离等。本节将可及性概念引入对体卫融合服务研究对象的理论探讨中,将体卫融合服务可及性界定为目标人群是否可以方便准时地享受体卫融合服务内容,诸如健康促进服务项目。另外,也涉及体卫融合服务机构通过健康促进的这些项目和内容达到目标人群的需求匹配程度。因此,构建出一个用于评价体卫融合服务可及性的模型,以便科学合理地评估目标人群和服务机制之间的适配度,对于有效优化和监督体卫融合服务机构的科学化、高效化运转具有一定的促进作用和实践意义。通过借鉴托马斯教授的五要素评价模型,根据制度环境、空间场域、目标人群和情境等要素对体卫融合服务可及性的理论模型进行修正和优化。

  本书尝试分析体卫融合服务的可获得性、可接近性、可负担性、可适应性和可接受性五个具体维度。前三个维度针对服务系统,主要衡量个体进入服务的机会;后两个维度主要针对服务对象,从主观感知进行评价,从而构建出体卫融合服务可及性的评价框架。其中,可获得性主要通过分析现有体卫融合服务资源的类型和数量与目标人群的数量和需求类型之间的关系,衡量体卫融合服务机构的供给能力;可接近性主要衡量服务提供机构地点和目标人群住所的关系,包括空间距离、交通时间等;可负担性主要衡量体卫融合服务价格与目标人群收入、支付能力及现有医疗保险体系间的适合度,关注服务的收费标准、付费方式与支付能力;可适应性主要指体卫融合服务机构是否能根据居民需求、消费习惯适时地调整体卫融合服务范围、内容和标准,主要用于衡量居民对机构提供服务环节或过程的满意度;可接受性主要指体卫融合服务机构提供的服务环境、服务人员的素质以及服务过程是否符合居民的健康促进期待,主要用于衡量居民对机构提供服务要素的接受程度。

二、体卫融合服务可及性的现实困境

(一)体卫融合服务的可获得性不高

体卫融合服务的可获得性主要通过分析现有体卫融合服务资源的类型和数量与目标人群的数量和需求类型之间的关系,衡量体卫融合服务机构的供给能力。如表4-1所示,政策出台的区域主要集中在东部和中部地区,西部地区的体卫融合政策偏少,体卫融合服务发展受到限制,在没有相关政策的引导和支持下很难实现高质量的发展。

表 4-1 全国部分省区市体卫融合政策文本统计

序号	所在区域	颁布省区市	文件名称	发布机构	共同发布部门	颁布时间
1	东部	北京市	体医融合机构服务规范(DB11/T 1793—2020)	市卫生健康委	市体育局	2021年4月
2	东部	上海市	上海市运动促进健康三年行动计划(2021—2023年)(沪体群〔2021〕122号)	市体育局	市卫生健康委、市民政局、市总工会	2021年8月
3	东部	广东深圳	关于实施体医融合行动计划的通知(深卫健发〔2019〕10号)	市卫生健康委	市文广旅体局、市教育局	2019年4月
4	东部	江苏省	江苏省关于促进体医融合发展的意见(苏体群〔2020〕38号)	市体育局	省卫生健康委	2020年12月
5	东部	江苏扬州	关于进一步深化体医融合工作的实施意见(扬体发〔2021〕67号)	市体育局	市卫生健康委	2021年7月
6	东部	浙江杭州	关于推进杭州市"体医融合"试点工作的通知(杭体局〔2019〕35号)	市体育局	市卫生健康委、市财政局	2019年6月
7	东部	山东省	关于组织申报"体医融合"试点项目的通知(鲁体办字〔2021〕1号)	省体育局	省卫生健康委	2021年1月

续表

序号	所在区域	颁布省区市	文件名称	发布机构	共同发布部门	颁布时间
8	东部	福建厦门	厦门市"体医融合示范社区"试点建设实施指南（厦体〔2020〕72号）	市体育局	市卫生健康委	2020年6月
9	西部	广西	关于促进广西"体医融合、资源共享"实施意见（试行）（桂体发〔2020〕6号）	自治区体育局	自治区卫生健康委	2020年8月
10	西部	广西钦州	关于促进钦州"体医融合、资源共享"实施意见（试行）（钦文广体旅发〔2021〕5号）	市文广体旅局	市卫生健康委	2021年2月
11	西部	广西灵山	关于促进灵山"体医融合、资源共享"实施意见（试行）（征求意见稿）	县文体局	县卫生健康委	2021年5月
12	中部	安徽芜湖	关于印发《芜湖市弋江区体医融合深化试点工作方案》的通知	区文旅体局	区卫生健康委	2020年7月
13	北部	吉林长春	长春市关于加强体医融合健康促进工作的实施意见（征求意见稿）	市体育局	市卫生健康委	2021年7月

由表4-2可知,按照调研的体卫融合试点案例进行分类,分为医院主导类、社区主导类、市场主导类三类。其中,医院主导类是指以三甲医院、综合医院、专科医院的科室为平台,所开设的运动处方类门诊服务;社区主导类是指以社区卫生服务中心、全民健身中心、体质监测站点、社区服务中心等为载体,开设健康体检、体质监测、健身指导、休闲娱乐类的服务;市场主导类是指以体育企业、运动康复治疗机构、运动医学诊所为载体,开设的运动康复治疗、运动损伤诊疗等中高端服务。

表 4-2　体卫融合服务资源配置情况一览表

服务归口	服务类型	所在省市	试点名称	人力资源	场地设施	覆盖人群
体育系统主体类	政府主导类	山东济南	全民中医健康管理中心	医生、运动指导师	专业锻炼场地	各类人群
		安徽合肥	庐阳区国民体质监测站	社区医生、健康管理师、健身教练	体育馆、公园	慢性病人群
	社会主导类	浙江绍兴	上虞区运动康复指导中心	运动康复专家、社会体育指导员	健身大厅	各类人群
	市场主导类	上海市	密云路社区睦邻中心	全科医生、家庭健身指导员	体育场馆	职业人群
		上海市	殷行街道市民健身中心	社区健康师、家庭医生、科普专家、教练员	乐刻健身、慢性病干预区	老年人群
		上海市	粤秀名邸综合为老服务中心	运动健康师	老年健身房	老年人群
	产学研结合	福建三明	体医融合科研创新服务平台	体育专家、医生	中医馆	慢性病人群
卫生系统主体类	政府主导类	广东深圳	深圳市第二人民医院	社康治疗师	专业锻炼场地	脊柱侧弯青少年
		安徽芜湖	马塘街道社区卫生服务中心	医生、社会体育指导员	专业锻炼场地	慢性病人群
	市场主导类	河北张家口	河北健脊士运动康复中心	康复治疗师	多功能康复训练大厅	滑雪爱好者
		北京市	弘道运动医学诊所	康复师	专业康复场地	运动损伤人群
	产学研结合	江苏常州	常州体育医院	医生、运动处方师、健身教练等	多功能康复训练大厅	慢性病人群

这从侧面反映出体卫融合服务机构和服务内容可供选择的余地较多，但进一步分析发现，这些可获得的服务类型中对于场地设施的依赖性较强，但是医院类机构可以提供的场地受限，体育类机构可以提供的医疗诊断也受限，即专业的体卫融合机构还是偏少，更多的是挂靠在医疗科室或者全民健身中心，缺少一支专业稳定、复合型的团队。

(二)体卫融合服务的可接近性不均衡

体卫融合服务的可接近性主要衡量服务提供机构地点和目标人群住所的关系，包括空间距离、交通时间等。有研究[1]显示，上海区级公共体育设施空间分析：徐汇区、黄浦区、虹口区、浦东新区部分区域，87.87%的可接近性指数在0.96~1，可在5分钟内到达最邻近设施，可接近性较好；社区级公共体育设施空间分析：5分钟以内可接近性较差，15分钟以内空间可接近性良好；城市级公共体育设施空间分析：内圈层可接近性指数较高，0.96~1的面积比约占61%，主要出现在老西门街道、徐家汇街道、曹家渡街道等。江苏、上海、山东等地的很多体卫融合服务机构建设并没有与周边的居民区域形成嵌入格局，即体卫融合服务网络还没有形成，这也从侧面反映出当前体卫融合服务机构的建设只能先实现从无到有的目标。依据人口密度和人口布局的特征进行重新规划的诉求显得尤为迫切。

(三)体卫融合服务的可负担性缺少政策支持

体卫融合服务的可负担性主要衡量体卫融合服务价格与目标人群收入、支付能力及现有医疗保险体系间的适合度，关注服务的收费标准、付费方式与支付能力。

1. 体卫融合费用问题

从表4-3可以看出，目前除政府实施的公益性和项目扶持性的体卫融合服务外，各地在开展体卫融合服务时都适当收取了费用，但均需要自费支出，没有报销的途径。但深圳市为了缓解儿童这一特殊群体的就医需求，在进行脊柱健康促进类服务的时候，可用深圳少儿医保，这在其他省市和人群中目前暂时无法实现。从收费标准看，由于体卫融合政策法规体系中还没有出台规范化、制度化的收费管理条例，多地在结合医疗机构服务费和运动处方干预类型的基础上，自行设置了收费标准。如收费最高的为北京弘道运动医学诊所，最便宜的是山东济南全民中医健康管理中心和上海市殷行街道市民健身中心。

---

[1] 金银日,姚颂平,刘东宁.基于GIS的上海市公共体育设施空间可达性与公平性评价[J].上海体育学院学报,2017,41(3):42-47.

表 4-3　体卫融合服务收费情况一览表

服务归口	服务类型	所在省市	试点名称	收费标准	医保支付
体育系统主体类	政府主导类	山东济南	全民中医健康管理中心	30~300元/项	否
		安徽合肥	庐阳区国民体质监测站	免费	—
	社会主导类	浙江绍兴	上虞区运动康复指导中心	免费	—
		上海市	密云路社区睦邻中心	免费	—
	市场主导类	上海市	殷行街道市民健身中心	99元/月	否
		上海市	粤秀名邸综合为老服务中心	免费	—
	产学研结合	福建三明	体医融合科研创新服务平台	—	—
卫生系统主体类	政府主导类	广东深圳	深圳市第二人民医院	1070元/期	是
		安徽芜湖	马塘街道社区卫生服务中心	360~800元/次	否
	市场主导类	河北张家口	河北健脊士运动康复中心	128元/次	否
		北京市	弘道运动医学诊所	700~1300/小时	否
	产学研结合	江苏常州	常州体育医院	1500元/期	否

2. 医保支出受限的难题

从医保支付制度可进入性看(表4-4),目前还存在两种声音:一种是支持放开医保限制,让居民可以使用医保进行健身健康促进类的消费;另一种观点则持反对意见,认为这种做法违反国家法律规定,是违法行为,而且近几年有多地因为使用医保进行健身消费被叫停的案例。

表4-4 关于医保用于健身消费支出的学者观点汇总表

类别	序号	姓名	职称	核心观点	来源	发表时间
支持性观点	1	刘卫	政协委员	"医保卡"里的钱可以在卡主人在体育俱乐部进行健康健身运动时使用或者部分使用	关于允许医保卡（部分）用于健康健身消费的提案	2021
	2	黄改荣	政协委员	支持利用医保资金进行体育健身和健康管理消费，这有助于从医疗端进行体育健康促进工作的开展	让医保个人账户走进健身房和健康管理促进全民健身运动筑牢疾病防控网	2021
	3	倪国新	教授	居民医保账户与阳光健身卡打通，可在指定健身场所健身和锻炼	体医融合的历史推进与发展路径研究	2020
	4	白春燕	讲师	将运动康复治疗纳入居民的医保	健康中国背景下"体医融合"融入社区困境及推进策略	2020
	5	札蒂·赫里利	人大代表	允许将医保卡内部分资金用于体育健身等健康消费	允许"医保卡"（部分）用于健康健身消费	2019
	6	常凤	副教授	建议国家从政策层面上，支持医保卡余额购买健身服务	健康中国战略下体育与医疗共生关系的实然与应然	2019
	7	纪成龙	博士研究生	医保卡用于健身消费可以盘活个人账户基金	推进城镇职工基本医疗保险个人账户用于体育健身消费的理由和策略	2017

续表

类别	序号	姓名	职称	核心观点	来源	发表时间
支持性观点	8	胡鞍钢	教授	推广居民利用医保卡余额进行健身锻炼	全民健身国家战略:内涵与发展思路	2016
支持性观点	9	陈金鳌	博士研究生	把体质健康监测/评估中心逐步纳入到医疗保障服务中	医保卡余额支付个人运动健身消费的困境与消解	2016
反对性观点	1	何文炯	教授	体检、保健费用属于预防性支出,且没有时效性,应该从公共福利中支出,不需要也不应该通过保险制度来解决	医疗保障治理与健康中国建设	2017
反对性观点	2	董新光	教授	医保卡用于体育健身,法无授权,于法无据,违反了《社会保险法》对基本医疗保险基金支付范围的规定	基本医疗保险基金个人账户(医保卡)支付个人体育健身费用的合法性讨论	2015

有关医保用于健身消费支出的政策已经出台了很多(表4-5),有些地方政策支持医保个人账户往年结余金额用于健身场馆锻炼健身或者支付运动处方费用。而且,最新的政策也表明,有些地方政府开始尝试放开医保制度的限制,广西壮族自治区提出,要在未来五年积极协调相关部门研究将条件成熟、疗效明显、符合规定的体医融合服务项目纳入公共卫生服务项目或纳入医疗健康保险支付范围。但在这些政策出台的过程中,出现与中央政策相违背或者变相消费的问题,使得很多地方政策被叫停,如苏州市、重庆市、北京市等,明确申明医保不得用于公共卫生费用、体育健身或养生保健消费等不属于基本医疗保险保障范围的其他支出。而且中央政策连续发文遏制这种行为,如国务院办公厅分别于2017年和2021年两次发文要求取消这种消费形式,提出体育健身或养生保健消费不属于基本医疗保险保障的支出范围。但从调研的实际情况看,大众对于放开医保账户用于健身消费的诉求很高。调研发现,在运动处方纳入医保报销意愿方面,三明市居民普遍认为将运动处方纳入医保报销项目有利于普通老百

姓,其中"运动损伤康复"和"大病后或手术后身体功能康复"的纳入意愿最为显著,分别为77.1%和70.9%。

表4-5 关于医保用于健身消费支出的政策汇总表

类别	序号	城市	文件名称	相关内容	颁布时间
试点倡导型	1	苏州市	关于调整完善苏州市区2006年度医保政策的意见	个人医疗存额超过3000元就可以转移至体育锻炼的健身账户中,促进医保支出的体育消费	2006
	2	重庆市	关于加快发展体育产业促进体育消费的实施意见	允许医保个人账户资金余额用于体育健身,羽毛球、网球、游泳、乒乓球、篮球、足球、跆拳道、台球等纳入全市医保管理信息系统	2016
	3	泰安市	关于利用职工基本医疗保险个人账户结存基金开展健身活动的实施意见	凡是明确参加市职工基本医疗保险且医保账户中存额达到1000元,本市居民可以将医保费用用于体育消费	2016
	4	深圳市	深圳经济特区促进全民健身条例	市民的医疗保险个人账户上一年度余额达到本市上一年度在岗职工平均工资5%的,可以将余额的10%用于个人健身消费	2015
	5	成都市	关于调整全市城镇职工医疗保险个人账户划拨标准和支付范围的通知	参保人员还可以用个人账户里的钱支付健身费用。目前详细办法尚未出台	2015
	6	福建省	"十四五"体育发展规划	支持有条件的地区将体质测评、运动处方制定和指导纳入医保体系	2021
	7	广西壮族自治区	关于促进广西"体医融合、资源共享"实施意见(试行)	积极协调相关部门研究将条件成熟、疗效明显、符合规定的体医融合服务项目纳入公共卫生服务项目或纳入医疗健康保险支付范围	2020

续表

类别	序号	城市	文件名称	相关内容	颁布时间
政策法规禁止型	1	苏州市	关于停止办理苏州市区城镇职工医疗保险个人账户资金划转至"阳光健身卡"健身专用账户的业务的通知	停止执行地方制定的使用个人账户基金购买健身卡等非医疗支出政策	2017
	2	国务院办公厅	关于进一步深化基本医疗保险支付方式改革的指导意见	严格控制医保账户余额用于体育健身或养生保健消费方面,只能用于公共卫生与治疗疾病方面的消费	2017
	3	重庆市	关于停止执行职工医疗保险个人账户资金用于体育健身有关规定的通知	医保卡个人账户资金停止支付健身等费用	2018
	4	国务院办公厅	关于建立健全职工基本医疗保险门诊共济保障机制的指导意见	个人账户不得用于公共卫生费用、体育健身或养生保健消费等不属于基本医疗保险保障范围的支出	2021
	5	北京市	关于城镇职工基本医疗保险个人账户使用范围的补充通知	不得用于公共卫生费用、体育健身或养生保健消费等不属于基本医疗保险保障范围的其他支出	2021

(四)体卫融合服务的可适应性有待优化

体卫融合服务的可适应性主要指体卫融合服务机构是否能根据居民需求、消费习惯适时地调整体卫融合服务范围、内容和标准,其主要用于衡量居民对机构提供服务环节或过程的满意度。从体卫融合开展的服务看,仍然是供给端开展的基础服务,如体质监测和运动风险筛查类、中医诊疗与运动康复类、单纯的健身指导类,通过健康筛查、监测、评估、指导的闭环运动处方还较少。而且有研究指出,体育健康促进技术还不成熟,社区医生和社区指导员制订综合干预方案的能力有限。部分患者病因病史复杂、用药与锻炼之间的关系难以协调,运动干预疗效不显著或病情没有明显改善而滋生不满情绪,逐渐失去参与热情。另外,按照服务可及性理论要求,体卫融合服务机构在根据居民需求、消费习惯适时地调整体卫融合服务范围、内容和标准方面做得还不够,只停留在以传统的体质检测项目和医疗诊断服务为基础(表4-6),在挖掘居民诉求的体卫融合内容、制定合理的收费标准、分层设计高端服务内容方面还存在较大的完善空间。

表4-6 体卫融合服务内容情况一览表

服务归口	服务类型	所在省市	试点名称	体医融合雏形	服务项目/内容
体育系统主体类	政府主导类	山东济南	全民中医健康管理中心	中医运动康复门诊	体质监测和运动风险筛查、中医诊疗、运动康复和健身指导
		安徽合肥	庐阳区国民体质监测站	科学健身运动服务站点	五禽戏、健身广场舞、健身基础知识、慢性病预防科学健身大讲堂
	社会主导类	浙江绍兴	上虞区运动康复指导中心	体医融合站点	科学健身知识讲座、运动康复专家线上线下咨询指导、免费运动康复训练
		上海市	密云路社区睦邻中心	康健驿站	体质测试、基础健康监测、科学健身指导等
	市场主导类	上海市	殷行街道市民健身中心	乐活空间	体质测试、基础健康监测、科学健身指导等
		上海市	粤秀名邸综合为老服务中心	乐活空间	体质测试、基础健康监测、科学健身指导等
	产学研结合	福建三明	体医融合科研创新服务平台	科研创新服务平台	慢性病运动干预、建设中医馆、森林康养
卫生系统主体类	政府主导类	广东深圳	深圳市第二人民医院	脊柱健康中心	医疗体操、运动疗法、作业疗法、关节被动活动等
		安徽芜湖	马塘街道社区卫生服务中心	健康教育与科学健身指导中心	体质健康监测服务、科学健身指导服务和慢性病运动干预服务

续表

服务归口	服务类型	所在省市	试点名称	体医融合雏形	服务项目/内容
卫生系统主体类	社会主导类	—	—		
	市场主导类	河北张家口	河北健脊士运动康复中心	运动康复中心	运动损伤紧急处理、核心肌群稳定性提升、雪后疲劳祛除、乳酸堆积消除
		北京市	弘道运动医学诊所	运动康复机构	运动表现评估、专项体能训练、专项医疗保障等
	产学研结合	江苏常州	常州体育医院	运动与健康促进中心	运动风险评估、个性化运动处方

(五)体卫融合服务的可接受性有待提高

体卫融合服务的可接受性主要指体卫融合服务机构提供的服务环境、服务人员的素质以及服务过程是否符合居民的健康促进期待,主要用于衡量居民对机构提供服务要素的接受程度。从调研情况看,在体卫融合机构环境方面,地方标准中规定体卫融合服务场所应是独立空间,体适能测评区面积宜大于 40 平方米,运动干预指导区面积宜大于 60 平方米,宜配备饮水设备、休息座椅、储物柜、一次性拖鞋等,宜设有独立更衣间。但医疗类和全民健身指导站类很难设有专门场所提供体卫融合服务,运动干预区使用面积人均不能保证达到 4 平方米。室内场所环境卫生、光线、通风、温湿度适宜也缺乏严格的规范标准。在人力资源配置方面,地方标准要求,应至少配备具有专业技术资格且经运动处方相关知识培训合格的运动处方师、经培训合格的体质测评与运动测试人员及培训合格的运动干预指导人员、康复治疗师和培训合格的运动管理师,但实际情况因服务机构的类型不同很难出现成建制的复合型团队。在追踪服务方面,基本都是很少建立回访或复查服务对象的相关医学指标和/或体质指标,以便观察运动疗效并决策是否需要调整运动方案的机制,存在大众的依从性不高,流失率高的特征。

三、体卫融合服务可及性的实现路径

(一)提高体卫融合服务机构的供给能力

首先,建立和完善体卫融合服务网络。一方面,整合体育科研所、体育院校、医学院校、健身场馆中心、健康体检中心,建设常规国民体质监测中心和监测站点;另一方面,采用公办民建或公建民营的模式建设专业的体卫融合服务机构。其次,加强体育设施与医疗设施融合。完善城乡智慧化全民健身设施空间布局规划,加强体育设施与医疗、健康等设施相互嵌入融合。再次,加强复合型人才的培养力度。在体育部门开展的社会体育指导员培训中,增设基础医疗和急救课程以及科学健身知识内容;在健康生活方式指导员培训中增设科学健身、运动康复等课程。最后,以运动处方为载体,鼓励和支持高校、医院、科研及康复养生机构、健身培训机构和体育项目协会开展糖尿病、高血压、亚健康、肥胖症及特殊人群、青少年近视防控,营养健康干预,脊柱侧弯防治运动处方研发和推广,建立运动处方库。

(二)按人口密度配置体卫融合服务机构

体卫融合服务提供机构地点和大众住所之间的空间距离也是影响大众参与其中的重要因素,如何在规划、布局、设计时优化两者之间的空间距离、缩短交通时间就显得尤为重要。首先,按人口要素统筹体卫融合服务资源布局。加大体卫融合服务资源向群众基础好的区域和主动健康人群身边倾斜的力度,与常住人口总量、结构、流动趋势相匹配。其次,实行非均衡的资源配置模式,避免同质化服务,发挥区域或者地方资源特色和区位优势,形成点线面布局,达到辐射联动效应。最后,医师和社会体育指导员联合,由社会体育指导员和健康生活方式指导员为有需求的市民提供运动健康指导及健康生活方式指导,及时反馈服务对象的身体状况及干预效果等问题,形成连续、动态和循环的服务方式。

(三)体卫融合服务的可负担性有待提高

首先,探索国民体质监测和运动处方服务收费机制。积极探索制定相应的收费标准和收费模式。体育行政部门和医疗卫生部门应该会同国务院有关部门研究将条件成熟、疗效明显、符合规定的体卫融合服务项目纳入医疗健康保险支付范畴。其次,倡导各地开展示范区建设,进行先试先行。如支持有条件的地区将体质监测、个性化运动处方和体育健康促进指导纳入医保体系。最后,鼓励和引导进行健身休闲消费。支持和协助当前金融部门以市场化形式,强化针对体育健身、托幼养老服务机构的支持。

(四)分层分级优化体卫融合服务项目

围绕居民需求、消费习惯适时地调整体卫融合服务范围、内容和标准。首先,在硬件建设方面,增加场地和功能区配置、器材和设备配置、人员配置。其次,在服务范围方面,按照居民诉求分层设置运动创伤治疗项目、科学健身指导项目、青少年健康管理类项目、社区运动与健康服务项目、运动处方库建设类项目、运动功能评估和康复治疗项目、培养"体医"双型人才项目、竞技运动员伤病康复项目、慢性病患者个体化运动诊疗、运动损伤诊疗及康复项目等。最后,分级设计服务实施的方案。一是健康级监测。以主动健康促进为目标,培养健康生活方式。二是慢性病级干预。提倡医疗机构康复科室开设运动医学门诊,鼓励体育、医疗服务机构联合开展运动康复治疗双向转诊和分级服务,推动高血压、高血糖、高血脂慢性病人群运动干预。三是优先级防控。针对儿童青少年普遍存在的近视、超重肥胖、脊柱侧弯、心理健康等问题,积极开展青少年健康风险筛查、运动干预、健康管理、心理疏导和健康教育等服务。四是康养级评估。以老年人运动健康服务为基础,鼓励康养机构创新体卫融合康养模式,倡导从医养结合向体卫康养结合模式转变,有条件的康养机构应向社区拓展老年运动健康服务项目,开展老年人科学健身服务,普及健身知识,组织开展健身活动。

(五)制定体卫融合服务机构行业标准

体卫融合服务机构提供的服务环境、服务人员的素质以及服务过程是否符合居民的健康促进期待,直接反映了居民对机构提供服务要素的接受程度。制定《体卫融合服务机构规范》,明确和完善体卫融合服务机构在建立、服务、管理和评价方面的规范和标准。首先,服务环境的制定标准应注重舒适性和健康性。体卫融合服务机构应提供宽敞、明亮、整洁的服务环境,以满足居民在享受服务过程中的舒适度需求。同时,环境布置也应注重健康元素的融入,如摆放绿色植物,设置健康知识宣传栏等,以期在潜移默化中提高居民的健康素养。其次,服务人员的素质也是衡量体卫融合服务机构服务质量的重要标准。服务人员应具备专业技能和服务意识,能够为居民提供专业、热情、周到的服务。此外,服务人员还应定期接受健康知识和技能的培训,以提升其服务水平,满足居民不断变化的健康需求。在服务过程方面,体卫融合服务机构应制定标准化的服务流程,确保服务过程的连贯性和有效性。居民在接受服务时,应能够清晰地了解到每一个服务环节,感受到服务的专业性和连续性。同时,服务机构还应注重居民参与,尊重居民的意愿和需求,使服务过程更符合居民的健康促进期待。

第五章　体卫融合的政策法规体系

在"健康融入所有政策"原则和"大健康、大体育"理念指导下,体卫融合服务体系助力全民健康素养提升,是社会发展的应然之需和国家健康治理的时代诉求。通过梳理体卫融合相关政策法规,以及针对全民健身相关项目纳入医疗保险支付范围焦点问题展开调查研究,宏观审视体卫融合发展的政策环境,以期从内容上分析体卫融合政策法规体系的实施和执行现状,探析我国央地两级实施的体卫融合政策法规框架,最后基于现有的执行困境问题,有针对性地提出优化我国体卫融合政策法规的实施路径。

本章通过对"体卫融合政策法规体系"的分析,形成以下观点:

(1)体卫融合配套政策的系统性、科学性、持续性有待优化,针对性、目标化的细节内容以及配套化的政策法规还需要加强,导致我国体卫融合发展路径在实践中难以操作。

(2)将全民健身相关项目纳入医疗保险支付范围事宜推进较难。从医疗保险制度看,基本医疗保障的职责是保障社会成员的基本医疗服务需求,所以医保基金的互助共济功能与活化医保基金个人账户结余资金形成法理矛盾。

第一节　体卫融合政策法规概述

政策法规是落实体卫融合服务的基础保障,也是从源头上提供重要依据的法律遵循。一般来说,政策由直接相关的专属政策和宏观涵盖的间接政策构成。

一、体卫融合政策法规概念

体卫融合政策法规是党和机关团体为实现或者服务于特定的目标所制定的道德标准、行为规范,它是相关政令、条例、法规、措施等的总称。从内涵上看,体卫融合政策是由体育和卫生部门联合颁布的直接相关的各级各类政策和涉及体卫融合条文的相关政策构成,主要涵盖国家体育总局颁布的体育健康促进政策、卫健委颁布的卫生健康促进政策,以及多部门联合颁布的体卫融合相关政策。政策的出台有效地保障了体卫融合服务的高质量发展方向。这里面也涵盖了体医融合、全民健身、体质健康等各类发展规划、健康促进方案等政策、条例、法规、计划、方案等。应该说体卫融合政策法规的颁布预示着多元主体协同的深入推进,跨部门治理局面的形成,"健康入万策"的理念逐渐深入人心。因此,本书将体卫融合政策法规界定为围绕体育、医疗、卫生健康所形成的行为规范或者准则,它是由体育部门或者卫生健康部门联合颁布的一系列计划、方案、行动、措施、办法的集合,涉及体医融合、全民健身、卫生健康法规等相关政策群。

二、体卫融合政策法规构成体系

自《"健康中国2030"规划纲要》发布以来,体卫融合相关政策体系逐渐呈现出多点开花、相互映衬、相互辐射的效应(图5-1)。从国家战略角度看,有国务院、国家发展和改革委员会等中央机构出台的国家宏观政策;也有国家体育总局、国家卫生健康委员会出台的体育相关政策、卫生健康政策,也有联合发文的体卫融合专项政策。

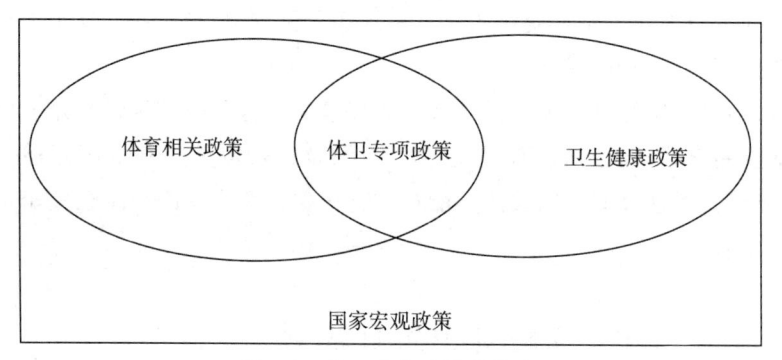

图5-1 体卫融合政策结构图

由表5-1可知,从政策属性上看,国家宏观政策较为宏观地论述了体卫融合的相关理念和融合的大致方向,具体的实施细则没有明确;从法规体系方面看,中央政策法规较多的条文中涉及体卫融合的概念和指导意见,在地方政策法规中,有些省份颁布了体卫融合地方标准,这对体卫融合示范区的建设起到了指导性的作用,但具体的实施细则和制定的责任主体更多的偏向于卫生健康部门,体育部门主动权没有得到进一步的强化。从区域特点上看,各地积极响应中央政策文件的要求,通过实施方案、实施办法、指导意见、规划方案的形式出台政策,从时间轴上看,从健康中国纲要实施以来,政策出台没有间断过,这也体现了政策的连续性和央地政策的协同性。

表 5-1 体卫融合政策概览

政策属性	法规体系	区域	名称	发文字号	发布机构	时间
国家宏观政策	中央政策法规	全国	"健康中国 2030"规划纲要		国务院	2016 年 10 月
国家宏观政策	中央政策法规	全国	国民营养计划（2017—2030 年）	国办发〔2017〕60 号	国务院办公厅	2017 年 6 月
国家宏观政策	中央政策法规	全国	关于实施健康中国行动的意见	国发〔2019〕13 号	国务院	2019 年 6 月
国家宏观政策	中央政策法规	全国	健康中国行动（2019—2030 年）		健康中国行动推进委员会	2019 年 7 月
国家宏观政策	经济特区法规	深圳市	深圳经济特区健康条例	深圳市第六届人民代表大会常务委员会公告第 223 号	深圳市人民代表大会常务委员会	2020 年 10 月
国家宏观政策	中央政策法规	全国	中华人民共和国国民经济和社会发展第十四个五年规划和 2035 年远景目标纲要		全国人民代表大会	2021 年 3 月
国家宏观政策	中央政策法规	全国	关于推动生活性服务业补短板上水平提高人民生活品质若干意见的通知	国办函〔2021〕103 号	国务院办公厅	2021 年 10 月
国家宏观政策	中央政策法规	全国	关于恢复和扩大消费措施的通知	国办函〔2023〕70 号	国务院办公厅	2023 年 7 月
体卫专项政策	地方政策法规	河北省	关于全民健身和全民健康深度融合的实施意见	冀政发〔2018〕8 号	河北省人民政府办公厅	2018 年 1 月
体卫专项政策	地方标准	安徽省	"体卫结合"的健康促进服务规范	DB34/T 3171—2018	安徽省质量技术监督局	2018 年 9 月

续表

政策属性	法规体系	区域	名称	发文字号	发布机构	时间
体卫专项政策	地方政策法规	安徽省	关于加快推动全民健身与全民健康深度融合的指导意见	皖体办〔2019〕20号	安徽省体育局会同省委宣传部等	2019年6月
体卫专项政策	地方政策法规	杭州市	关于推进杭州市"体医融合"试点工作的通知	杭体局〔2019〕35号	杭州市体育局	2019年6月
体卫专项政策	地方政策法规	沧州市	关于全民健身和全民健康深度融合的实施意见	沧政办发〔2018〕39号	沧州市人民政府办公室	2019年10月
体卫专项政策	地方政策法规	常州市	常州市运动健康指导门诊建设实施意见	常体发〔2019〕54号	常州市体育局	2019年12月
体卫专项政策	地方政策法规	芜湖市	芜湖市弋江区体医融合深化试点工作方案		弋江区文化旅游体育局	2020年7月
体卫专项政策	地方政策法规	广西壮族自治区	关于促进广西"体医融合、资源共享"实施意见(试行)	桂体发〔2020〕6号	广西壮族自治区体育局、广西壮族自治区卫生健康委员会	2020年8月
体卫专项政策	地方政策法规	包头市	推动全民健身与全民健康深度融合发展实施方案	包府办发〔2020〕69号	包头市人民政府办公室	2020年10月
体卫专项政策	地方政策法规	吉林省	关于推进全民健身与全民健康深度融合的意见	吉政办发〔2020〕38号	吉林省人民政府办公厅	2020年12月
体卫专项政策	地方政策法规	江苏省	关于促进体医融合发展的意见	苏体群〔2020〕38号	江苏省体育局、江苏省卫生健康委员会	2020年12月
体卫专项政策	地方标准	北京市	体医融合机构服务规范	DB11/T 1793—2020	北京市市场监督管理局	2020年12月
体卫专项政策	地方政策法规	扬州市	关于进一步深化体医融合工作的实施意见	扬体发〔2021〕67号	扬州市体育局	2021年7月

续表

政策属性	法规体系	区域	名称	发文字号	发布机构	时间
体卫专项政策	地方政策法规	河南省	推进全民健身和全民健康深度融合的实施意见（2021—2025年）	豫体〔2021〕22号	河南省体育局、河南省卫生健康委员会	2021年8月
体卫专项政策	地方政策法规	上海市	上海市运动促进健康三年行动计划（2021—2023年）	沪体群〔2021〕122号	上海市体育局、上海市卫生健康委员会、上海市民政局、上海市总工会	2021年8月
体卫专项政策	地方政策法规	江苏省	省体育局关于加强健身指导工作意见的通知	苏体群〔2021〕36号	江苏省体育局	2021年9月
体卫专项政策	地方政策法规	云南省	云南省体医融合建设工作方案	云体发〔2022〕8号	云南省体育局、云南省卫生健康委员会	2022年1月
体卫专项政策	地方政策法规	山东省	关于组织申报第二批体卫融合试点项目的通知	鲁体办字〔2022〕17号	山东省体育局、山东省卫生健康委员会	2022年8月
体卫专项政策	地方标准	广西壮族自治区	广西医疗机构体医融合服务规范（试行）	桂卫医发〔2022〕19号	广西壮族自治区卫生健康委员会	2022年9月
体育相关政策	中央政策法规	全国	关于加快发展健身休闲产业的指导意见	国办发〔2016〕77号	国务院办公厅	2016年10月
体育相关政策	中央政策法规	全国	体育强国建设纲要	国办发〔2019〕40号	国务院办公厅	2019年8月
体育相关政策	中央政策法规	全国	关于促进全民健身和体育消费推动体育产业高质量发展的意见	国办发〔2019〕43号	国务院办公厅	2019年9月
体育相关政策	中央政策法规	全国	全民健身计划（2021—2025年）	国发〔2021〕11号	国务院	2021年7月

续表

政策属性	法规体系	区域	名称	发文字号	发布机构	时间
体育相关政策	中央政策法规	全国	"十四五"体育发展规划	体发〔2021〕2号	国家体育总局	2021年10月
体育相关政策	中央政策法规	全国	关于构建更高水平的全民健身公共服务体系的意见		中共中央办公厅、国务院办公厅	2023年3月
体育相关政策	中央政策法规	全国	中华人民共和国体育法(2022年修订)	中华人民共和国主席令第一一四号	全国人大常委会	2022年7月
体育相关政策	中央政策法规	全国	关于推进体育助力乡村振兴工作的指导意见		体育总局、中央文明办、发展改革委、教育部、国家民委、财政部、住房城乡建设部、农业农村部、文化和旅游部、卫生健康委、共青团中央、全国妇联	2023年5月
卫生健康政策	中央政策法规	全国	中医药发展战略规划纲要(2016—2030年)	国发〔2016〕15号	国务院	2016年2月
卫生健康政策	中央政策法规	全国	关于印发中国防治慢性病中长期规划(2017—2025年)	国办发〔2017〕12号	国务院办公厅	2017年1月
卫生健康政策	中央政策法规	全国	全民健康生活方式行动方案(2017—2025年)	国卫办疾控发〔2017〕16号	国家卫生和计划生育委员会、国家体育总局、中华全国总工会	2017年4月
卫生健康政策	中央政策法规	全国	关于支持社会力量提供多层次多样化医疗服务的意见	国办发〔2017〕44号	国务院办公厅	2017年5月

续表

政策属性	法规体系	区域	名称	发文字号	发布机构	时间
卫生健康政策	中央政策法规	全国	关于改革完善医疗卫生行业综合监管制度的指导意见	国办发〔2018〕63号	国务院办公厅	2018年7月
卫生健康政策	中央政策法规	全国	中华人民共和国基本医疗卫生与健康促进法	中华人民共和国主席令第三十八号	全国人大常委会	2019年12月
卫生健康政策	中央政策法规	全国	"十四五"国民健康规划	国办发〔2022〕11号	国务院办公厅	2022年4月

第二节 体卫融合政策法规内容分析

一、政策法规发布时间

体卫融合相关政策法规发布时间分布如图5-2所示。自2016年《"健康中国2030"规划纲要》印发,多地为创建全民健身模范市县、体卫融合示范园区陆续发布了中央和省市级的体卫融合创建方案,构成当年相关地方政策法规体系主体。随着时间的推移,2020年体卫融合政策达到了发文顶峰,之后中央和地方的政策法规体系逐渐持平,取而代之的是中央政策的强化。其中较有代表性的是2019年国务院颁布的《关于实施健康中国行动的意见》《健康中国行动(2019—2030年)》,不仅细化了责任主体的权责利,而且聚焦了今后一段时间内,体育部门和卫生健康部门围绕全人健康促进的项目和任务进行了部署。而且,《中华人民共和国基本医疗卫生与健康促进法》《中华人民共和国体育法(2022年修订)》的推行,更是将体卫融合的实施内容进行法律层面的保障。

二、政策法规发布机构

体卫融合政策法规发布机构及法规体系分布如表5-2所示。由表5-2可知,中央政策法规和地方政策法规的占比分别为52%和48%。中央政策法规以国务院及其组成部门制定的部门工作文件(19项)和全国人大及其常委会(3项)为主,占比分别为46%和7%,这42项体卫融合政策法

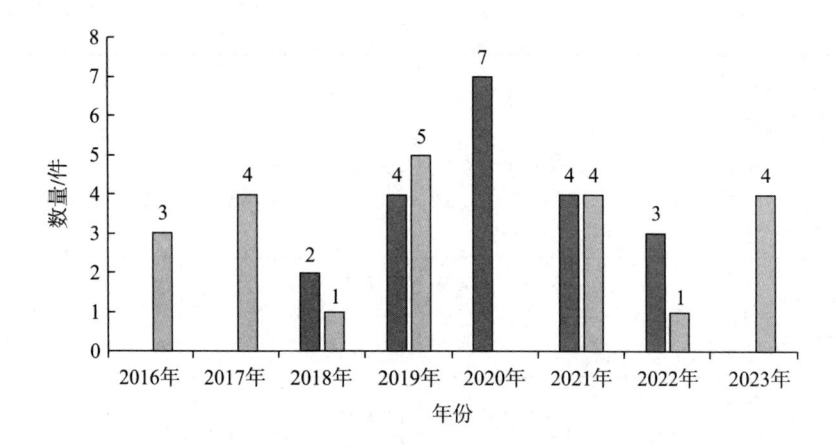

图 5-2　体卫融合政策法规发布时间

规里有 19 项是由体育和卫生健康部门联合发布的。在中央政策法规持续强化下,地方政府在传达体卫融合政策精神的同时,积极结合本地的全民健身实际开展情况和经济社会发展的重大现实问题,依据体育和医疗卫生深度融合发展的现实诉求,制定了本地市的体卫融合实施方案、法规条令、意见办法。其中,地方政府及其工作部门制定和发布的地方工作文件(19 项)占比较大,人大及其常委会制定的规章制度规范性文件较少,仅占 2%。

表 5-2　体卫融合政策法规发布机构

法规体系	发布机构	数量/项	比例/%	占比/%
中央政策法规	国务院	4	10	52
	国务院各组成部门	15	36	
	全国人大常委会	2	5	
	全国人民代表大会	1	2	
地方政策法规	地方各级人大及其常委会	1	2	48
	地方各级人民政府及其工作部门	19	45	

三、政策法规牵头主体

体卫融合政策法规的牵头主体主要承担各项体卫融合的工作任务,首先体育和卫生健康部门应该充分认识到体卫融合工作的重要性和紧迫性。从表 5-3 可以看出,在汇总的 42 项政策法规中,发布机构和牵头主体可能存在重叠,也可能存在上下级的隶属关系。前文提到,中央的政策法规多依托国务院和国务院办公厅发布,再或者是由专管省部级机构,如国家体育总局、卫生健康委员会等机构发布,地方政策多由地方人民政府的办公厅发布,或者由省市体育局单独发布,或者会同卫生健康部门联合发文,这也就从侧面揭示了体卫融合政策法规发布群体逐渐由单一主体向多元主体协同发文转型,如安徽省印发的《关于加快推动全民健身与全民健康深度融合的指导意见》(皖体办〔2019〕20号),就是由省体育局会同省委宣传部等10部门联合发文,足见安徽省对于体卫融合工作的重视。当然也有单独发文的体卫融合政策,如《关于推进杭州市"体医融合"试点工作的通知》(杭体局〔2019〕35号)、《常州市运动健康指导门诊建设实施意见》(常体发〔2019〕54号)、《省体育局关于加强健身指导工作意见的通知》(苏体群〔2021〕36号)等都是由体育单一部门发文。体卫融和政策法规联合发文的数量体现了当地政府部门的重视程度,也是对于跨部门协同的实现提供了一个真实的写照,从诸多关键性体卫融合宏观、专项政策的颁布情况看,政策主体多元合作的局面已经形成,相当于确立了相关部门的责权分配和工作边界。

表 5-3 体卫融合政策法规牵头主体

名称	发文字号	机构	牵头主体	融合倾向
"健康中国2030"规划纲要		国务院	国家层面	未明确
国民营养计划(2017—2030年)	国办发〔2017〕60号	国务院办公厅	相关部门	卫生主导
关于实施健康中国行动的意见	国发〔2019〕13号	国务院	相关部门	未明确
健康中国行动(2019—2030年)		健康中国行动推进委员会	相关部门	体育主导
深圳经济特区健康条例	深圳市第六届人民代表大会常务委员会公告第223号	深圳市人民代表大会常务委员会	相关部门	未明确
中华人民共和国国民经济和社会发展第十四个五年规划和2035年远景目标纲要		全国人民代表大会	相关部门	未明确

续表

名称	发文字号	机构	牵头主体	融合倾向
关于推动生活性服务业补短板上水平提高人民生活品质若干意见的通知	国办函〔2021〕103号	国务院办公厅	国家发展改革委	未明确
关于恢复和扩大消费措施的通知	国办函〔2023〕70号	国务院办公厅	国家发展改革委	未明确
关于全民健身和全民健康深度融合的实施意见	冀政发〔2018〕8号	河北省人民政府办公厅	河北省体育局、河北省卫生健康委员会	体育主导
"体卫结合"的健康促进服务规范	DB34/T 3171—2018	安徽省质量技术监督局	中国科学院合肥物质科学研究院	医疗单一主导
关于加快推动全民健身与全民健康深度融合的指导意见	皖体办〔2019〕20号	安徽省体育局会同省委宣传部等	安徽省体育局会同省委宣传部等10部门	体育主导
关于推进杭州市"体医融合"试点工作的通知	杭体局〔2019〕35号	杭州市体育局	杭州市体育局、杭州市卫生健康委员会、杭州市财政局	体育主导
关于全民健身和全民健康深度融合的实施意见	沧政办发〔2018〕39号	沧州市人民政府办公室	地方人民政府	联合
常州市运动健康指导门诊建设实施意见	常体发〔2019〕54号	常州市体育局	常州市体育局、常州市卫生健康委员会	联合
芜湖市弋江区体医融合深化试点工作方案		弋江区文化旅游体育局	弋江区文化旅游体育局、弋江区卫生健康委员会	联合

续表

名称	发文字号	机构	牵头主体	融合倾向
关于促进广西"体医融合、资源共享"实施意见(试行)	桂体发〔2020〕6号	广西壮族自治区体育局、广西壮族自治区卫生健康委员会	广西壮族自治区体育局、广西壮族自治区卫生健康委员会	体育主导
推动全民健身与全民健康深度融合发展实施方案	包府办发〔2020〕69号	包头市人民政府办公室	包头市体育局、包头市卫生健康委员会	联合
关于推进全民健身与全民健康深度融合的意见	吉政办发〔2020〕38号	吉林省人民政府办公厅	地方人民政府	体育主导
关于促进体医融合发展的意见	苏体群〔2020〕38号	江苏省体育局、江苏省卫生健康委员会	江苏省体育局、江苏省卫生健康委员会	联合
体医融合机构服务规范	DB11/T 1793—2020	北京市市场监督管理局	北京市卫生健康委员会、北京市体育局	卫生主导
关于进一步深化体医融合工作的实施意见	扬体发〔2021〕67号	扬州市体育局	扬州市体育局、扬州市卫生健康委员会	联合
推进全民健身和全民健康深度融合的实施意见（2021—2025年）	豫体〔2021〕22号	河南省体育局、河南省卫生健康委员会	河南省体育局、河南省卫生健康委员会	体育主导
上海市运动促进健康三年行动计划（2021—2023年）	沪体群〔2021〕122号	上海市体育局、上海市卫生健康委员会、上海市民政局、上海市总工会	上海市体育局、上海市卫生健康委员会、上海市民政局、上海市总工会	联合

续表

名称	发文字号	机构	牵头主体	融合倾向
省体育局关于加强健身指导工作意见的通知	苏体群〔2021〕36号	江苏省体育局	江苏省体育局	体育单一部门
云南省体医融合建设工作方案	云体发〔2022〕8号	云南省体育局、云南省卫生健康委员会	云南省体育局、云南省卫生健康委员会	联合
关于组织申报第二批体卫融合试点项目的通知	鲁体办字〔2022〕17号	山东省体育局、山东省卫生健康委员会	山东省体育局、山东省卫生健康委员会	联合
广西医疗机构体医融合服务规范（试行）	桂卫医发〔2022〕19号	广西壮族自治区卫生健康委员会	医疗机构	医疗单一主导
关于加快发展健身休闲产业的指导意见	国办发〔2016〕77号	国务院办公厅	相关部门	联合
体育强国建设纲要	国办发〔2019〕40号	国务院办公厅	相关部门	联合
关于促进全民健身和体育消费推动体育产业高质量发展的意见	国办发〔2019〕43号	国务院办公厅	国家卫生健康委员会、民政部、体育总局	联合
全民健身计划（2021—2025年）	国发〔2021〕11号	国务院	相关部门	体育主导
"十四五"体育发展规划	体发〔2021〕2号	国家体育总局	国家体育总局	体育单一部门
关于构建更高水平的全民健身公共服务体系的意见		中共中央办公厅、国务院办公厅	相关部门	联合
中华人民共和国体育法（2022年修订）	中华人民共和国主席令第114号	全国人大常委会	相关部门	体育主导

续表

名称	发文字号	机构	牵头主体	融合倾向
关于推进体育助力乡村振兴工作的指导意见		体育总局、中央文明办、发展改革委、教育部、国家民委、财政部、住房城乡建设部、农业农村部、文化和旅游部、卫生健康委、共青团中央、全国妇联	体育总局、中央文明办、发展改革委、教育部、国家民委、财政部、住房城乡建设部、农业农村部、文化和旅游部、卫生健康委、共青团中央、全国妇联	联合
中医药发展战略规划纲要（2016—2030年）	国发〔2016〕15号	国务院	相关部门	未明确
关于印发中国防治慢性病中长期规划（2017—2025年）	国办发〔2017〕12号	国务院办公厅	相关部门	卫生主导
全民健康生活方式行动方案（2017—2025年）	国卫办疾控发〔2017〕16号	国家卫生和计划生育委员会、国家体育总局、中华全国总工会	国家卫生和计划生育委员会办公厅、国家体育总局办公厅、中华全国总工会办公厅、共青团中央办公厅、全国妇联办公厅	未明确
关于支持社会力量提供多层次多样化医疗服务的意见	国办发〔2017〕44号	国务院办公厅	相关部门	未明确

续表

名称	发文字号	机构	牵头主体	融合倾向
关于改革完善医疗卫生行业综合监管制度的指导意见	国办发〔2018〕63号	国务院办公厅	相关部门	联合
中华人民共和国基本医疗卫生与健康促进法	中华人民共和国主席令第38号	全国人大常委会	相关部门	未明确
"十四五"国民健康规划	国办发〔2022〕11号	国务院办公厅	相关部门	未明确

四、政策法规发布地区

从地域对文件名称的命名方面看,各地对于体卫融合理念的理解还存在细微的差别,如命名为体医融合、全民健身和全民健康深度融合、体卫结合,见表5-4。

表5-4 体卫融合政策法规发布地区特征

区域	名称	发文字号	机构	时间
河北省	关于全民健身和全民健康深度融合的实施意见	冀政发〔2018〕8号	河北省人民政府办公厅	2018年1月
安徽省	"体卫结合"的健康促进服务规范	DB34/T 3171—2018	安徽省质量技术监督局	2018年9月
安徽省	关于加快推动全民健身与全民健康深度融合的指导意见	皖体办〔2019〕20号	安徽省体育局会同省委宣传部等	2019年6月
杭州市	关于推进杭州市"体医融合"试点工作的通知	杭体局〔2019〕35号	杭州市体育局	2019年6月
沧州市	关于全民健身和全民健康深度融合的实施意见	沧政办发〔2018〕39号	沧州市人民政府办公室	2019年10月

续表

区域	名称	发文字号	机构	时间
常州市	常州市运动健康指导门诊建设实施意见	常体发〔2019〕54号	常州市体育局	2019年12月
芜湖市	芜湖市弋江区体医融合深化试点工作方案		弋江区文化旅游体育局	2020年7月
广西壮族自治区	关于促进广西"体医融合、资源共享"实施意见（试行）	桂体发〔2020〕6号	广西壮族自治区体育局、广西壮族自治区卫生健康委员会	2020年8月
包头市	推动全民健身与全民健康深度融合发展实施方案	包府办发〔2020〕69号	包头市人民政府办公室	2020年10月
吉林省	关于推进全民健身与全民健康深度融合的意见	吉政办发〔2020〕38号	吉林省人民政府办公厅	2020年12月
江苏省	关于促进体医融合发展的意见	苏体群〔2020〕38号	江苏省体育局、江苏省卫生健康委员会	2020年12月
北京市	体医融合机构服务规范	DB11/T 1793—2020	北京市市场监督管理局	2020年12月
扬州市	关于进一步深化体医融合工作的实施意见	扬体发〔2021〕67号	扬州市体育局	2021年7月
河南省	推进全民健身和全民健康深度融合的实施意见（2021—2025年）	豫体〔2021〕22号	河南省体育局、河南省卫生健康委员会	2021年8月
上海市	上海市运动促进健康三年行动计划（2021—2023年）	沪体群〔2021〕122号	上海市体育局、上海市卫生健康委员会、上海市民政局、上海市总工会	2021年8月

续表

区域	名称	发文字号	机构	时间
江苏省	省体育局关于加强健身指导工作意见的通知	苏体群〔2021〕36号	江苏省体育局	2021年9月
云南省	云南省体医融合建设工作方案	云体发〔2022〕8号	云南省体育局、云南省卫生健康委员会	2022年1月
山东省	关于组织申报第二批体卫融合试点项目的通知	鲁体办字〔2022〕17号	山东省体育局、山东省卫生健康委员会	2022年8月
广西壮族自治区	广西医疗机构体医融合服务规范（试行）	桂卫医发〔2022〕19号	广西壮族自治区卫生健康委员会	2022年9月

从地域分布看，东部沿海发达地区如上海、江苏、浙江等长三角区域开展得较好，中部的河南、内蒙古、湖南也是积极响应出台了体育和医疗卫生融合发展的政策法规，如推动全民健身与全民健康深度融合发展、促进体卫融合发展、运动促进健康等相关的意见、方案、办法。从发布时间上看，河北省和安徽省最早响应中央政策，河北省于2018年以全民健身为抓手，会同卫生健康部门联合起草并提请省政府办公厅印发了《关于全民健身与全民健康深度融合的实施意见》，获批全国首个健身与健康融合中心试点。从发布时间的先后顺序看，与此同时，将河北省中医院作为首批体医融合的示范单位，探索疾病诊治与体育健身融合服务模式。另外，2018年以来，安徽省更是密集出台体卫融合系列政策文件，诸如《"体卫结合"的健康促进服务规范》《关于加快推动全民健身与全民健康深度融合的指导意见》《芜湖市弋江区体医融合深化试点工作方案》等。2021年1月，安徽省成立首个"体医融合"深化试点实体，即芜湖市弋江区健康教育与科学健身指导中心。这使得体卫融合从理论构建向政策落地实施转化，围绕培训、科普、服务、信息化等体系建设方面进行探索和尝试。山东省响应周期较长，到2022年才出现相关的体卫融合专项政策，此前都是以全民健身促进健康的形式开展，这也侧面说明了一些省市相关部门对于体卫融合理念的接受和认可需要很长一段时间的论证和探索。最初，体卫融合试点的内容主要围绕体质健康监测、慢性病运动干预、健康体检、运动处方培训等方面展开，随着体卫融合中的"运动是良医""主动健康"等理念的传播和临床验

证，从政府部门到社会大众，从高等院校到医疗机构的从业者也慢慢认可这种大健康的理念，使得体卫融合工作得到进一步推动，实现了融合内容的扩充，涉及项目融合、人才融合、科技融合等方面，尤其是北京、安徽、广西等体卫融合标准的出台，更是将融合的责任、边界进行了细化规范，而且在体卫融合的服务体系、人才队伍建设标准、健身指导服务项目标准、机制保障、智慧化平台建设要求、健康康复产业、科学健身素养等方面制定了详细的制度规范，从政策角度看，这种科学化、系统化、规范化的体卫融合发展呈现出地域特征。

五、政策法规相关论述

针对体卫融合政策法规体系的相关论述主要从体卫融合的政策法规关键词、政策法规的特征以及体卫融合内容的相关阐述三方面进行分析。在体卫融合的关键词的命名方面，在国家顶层设计的规划文件《"健康中国2030"规划纲要》中，"体医融合"的命名形式首次正式出现在国家文件中。"体医融合"要求以运动处方为载体，形成体医结合的疾病管理与健康服务模式。从文件可以看出，现在国家希望体育和医疗卫生首先能够实现结合，即找到结合的位点和切入点，然后才能从深度融合方面实现高质量的发展。之后，在不同层面、不同机构的政策文件中可以看出，体医结合、体医融合、体卫融合、全民健身与全民健康融合字眼不断地出现，并没有形成一个统一的名称。这反映出体卫融合研究还有待深入推进，理论研究的深度还没有跟上实践的需要，理论指导实践出现了脱节。从政策特征看，规划、标准、意见、方案、计划、纲要各有各的特点。其中，以各类意见居多，意见就是从国家层面提出的指导和建议，主要侧重强调一种指向、指导，但具有法定的权威性和行政约束力，意见本身并不涉及具体的目标任务，相对来说比较概括，旨在给基层部门在落实时留下更广阔、更自主的创新空间，允许地方用创新方法结合本地情况实施。计划、规划和各类方案较之意见来说，相对更加具体，针对当前的体卫融合发展问题，从经济社会发展方向和各地实情出发，提出更加细化的目标或分阶段目标，有些还涉及制定量化指标。从相关论述情况看，国家宏观政策对于体卫融合的论述仅提及体卫融合要发展的问题，至于发展的方向、融合的内容和实施细则并没有过多涉及，而且也没有明确的责任主体分工。体卫融合专项政策中提及的融合内容存在同质化研究的现象，而且有些内容仍属全民健身或者体质监测范畴，缺乏对体卫融合这种质的变化的细则，即表现出体卫融合的相关性不够、创新性不强、特色发展的支持政策条文不多等特征。体卫融合试点的内容可以概括为体质健康监测、慢性病干预、运动康复、健康管理、社区健康促进、人才培养以及产品研发方面,针对大健康理念下的主动健康关键技术的体卫融合却鲜有涉及,这可能与当前的科技发展、研发企业对于体卫融合的关注不够,或者投融资渠道不通畅导致资金投入较少有关。从试点内容来看,近几年体卫融合试点逐渐从最初的体质健康监测,到如今的智能化、数字化融合发展,产业融合发展也是体卫融合的一个重要切入点,围绕体育与医疗、卫生、健康文化传播的路径和机制,实现大健身与大健康有效结合,提升国民体质。

表 5-5 体卫融合政策法规相关论述

名称	关键词	政策特征	相关论述
"健康中国 2030"规划纲要	体医融合	战略规划	发布体育健身活动指南,建立运动处方库,推动形成体医结合的疾病管理与健康服务模式,发挥全民科学健身在健康促进、慢性病预防和康复等方面的积极作用
健康中国行动（2019—2030 年）	体医结合	规划	建立针对不同人群、不同环境、不同身体状况的运动促进健康指导方法,推动形成"体医结合"的疾病管理与健康服务模式
深圳经济特区健康条例	融合发展	立法法规	推动科学健身与健康促进、疾病预防和身心康复融合发展,重点开展体质健康监测、体质健康干预计划、运动处方推广等工作
中华人民共和国国民经济和社会发展第十四个五年规划和 2035 年远景目标纲要	体卫融合	规划	我国健康关口前移,促进体卫深度融合
关于推动生活性服务业补短板上水平提高人民生活品质若干意见的通知	体育+健康	意见	促进"体育+健康"服务发展,构建体医融合的疾病管理和健康服务模式
关于恢复和扩大消费措施的通知	体育健康	措施	引导金融机构按市场化方式,加大对文化旅游、体育健康等的综合金融支持力度

续表

名称	关键词	政策特征	相关论述
关于全民健身和全民健康深度融合的实施意见	体医融合	指导意见	加快推进以理念、组织、活动、设施、人才、科技、产业为重点的深度融合
"体卫结合"的健康促进服务规范	体卫结合	地方标准	围绕健康档案、健康监测、健康评估、科学健身指导、合理膳食建议、不良行为纠偏、健康教育等方面进行服务，服务人员包括机构管理人员、健康责任医师、具有职业资格的健康护理师
关于加快推动全民健身与全民健康深度融合的指导意见	全民健身与全民健康深度融合	指导意见	加快推进全民健身与全民健康以理念、机制、活动、组织、设施、产业等为重点任务的深度融合，建立健全覆盖全省各级的体医结合健康服务网络
关于推进杭州市"体医融合"试点工作的通知	体医融合	试点工作	在卫健部门原有康复运动处方和体育部门原有训练竞技运动处方的基础上，大力发展全民健身运动处方，体医合作
关于全民健身和全民健康深度融合的实施意见	全民健身与全民健康深度融合	实施意见	加快推进全民健身和全民健康以理念、组织、活动、设施、人才等为重点的深度融合，促进全民健身向全民科学健身转化
常州市运动健康指导门诊建设实施意见	体医融合	实施意见	根据体育健身指导及咨询等项目，采用运动健康指导门诊"411"工作模式开展服务
芜湖市弋江区体医融合深化试点工作方案	体医融合	工作方案	探索通过非医疗健康干预模式，创新疾病预警与健康服务模式，构建科学合理的测评、评估、指导三级科学健身指导体系，主要围绕慢性病健康干预、培养专业队伍、打造试点实体方面

续表

名称	关键词	政策特征	相关论述
关于促进广西"体医融合、资源共享"实施意见（试行）	体医融合	指导意见	主要围绕体医融合服务机构、组织网络、人才队伍、健身指导服务项目、协作和管理机制、智慧化平台、健康康复产业等进行深度融合
推动全民健身与全民健康深度融合发展实施方案	全民健身与全民健康深度融合	实施方案	加强行业沟通，推进体医融合服务建设，主要围绕健身健康场地设施、全民健身活动、人才队伍建设、健康产业、宣传教育等方面实行全民健身与全民健康深度融合工作制度
体医融合机构服务规范	体医融合	地方标准	适用于体医融合机构，规定了体医融合服务的基本要求、服务项目和服务质量控制
关于进一步深化体医融合工作的实施意见	体医融合	实施意见	全市体育和卫生健康等部门协同体医在理念、机构、政策、理论、设施、组织、竞技体育医疗保障、产业、人才、服务等方面深度融合，推动将体医融合纳入购买健身健康服务目录
上海市运动促进健康三年行动计划（2021—2023年）	体医养	行动计划	整合体育、卫生健康、养老、工会等公共服务资源，在持续加强"体医养"等融合的基础上，提供有效的运动促进健康服务
省体育局关于加强健身指导工作意见的通知	体卫融合	指导意见	探索建立五级运动健康促进体系，厚植"体卫融合"理念，创新融合路径，寻找合作空间
关于组织申报第二批体卫融合试点项目的通知	体卫融合	指导意见	聚焦体卫融合模式创新、人才队伍培养、关键技术攻关、科研成果转化和健康产业发展等方面，通过积极创新、先行先试、示范引领，培育打造一批体卫融合的行业标杆和示范样板
广西医疗机构体医融合服务规范（试行）	体医融合	地方标准	为指导广西医疗机构开展体医融合服务，规范体医融合服务内容及服务标准，制定本规范

续表

名称	关键词	政策特征	相关论述
"十四五"体育发展规划	体卫融合	发展规划	推动全民健身与全民健康深度融合。加强运动防护师、运动营养师等人才培养,建立体卫融合重点实验室,完善运动处方库
中华人民共和国体育法(2022年修订)	全民健身与全民健康深度融合	立法法规	促进体育与健康、文化、旅游、养老、科技等融合发展
关于推进体育助力乡村振兴工作的指导意见	体卫融合	指导意见	加强乡村医生科学健身指导能力和体卫融合技能培训。实施运动健康中心建设工程,以改扩建为主要方式建立一批运动健康中心,推动建立体育和卫生健康等部门协同、全社会共同参与的运动促进健康新模式
中华人民共和国基本医疗卫生与健康促进法	融合发展	立法法规	医疗卫生、教育、体育、宣传等机构、基层群众性自治组织和社会组织应当开展健康知识的宣传和普及

六、地方政策的实践探索

各级政府、企事业单位和社会组织在推进体卫融合发展中开展了大量有益的尝试。一方面,许多地方在推进健康城市建设、健康乡村建设等过程中,积极将体育和卫生资源整合起来,为居民提供更加便捷、全面的健身和健康服务。另一方面,医疗机构、体育场馆等也在积极探索合作模式,推动体卫融合发展。例如,一些医疗机构与体育场馆合作,开展运动处方服务,为患者提供个性化的运动康复方案。

(1)体卫融合服务平台建设:全国各地积极探索体卫融合服务平台的建设,通过搭建线上线下相结合的服务平台,为民众提供一站式的体卫融合服务。

(2)跨界合作与创新:体育和医疗卫生领域的机构和企业在跨界合作中不断创新,开发出体育与医疗卫生相结合的新产品、新服务和新模式。

(3)体卫融合产业发展:随着体卫融合的深入发展,相关产业也得到了快速发展,形成了以健康产业、体育产业等为核心的产业链和价值链。

体卫融合发展在政策推动与实践探索中,也面临一些挑战,如政策落实不到位、资源分配不均、合作机制不健全等。为了应对这些挑战,需要进一步加强政策宣传和培训,提高政策执行力度;推动资源优化配置,加大对基层和欠发达地区的支持;建立健全合作机制,加强体育和卫生领域信息共享、人才交流等。

第三节　体卫融合政策法规执行困境

一、政策目标问题

(一)目标定位模糊

清晰的目标定位是决定体卫融合战略发展走向的前提。设置科学合理的目标导向,可以将体卫融合今后一段时间内的工作任务和实施细则公之于众,让大众能够感知到政府为民做实事的力度和信心。通过分析相关政策法规发现,关于体卫融合的目标定位不是很清晰。体卫融合的本质应该是防未病式的主动健康促进。突出以人民健康为中心的地位,强化全人群生命周期的健康管理、促进、康养导向,将主动健康的理念、认知、体系贯穿于全人群的动态监测、失衡预警、风险筛查以及健康促进的服务模式中,将健康中国战略定位自上而下地落实到位。但从现有政策文本的描述看,仍以体育类的国民体质监测站点建设和医疗机构体检业务协作为主要的发展导向,但传统的体质监测和体检监测并不是体卫融合的本质,更多的还是体育和医疗服务的整合。

(二)目标缺少量化标准

在体卫融合专项政策的描述中,有些政策有量化的目标,如广西壮族自治区的《关于促进广西"体医融合、资源共享"实施意见(试行)》提出,到2025年,建立比较完善的体医融合健康管理服务体系。城乡区域范围内的人群体质健康达标率要实现91%,经常参加体育锻炼的体育人口比例应该达到41%。但杭州市《关于推进杭州市"体医融合"试点工作的通知》有关目标的描述较为定性,仅提出要"引导市民形成科学健身从了解自身体质开始的理念,促进市民体育健身意识和科学健身素养普遍增强"。从政府治理的角度看,政策用语采用定性描述方式要比定量描述方式更容易实现政策目的,对最终的考核不会造成太大的压力,但这在一定程度上可能会被大众认为目标导向不清晰。当然目标的确定要结合当地经济社会发展的实情,预期结果有可以衡量的标准将有效地提高社会参与积极性。

二、政策主体问题

(一)政策制定主体的级别效力问题

政策的制定过程是整个政策系统的关键所在。从现有政策法规体系来看,政策的制定者主要包括国家政府部门和社会力量两种。具体到体卫融合政策的制定主体是指感知、处理政策信息,拟定及选择整个方案的组织机构。从现有文件看,主要包括国务院(办公厅)、地方人民政府(办公厅)、人大常委会、体育局。以法律形式出现的政策,比如《中华人民共和国体育法》《中华人民共和国基本医疗卫生与健康促进法》具有较高的立法稳定性,能够对体卫融合的问题进行规制,但其存在限定性不足的问题。以规范性文件出台的政策制定的主体差异较大,有些是国务院办公厅、地方人民政府,但更多的只是体育部门。这会导致政策的权威性、控制力及影响力可能较立法机关制定的要弱,这种主体权力分布的差异会导致政策主体,在通过体卫融合政策实现对目标群体管理时存在差异。

(二)政策执行主体的权力配置问题

政策的执行主体主要是指执行政策的组织机构和具体工作人员,特别是行政机关和政府公务人员。体卫融合的政策执行主体主要是指将体卫融合政策方案付诸实践来解决实际政策问题的组织机构。体卫融合政策法规执行主体的权力配置要考虑纵向的中央政府与地方政府之间的配置,还要考虑横向同级政府之间的配置,也涉及跨部门的组织关系。现有政策中,执行主体也可以称为牵主体,宏观政策主要依靠国家行政机关,如国家发展改革委;体卫融合专项政策主要以体育局为主,有些会同地方卫生健康委员会联合执行。在执行过程中,权力配置失衡问题较为突出,主要体现在体育类文件中主要倾向于将执行的主体放在体育部门但医疗卫生和国家宏观政策更多地倾向于让卫生部门主导,有些直接未明确监督权、决策权究竟归谁。

三、政策环境问题

(一)大众认知观念问题

从现有调研情况看,以江苏省为例,全省范围内体卫融合的概念和政策的普及度、认知度有待进一步提高。全省部分医院、社区卫生中心镶嵌体卫融合服务项目的居多;健身机构、民营企业等市场化机构体卫融合服务项目涉及较少。与北京、上海相比,存在居民认知度不足且专业分化不够细等问题,而且苏中、苏南、苏北体卫融合服务存在不均衡、不可及现象。通过调研发现,男性比女性更了解体卫融合;18~45岁的人最了解体卫融合,46~69岁的人次之,70~80岁和13~17岁的人最不了解体卫融合;医师和体育工作者比社区民众和大学生更了解体卫融合;总体来看,苏南比苏中、苏北地区对体卫融合概念的了解度更高,省内区域在体卫融合政策的了解上存在差异;这与健康江苏建设要求形成一定的现实反差。通过走访调查南京市、苏州市、常州市、扬州市、盐城市等辖区内若干试点街道、社区可知,大众针对运动营养处方、测试评估、档案管理等诉求较多,而对于医学诊断处方和膳食的诉求不多。目前,江苏健康促进服务模式多采取专项财政补贴制度,市场化运营程度不高,第三方机构独立运营数量较少。虽设置家庭医生签约机制,但体卫融合服务的可获得性和可适应性程度较低,鲜有对个人健康信息进行多方面的跟踪调查,智慧化信息共享机制仍未形成。受限于传统观念和阶段发展,以体卫融合为中心,结合文化、教育、科技、卫生等工作进行系统思考、研究和创新,形成宣传体卫融合领域的系统工程工作滞后,进行多层次、多角度、全方位的宣传氛围不够浓厚,民众主动的体育健康促进观念欠缺。由于体育话语权的弱势地位,加之医疗卫生覆盖健康的内在逻辑的局限性,医疗卫生部门并没有主动将体育介入纳入其中,而且体育元素纳入全民健康配套政策也不够完善。主流媒体在宣传和报道体育的多元价值时认识不充分,使得思想引领、精神支持与舆论导向等意识形态宣传力度较弱。

(二)全民健身问题

全民健身场地设施投放度未能与人口密度、年龄结构形成匹配性供给,现有的全民健身场地、设施、人力资源建设均未能达到体卫融合规范化的要求。另外,以江苏为例分析,有些社会力量缺乏独立性和自主性,其深层次的原因在于:一是治理语境下组织地位和作用渐显,但社会治理改革的新旧环境转换关系仍未理顺。二是体育组织往往会在公共性与政治性之间不断摇摆,致使其公共性的生产处于一种不确定和弱持续性状态。三是复合型专业人才短缺。缺少"懂理论、重实训"的复合型专业队伍,健身指导者普遍缺乏医学专业知识,具有开设运动处方技能的医生寥寥无几,且健身指导者和临床医师没有良好的沟通对话、信息交换和技术共享机制。另外,通过调研发现有些基层地区的社会体育指导员队伍建设存在不合理的现象,主要体现在社会体育指导员年龄、学历、项目、性别结构失衡,不能与区域人群实现有效的匹配,有些缺乏医疗卫生的预防保健知识和前沿的运动训练理念。

四、政策内容问题

体卫融合的政策内容是构成政策法规体系的重中之重。丰富完善的政策内容可以有效指导示范区建设和服务的高质量开展。前文提到,体卫融合机构的服务内容有体质健康监测、慢性病干预、运动康复、健康管理、社区健康促进。但作为单一类型的政策内容,还应该聚焦实现服务内容的有效保障条件、制度、机制、体制等方面,针对科技产品研发和技术服务也应有所涉及。但是体育端口的政策内容缺乏数字化医疗的衔接,医疗端口的政策内容局限于运动处方门诊服务的保障。而且,体卫融合政策内容的落地实施更多侧重全民健身监测中心和体检中心的服务项目的简单叠加。另外,促进"智慧健康"建设方面有待进一步完善。体卫融合服务并没有借助"互联网+医疗健康"发展模式得到进一步推广。

第四节　体卫融合政策法规实施的提升策略

随着我国经济社会的快速发展,体育和卫生领域的融合发展日益受到重视。在这一背景下,政策推动和实践探索成为推动体卫融合发展的关键因素。体卫融合实施过程中面临诸多困境,如政策落地难、资源分配不均、人才短缺、部门协同不足等,针对这些困境,我们可以从政策法规角度出发,从政策执行重点和提升策略两个方面采取措施破解。

一、防治融合是体卫融合的关注重点

政府部门在推进体卫融合发展中扮演着重要角色。近年来,我国政府出台了一系列政策措施,旨在促进体卫融合发展的政策体系不断完善。例如,《全民健身计划(2016—2020年)》明确提出要推进全民健身与全民健康深度融合,将健康融入各项体育活动中。此外,政府还通过加大财政投入、优化资源配置、支持社会力量参与等多种途径,推动体卫融合发展的实施。而且,地方政府也出台相应的政策和规划,推动体卫融合在当地的发展。如各地纷纷出台全民健身计划、健康城市建设规划等。从防治融合的角度来看,政策实施应着重关注以下几个方面:

(一)构建协同机制

政策实施应推动体育和卫生部门建立紧密的协同机制,确保各部门能够有效地共享信息、资源和经验。此外,还需要鼓励跨部门合作,促进相关部门之间的沟通与协作,形成工作合力。

(二)制定综合策略

应制定出一套综合性的体卫融合发展策略,将体育与卫生相结合,从健康促进、疾病预防、康复治疗等多个层面,为人民群众提供全方位、全周期的健康服务。

(三)加大投入力度

应加大对体卫融合发展的投入,包括财政资金、人力资源和技术支持等方面,确保融合发展有足够的资源保障。特别要关注基层和欠发达地区的需求,加大支持力度,确保全民受益。

(四)强化人才培训

应加强对体育和卫生领域人才的培训和交流,培养具备跨领域知识和技能的复合型人才,为体卫融合发展提供人才支持。同时,要关注人才激励机制,鼓励人才积极参与体卫融合发展。

(五)推动科技创新

应鼓励体育和卫生领域的科技创新,推动健康科技、运动生理学、运动医学等领域的交叉研究,为体卫融合发展提供科技支撑。通过技术创新,不断提高体卫融合发展的水平。

(六)开展试点示范

可以先在部分地区和单位开展体卫融合发展的试点示范,总结经验,不断完善政策措施,形成可复制、可推广的模式,为全面实施体卫融合发展提供借鉴。

从防治融合的角度来看,政策实施应注重构建协同机制、制定综合策略、加大投入力度、强化人才培训、推动科技创新、开展试点示范和加强宣传推广等方面,确保体卫融合发展取得实效,为全民健康水平的提高做出贡献。

二、体卫融合政策推动与实施方向

(一)完善法规制度

在现有政策基础上,进一步明确体卫融合发展的目标、原则、任务和措施,为各级政府、企事业单位和社会组织开展体卫融合发展提供明确的法规依据。

(二)促进人才培养与社会支持

加强体育和卫生领域人才的交流与合作,培养具备跨领域知识和技能的复合型人才,为体卫融合发展提供人才支持。鼓励和支持社会组织参与体卫融合发展,发挥其在资源整合、服务提供、群众发动等方面的优势,推动体卫融合发展的广泛开展。

(三)强化科技创新与数据支撑

加强体育和卫生领域的科技创新,推动健康科技、运动生理学、运动医学等领域的交叉研究,为体卫融合发展提供科技支撑。加强与国际组织、发达国家在体卫融合发展领域的交流与合作,借鉴先进经验和成功做法,促进我国体卫融合发展水平的提升。建立体卫融合发展数据监测和评估体系,收集和分析相关数据,为政策制定和实施提供科学依据,及时发现和解决体卫融合发展中的问题。根据不同地区、不同人群的特点和需求,制定有针对性的体卫融合发展政策和措施,确保体卫融合发展真正惠及广大人民群众。

(四)宣传普及与品牌塑造

加大宣传力度,提高公众对体卫融合发展的认识和理解,树立"健康至上、体育与卫生相结合"的理念,引导人们积极参与体育活动,关注身体健康。另外,总结各地在体卫融合发展中的成功经验和做法,加以推广应用,以点带面,推动体卫融合发展的全面实施。打造特色品牌,鼓励各地结合自身实际,打造具有地域特色的体卫融合发展品牌活动,提升体卫融合发展的影响力,形成全民参与的良好氛围。

三、体卫融合政策法规实施的提升策略

(一)制定明确的法规和政策

政府部门应制定明确的法规和政策,为体卫融合发展提供清晰的法律依据和操作指南。同时,确保政策在制定、实施、评估等各个环节都能够保持连续性和稳定性,避免频繁调整导致实施困境。

(二)强化政策协同

加强体育、卫生、教育、社会保障等部门之间的政策协同,形成政策合力,推动体卫融合发展。例如,在制定相关政策时,可以考虑将体育与卫生相结合,实现资源共享、优势互补。

(三)优化资源配置

通过政策引导,优化资源配置,确保体卫融合发展的资源投入得到保障。例如,政府可以加大对基层和欠发达地区的支持力度,保障全民健身设施和公共卫生服务的均等化、普及化。

(四)促进人才流动和培养

政策应鼓励体育和卫生人才之间的流动和培养,为体卫融合发展提供人才支持。例如,可以通过设立奖学金、加强培训等方式,吸引更多优秀人

才投身于体卫融合发展领域。

(五)加强法治保障

建立健全相关法律法规,保障体卫融合发展的顺利实施。例如,可以制定体育与卫生相结合的相关法律法规,明确各部门职责,确保体卫融合发展有法可依。从政策法规角度破解体卫实施的困境,需要在政策制定、实施、评估等各个环节加强协同、优化资源配置、促进人才流动和培养、加强法治保障和引导社会参与,确保体卫融合发展取得实效。

第六章　体卫融合示范区建设的实践路径

根据城乡基层开展科学健身门诊情况和全民运动健身模范市创建情况进行案例分析,按照实地走访调研的资源便捷性、台账资料的完整性、试点案例的典型代表性原则,从东部、中部、西部选取10省市开展调研,着重分析体卫融合战略合作的参与主体情况和结合当地资源所开展的体卫融合特色做法。

本章通过对"体卫融合示范区建设"实践案例的分析,形成以下观点:

(1)体卫融合管理模式由"政府单一中心"主导型逐渐演变为"政府主导"和"政企合作"共存。

(2)体卫融合服务内容形式是体医融合的内核,不仅包括体医融合模式下常规的运动健康知识讲座、体质体能测试、运动处方等基础形式,还扩展出集体育锻炼、康复理疗、营养膳食、日托照料等为一体的服务内容。

(3)全民运动健身模范市创建的现实问题主要体现在城市现代化治理体系中全民健身公共服务体系有待完善、全民健身与全民健康融合发展缺乏有效端口。

第一节　我国体卫融合地方实践

一、我国体卫融合典型实践案例概述

(一)典型实践案例的选取原则与方法

在研究我国体卫融合典型实践案例时,需要遵循一定的选取原则与方法。首先,案例选取应具有代表性,即所选案例应能充分体现体卫融合的核心理念,以及在不同地区、不同领域、不同层次的实践成果。其次,案例选取应具有典型性,即所选案例应具有一定的独特性和普遍意义,能够对其他地区和单位在推进体卫融合方面提供借鉴和启示。最后,案例选取应具有可操作性,即所选案例应具有较高的实施可行性和推广价值,能够在更大范围内推动体卫融合事业的发展。

在选取我国体卫融合典型实践案例时,主要遵循以下原则与方法:

(1)典型性:选取的案例应具有一定的代表性,能够在一定程度上反映我国体卫融合的发展趋势和特点。

(2)创新性:选取的案例应具有一定的创新性,能够在体卫融合领域提出新的理念、模式或方法,对行业产生积极影响。

(3)影响力:选取的案例应具有一定的影响力,能够在行业内引起广泛关注和讨论,对体卫融合政策的制定和实施产生积极影响。

(4)可操作性:选取的案例应具有一定的可操作性,能够在其他地区或领域进行推广和应用,为其他单位提供借鉴和参考。

本书通过文献调研、现场考察、专家访谈等多种途径收集相关案例信息,然后根据上述原则进行筛选和评估。此外,为了确保案例选取的客观性和公正性,可邀请相关领域的专家和实际工作者参与评选,以确保所选案例能够真实、全面地反映我国体卫融合的实践成果。

(二)典型实践案例介绍

我国体卫融合经过长期的发展,已经取得了一定的成果。在这一过程中,涌现出了一批典型的实践案例,为全国其他地区的体卫融合提供了借鉴和参考。

1. 北京模式

北京市将全民健身作为提高市民生活质量和促进社会和谐发展的重要举措。近年来,北京市积极开展体卫融合实践,通过整合体育和卫生资源,推进全民健身与全民健康深度融合,为市民提供了更加丰富多样的健康服务。一是政策支持与引导。北京市制定了一系列关于体卫融合的政策措施,明确了体卫融合发展的目标和路径,为体卫融合工作提供了有力的政策保障。在政策的引导下,北京市卫生部门和体育部门紧密合作,共同推进体卫融合项目,促进全民健身与全民健康的深度融合。二是体卫融合项目开展。北京市积极开展各类体卫融合项目,如慢性病康复运动、老年人健身养生、运动处方等,针对不同人群提供个性化的健康服务。三是人才培训与组织保障。北京市重视体卫融合领域的人才培养,通过专业培训、研讨会等形式,提高人才的专业素质和技能。同时,北京市还建立健全了体卫融合工作协调机制,加强部门间的沟通与协作,为体卫融合工作的开展提供了有力的组织保障。四是社会参与和资源整合。北京市积极引导企业、社会组织和个人参与体卫融合事业,加大体卫融合领域的资源整合力度,通过合理配置资源,缩小城乡、地区、人群之间的健康服务差距,为全民健康事业的发展创造了更加有利的条件。

2. 上海模式

作为我国的经济和金融中心，上海市高度重视全民健身和全民健康事业的发展。近年来，上海市积极开展体卫融合实践，通过整合体育和卫生资源，推进全民健身与全民健康深度融合，为市民提供了更加丰富多样的健康服务。如制定了《运动促进健康三年行动计划（2021—2023年）》政策，以全民健身为切入点，将卫生和体育相结合，推动市民健康水平的提升。上海市通过开展市民体质监测、设立社区健康促进中心等举措，积极探索体卫融合的发展模式。一是四平路街道的"体卫结合"公办模式。四平路街道积极探索"体卫结合"公办模式，通过搭建体育与卫生跨界合作平台，推动双方资源整合与共享。在这一模式下，街道充分利用社区内的体育设施和卫生资源，为市民提供全面、有效的健康促进服务。例如，街道与社区卫生服务中心合作，开展慢性病康复运动、老年人健身养生等项目，针对不同人群提供个性化的健康服务。二是殷行街道"公办＋商业"模式。殷行街道采用了"公办＋商业"的体卫融合模式，通过政府引导和市场运作，推动全民健身与全民健康的深度融合。在这一模式下，街道与商业健身机构合作，共同开展体卫融合项目，如运动促进健康门诊、社区健康运动会等。这些项目充分发挥了体育和卫生领域的优势，为市民提供了全面、有效的健康促进服务。三是打造特色体卫融合项目。尚体乐活空间作为上海市一家专注于体卫融合的创新型企业，积极开发具有特色的体卫融合项目，如运动健康管理、运动康复等。尚体乐活空间充分发挥企业在体育和卫生领域的专业优势，为市民提供个性化、全方位的健康服务。此外，空间还通过举办各类健康讲座、工作坊等活动，传播健康生活理念，提高市民的健康素养。

3. 浙江模式

浙江探索"体卫融合"新模式，助力健康中国建设。一是杭州市五云山医院引领体卫融合潮流。杭州市五云山医院不仅提供传统的医疗服务，更将体育运动与医疗相结合，为患者提供全方位的健康管理。五云山医院通过与体育部门、健身机构等多方合作，打造了一支专业的体卫融合团队，为患者提供个性化的运动康复方案。二是湖州成立首个健康运动门诊。湖州市首个健康运动门诊的成立，是浙江省推动体卫融合发展的又一重要举措。这个门诊将专业的运动医学知识与实践相结合，为市民提供科学的运动指导，帮助市民预防运动伤害，提高运动效果。健康运动门诊还与当地体育场馆、健身俱乐部等合作，开展运动促进健康的教育培训和实践活动，让更多市民了解运动与健康的关系，享受到运动带来的健康益处。三是数字体育医疗助力体卫融合。在数字化时代,浙江省的数字体育医疗项目应运而生。该项目借助大数据和互联网技术,为医生和患者提供精准的运动处方,让更多的人享受到运动带来的健康益处。数字体育医疗项目通过收集和分析患者的健康数据,为医生提供科学的诊断依据,帮助患者制订个性化的运动康复计划。此外,该项目还通过线上平台,为市民提供便捷的运动健康管理服务,包括运动指导、健康评估等,让更多人能够享受到体卫融合带来的便利。

4. 广西模式

柳州市国民体质监测中心和南宁瀚林御景社区健身健康中心作为广西的典型案例,积极实践体卫融合,为市民提供了更加丰富多样的健康服务。柳州市国民体质监测中心以科技为引领,将体育与卫生相结合,为市民提供全面、有效的健康促进服务。中心通过引进先进的体质监测设备和技术,为市民提供科学的体质评估,针对不同人群制定个性化的运动处方,实现全民健身与全民健康的深度融合。南宁瀚林御景社区健身健康中心以社区为依托,为市民提供家门口的健康服务。中心通过开展丰富多样的健身活动、健康讲座等,帮助市民提高健康素养、培养健康生活方式。同时,中心还与卫生部门紧密合作,为市民提供便捷的医疗卫生服务,让更多人享受到体卫融合带来的便利。广西模式充分发挥了体育和卫生领域的优势,实现了资源整合与共享。在未来的体卫融合工作中,广西将继续加大工作力度,推动全民健身与全民健康的深度融合。

(三)体卫融合典型案例的实践成效

1. 形成多元主体协同治理格局

当前地方政府在推动科学健身方面,已经初步形成了多元主体协同治理的格局。这一治理格局以政府为主导,企业、社会组织和公众共同参与,形成了推动全民健身公共服务体系不断完善的良好态势。政府提供政策引导和资金投入,企业则通过提供技术支持和专业服务,助力全民健身运动的推广。公众通过参与各种全民健身活动,实现了自我健康管理。

2. 创新体卫深度融合服务管理模式

地方政府在推动体卫深度融合方面,积极创新服务管理模式。这种模式以全民健身为核心,将体育和卫生服务紧密结合,形成了一套科学、有效的全民健身服务体系。例如,通过设立体卫融合服务中心,提供一站式体育和卫生服务,方便了群众。同时,还通过引入互联网技术,打造全民健身信息平台,实现了体育和卫生服务的信息化管理。

3. 拓展体卫融合服务内容

一是服务内容的多样化,包括健身指导、健康教育、康复训练等多种服务,以满足不同群体的需求;二是服务形式的灵活性,包括线上服务、线下服务、社区服务等多种形式,使服务更加贴近群众、方便群众。这种丰富性和灵活性,使得体卫融合服务能够更好地满足群众的多元化需求,提升群众的健康水平。

4. 建立"运动处方师"培训长效机制

为确保体卫融合服务的专业性,我国地方政府已经建立了"运动处方师"培训长效机制。这种机制通过设立专业培训机构,制定严格的培训标准和考核制度,确保每一个运动处方师都具备专业知识和技能。同时,还通过定期举办培训班,提升运动处方师的职业素养和服务能力。这种长效机制的建立,为体卫融合服务提供了有力的人才保障,确保了服务的专业性和质量。

5. 强化体卫融合政策支持与宣传

地方政府在推动体卫融合方面,不仅积极推动政策的制定和落实,还提供了有力的配套政策支持。这包括在财政投入、税收优惠、土地使用政策等方面的支持,以及鼓励医疗机构、体育场馆等场所提供体卫融合服务。这些政策的制定和实施,为全民健身和体卫融合提供了良好的政策环境。同时,地方政府还加大了宣传力度,通过媒体、网络、社区活动等多种形式,普及科学健身知识,提高公众对体卫融合的认知度和参与度。这种全方位、多角度的宣传,使体卫融合的理念深入人心,让更多的人参与到全民健身和体卫融合的活动中来。

6. 加强体卫融合研究与创新

在体卫融合研究与创新方面,地方政府高度重视,鼓励和支持相关高校、科研机构、企业等开展体卫融合领域的课题研究和技术创新。这有助于不断优化体卫融合服务,提高服务质量和水平,为全民健身和全民健康提供更加科学、有效的支持。

7. 推进体卫融合国际交流与合作

在体卫融合的国际交流与合作方面,地方政府积极参与,借鉴和引进国际先进理念、技术和管理经验,提升我国体卫融合的发展水平。同时,地方政府还推动我国体卫融合经验走出去,加强与国际友好城市的交流与合作,共同促进全球体卫融合事业的发展。这种开放的态度和积极的行动,展示了我国在体卫融合领域的国际影响力。

二、我国体卫融合的推进情况与存在问题

我国体卫融合始于居民体质测试与健身指导,尤其是慢性病综合防治方面,近五年来,体卫融合工作执行的方案、效果与经验都可圈可点。部分辖区卫生健康、体育、财政等部门密切配合,充分整合社区卫生服务、社区体质监测等资源,大力推进"智慧健康驿站"建设,起到了示范引领作用。随着健康中国战略的深入推进,我国体卫融合工作取得了一定的成绩,但也存在一些问题和挑战。在此背景下,下文对我国体卫融合的推进情况与存在问题进行分析,并提出相应的对策建议。

(一)我国体卫融合的推进情况

1. 政策支持力度加大

近年来,国家出台了一系列政策文件,将体育与卫生、健康等领域紧密结合,形成全人群、全周期、全方位的健康服务格局。这些政策的出台,体现了我国对于全民健身和全民健康的高度重视,也为体卫融合提供了强有力的政策支持。

2. 体卫融合项目逐步增多

在政策的引导下,各地纷纷加大对体卫融合项目的投入和实施力度,开展了一系列富有特色的体卫融合项目,如运动处方、慢性病康复运动、老年人健身养生等,为不同人群提供有针对性的健康服务。这些项目的开展,不仅丰富了人们对健康服务的选择,也提高了人们的健康水平。

3. 体卫融合平台日益完善

我国已初步建立起以国家体育总局、国家卫生健康委员会等为主体的体卫融合工作协调机制,各地也相继成立了相应的工作机构,为体卫融合工作提供了有力的组织保障。这种协调机制的建立,使体卫融合工作能够更加有序、高效地进行。

4. 社会参与程度不断提高

越来越多的企业、社会组织和个人参与到体卫融合事业中来,通过举办各类活动、提供专业服务等方式,共同推动体卫融合工作的深入开展。这种社会力量的参与,不仅为体卫融合工作提供了更多的资源,也使体卫融合的理念更加深入人心。

(二)我国体卫融合存在的问题

1. 体卫融合理念尚未深入人心

尽管国家层面已明确提出了体卫融合发展的战略目标,但一些地方政府和部门,对体卫融合的认识仍停留在表面,未能真正将体育与卫生、健康等领域紧密结合。这导致了体卫融合的实际推进效果与预期目标存在一定的差距。

2. 政策落实不到位

一些地方政府和部门在推进体卫融合工作时,存在政策措施不具体、不细化、难以落地的问题,导致体卫融合工作推进缓慢。为了解决这一问题,需要进一步明确政策要求、细化政策措施、加大政策执行力度,确保体卫融合政策落地生根。

3. 人才短缺问题突出

体卫融合涉及多个领域,需要具备跨学科知识和技能的专业人才。然而,目前我国相关人才培养体系尚不健全,人才供给严重不足。为解决人才短缺问题,需要深化体卫融合领域的人才培养,加强跨学科合作,提高人才培养质量和数量,为体卫融合工作提供有力的人力支持。

4. 资源配置不均

在体卫融合领域,资源配置存在一定程度的城乡、地区、人群差异,影响了体卫融合工作的普及和效果。为了改善资源配置不均的现象,需要优化资源配置,加大对体卫融合领域的投入,缩小城乡、地区、人群之间的资源差距,提高体卫融合工作的普惠性。不同辖区的老龄化程度不同,体卫融合资源不应该实行均衡化配置。服务内容统一化虽有利于资源的统一配置和评估,但服务内容的同质化不利于提高资源利用的效率。

5. 体卫融合实施标准未建立

由于体卫融合缺少国家标准,只有部分省市出台了地方标准(如北京、成都等),造成我国在对体卫融合机构服务规范进行运营、管理、监督与评估时缺乏标尺。

6. 慢性病防治运动处方库缺乏

调研中发现,我国部分辖区体卫融合服务重体质项目测评,轻干预周期内的追踪与监督,大多停留在展示阶段,呈现出步子小、力度小、效益小等特点。当前大环境下,运动处方库研制周期较长,造成缺乏适应慢性病防治的运动处方库。

三、深入推进体卫融合的主要难点和堵点

(一)体卫融合的主要难点

1. 体卫融合技术难点

其一,国内的运动处方库建立缺乏大样本、多周期、长时间的追踪效果研究,这使运动处方库的建立受到限制;其二,缺乏具体病因康复和干预疗效评估和质量控制,运动处方不管是在体育系统还是医疗卫生系统具体的实施过程中都存在监测困难。

2. 体卫融合制度难点

以苏州"阳光健身卡"为代表的地方创新实践模式,由于与现行的政策

法规相冲突而被紧急叫停。体卫融合服务消费项目纳入医保(社会保险制度中的"支付范围")的合法性问题存在制度瓶颈。跨部门间的协作难度也是不可忽视的制度难点。

3. 体卫融合利益协调难点

一是运动处方的出具可能会改变传统医疗服务收费标准及流程,即部分费用由医院收支转为院外,进而导致医疗部门的收益减少;二是如何吸引市民参与"体卫融合"项目、如何把握公益服务和市场服务比例及如何实现健身数据采集等也存在协调难点。

4. 体卫融合效果评估难点

一是体卫融合服务质量缺乏有效的评价指标;二是体卫融合服务缺少对"运动三性"改善效果的评价标准。

(二)体卫融合的主要堵点

1. 体卫融合体制机制不畅

体卫融合具有机构设置缺位、领导隶属关系不清晰、管理的权责利边界不明确、组织构架缺乏顶层设计等体制融合堵点。

2. 体卫融合专业人才匮乏

目前我国高校人才培养的方案、口径、出路各有不同。由于缺乏国家标准的"运动处方师"认证资质,目前仅以协会或者社会组织培训认定,这类组织培训的容量小、权威性弱,造成能够开具运动处方的医护人员或者体育健身指导人员数量不足,与人民群众的健身诉求相比,还是处于供需失衡的状态,而且医生还对运动处方的真正剂量效益问题存在疑虑,这些影响因素是运动处方的应用和推广的瓶颈。

3. 市民认知观念滞后

对市民而言,如何选择适宜的运动,运动适宜的时间,运动适宜的负荷,在什么情况下应当停止或调整,需要体育界和医疗界专业人士来进行科学的指导和宣传普及。

4. 信息化、智能化程度低

虽然物联网、5G 网络、区块链、新一代信息技术问世,但是在体育信息平台的构建方面还是有待完善和优化,即体育系统和医疗卫生系统的在库资源还没有打通,目前仍存在"孤岛效应"。体卫融合领域应用仍处于初级阶段,如体育、医疗卫生各自成为数据孤岛,运动方案的精准化和数字化不足。

5. 体卫融合实体产业发展疲软

由于缺乏政府和市场的引导,相关实体产业难免会出现"望而却步"的现象。消极的市场环境加上引导动力的不足,必然导致体卫融合在经济产业开发方面的迟滞,导致更高质量的体卫融合服务产品供给不足。

第二节 国外推进体卫融合的主要经验

从发达国家的实践经验来看,健身消费纳入医疗保险是一种主流趋势。如美国实行的商业医疗保险制度,健身消费的支付由保险公司提供。2015年,日本政府特别设置"体育厅"整合体育运动资源,与卫生部门一同促进健康运动政策的实施和协同发展。英国针对医疗与非医疗环境融合推行运动转诊体系。在资质认证方面,美国运动医学会设立了认证运动生理学家和认证临床运动生理学家。

一、美国关于体卫融合的经验

(一)背景概述

美国是体育与医疗融合的重要发源地,借助政府和社会机构推行"运动是良医"理念,通过美国卫生与公众服务部实现全国范围内倡导体卫深度融合的功效,把身体活动与医疗卫生服务结合在一起,达到提高国民体质健康、促进身体活动水平提升的目的。经过近30年的实践,美国形成了行政部门、研究机构、社会组织等多元主体共同参与的格局,其中行政部门作为主导力量,负责制订和实施宏观政策,研究机构和社会组织是辅助力量,负责健康宣传和制订专业化的指导方案,联动相关资源,共同推进体卫融合项目的执行。

(二)核心内容与特色做法

《美国人身体活动指南》和《ACSM运动测试与运动处方指南》是美国在推进体医融合项目的过程中有关运动促进健康的全方位指导手册,其中针对青少年、成年人、老年人以及特殊人群的身体活动情况,把与身体活动有关的指标量化,如运动强度大小、运动量多少、运动形式的选择等都以指南的形式列出。美国运动健康促进指导服务平台由五个服务平台组成,具体包括政府主导的服务平台、倡导"运动是良医"的服务平台、提供体质健康信息的服务平台、提供体力活动指导的服务平台、基于科学研究的服务平台。各个体卫融合服务机构或者中心结合自身属性和业务特长进行协同联动,共同促进美国体卫融合服务项目或者活动的开展。

二、德国关于体卫融合的经验

(一)背景概述

德国是社会医疗保险的发源地和采用"俾斯麦模式"卫生体系的典型国家。基于社会法团主义的传统,德国卫生体系突出自治。在法定医保报销政策下,非营利性、自治性的医保基金(疾病基金会)与医师协会通过谈判制定医保合同。

(二)核心内容与特色做法

德国体卫融合模式可以概括为社区嵌入型、项目型、整合医疗型和医保激励型四种。其中,认可度最高的是以"Gesundes Kinzigtal"模式为代表的整合医疗式服务体系。其主要运营模式为利用结余共享,创造整合动能。通过对供方采用四级支付体系,借助相对灵活的支付方式,形成了包括医生、医院、药房、理疗师、社会福利机构、健身中心、学校和企业的多学科健康服务体系。通过数据分析利用和承担卫生服务研究,选择有价值的卫生服务加以利用,并不断优化管理措施。

三、日本关于体卫融合的经验

(一)背景概述

日本是体卫融合发展较早的国家,为应对人口老龄化,早在1970年,日本就开始探索体卫融合之路。从2010年开始,日本通过制定体卫融合促进政策,把康复、理疗等健康产业作为国家战略发展的支撑性行业,尤其是重视拥有正规营业执照的健康企业,对其授予健康经营认证,并在资金申请、税收优惠、费用减免方面给予倾斜。《日本健身运动处方》《增进健康运动指针》《预防与生活习惯相关的疾病运动指南》等以官方文件的形式规范了体卫融合项目的操作与执行,为整个行业后续规范化发展奠定了基础。

(二)核心内容与特色做法

日本作为世界上老龄化程度最高的国家之一,面临着严峻的健康卫生挑战。为了应对这些挑战,日本积极发展体卫融合模式,形成了福利型、整合医疗型和商业型等多元化的体卫融合体系。

1. 福利型体卫融合模式

福利型体卫融合模式主要以政府为主导,以社会福利为主要目的,强调全民参与和公平性。其特色内容如下:

(1)政策支持:政府制定一系列优惠政策,鼓励企业、社会组织和个人参与体卫融合事业。

(2)社区建设:通过建设社区健康服务中心,提供预防、康复、养老等一体化服务,方便民众就近获得健康服务。

(3)健康教育:普及健康知识,提高民众的健康素养,形成全民关注健康的良好氛围。

2. 整合医疗型体卫融合模式

整合医疗型体卫融合模式以医疗资源为核心,通过整合各类健康服务资源,形成全面覆盖的健康保障体系。其特色内容如下:

(1)医疗资源整合:通过政策引导和市场机制,推动医疗机构、医生、护士等资源的有效整合,形成协同合作的医疗服务体系。

(2)预防保健:将预防、治疗、康复进行有机结合,降低患病风险,提高患者生活质量。

(3)信息化建设:建立完善的健康信息系统,实现医疗资源的高效利用和信息共享。

3. 商业型体卫融合模式

商业型体卫融合模式以市场需求为导向,通过市场化运作,提供多样化、个性化的健康服务。其特色内容如下:

(1)市场驱动:充分发挥市场机制作用,鼓励企业投资健康产业,满足民众多样化的健康需求。

(2)创新服务:发展健康管理、康复养生、运动健身等新型服务业态,提升健康服务品质。

4. 产业链整合

通过产业链上下游企业的紧密合作,实现健康服务与相关产业的融合发展。上述福利型、整合医疗型、商业型体卫融合模式主要是满足了日本居民对于不同层次体卫融合健康促进服务的需求,其主要服务的对象是经济条件较好,想要享受更便捷舒适医疗服务的人群。在费用支付上,由于是以纯盈利为目的,相较于前两者,患者需要支付更多的费用。

四、英国关于体卫融合的经验

(一)背景概述

英国运动转诊计划,也被称为运动处方,建立于20世纪90年代初,目的是减少需要特定健康状况管理和治疗的特殊临床人群的身体活动不足。运动转诊计划通过初级保健机构进行推广,其的制订通常是通过拜访全科医生。运动转诊计划是一种符合预防模式的低/中度风险条款,因此它排除了更适合其他运动康复方式的不稳定或高风险的个体。对健康服务需求的增加也占用了资源,这使寻找除了通过昂贵的医疗干预之外的管理健康状况的创新整体方式变得至关重要。运动转诊计划有助于通过在当地非临床环境(如休闲中心、健身房或社区礼堂)中提供临床运动干预来填补这个空白。这个方法有利于减少参与者的支出和访问负担。

(二)核心内容与特色做法

运动转诊计划的主要目标是在一定时期内通过有监督的运动来管理和治疗特定的健康问题。计划通常包括一个在安全稳定的环境中进行的既有有氧运动也有抗阻训练的为期12周的个性化方案。计划还包括社会支持,这在理论上能鼓励长期参与身体活动。尽管转诊提供者被要求提供个性化的方案,但实际情况往往与该需求有很大的出入,尤其是在不同的需要转介的慢性疾病中。因此,个性化的方案往往需要运动专家来设计,而这又无法为患者的健康提供最佳的改善。通过运动来进行长期慢性疾病或非传染性疾病(如糖尿病、癌症、心血管疾病和呼吸系统疾病)的自我护理管理,能够减少全科医生、特定疾病专家和国家医疗服务(national health service,NHS)的负担,因为非传染性疾病造成的死亡占到了英国死亡人数的89%。英国运动转诊计划还能帮助个体增强体质。通过将英国运动转诊计划作为一种重要的治疗和/或预防手段,提供关于如何进行身体活动和减少慢性健康问题的影响及风险的知识。转介通常由全科医生、护士和特定疾病专家等初级保健专业人士来实施。运动转诊计划是促进体力活动、管理长期健康状况和非传染性疾病的有效干预手段。继续扩展数据基础以进一步支持英国运动转诊计划的使用至关重要,这将为更新指南提供推动力。未来如果有足够的数据来表明短期和长期效果,英国运动转诊计划方案就可能成为自我管理式护理的全球化模式。

五、对我国的启示

在推进健康中国建设的进程中,我国应结合自身国情,充分借鉴国际先进经验,创新体卫融合模式,为全体人民提供更加优质、高效的健康服务,具体启示如下:

(1)政策支持与引导:我国应加大对体卫融合的政策支持力度,通过制定相应的优惠政策,鼓励社会资本投入,推动体卫融合的全面发展。

(2)优化服务体系:我国应借鉴整合医疗型体卫融合模式,优化医疗服务体系,推动医疗资源的有效整合,提升医疗服务效率和质量。

(3)促进产业发展:我国应借鉴商业型体卫融合模式,推动健康产业的发展,满足人们多样化、个性化的健康需求。

(4)加强健康教育:我国应加强健康教育,提高民众的健康素养,形成全民关注健康的良好氛围。

第三节 国内开展运动处方的实践模式

运动处方是体育与医疗卫生深度融合的重要着力点,也是提高全民健康的重要手段和载体。为了深度探讨体卫融合实践路径中的运动处方开展情况,本节选取江苏省作为研究的典型示范案例,主要原因在于江苏省典型体卫融合模式和代表性特色做法能涵盖我国大部分区域开展的实践模式。

一、案例选取原则和依据

江苏省作为长三角地区乃至全国范围内开展体育与医疗卫生融合的先试先行的区域,在体育部门和卫生健康部门联合治理下,体卫融合成效显著,所概括的模式能够涵盖当前我国大部分地区实施的运动处方形式。江苏省体卫融合创新模式为科学健身指导提供了有力的支持。江苏省在运动处方支付方面的先进性,为全国其他地区提供了借鉴和参考。未来,我们期待更多的地方能够借鉴江苏省的成功经验,将运动医学指导和科学健身指导纳入医疗服务收费项目,让更多的人享受到运动带来的健康益处。这一政策充分体现了江苏省对于全民健身和健康中国战略的高度重视。在此背景下,江苏省的运动医学指导得到了长足的发展。越来越多的医疗机构开始重视运动医学的培训和应用,运动处方技术也得到了广泛的推广。运动医学指导的收费项目,不仅为医疗机构提供了新的收入来源,也为运动医学专业人才提供了更多的就业机会。

同时,科学健身指导也得到了进一步的推广和普及。在诊室内,个人不仅可以享受到专业的医学诊断服务,还可以得到科学、个性化的健身指导。临床医师在开具运动处方时,不仅要考虑患者的病情,还要结合患者的身体状况、年龄、运动习惯等因素,为患者提供最适合的运动方案。此外,江苏省还通过举办各类培训班、研讨会等活动,不断提升运动医学专业人才的业务水平。临床医师在培训合格后,不仅可以为患者提供专业的运动医学服务,还可以在运动处方技术上进行更深入的研究,为推动运动医学的发展做出贡献。

二、运动处方的南京模式

南京模式主要依托医疗机构开展运动处方的培训与试点。南京市体育医院是全国首家依托三甲综合医院挂牌成立的体育医院,在南京市中医院原有健康管理中心的基础上,增设了体质健康监测、运动康复训练、运动处方门诊等服务功能,逐步打造汇聚测试、评估、指导、教学、训练多种服务的运动健康管理闭环。截至目前,开展体适能检测共8744人次,开具运动处方6771个,运动干预762人次。南京模式的实施,充分利用了医疗机构的专业优势,将运动医学与健康管理的理念深入融合,为人们的健康提供了全方位的保障。南京市体育医院的成立,标志着我国在运动健康管理领域的创新和突破,其在原有健康管理中心的基础上,增设了体质健康监测、运动康复训练、运动处方门诊等服务功能,进一步满足了人们多样化的健康需求。在南京市体育医院,人们可以享受到体适能检测、国民体质监测、运动健康档案、智能运动干预、中医健康干预等五大类服务,这些服务不仅涵盖了人们的生理健康,还兼顾了心理健康,使人们的健康得到全面的关注和呵护。此外,医院还通过开具运动处方,对人们的运动方式、强度、频率和时间进行科学指导,使运动更加安全、有效。运动处方的开具,不仅需要专业的医学知识,还需要对个人的身体状况、运动习惯等进行全面了解,因此,南京市体育医院在培训临床医师时,特别注重运动处方技术的培训,确保每一位医师都能为患者开具科学、有效的运动处方。南京模式的实施,不仅提高了人们的健康水平,也为我国的运动健康管理提供了宝贵的经验。未来,我国将继续深化医疗体制改革,推动运动医学和健康管理的深度融合,为人们的健康提供更加全面、更加个性化的服务。

溧水区在推进"体卫融合运动与健康促进平台"建设中,积极联合医疗机构、体育部门和科技企业,共同打造一个全面、智能、闭环的体卫融合体系。这一体系不仅包括基础健康体检数据、体适能测评、运动处方和运动干预数据等,还将全区人员的身体数据、锻炼数据、体质达标率、站点使用率等多维度大数据进行整合管理,实现对个体健康状态的精细化分析。借助人工智能技术,该平台能够智能出具精准化、个性化的运动处方,帮助人们科学地进行运动锻炼,从而预防慢性病,提高生活质量。同时,平台还能够实时监测和分析用户的运动数据,调整运动处方,确保运动干预的有效性和安全性。此外,溧水区还通过建立健康教育与科普宣传体系,线上线下相结合的方式,普及运动健康知识,提高市民的健康素养,培养健康生活方式。这一系列举措,旨在推动"治已病"向"治未病"转变,助力实现从全民健身到全面健康质的飞跃。未来,溧水区将继续深化体卫融合,推动运动医学和健康管理的深度融合,为人们的健康提供更加全面、更加个性化的服务。通过加强体卫融合服务,进一步提高全民健康水平,助力健康中国战略的实施。

体检中心是溧水中医院体卫融合运动与健康促进中心的重要组成部分,它将体检与体适能测评相结合,为患者提供全面的健康评估。中心拥有一支由医生、运动康复师和营养师组成的团队,他们根据患者的体检结果和体适能测评数据,制定个性化的运动处方和健康干预方案。溧水中医院成立了内分泌科和治未病中心,为患者提供慢性病的诊断和治疗服务。内分泌科病房则致力于为糖尿病患者提供精细化、个性化的治疗方案,帮助他们有效控制血糖,降低并发症的风险。此外,溧水中医院还充分发挥中医特色,将体育与中医相结合,开展了一系列具有中医特色的体卫融合服务。例如,通过太极拳、五禽戏等传统体育项目,帮助患者改善身体机能,提高生活质量;通过针灸、推拿等中医治疗方法,缓解运动损伤和慢性病带来的疼痛和不适。总之,溧水中医院充分发挥"体育+"的融合发展思路,通过成立体卫融合运动与健康促进中心,实现了体育与健康管理的融合、体育与慢性病的融合,为人们提供了全方位、全人群、全覆盖的健康服务。在未来的发展中,溧水中医院将继续深化体卫融合和非医疗健康干预的研究与实践,推动健康中国战略的实施,助力实现全民健康的目标。

三、运动处方的苏州模式

苏州早在2016年就整合医疗、高校等各方资源,打造了"运动云医院"公益平台,集预防、诊疗、知识推广等功能于一体,包含云荟萃、云知识、云康复、云医疗四大板块,已有200余位体育、医疗领域专家入驻。患者不但可以在平台了解运动处方、科学健身相关知识,还可以实现线上问诊、线上开方、线上随访。苏州模式在运动处方门诊工作中取得了显著的成效,这得益于苏州市立医院的专业能力和精准施策。这种模式不仅适用于运动损伤人群、围手术期人群、慢性病风险人群,还能为健康人群提供个性化的运动方案。苏州模式的运动处方报告与体质测定与运动健身指导站的健康体质测试报告相比,提供了与实际年龄进行对比的参考,从而可以有针对性地进行调整和改进。苏州模式的实施,体现了苏州市对全民健康的高度重视和责任担当。未来,苏州市将继续深化医疗体制改革,推动运动医学和健康管理的深度融合,为人们的健康提供更加全面、更加个性化的服务。苏州体卫融合服务模式是一个创新性的健康服务模式,它将体育和卫生两个领域有机结合,为市民提供全方位的健康管理服务。其中,苏州市立医院在运动处方门诊工作中发挥了重要作用,展现了苏州模式的专业性和精准性。在苏州模式中,运动处方门诊为患者提供个性化的运动方案。苏州市还积极开展体卫融合的社区服务。在社区服务中心,居民可以享受到健康体检、疾病管理等服务,同时还可以在附近的体育健身中心进行科学健身、运动课程等。这种一站式服务模式,使居民能够在一个平台上获得全方位的健康管理服务,包括运动健康管理、疾病管理、康复训练等。

四、运动处方的常州模式

江苏省运动促进健康中心是常州市民生实事项目——"慢性病运动干预"的主要开展场所,也是开具运动处方的重要场所。从2019年起,这里主要为高血压、糖尿病、高血脂、高尿酸及超重肥胖等慢性病人群提供运动干预。运动促进健康中心满足了这一部分群体的需求,会在运动前出具详细的评估报告和运动建议,教练严格按照建议执行,真正做到了科学健身。现场医护人员全程监督,若出现问题可立即介入,使运动安全有保障。

江苏省运动促进健康中心在常州市的民生实事项目——"慢性病运动干预"中发挥着重要作用。中心拥有一支专业的运动医学团队,他们针对不同慢性病患者的需求,制定个性化的运动处方,帮助患者通过运动来改善身体状况,提高生活质量。运动处方是江苏省运动促进健康中心的核心业务之一。运动处方不仅适用于慢性病患者,还适用于健康人群和亚健康人群,帮助他们预防慢性病,保持身体健康。为了更好地开展慢性病运动干预工作,江苏省运动促进健康中心还与常州市各大医院、社区卫生服务中心等建立了紧密的合作关系。通过医体结合,为患者提供全面的健康管理服务,包括疾病诊疗、运动处方开具、运动康复等。此外,江苏省运动促进健康中心还积极开展健康教育和科普宣传,通过举办各类讲座、培训班等形式,向市民普及运动健康知识,提高市民的健康素养,培养健康生活方式。中心还建立了慢性病运动干预数据库,对患者的运动干预效果进行跟踪调查和评估,为优化运动处方提供科学依据。总之,江苏省运动促进健康中心作为常州市民生实事项目——"慢性病运动干预"的主要开展场所,在慢性病防治方面发挥了积极作用。未来,江苏省将继续深化医疗体制改革,推动运动医学和健康管理的深度融合,为人们的健康提供更加全面、更加个性化的服务,助力健康江苏战略的实施。另外,常州还针对青少年脊柱健康问题开出运动处方。常州将"青少年脊柱健康关爱工程"确定为常州市民生实事项目,每年为全市各中小学青少年提供脊柱健康科普、脊柱健康校园普查及脊柱侧弯运动干预等全方位的脊柱健康管理。市体育局投入资金扶持,截至目前已对18万余名青少年开展了普查,普及了脊柱健康知识,同时激发了青少年脊柱运动康复的体育产业的发展,撬动了青少年运动促进健康产业,使青少年脊柱运动康复产业化有序发展。

第四节　全民运动健身模范市建设中的体卫融合成效

随着全球化进程的不断加速,巴黎、纽约、伦敦、东京等世界顶级城市先后以不同形式踏上了建设全球体育城市的征途。当前学界围绕国际体育城市发展历程[1][2]、经验启示[3]、评价指标[4]以及国内体育城市建设价值、历史逻辑进行了研究和学理阐释,为本书提供了坚实的理论基础和学术视野,但针对城镇化进程中,在发展资源受限、规划模式雷同甚至同质化竞争加剧的现实背景下,体育在助力城市健康生活方式普及过程中的现实样态、发展困境方面有待更进一步的实证研究。将创建全民运动健身模范市作为打造活力城市的重要抓手,也是点燃城市活力引擎的新路径。本节对全民运动健身模范市创建情况进行实证研究,通过分析不同城市创建的现实样态、建设成效、发展困境,进而提出优化体育城市建设的推进路径,以期为我国体育城市建设提供理论依据和实践参考。

一、全民运动健身模范市发展概述

(一)全民运动健身模范市创建背景

全民运动健身模范市(以下简称"模范市"),源自2018年国家体育总局印发的《关于开展全民运动健身模范市和全民运动健身模范县(市、区)创建工作的通知》(以下简称《通知》),文件指出,要在全国范围内正式实施模范市创建工作。全民运动健身模范市、县创建是推动新时代体育融合实现高质量发展的新要求、新趋势,也是全民健身公共服务深化改革的重要

---

[1] 彭杰,张毅恒,柳鸣毅.国际体育城市的本质、特征与路径选择[J].体育文化导刊,2016(8):1-5.

[2] 茹晓阳,王成,谭广鑫.让体育融于城市生活:波士顿体育城市发展历程、经验与启示[J].体育学研究,2022,36(1):113-122.

[3] 李鉴,李刚,黄海燕.全球体育城市视域下上海体育赛事体系构建战略[J].上海体育学院学报,2020,44(3):17-26.

[4] 郑薇娜,刘志华.我国体育城市建设的概况及其生成的历史逻辑研究[J].武汉体育学院学报,2017,51(11):35-40.

着力点,均需调动市、县两级党委、政府主导,实现跨部门协作、全社会参与创建。模范市(县)要全面达到《全民健身计划(2016—2020年)》所规定的目标,力争提前达到《"健康中国2030"规划纲要》关于全民健身的主要指标。截至2020年,各省市共推荐上报了多达200个典型案例。

(二)全民运动健身模范市规划愿景和目标导向

随着全民健身公共服务逐步迈向高质量发展阶段,体育事业给城市发展带来的经济效益和社会效应逐渐得到体现,各地结合自身经济社会发展水平、城市自然资源、城市精神文明程度等条件,相继出台了全民运动健身模范市创建的规划愿景和目标导向,以此提升城市宜居度、影响力和竞争力,助推未来城市转型与发展。党政领导牵头、部门协同、群众广泛参与的全民健身工作领导体制与协调机制,主要通过创建工作领导小组和联席会议制度来建立,领导小组制度属于议事协调的纵向协同治理,联席会议制度属于跨部门的横向协同治理。

新发展格局下的体育不仅承载了开展体育活动这一使命,而且在融入城市发展建设进程中,是城市的新名片和对外交流的窗口。我国上海、深圳、南京等前卫"体育城市"在明确新目标的进程中加速着建设的步伐,"全球著名体育城市""世界体育名城""现代化海滨体育名城""体育名城"等赶超目标和发展定位,表明地方城市顺应了国际体育城市建设和发展的趋势。从创建思路看,基本采取"体育赛事+"模式进行建设,把丰富全民健身赛事活动作为吸引居民积极参与全民健身的重要途径,围绕区域地域特性、民俗特色、体育传统,通过政府引导、市场运作等方式,打造国际化、法治化、便利化营商环境,实行"赛事+健身""赛事+旅游""赛事+品牌""赛事+娱乐"相结合的发展模式,衍生出全民健身系列活动,传播体育赛事文化,拉动体育消费,丰富居民的体育需求。从创建的具体举措看,以高端体育赛事为引领完善体育竞赛表演产业,以创新发展为引领扶持市场体系,以重大体育场馆设施和全民健身服务体系为载体优化空间体系,以全民健身设施网络和体育社会组织网络一体化建设为平台健全运行机制。各地的实招奇招促进了全民运动健身模范市靓丽名片的创建,提升了居民的体育文化素质,满足了体育观赛需求,拉动了体育经济消费,营造出了浓郁的全民健身氛围。如2019年,南京马拉松带来的新资金达3192.54万元,

7656篇相关报道共产出3727.48万元媒体曝光价值[1]；2019年，日照市体育旅游人口约1500万，拉动消费约100亿元[2]。从赛事品牌塑造方面看，各地引进国际或国内具有城市影响力的品牌赛事，促进全民健身和体育产业高质量发展，为满足广大人民群众美好生活需要提供了体育城市建设的多态样板。

(三)全民运动健身模范市创建的评估体系概述

全民运动健身模范市创建重在过程，重在通过创建夯实基层体育工作基础。《通知》规定的创建标准主要从组织领导坚强有力、全民健身规划科学完备、全民健身公共服务完善、全民健身场地设施充足、全民健身社会参与广泛、全民健身政策体系健全、全民健身投入机制健全、全民健身激励措施到位八个方面进行了规范，并进一步细化为《全民运动健身模范市创建指标》和《全民运动健身模范县(市、区)创建指标》。《全民运动健身模范市创建指标》根据创建标准分为基础评价指标和特色创新评价指标，其中，基础评价指标由5项一级指标和37项二级指标构成，属于方向性、基础性指标。《全民运动健身模范县(市、区)创建指标》根据创建标准分为4项一级指标和20项二级指标。通过创建工作的开展，旨在进一步提高各级党委、政府对全民健身工作的重视，有效加强基层全民健身公共服务薄弱环节，加强全国人民的参与和社会力量的动员，提高全民健身公共服务供给的公平和效益，为推动健康中国、体育强国建设打下坚实基础。创建体育城市不仅可以引领城市发展，助力城市化转型升级，提高城市的国际影响力和大国形象；而且在激活城市发展潜力、增强城市凝聚力、提升城市居民幸福指数和满足居民精神生活需求等方面都具有重要价值。[3]

(四)全民运动健身模范市典型案例的选取与概述

新发展格局下的体育不仅仅承载了开展城市全民健身活动的使命，更是融入城市发展建设进程，城市的新名片和对外交流的窗口。2020年，长三角区域共有上海(8个)、江苏(7个)、浙江(4个)、安徽(3个)22个地级

---

[1] 全民健身.模范市县创建展示[EB/OL].(2022-9-30)[2022-10-10]. https://mp.weixin.qq.com/mp/appmsgalbum?__biz=MzUxNDQ0OTcyMA==&action=getalbum&album_id=1406395987811467264&scene=173&from_msgid=2247497951&from_itemidx=8&count=3&nolastread=1#wechat_redirect.

[2] 日照发布.山东日照打造现代化滨海体育名城[EB/OL].(2020-11-11)[2022-10-10]. https://mp.weixin.qq.com/s/HOjNIfI4JYXxbdxO7oQAJA.

[3] 戴健,焦长庚.全球著名体育城市构建的内在逻辑与优化路径：基于上海体育名城建设的分析[J].体育学研究,2019,2(3):8-18.

市(市辖区)开展了全民运动健身模范市创建工作。如前所述,模范市的创建是由省级层面统筹推荐,基本上能够代表较高的城市经济发展水平,并体现出区域特色。因此,本书调研样本的选取遵循样本均衡和涉及面广的原则,以浙江为基数(4个),对上海和江苏进行随机抽样,各抽取4个模范市,最终加上安徽(3个),将这15个模范市作为样本进行实证研究。根据《全民运动健身模范市创建指标》所规定的完善全民健身组织保障体系、健全全民健身政策保障体系、加强全民健身场地设施建设、提升全民健身公共服务水平、推进落实重点项目等五个评价维度,结合实地调研结果进行统计分析。

二、全民运动健身模范市的创建成效

随着全民健身公共服务逐步迈向高质量发展阶段,体育事业给城市发展带来的经济效益和社会效应逐渐得以体现,长三角区域的三省一市结合自身经济社会发展水平、城市自然资源、城市精神文明程度等条件,相继出台了全民运动健身模范市创建的规划愿景和目标导向,以此提升城市宜居度、影响力和竞争力,助推未来城市转型与发展。

(一)全民健身组织保障体系形式多样

全民健身组织保障体系主要从领导体制机制,体育社会组织在市、县、乡覆盖程度,社会组织承接全民健身服务的能力等方面进行考察,用以反映体育主管部门的工作能效和体育社会组织工作的活跃程度。主要成效体现在:一是长三角区域全民健身组织体系定型为以党政领导牵头、跨部门协同、社会力量广泛参与的全民健身工作体制,全民健身模范市的领导体制与协调机制主要依据创建工作领导小组或联席会议制度确定,领导小组制度属于议事协调的纵向协同治理,联席会议制度属于跨部门的横向协同治理。两种不同形式的领导机制在模范市创建过程中发挥着各自的优势,推动了全民健身在城市体育治理方面的协同发展。

二是城市体育总会基本实现市、县、乡三级网络全覆盖。模范市在创建过程中(图6-1),与之相对应的体育社会组织除金华(75%)和亳州(63%)外,基本实现市、县、乡三级网络全覆盖,有效地保障了全民健身活动的常态化运行。从体育社会组织数量上看,江苏体育社会组织数量最多,上海和安徽体育社会组织相对较少。江苏体育社会组织的快速发展得益于其在党建引领下所进行的积极探索,按照社会化、功能优化、综合体制三种分类改革试点措施推进了政社脱钩改革,通过改革创新、多措并举、全省联动、开放融合等手段,盘活了体育社团的存量,推动了体育社会组织网络的提档升级。调研中发现,大部分体育社会组织均具备办公场所、经费来源、相关工作人员,而且经费来源渠道众多,如会费、赞助、活动培训、政府购买服务、自筹资金等,这些基础条件也为市县体育社会组织的日常运转提供了基本条件保障。以政府购买服务为例分析(见图 6-2),长三角区域在模范市创建过程中,均有购买服务,而且以上海和浙江居高,政府购买社会力量提供公共体育服务占比最高的是上海杨浦(53%),比例较低的为嘉兴(0.29%)。

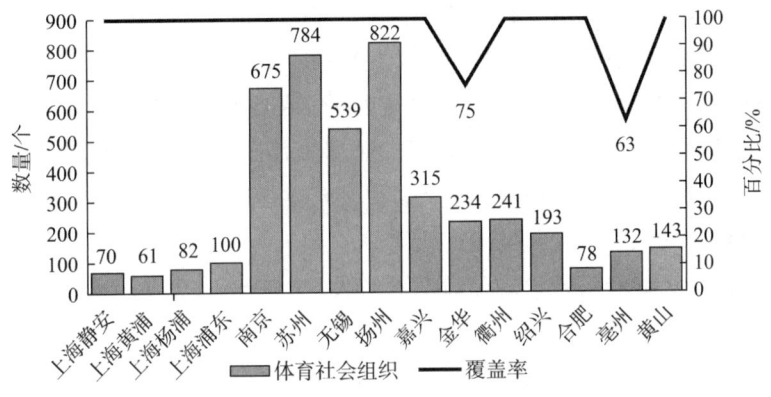

图 6-1 体育社会组织覆盖情况

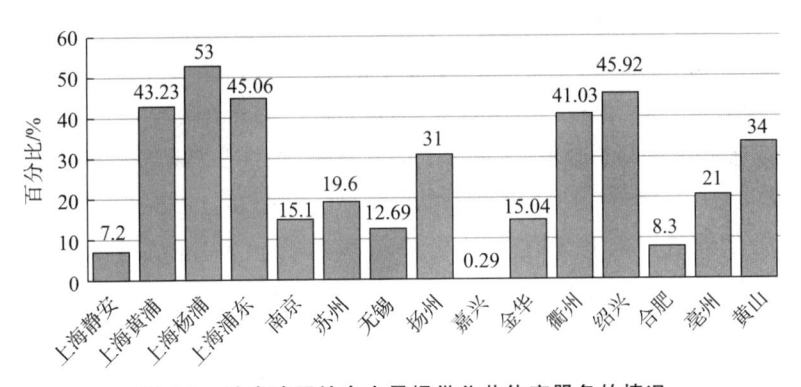

图 6-2 政府购买社会力量提供公共体育服务的情况

(二)全民健身政策保障体系趋于完善

模范市的创建也更注重健全全民健身政策保障体系,围绕地方政府层面创建总体规划,科学制定"体育+""+体育"系列融合政策,建立工作考核与群众评价相结合的综合评估机制。通过引导社会力量进入体育领域,鼓励社会资本提供新增体育产品和服务。具体创建成效体现在:一是积极贯彻落实中共中央、国务院关于健康中国、全民健身等政策,并适时出台相关系列配套政策,将全民运动健身模范市创建工作纳入政府工作报告和年度考核内容,并在创建全国文明城区的指标体系中,把全民健身作为测评内容,并占据一定比例或者分值。二是积极探索体育与城市发展等融合的政策保障,制定体育产业发展规划,提高社会力量对全民健身事业的参与度。从调研结果看,社会力量参与全民健身事业形式多样、种类繁多,主要集中在社会资本参与体育产业和举办全民健身赛事活动两方面,大部分社会办赛的市场化程度达到 80% 以上,均有不同比例的社会力量参与建设和管理体育设施。三是群众评价整体满意度达到 80% 以上。广大群众整体上对模范市全民健身工作持充分的肯定态度,群众从健身活动中得到了实惠,对模范市全民健身活动的满意度较高。总之,利用社会力量办体育是保障全民健身公共服务供给效率与公平、促进体育行业有效竞争、实现全民健身资源有效配置的重要途径。通过体育产业发展引导资金的杠杆撬动作用,优化全民健身和体育产业发展环境,带动了城市文体旅产业资源集聚发展的成效。

(三)全民健身场地设施建设范围扩大

全民健身场地设施是构建更高水平全民健身公共服务体系、推动城市体育建设的重要载体,尤其是大型体育场馆的高质量发展体现为场馆助力体育强国建设和体育产业打造国民经济支柱性产业的高效益。[①]《通知》要求,统筹建设全民健身场所设施,推动公共体育设施建设,进一步盘活存量资源,做好已建全民健身场所设施的使用、管理和提档升级工作。从全民健身场地设施建设范围扩大的具体成效看,一是模范市的社区及乡镇体育设施基本实现两个全覆盖(表 6-1),15 分钟健身圈在城市社区的覆盖率为 100%,除衢州(98.78%)和亳州(96%)外,农民健身工程在农村乡镇基本实现全覆盖。从乡镇体育设施覆盖率的变异系数(0.01)和极差率(1.04)看,长三角区域农村乡镇、行政村体育设施配置差异性较小,而且已提前完成《健康中国行动(2019—2030 年)》要求的 2022 年的体育场地设施覆盖率目标值。二是社会层面公共体育设施免费或低收费开放率均实现 100%。调研发现,部分开放场所配有管理、巡查、维修三类人员,社会体育指导员进行现场指导,配有常规须知公示、警示标语等。三是大部分符合体育场地设施开放条件的学校体育场馆开放率达到 80%,已提前完成《健康中国行动(2019—2030 年)》要求的 2022 年学校体育场地设施开放率目标值(70%)。其中,浙江 4 市,上海静安、黄浦、浦东,苏州、扬州学

---

① 樊炳有,王继帅.经济百强县公共体育资源配置的差异性研究[J].北京体育大学学报,2019,42(12):127-138.

校体育场地设施开放率达到100%,达到《健康中国行动(2019—2030年)》要求的2030年学校体育场地设施开放率目标值(90%)。四是除上海外,其余城市均已经完成《全民健身计划(2016—2020年)》要求的2020年人均体育场地面积目标(1.8 m²),浙江和江苏人均体育场地面积不仅高于2020年全国体育场地统计调查数据(2.2 m²),而且已经提前达到《健康中国行动(2019—2030年)》要求的2030年人均体育场地面积目标值(2.3 m²)。上海黄浦等区域是地处中心城区的"老城厢",区域空间狭小,体育场地整体供给不足,在有限的城市资源制约下,转变治理思路和升级改造建成环境,才能提升全民健身公共服务的品质。

表 6-1 长三角区域全民健身场地设施建设情况($N=15$)

创建城市	体育设施覆盖率 城市社区/%	体育设施覆盖率 乡镇/%	体育场地 人均面积/m²	体育场地 总数量/个	体育设施开放情况 公共体育设施开放率/%	体育设施开放情况 学校体育场地开放率/%
上海静安	100	100	0.67	1945	100	100
上海黄浦	100	100	0.64	1261	100	100
上海杨浦	100	100	1.02	1847	100	82.8
上海浦东	100	100	2.35	9100	100	95
南京	100	100	3.19	18854	100	62.5
苏州	100	100	3.39	27168	100	98.4
无锡	100	100	2.82	19511	100	80
扬州	100	100	2.83	14757	100	100
嘉兴	100	100	2.37	10163	100	100
金华	100	100	2.53	21154	100	100
衢州	100	98.78	2.28	7714	100	100
绍兴	100	100	2.51	17693	100	100
合肥	100	100	2.01	14239	100	87.5
亳州	100	96	1.85	8390	100	87
黄山	100	100	3.46	4043	100	18.7
最小值	100	96	0.64	1261	100	18.7
最大值	100	100	3.46	27168	100	100
极差率	1	1.04	5.41	21.54	1	5.35
变异系数	0	0.01	0.40	0.67	0	0.25

(四)全民健身公共服务均等化水平逐渐提升

在推进基本公共服务均等化过程中,切实发挥政府保基本、兜底线的作用,有助于推动城市体育公共服务供给能力和治理水平的提高。全民健身公共服务水平是整个全民健身公共服务的核心主体,也是模范市创建评价指标涉及内容最多的部分,主要涉及全民健身的"四边工程",即组织群众身边的健身活动、举办群众身边的健身赛事、提供群众身边的健身指导、讲好群众身边的健身故事,最终的指向是群众体质健康水平和科学健身素养。调研中发现,全民健身公共服务均等化水平发展成效体现在以下几方面:一是城乡全民健身活动供给丰富、贴近群众。通过"三微一端"的信息化平台建设,着力破解"去哪健身"的信息不对称问题,依托各类信息媒介搭建健身文化交流平台(表6-2),以扬州(483个)、无锡(166个)、上海浦东(70个)等地居多,实现了推广普及,积极倡导通过科学健身运动预防和促进疾病康复。二是群众身边的品牌健身赛事秉承地方特色与国家品牌原则,正在向上向好发展。综合性全民健身运动会、单项全民健身赛事发展势头强劲,上海、江苏、浙江、安徽多地每年举办赛事高达200场以上;举办国家级赛事活动和县域品牌赛事活动方面,江苏起到了引领长三角区域发展的作用,苏州达到105项,扬州达到82项。三是群众身边的健身指导覆盖面逐渐扩大。通过实施国家体育锻炼标准、增加人均社会体育指导员数量、新建或改造国民体质监测中心和监测站点等途径,最大限度地保障了均等化供给水平。每千人拥有的公益社会体育指导员、上岗率、体育锻炼达标率、经常参加体育锻炼比例等指标反映的是政府配置城市体育公共服务有形和无形资源的综合能力。数据显示(表6-2),每千人拥有的公益社会体育指导员(0.29)、上岗率(0.32)、体育锻炼达标率(0.69)、经常参加体育锻炼比例(0.05)变异系数相对较小,反映出省域间群众身边的健身指导均等化程度较高。健康中国行动要求居民健康素养水平2022年和2030年目标值分别达到22%和30%,从目前调研情况看,除安徽合肥、亳州、黄山三市外,其余城市均已提前实现2022年目标值,而且上海、南京、苏州已提前实现2030年目标值。四是讲好群众身边的健身故事。通过信息平台、健身活动、健身宣讲等形式不断推进百姓身边的健身健康榜样人物、家庭、社会组织等建设。

(五)全民健身重点项目建设区域特色明显

全民健身重点项目建设是因地制宜、因时制宜的自选项目,从国家评价导向看,主要是要推动体融于医,医中有体,体卫融合发展。从实地调研情况看,长三角区域在模范市创建过程中结合国家导向、地方特色和地方

表 6-2 长三角区域全民健身公共服务均等化水平 (N=15)

创建城市	信息化平台数量/个	赛事活动 综合性、单项类赛事/场	赛事活动 品牌类赛事/项	赛事活动 城乡活动类/次	健身指导 每千人拥有的公益社会体育指导员/人	健身指导 上岗率/%	国民体质监测中心/个	国民体质 体育锻炼达标率/%	国民体质 经常参加体育锻炼/%	国民体质 学生体质优秀率/%	居民健康素养水平/%
上海静安	14	409	14	501	2.86	80	11	96.75	45.2	19	36.54
上海黄浦	40	211	7	97	3.23	80	11	98.1	44.2	96.2	33.9
上海杨浦	17	450	3	274	2.7	73.9	13	47.4	44.23	9.7	34.1
上海浦东	70	147	11	2608	2.12	82.3	15	91.08	46	12.7	39.8
南京	43	79	72	3189	5.1	95	54	83.96	44.65	14.3	31.7
苏州	8	80	105	4914	4.4	85	85	95.22	42	10.14	31.84
无锡	166	322	69	3926	3.5	82	9	96.96	41	14.01	29.14
扬州	483	634	82	1071	3.95	90	22	94.06	45	5.41	25.9
嘉兴	22	500	6	3143	2.91	50	65	94.3	39	22.83	30
金华	4	378	5	290	2.96	30	1	93.2	42.6	53.92	29.49
衢州	40	540	10	1851	2.98	37.42	2	99.74	41.2	62.8	29.39
绍兴	1	500	4	2047	2.6	30	6	100	40.3	22.83	72.5
合肥	8	54	8	2451	2.3	85	10	84.59	41.3	8.28	21.6

续表

创建城市	信息化平台数量/个	赛事活动 综合性、单项类赛事/场	赛事活动 品牌类赛事/项	赛事活动 城乡活动类/次	健身指导 每千人拥有的公益社会体育指导员/人	健身指导 上岗率/%	国民体质监测中心/个	国民体质 体育锻炼达标率/%	国民体质 经常参加体育锻炼/%	国民体质 学生体质优秀率/%	居民健康素养水平/%
亳州	8	998	3	2827	1.9	90	5	94	42	93.69	6.5
黄山	32	304	11	1860	4.5	91	8	95.3	43	14.68	20
最小值	1.00	54.00	3.00	97.00	1.90	30.00	1.00	97.00	39.00	5.41	6.50
最大值	483.00	998.00	105.00	4914.00	5.10	95.00	85.00	4914.00	46.00	96.20	72.50
极差率	483.00	18.48	35.00	50.66	2.69	3.17	85.00	50.66	1.18	17.78	11.15
变异系数	1.93	0.67	1.28	0.69	0.29	0.32	1.21	0.69	0.05	1.00	0.44

实际,重点放在全民健身与全民健康深度融合发展模式方面,打造了一批试点工程(示范点)。其创建成效主要体现在:一是将国民体质测定纳入健康体检项目,部分医院探索开设了科学健身指导门诊。如绍兴市立医院、绍兴市康复医院增设"运动康复门诊"。江苏在"体育＋慢性病融合""体育＋康复融合""体育＋健康促进结合""体育＋中医融合"四个方面全力推进,如扬州建成体育医院,南京形成体卫融合"溧水模式"。南京目前有5家监测站点均已不同程度地与辖区内相关卫生部门进行体质监测、医疗体检、运动健身和损伤康复等服务领域的融合,同时通过全民科学健身大讲堂、社会指导员培训等开展体卫融合与全民健身和健康促进的宣教工作。二是体育健身设施与医疗康复设施联合配置,以健康为主题,整合基层宣传、卫健委、民政、养老等部门相关工作,在街道层面探索建设了健康促进服务中心。绍兴在健康驿站设立"云健身"平台,嘉兴设有市、县、镇级体卫融合监测点12个,衢州有6家医疗单位开展体卫融合工作。三是开展运动处方师培训和体卫融合干预项目。合肥以项目制形式不定期组织群众开展体卫融合慢性病人群干预项目,体育部门和卫生部门还联合开展"运动处方师"培训班,打造社会体育指导员、健康指导员两支队伍,协助疾病防治专业机构,为广大市民提供科学、有效的运动指导和健康服务。为了确保运动处方师的培训质量,合肥特别邀请了具有丰富经验和专业知识的专家教授,采用理论教学和实践操作相结合的方式,系统地传授运动生理、运动医学、运动康复等方面的知识。培训班还注重培养学员的实际操作能力,通过现场观摩、模拟训练等方式,让学员能够熟练掌握运动处方的制定和实施方法。此外,合肥还充分发挥社会体育指导员和健康指导员的作用,组织他们在社区、企事业单位等场所开展体卫融合慢性病人群干预项目。通过健康讲座、运动指导、生活方式干预等多种形式,帮助慢性病人群树立正确的健康观念,掌握科学的运动方法,从而预防慢性病的发生,提高生活质量。

三、全民运动健身模范市创建的现实问题

(一)城市现代化治理体系中全民健身公共服务体系有待完善

城市现代化治理体系是国家治理体系的重要组成部分,受其行政管理体制改革进度、城市公共行政治理效能、人民群众美好生活需要的满足程度等因素制约,全民健身规划在城市经济社会发展总体规划上存在差异,导致城市在基本公共体育服务均等化上还有所欠缺,城乡、区域、资源分配

等方面"不平衡不充分"依然存在。① 一是多元主体协同治理效能有待提升。由于统筹机制和执行机制不到位,地方政府城市体育服务职能的行政性阻滞依然存在。模范市创建工作部署、督导、检查、验收力度不够。联席会议等制度主体主要涉及体育、教育、财政、民政等政府部门,但规划、住房和城乡建设、国土资源等有关行政主管部门和社会力量缺席。这使模范市创建工作部署、督导、检查、验收力度不够,缺乏部门协作各自职权的合理让渡。二是体育社会组织与体育行政主管部门脱钩,承接服务能力欠佳。体育社会组织所面临的制度环境表现出宏观鼓励、微观约束的特点,现在政府层面为体育社会组织提供的是一个宽松积极的制度空间,但是微观操作层面暗含许多限制性因素,束缚了体育社会组织的健康有序发展。② 第一,城市基层体育社会组织专职人员不足。社会组织进行脱钩改革过程中,其公信力和稳定性有所变化,使体育社会组织在员工薪酬、晋升机会、就业保障等各个方面都难以与城市政府体育行政部门媲美。第二,农村地区体育社会组织机构不够完善、场地设施陈旧缺乏、经费投入不足等问题仍然存在。部分组织内部设置的理事会、监事会、秘书处等重要机构或岗位形同虚设,部分组织仅靠1~2人的自身能力与魅力维持组织管理,治理结构松散,严重制约体育社会组织的社会服务能力提升。我国公共体育服务供给专业性不强、效率低下、居民满意度低、供需错配,这与专门性的社会体育治理人才稀缺密切相关。

(二)全民健身"多规合一"政策的指向性不足

公共体育设施是城市综合功能的重要载体,全民健身公共设施专项规划与城市总体规划、城市控制性规划等全民健身规划纳入"多规合一"的政策协同力度不够。"放管服"改革不仅是我国当下全面深化改革的重要内容,也是强化我国行政改革与政府职能转变的延续与革新。第一,体育"放管服"改革不充分,社会力量办赛制度不完善。地方政府普遍不愿把城市体育治理的公共权力让渡给社会力量。政府在城市体育治理过程中,出于自身权威和利益的考量,在整个模范市创建行动过程中,在发挥市场和社会作用的同时不放弃自身的责任,致使角色定位不清晰问题的出现,导致政府扶持城市体育社会组织效果不佳。第二,全民健身设施与城市基础设施建设融合力度不够,相关运动项目产业规划指向性不明确,体育市场活

---

① 王苹,王胡林.提升城市现代化治理能力和水平的实践进路[J].理论视野,2020(4):82-87.

② 郭梓焱,刘春湘.社会组织制度执行环境的结构维度、现实困境及优化路径[J].学习与实践,2022(3):113-122.

跃度不够。当前城市体育产业初级阶段发展实践中存在"重政策、轻制度,重培育、轻治理"的行为逻辑,治理作为与体育产业链相适应的制度安排尚未得到充分重视。①体育产业盈利周期和经济效益周期的限制,导致体育产业短时间内难以成为地方城市的经济支柱产业,贡献度不高。市场主体积极性尚未得到充分激发,居民的体育消费潜力有待进一步释放,国际一流体育项目、世界知名体育公司入驻数量仍需提升。第三,体医融合配套政策缺乏。部分城市体医融合发展缺乏相关的政策依据,部门之间的沟通协调有待进一步加强,总体推进还不够快;体育部门和卫健部门虽然采取了一定的措施,培养了部分能开具运动处方的医生,但人数还不多、作用发挥还不充分、百姓的关注度还不够高。

(三)体育场地设施"存量、增量、质量"结构性矛盾突出

城市体育健身设施仍无法有效满足居民对体育的需求,存在四方面短板:一是总量不足。城市人均体育场地面积虽达到全国平均水平,但居民身边的健身设施还不够。原因在于体育场地设施供给整体性与结构性失衡,存量资源和增量资源结构失衡。全民健身场地设施基本实现城市社区及农村乡镇全覆盖,这只能说明城乡体育场地设施结构性供给得到了保障,但体育场地设施整体供给总量和质量仍然存在缺口,尤其是体育资源与人口、区域的匹配程度无法达到均衡,而且存量资源闲置与需求紧缺形成鲜明对比。二是分布不均。人均体育场地面积都在1.8平方米以上,但居民喜闻乐见的球类场地设施较少;二代室外健身器材配置率有待加强,部分场地设施升级改造困难。有些场地地面材料较为简陋,场地条件达不到体育锻炼的基本要求,场地建设和使用方面可能还存在安全隐患。②如全民健身路径、健身器材等场地设施存在不同程度的器材损坏、老化等问题,健身场地破损待修、长期闲置。整体上看,重大公共体育设施的规划需进一步完善,公共体育服务的内涵和空间有待进一步拓展,以适应区域经济发展、居民体育需求。三是利用率不高。学校体育场地设施向社会开放是补齐当前城市全民健身场地设施供给短板的重要途径,也是全民运动健身模范市创建中的重要评价指标之一。目前学校体育场地设施对外开放还有潜力。学校体育场地对外开放推进难度大的本质是地方政府与学校、社会之间的博弈问题,是城市体育治理权利配置失衡导致。地方政府缺乏

---

① 马培艳,张瑞林,陈圆.产业链现代化背景下我国体育产业链治理的理论要素、实践困境与优化路径[J].上海体育学院学报,2022,46(3):95-104.

② 杨涛.新型农村社区体育场地设施供给现状与问题研究[J].西安体育学院学报,2018,35(3):323-328.

对学校进行有效监管的方式和评估体系，而且在财政供给方面缺乏有效的学校端预算，造成地方政府对学校体育场地的经费投入不足。四是缺乏体育场地设施管理与规划的常态化机制。场地设施重建设、轻管理，部分体育设施运营管理水平有待提升，社区健身设施质量有待加强。在场地设施建设等方面投入力度需加大，可持续发展动力有待增强。大型场馆设施建设推进较难，后续日常管理、运营维护等相关制度有待健全。新建大型场馆设施受城市举办国际赛事级别诉求、城市用地分类与规划建设用地标准、专项财政资金投入体量等因素的影响，利用非体育用地建设体育设施的建设、权属、管理等权力分散，使现有政策在实践中难以执行。[1]

（四）全民健身公共服务水平亟待"提质增效"

一是社会体育指导员整体结构、服务水平、服务质量有待规范。表现在社会体育指导员的整体服务水平和质量还需提高，而且整体素质和指导水平也有待进一步提升，这对其进入全民健身公共服务专业队伍中发挥作用造成一定的制约，与居民对运动损伤诊疗康复的迫切需求之间的矛盾日益凸显。二是公益性社会体育指导员指导项目与居民健身多样化诉求之间的矛盾突出。针对个性化健身指导、新型冬奥冰雪项目指导、二代智能健身路径和设施指导关注不足，加之智慧化健身服务平台整合功能的缺乏，不能有效盘活公益性社会体育指导员的服务效率。三是全民健身公共服务供给总量与需求结构错配。社会体育指导员的到岗率与经常参加体育锻炼比例、居民健康素养水平之间的关联度不高。四是赛事活动对优势资源的挖掘与利用不够充分。从信息化平台数量（1.93）和品牌类赛事（1.28）的变异系数可以看出（表6-2），城市之间资源配置的不均衡、不充分问题较为突出。信息化平台作为互联互通的重要媒介和窗口，数量较少则会造成信息传播过程的不对称或者覆盖面不足问题，品牌类赛事可以用于反映城市体育的承载容量和能力，也能从侧面验证赛事活动对城市社会环境、建成环境传播和综合利用效率。

（五）全民健身与全民健康融合发展缺乏有效端口

一是将全民健身相关项目纳入医疗保险支付范围，使社保卡余额可用于购买健身服务事宜推进较难。以苏州为例分析，苏州是国内最早开始尝试使用个人账户基金购买"阳光健身卡"的城市，随后江苏南京、无锡等地也逐渐开展试点。但2017年苏州紧急停止执行地方制定的使用个人账户

---

[1] 陈元欣,陈磊,李震,等.新发展理念引领大型体育场馆高质量发展的方向与路径[J].上海体育学院学报,2022,46(1):72-85.

基金购买健身卡等非医疗支出政策。而且,2021年国务院办公厅出台《关于建立健全职工基本医疗保险门诊共济保障机制的指导意见》,再次强调个人账户不得用于公共卫生费用、体育健身或养生保健消费等不属于基本医疗保险保障范围的支出。从医疗保险制度看,基本医疗保障的职责是保基本,即保障社会成员的基本医疗服务需求,而不是充分保障,所以医保基金的互助共济功能与活化医保基金个人账户结余资金形成法理矛盾。二是体育健身设施与医疗康复设施联合配置能力弱,街道、乡镇层面建设的健康促进服务中心数量较少。以国内开展体医融合试点成效较好的上海为例分析,无论是位于社区街道的健身健康促进中心,还是医院开设的健身指导门诊数量都较少。三是体医融合服务机构标准缺乏。由于体卫融合缺少国家标准,只有少部分省市出台了地方标准(如北京、成都、安徽等),体卫融合中心缺乏建设标准,影响其的建设水平和质量,也造成大部分省市对体卫融合机构进行运营、管理、监督与评估时缺乏标尺。医疗机构收取体育健康服务的费用目前并不合规,运动健康门诊的相关管理规范缺失,提供体育健康服务机构的商业化运行体系还不健全;医疗卫生系统是以自筹经费或商业模式形式运转,通过科室自建或新建运动场地设施,患者需要自付健身指导康复费用,但是这种运转形式既不能纳入体育健身领域监管,也不能纳入医学诊疗范畴规范,从法律规制上看,无据可依且不合规矩。四是运动处方师准入机制不完善。运动处方师培训、晋升和继续教育制度有待完善。当前针对运动处方师准入机制,学界持两种观点。第一种是"国情说",有学者认为体卫融合服务中心的运动医学健身指导者由通过培训有医学背景的专业人员(如临床医学、公共卫生、护理专业)承担,但全国需要培训的体量无法预估,培训的质量也无法保证;第二种是"资质说",有学者提出"运动处方师"资质可以分为运动处方师 E(exercise)系列和运动处方师 M(medicine)系列。前者是针对具有运动医学等专业背景的培训者,主要服务于健康人群。后者是针对具有临床医学等专业背景的培训者,主要服务于慢性疾病人群。2017年8月—2020年1月共举办了15期运动处方师培训班(E和M系列),1700余名学员考核合格获得了由中国体育科学学会颁发的证书成为运动处方师。

四、全民运动健身模范市的推进策略

(一)以城市现代化治理水平提升带动全民健身公共服务治理

一是治理凸显的是多元主体的参与和协同,需要精准聚焦治理对象,通过市县联动提高体育城市能级,国土资源等有关行政管理部门及其工作

人员不依法履行职责的,对有关主管人员依法追究责任。对其他直接责任人员,依法给予行政处分。二是优化体育社会组织培育和孵化体系。三是体育社会组织自身也需要不断提升独立运作能力,加强内部治理,提高工作效率和专业水平。这包括加强人才队伍建设,提升组织运营能力,优化服务内容和模式,创新服务方式,提高服务质量。通过与社会各界的合作,体育社会组织可以更好地发挥其在体育公共服务中的作用,满足广大人民群众的多元化、个性化需求。此外,体育社会组织还需注重与社会企业的合作,引入市场机制,实现体育公共服务的可持续发展。这既能减轻政府负担,又能激发市场活力,为体育公共服务提供更多元、更优质的服务。在此基础上,体育社会组织可以进一步拓展服务领域,将体育公共服务向基层、向社区延伸,让更多群众享受到体育带来的健康和快乐。总之,优化体育社会组织培育和孵化体系,构建基层公共体育服务治理创新体系和格局,需要政府、社会组织、社会企业等多方共同努力。通过不断深化改革,加强合作,创新服务模式,体育社会组织可以为广大人民群众提供更加优质、更加便捷的体育公共服务,助力全民健康目标的实现。四是注重职能转变,明确体育社会组织发展定位。激发体育社会组织发展活力,除明确社会体育指导员协会除了履行行业协会职能外,更要成为承接政府职能转移的主体,要有能力承担组织辖区社会体育指导员及服务站点的培训考核、上岗服务、宣传展示、赛事活动、技能交流等方面的任务。

(二)提高全民健身政策体系的治理效能

一是将全民健身政策融入产城融合体系。体育产业的注入为城市经济的发展提供了驱动力,产业经济的发展将推动城市基础设施建设,同时也将拉动对城市体育休闲、卫生、教育等的消费需求,推动服务业发展。产城融合度的提高能够显著推动区域创新发展相较于"先产后城"(先发展产业后发展城市)的城镇化路径,"先城后产"路径下的产城融合对区域创新的推动作用更加显著。因此,对标《"健康中国2030"规划纲要》要求,政府还需要实现由政策性转移向体制性转移的转变。二是优化全民健身公共服务政策工具及执行力度。在配套全民健身公共服务政策过程中,探索线下行政命令式、激励动员式政策工具和线上数字化、网络化、集成化政策工具的协同发展。通过量化政策目标和内容,强化全民健身公共服务政策执行的效果。三是建立全民健身行政执法和监督管理体系、完善执法程序、优化执法环境,并强化专门执法机构和队伍、严格执法责任,通过建立健全全民健身执法机制实施主动执法,真正实现全民健身的"依法治体",切实保障政策法规的执行效率。四是出台体卫融合配套政策。在制约体卫融合的关键障碍上进行政策突破,包括建立体卫融合从业人员资格准入制度,在医院、社区、体质监测站点、晨晚练健身锻炼点设置相应运动处方师或健康指导师岗位。

(三)加强健身场地设施"提增盘存"的综合利用率

一是政府和学校高频互动达成共识。地方政府要站在城市高质量发展的战略高度,或者将现有体育场地设施进行提档升级,转型为社会体育活动中心,推动城市体育设施的融合发展,为学校体育活动的开展和周边社区居民健身锻炼提供场地保障。二是建立相关对外开放的规章制度和场地设施管理维护的规范。以政府购买公共体育服务的形式推动学校体育场地设施对外开放,明晰学校有偿服务的权责界限,划清政府和学校的责任与义务,加强监管并健全评估体系。三是打造智慧化管理服务平台。将公共体育场馆、设施器材管理纳入社会治理网格化管理范围,构建起完善、立体的公共体育场馆设施管理、维护体系。通过整合区县体育场馆,开发便捷查询、预订服务功能,破解"订场难""去哪健身"等问题。通过政府购买服务方式,采购体育场地惠民开放时段,通过优惠活动和积分兑换、定期发放体育消费券方式派发运动优惠券,推动精准惠民。四是建立动态评估考核与监管体系。将体育赛事组织、体育设施硬件建设、软件环境建设、社区人群的行为行动纳入政府为民办实事的政绩考核体系,继而为财政奖励、经费划拨等提供更客观、合理的依据,运用"大数据"技术深度挖掘公共体育场馆设施管理服务平台数据,保障平台的运行质量和补助资金使用安全,更精准把握全民健身公共服务供给的短板和居民新需求,实现城市公共体育场馆设施"提质"和"增量"同步推进。

(四)创新全民健身公共服务"保基本、扩普惠"供给双模式

新发展阶段的全民健身公共服务供给应该由基本公共服务均等化供给与普惠性非基本公共服务供给相结合的混合式供给模式组成。一是促进政府主导的全民健身基本公共服务品质提升。首先,提高健身运动专业化水平。通过修订《社会体育指导员管理办法》,从组织管理、培训教育、上岗服务、工作保障等方面进行规范化完善,提高社会体育指导员的服务质量、服务水平及上岗率。其次,完善社会力量办赛和管理体育场地设施机制。通过引进和培育城市高端体育赛事满足居民对高品质生活期待的内在要求,实现在家门口欣赏顶级赛事的愿望。最后,优化中央补助地方健康素养促进行动项目,通过业务指导、技术支持、人员培训等形式手段,推动居民健康素养水平的提升。二是社会力量主导的普惠性公共服务实现高效可及。通过政府购买服务方式,结合"赛事+健身活动""赛事+品牌"

"赛事+娱乐"模式,推动具有本土特色的赛事活动发展,升级原有标志性品牌赛事,推动群众性体育活动、自主品牌活动等赛事活动,切实提高社会力量及民众参与度,积极申办国内外高规格、高影响力的大型体育赛事,使举办的赛事成为促进城市发展的重要推动力,成为地方社会经济发展活力、居民城市认同感、城市文化影响力的重要组成部分。三是强化健康教育与健康促进的跨部门协作。加强政府部门、卫生机构、体育部门、教育部门等各方的沟通与协作,形成健康教育工作合力。通过政策引导、资金支持、项目合作等方式,推动健康教育与健康促进工作在基层落地生根。结合各地区的实际情况,制订有针对性的健康教育与健康促进工作计划,开展各类健康促进活动,提高居民的健康素养和自我保健意识。四是创新健康教育与健康促进的传播方式。结合新媒体、社交媒体等传播手段,运用短视频、直播、互动问答等形式,将健康知识传播与群众喜闻乐见的文化活动相结合,提高健康教育的吸引力和覆盖面。同时,注重发挥传统媒体的作用,通过报纸、电视、广播等渠道,普及健康知识,倡导健康生活理念。五是加强健康教育与健康促进的科学研究。鼓励科研机构、高校、医疗机构等开展健康教育与健康促进领域的课题研究,推动健康教育理论创新与实践发展。加强健康教育与健康促进的国际交流与合作,借鉴发达国家在健康教育与健康促进方面的先进经验和成功做法,为我国健康教育与健康促进工作提供有益启示。

(五)加大体卫融合示范区建设与评估力度

一是借鉴域外经验。英国针对医疗与非医疗环境融合推行运动转诊体系。在资质认证方面,美国运动医学会设立了认证运动生理学家和认证临床运动生理学家。因此,鼓励体育系统和卫生与医疗系统在慢性疾病防治等方面有科技资源、技术资源和资金等优势的企事业单位和个人,积极推动慢性疾病防治的体卫融合示范点建设,形成以点代面的方式,做好慢性疾病防治的体卫融合示范点的宣传和普及工作。试点将运动疗法、康复综合评定等医疗康复项目纳入基本医疗保险支付范围措施。二是协同成立体卫融合协同创新中心。联合高校、企业、社区、科研院所申报科技部重点实验室,在身体健康融合关键技术上进行创新和突破;以科学、循证的方式设计和资助多个身体与健康融合的健康促进项目,如健康融合防治糖尿病项目等,并在实践中大力推广。三是试点"体育处方员"资格认证机制,开展体育与健康联合磋商机制,合作应对重大疫情攻关。四是制定体育与健康服务融合标准。制定综合健康促进中心建设相关标准,大力推进综合健康促进服务标准化。建立体育伤害保险制度,建立体育风险合理分担机制。将与身体健康相结合的疾病管理和卫生服务体系纳入专项投资公共服务体系建设。为了促进体育与健康相结合，需要建立一套完善的从业人员资格制度。首先，在社区设立体育与健康相关的岗位，如健身教练、运动康复师等，为从业人员提供更多的就业机会。其次，严格执行职业资格准入制度，对从业人员进行严格的培训和考核，确保他们具备专业的知识和技能，能为市民提供高质量的服务。同时，加强与高校的合作，培养更多具备体育与健康知识的专业人才。通过设立相关课程、开展实践活动等方式，让学生在理论学习与实践操作相结合的过程中，掌握体育与健康的基本知识和技能。此外，还可以通过开展实习实训、产学研合作等项目，让学生更好地了解体育与健康行业的发展趋势和就业前景，激发他们投身于这一行业的积极性。

第七章 体卫融合健康促进效果的实证研究

在实地调研的基础上,为深入探讨体卫融合的健康促进效果,在循证医学视角下,采用阶层线性模型、Meta 分析、对比实验等方法,选取身体活动与抑郁症、自评健康、认知功能退化关系,血流限制训练与肌肉力量关系等专题进行研究,进一步从微观上探讨形成有效的运动处方和微观层面的体卫融合方案。

本章通过对"体卫融合健康促进效果"进行实证研究,形成以下观点:

(1)性别对体育参与有负向的显著影响作用,中年男性体育参与率高于女性。居住地、受教育程度、健康状况、家庭收入对体育参与有正向的显著影响作用。

(2)每周锻炼 2 次、每次锻炼时间控制在 30～40 分钟范围内、持续 6 个月以上的中等强度锻炼可以有效地延缓大脑海马体的萎缩。

(3)发展下肢屈肌力量的血流限制训练模式宜采用 30～<50%1 RM 的较低强度、每周 2 次及以下的低频率、持续训练 8 周及以上,这样效果最好。

第一节 体卫融合对慢性病患者健康促进的实验研究

一、研究对象与方法

(一)研究对象

从江苏省盐城市体检中心资料库内筛选出 200 名左右慢性病前期的志愿者,筛选要求是志愿者的分布区域和工作单位相对集中。通过体质健康监测筛选年龄在 40～55 周岁范围内的慢性病前期患者 100 名,运用体卫融合运动处方对其进行干预,实验时间为:2023 年 6—8 月。

(二)研究方法

运用 SPSS 24.0 对数据结果进行统计分析,依据相关分析和单因素方法分析对慢性病患者体质健康前后的差异性进行统计分析。

1. 体卫融合方案设计

由表 7-1 可知,体卫融合文体可以按照各自的职责和专业能力,负责干预方案和具体任务,例如围绕融合点、分工、具体内容方面进行融合文体的分工协作。

表 7-1 体育与卫生健康分工概览

融合主体	融合点	分工	具体内容
体育	联合制定与调整运动处方	运动干预指导	运动的项目、运动时间、运动频率以及运动强度
卫生健康		临床筛查和诊断评估	通过医学检测判断志愿者的身体健康状况、体质情况

从表 7-2 可知,体卫融合对慢性病患者健康促进的具体方案主要包括基本信息、运动目标、FITT 推荐要素、干预周期等内容。

表 7-2 运动处方一览表

要素		具体内容		
基本信息		性别、年龄、身高、体重等信息		
运动目标		维持机体正常血压、血糖值,预防高血压、高血糖等慢性疾病的发生与发展		
FITT 推荐	类型	有氧	抗阻	柔韧性
	频率	每周 3~5 天	每周至少 2 天(非连续日)	每周 2~3 天
	强度	中等强度(如 40%~59% VO₂max)起始,逐渐递增至较大强度(60%~80% VO₂max)	中等强度(50%~69% 1RM),逐渐递增至较大强度(70%~85% 1RM)	拉伸至感觉紧张或轻度不适
	时间	每天 30 分钟以上或每周累计 150 分钟以上	8~10 种不同动作的练习,每组 10~15 次,重复 1~3 组,达到接近疲劳的状态	静态拉伸 10~30 秒,每个动作重复 2~4 次
干预周期		3 个月		

2. 注意事项

(1)前期以有氧练习为主。

(2)运动时血糖可能会快速下降,表现为颤抖、虚弱、异常出汗、手发麻等症状。因此需要在运动前、运动中及运动后监测血糖,并按需适当调整饮食和药物剂量。

（3）应坚持循序渐进的原则，尤为重视运动强度的控制，运动时应确保血压控制在合理范围内。

（4）抗阻训练时容易出现屏气的动作，这会导致血压骤然升高，发生头晕甚至跌倒的现象，因此应尽量避免此类动作。

（5）充足的准备活动和整理活动至关重要，准备活动和整理活动应当是在全关节活动范围内进行。每次运动时都应该进行5～10分钟的热身和整理活动，包括动力性和静力性拉伸，以及低强度的有氧活动。

二、受试者基本信息及筛选情况

经过筛选有100名受试者志愿参加为期3个月的运动干预实验，经统计学检验，不同组别间的基线值没有显著性差异（$p>0.05$），见表7-3。

表7-3 不同性别受试者基线水平一览表（$N=100$）

性别	变量	数据信息
男	年龄	49.95±2.29
	身高	172.6±6.32
女	年龄	46.44±4.5
	身高	167.6±4.89

三、实验前后体卫融合干预情况

在历时3个月的持续体卫融合干预后，最终共有96名参与者完成了训练和测试。据反馈，导致参与者减少的主要原因包括：临时性的外出培训、会议，国际访学或工作调动，以及生病或自愿放弃。尽管面临一定的人员流失，但仍可以从中得出一些有价值的结论。有些成员对实验的依从性较高，反映出他们在实验期间的生活方式和健康状况相对较好。有些受试者完成率稍低，这可能是因为抗阻运动对参与者的体能要求较高，部分参与者因为身体原因或心理压力而放弃。

从导致人员流失的原因可以发现一些影响实验结果的外部因素。例如，临时性的外出培训、会议，国际访学或工作调动可能会对参与者的时间安排产生影响，导致他们无法按时参加训练和测试。此外，生病或自愿放弃也反映出部分参与者对实验的态度和参与意愿。这些因素在一定程度上可能影响了实验结果的准确性和普遍性。综上所述，通过加强参与者管理和提高实验的吸引力，可以提高实验的完成率和结果的可靠性。同时，还需进一步探讨体卫融合在慢性病患者健康促进方面的作用机制,为慢性病的康复治疗提供更加科学、有效的干预策略。

从表 7-4 的数据分析来看,整个实验过程受试者的完成率较高,在实际单次运动量上,实验后的表现超越了预设目标,达到了 35.31 分钟;在实际运动频率方面,受试者也能够按照预定的目标方案进行锻炼,达到 3.47 次。这些结果充分说明,受试者在整个运动过程中,在干预强度和运动量方面,已经基本达到了预期的目标。

表 7-4 体卫融合干预情况一览表($N=96$)

参数	指标
完成率	96%
实际运动强度	65±12.64
实际单次量	35.31±6.89
实际频率	3.47±0.95

此外,通过对受试者锻炼日志的分析发现,大部分受试者能够成功地从被动运动转变为主动锻炼,并逐渐养成了锻炼的习惯。特别是在微信聊天软件的支持下,通过建立小组讨论群组,受试者之间可以分享锻炼心得和运动情况,这无疑进一步激发了受试者参与运动的积极性。这一现象也反映出,借助现代科技手段,可以更加有效地推动和促进人们积极参与运动,从而提高健康水平。这种利用社交媒体平台进行锻炼分享和互动的方式,也为体卫融合干预研究提供了新的启示。

四、体卫融合干预后形态学指标变化

由表 7-5 可知,在经过三个月的体卫融合干预之后,实验前后的志愿者表现出了不同程度的显著性差异,具体表现在男性和女性体重均出现降低的趋势,而且停训三个月后仍能保持一定的水平。体重是衡量人体质量的重要指标,与身高共同构建了人类的生理体型。在身高保持恒定的情况下,体重可以相对准确地反映人体的横向尺寸。随着经济的飞速发展和城市化进程的加速,人们的生活节奏不断加快,快餐文化逐渐兴起,如汉堡、方便面、膨化食品等速食食品备受消费者青睐。这使人们的热量摄入量大幅度增加。与此同时,为了提升效率和竞争力,大规模机器和计算机已经取代了传统的手工劳动,人们的交通方式也逐渐由汽车取代了步行和骑自行车。这些变化不仅改变了人们的生活方式,也对人们的身体健康产生了深远的影响。

表 7-5 体重指标变化情况一览表

性别	干预前	干预后
男	78.6±5.6	77.2±5.3*#
女	65.6±8	64.2±6.5*#

注：*表示各组组内变化具有显著性差异，即 $p<0.05$，#表示各组组间变化具有显著性差异，即 $p<0.05$，以下各表同。

五、体卫融合干预后生理机能指标变化

(一)血压指标变化情况

从表 7-6 可知，在经过三个月的体卫融合干预之后，男性和女性在运动后均表现出了显著性差异（$p<0.05$），男性和女性的平均收缩压均出现了显著性的降低，说明体育锻炼有助于改善收缩压的水平。

表 7-6 收缩压指标变化情况一览表

性别	干预前	干预后
男	126.18±10.6	122.52±4.2*
女	125.37±14.1	123.13±6.4*

通过表 7-7 可以发现，在经过三个月的体卫融合干预后，各组的志愿者的舒张压表现出了不同程度的显著性差异。具体表现在差值对比方面，运动后都呈现出了一定的变化；从性别对比方面看，男性和比女性舒张压变化出现了一过性的升高，说明体育锻炼尤其是抗阻力量训练对于改善平均舒张压效果不如有氧运动。

表 7-7 舒张压指标变化情况一览表

性别	干预前	干预后
男	84.26±12.8	89.53±1.4*
女	85.62±5.7	87.73±8.2*

(二)台阶指数指标变化情况

通过表 7-8 可知，各组的志愿者的台阶指数经过三个月的体卫融合干预表现出了显著性的差异。但女性组整体效果不如男性组的变化趋势明显，说明台阶指数的生理变化因素受性别影响。

表 7-8　台阶指数指标变化情况一览表

性别	干预前	干预后
男	64.07±11.32	68.56±11.08*
女	60.14±12.36	60.22±6.47

(三)肺活量指标变化情况

通过表 7-9 可知,各组的志愿者的肺活量经过三个月的体卫融合干预表现出了显著性的差异。女性组效果和男性组的变化趋势均出现了升高,但是男性的肺活量均值普遍高于女性。

表 7-9　肺活量指标变化情况一览表

性别	干预前	干预后
男	3503.24±747.11	3868.24±718.41*
女	2517.89±865.11	2882.89±836.41*

(四)血糖指标变化情况

通过表 7-10 可知,各组的志愿者的血糖指标经过三个月的体卫融合干预表现出了显著性的差异。女性组整体效果要好于男性组,说明体育锻炼对于降低血糖含量起到了一定的促进作用。

表 7-10　血糖指标变化情况一览表

性别	干预前	干预后
男	6.21±0.46	5.73±7.2*
女	5.73±0.82	5.54±0.61*

六、体卫融合干预后身体素质指标变化

(一)坐位体前屈指标变化情况

通过表 7-11 可知,各组的志愿者的坐位体前屈经过三个月的体卫融合干预表现出了显著性的差异。男性组整体效果不如女性组的变化趋势明显。

表 7-11　坐位体前屈指标变化情况一览表

性别	干预前	干预后
男	6.95±9.41	8.37±8.39*
女	10.3±5.7	13.4±3.2*

(二)闭眼单脚站立指标变化情况

通过表 7-12 可知,各组的志愿者的闭眼单脚站立经过三个月的体卫融合干预表现出了显著性的差异。女性组整体效果和男性组的变化趋势基本均衡。

表 7-12　闭眼单脚站立指标变化情况一览表

性别	干预前	干预后
男	18.19±23.91	24.70±22.12*
女	19.56±20.18	25.44±20.37*

(三)选择反应时指标变化情况

反应时是反映人体神经系统反应速度的指标。通过表 7-13 可知,各组的志愿者的选择反应时经过三个月的体卫融合干预表现出了显著性的差异。女性组整体效果和男性组的变化趋势基本一致,均出现了降低的趋势,说明经过体卫融合干预,志愿者的反应能力得到了提高。

表 7-13　选择反应时指标变化情况一览表

性别	干预前	干预后
男	0.59±0.08	0.56±0.06*
女	0.58±0.06	0.57±0.03*

(四)握力指标变化情况

通过表 7-14 可知,各组的志愿者的握力指标经过三个月的体卫融合干预表现出了显著性的差异。女性组整体力量和男性组的变化趋势基本一致,体卫融合干预使中年人群的握力水平得到一定程度的提高。

表 7-14　握力指标变化情况一览表

性别	干预前	干预后
男	34.33±10.33	36.89±10.09*
女	31.26±12.72	33.42±8.57*

七、综合评分指标变化情况

通过表 7-15 可知,各组的志愿者的综合评分经过三个月的体卫融合干预表现出了显著性的差异。女性组和男性组整体上都有显著的提高,但是存在性别上的差异,即男性整体水平的提高幅度要大于女性,这说明经过体育锻炼对于女性综合评分指标而言,表现效果不如男性组的变化趋势明显。

表 7-15 综合评分指标变化情况一览表

性别	干预前	干预后
男	21.84±3.85	25.58±3.41*
女	21.52±3.46	23.35±3.27*

八、讨论

随着社会的快速发展,人们生活方式的转变引起了广泛关注,特别是身体活动不足对人们的健康造成了显著的危害。与生活方式相关的一些慢性疾病已经成为现代人们主要的死亡原因。研究表明,从不活动到保持规律性身体活动的转变可以带来健康状况的改善。通常情况下,健康状况较差的人更难以开始和维持体育活动。因此,以健康促进为目标的身体活动成为促进健康的关键策略。总之,身体活动的推广和普及对于预防和控制慢性疾病、提高人们的健康水平具有重要意义。

(一)体卫融合干预对身体形态的影响

随着社会经济的发展和人们生活节奏的加快,肥胖问题逐渐成为全球关注的焦点问题。肥胖不仅影响了个人的身体健康,也对社会造成了沉重的经济负担。因此,研究体卫融合干预对身体形态的影响具有重要的理论和实践意义。

身体成分是衡量人体组成的重要指标,包括脂肪重量、去脂体重和非脂肪重量。研究表明,体卫融合干预可以有效改善身体成分,降低体脂百分比,提高瘦体重比例。这种改善主要得益于运动对脂肪组织的消耗和对肌肉组织的增加。中等强度的有氧运动和力量训练是改善身体成分的主要方法。身体形态是指人体外在的形状和结构。体卫融合干预对身体形态的影响主要体现在身高、体重、胸围、腰围、臀围等指标的改变。运动可以增加骨骼肌的厚度,美化肌肉线条,使身体更加紧致有弹性。

在经过三个月的体卫融合干预之后,实验前后的志愿者表现出了不同程度的显著性差异,具体表现在男性和女性体重均表现出降低的趋势,而且停训三个月后仍能保持在一定水平。中等强度的有氧运动和力量训练可以有效降低体重、脂肪含量和体脂百分比。体卫融合干预不仅可以减少脂肪细胞的数量,还可以抑制脂肪细胞的生长和扩大,从根本上解决肥胖问题。同时,运动可以消耗多余的热量,降低体重和脂肪含量,使身形态更加匀称。

　　此外,运动还可以提高基础代谢率,使身体在休息状态下也能消耗更多的热量,有助于保持体重稳定。总之,体卫融合干预对身体健康具有重要的影响,可以改善身体成分、身体形态,预防和治疗肥胖,从而提高人们的生活质量和健康水平。为了达到这些效果,人们需要坚持进行中等强度的有氧运动和力量训练,使运动成为日常生活的一部分。在运动过程中,要注意合理饮食,保持热量摄入与消耗的平衡,以达到最佳的减肥和塑形效果。根据国外研究,对于肥胖个体进行体卫融合干预时,运动量与体重体脂之间存在剂量效应关系。在较少活动的人群中,重新开始运动不仅需要克服心肺耐力等能力的不足,还需要迅速协同机体,提升整体张力。据此推测,像健步走和跑步这类早期简单且规律的重复式运动,对呼吸肌的被动刺激更为深刻,同时协同圆周运动更能有效提升整体张力,从而实现机体的快速协同。总之,这些研究成果为我们提供了新的思路,有助于进一步优化体卫融合干预策略,提高干预效果。

　　在此基础上,进一步探讨体卫融合干预对肥胖人群的影响。例如,在实施体卫融合干预时,应根据个体的身体状况、运动经验和心肺功能制订个性化的运动计划。这包括选择合适的运动类型、强度、持续时间和频率,以最大程度地提高运动效果并减少运动风险。同时,还需要关注体卫融合干预过程中的生物力学和生理学变化。例如,研究体卫融合干预如何影响肥胖人群的骨骼、关节、肌肉和心肺功能,以及体卫融合干预对内分泌系统、神经系统和免疫系统的影响。这些研究成果将为体卫融合干预提供更为科学的理论依据,有助于制定更为有效的运动处方。

　　许多研究表明,健康饮食和体卫融合干预是预防和控制肥胖的有效手段。例如,通过提倡健康饮食,限制高热量食物的摄入,可以有效降低体重;通过增加运动量,提高身体活动水平,也可以消耗多余的热量,从而达到控制体重的目的。此外,一些研究还发现,健康饮食和体卫融合干预相结合的效果更好,可以产生相互促进的作用。然而,尽管有大量研究证明健康饮食和体卫融合干预对控制肥胖有效,但现实生活中仍有许多人需面对肥胖问题。这主要是因为许多人在实际生活中难以坚持健康的饮食和运动习惯。因此,如何提高人们对健康饮食和运动的认同度,增强其实践健康饮食和运动的动力,是当前预防和控制肥胖的一个重要课题。

　　综上所述,在经济快速发展和社会城镇化进程加速的背景下,人们的生活节奏不断加快,饮食习惯和运动习惯发生了很大变化,导致肥胖等健康问题日益严重。健康饮食和体卫融合干预是预防和控制肥胖的有效手段,但在实践中仍面临许多挑战。因此,未来研究应关注如何提高人们对健康饮食和运动的认同度和实践动力,以期更好地预防和控制肥胖及相关疾病。在今后的研究中,应充分考虑这些外部因素,通过加强参与者管理和提高实验的吸引力,提高实验的完成率和结果的可靠性。同时,还需进一步探讨体卫融合在慢性病患者健康促进方面的作用机制,为慢性病的康复治疗提供更加科学、有效的干预策略。在这个背景下,人们的饮食习惯和运动习惯发生了显著变化。热量摄入过多和运动不足导致了许多人的体重逐渐增加,进而引发了肥胖、糖尿病、心血管疾病等健康问题。针对这一现象,学术界展开了对饮食和体卫融合干预的研究,旨在找出有效的策略来预防和控制肥胖及相关疾病。

（二）体卫融合干预对身体机能的影响

运动对身体机能的影响是多方面的,特别是在心血管健康方面。运动可以提高心输出量,即每分钟心脏泵出的血液量。心输出量的提高可以降低外周血管阻力,从而降低血压。运动还可以改善血管内皮功能,降低动脉粥样硬化的风险。心肺适能是指身体在长时间、中等强度的活动下,能够有效利用氧气的能力。运动可以显著提高心肺适能水平,从而降低患心血管疾病的风险。

在经过3个月的体卫融合干预之后,男性和女性在运动后均表现出了显著性差异($p<0.05$),男性和女性的平均收缩压均出现了显著性的降低,说明体育锻炼有助于改善收缩压的水平。一项针对33000多名成年人的研究显示,定期进行运动的人患心血管疾病的风险比不运动的人低20%。运动可以帮助减少人们心血管风险因素,如降低血压、血脂、胆固醇水平等。一项针对100多名成年人的研究发现,进行为期12周的有氧运动后,他们的心肺健康适能水平显著提高。交感神经系统在运动过程中起着重要作用,它可以帮助身体应对紧张和挑战。

运动可以调节交感神经系统,降低静息心率、收缩压和舒张压。在经过3个月的体卫融合干预后,各组的志愿者的舒张压表现出了不同程度的显著性差异,具体表现在差值对比方面,运动后都呈现出了一定的变化。在性别对比方面,男性相比女性,舒张压变化出现了一过性的升高,说明体育锻炼尤其是抗阻力量训练对于改善平均舒张压效果不如有氧运动。一项针对200多名成年人的研究发现,进行为期8周的瑜伽练习后,他们的血管收缩功能显著提高。大量科学研究证实,原发性高血压患者在进行锻炼后,其血浆内皮素水平显著降低,血压也随之下降,两者之间呈现平行关系,同时一氧化氮水平有所上升。出现这一现象的原因在于,中等强度运动能够增强迷走神经张力,抑制交感神经活力,从而实现血管收缩的平衡。具体来说,大动脉血管的弹性得到改善,从而导致血压下降。这一结论强调了适度锻炼对于原发性高血压患者的重要作用,为相关领域的研究提供了有力的理论依据。

(三)体卫融合干预对身体素质的影响

身体素质是衡量一个人身体健康和运动能力的重要表现,包括力量、耐力、柔韧、灵敏、平衡等几项指标。

柔韧性是指人体关节活动范围的大小和肌肉、韧带等软组织的伸展能力。体卫融合干预通过有针对性的柔韧性训练,如拉伸运动和瑜伽等,可以有效扩大参与者的关节活动范围,提高软组织伸展能力,降低运动损伤风险。研究发现,长期进行柔韧性训练的个体,其柔韧性素质得到了显著提高,同时在日常生活中也表现出更好的身体功能和运动能力。各组的志愿者的坐位体前屈经过3个月的体卫融合干预表现出了显著性的差异。男性组整体效果不如女性组的变化趋势明显。特别是对于中年肥胖女性而言,通过长期有规律的运动,可以明显调节其柔韧性,这一现象表明,坚持长期运动能够促进中年肥胖女性运动幅度的增大,提高其神经系统的灵活性。这一结论强调了长期有规律的运动对于中年肥胖女性身心健康的积极影响,为相关领域的科学研究提供了有力的实证支持。

肌肉在克服阻力的过程中产生力量,力量是衡量身体素质的重要指标。体卫融合干预通过科学的力量训练,如举重、徒手训练等,可以有效提高参与者的肌肉力量和耐力,降低运动损伤风险。其中,握力是指手部肌肉的力量,它与日常生活和运动中的许多动作密切相关。各组的志愿者的握力指标经过3个月的体卫融合干预表现出了显著性的差异。女性组的整体力量和男性组的变化趋势基本一致,体卫融合干预使中年人群的握力水平得到一定程度的提高。运动可以刺激手部肌肉的生长发育,提高肌肉力量和耐力。一项针对老年人的研究发现,进行为期12周的握力训练后,他们的握力显著提高。此外,运动还可以改善手部肌肉的协调性和控制能力,从而提高握力的实际应用效果。

平衡素质是指人体在各种运动状态下维持稳定性的能力,其对于预防跌倒和提高运动表现具有重要意义。体卫融合干预通过有针对性的平衡训练,如单腿站立、闭眼站立等,可以有效提高参与者的平衡能力,降低跌倒风险。研究发现，平衡训练可以改善前庭功能、本体感觉和视觉调节等方面的表现，从而提高个体的平衡素质。闭目单足站立是指在单足站立的基础上，闭上眼睛保持平衡的能力。这个指标反映了身体平衡感和本体感觉。运动可以刺激小脑等平衡器官的发育，提高身体平衡能力。各组志愿者的闭眼单脚站立经过 3 个月的体卫融合干预表现出了显著性的差异。女性组整体效果和男性组的变化趋势基本均衡。一项针对年轻人的研究发现，进行为期 12 周的单足站立训练后，他们的闭目单足站立时间显著提高。持续有规律的体育锻炼对于中年女性的柔韧性提升以及衰老速度的延缓具有显著效果。

九、研究结论

通过长达 3 个月的体卫融合干预，处于慢性病前期的患者的体质健康状况均有了明显的改善，说明通过长期有规律的体育锻炼，不仅可以促进中年慢性病前期的患者身体形态正常化，还可以有效提高慢性病前期患者的运动素质，改善中年女性肥胖者的心肺机能。在研究中还发现多元化的锻炼对慢性病前期患者的身体形态、运动素质和心肺机能相关指标有积极作用，但是只有长期坚持才可以确保各项指标逐步恢复到正常状态。

本书还揭示了人们在体卫融合干预过程中的心理变化过程。从被动运动到主动锻炼，再到习惯养成，这一过程反映出人们对于健康生活方式的认同和接受程度逐渐提高，也显示出体卫融合干预在改变人们生活习惯和提高健康水平方面的潜力。因此，我们应进一步推广体卫融合干预的理念和方法，让更多的人从中受益。本书通过观察和分析志愿者的体卫融合干预过程，发现并验证了体卫融合干预在提高人们运动量和频率，以及养成锻炼习惯方面的积极作用。同时，也探讨了利用现代科技手段推动人们积极参与运动的可能途径。这些发现和经验对于未来的体卫融合干预研究和实践具有重要的参考价值。

未来的研究可以探索更多利用科技手段提高体卫融合干预效果的方法，例如，开发专门的手机应用，用于实时记录和分析志愿者的运动数据，为他们提供个性化的运动建议和反馈，以帮助他们更好地坚持运动计划。同时，也可以考虑将线上社交互动和线下实体活动相结合，以提供更丰富多样的运动体验，提高志愿者的参与度和满意度。

第二节 体卫融合对青少年脊柱侧弯干预效果的实验研究

一、研究对象与方法

(一)研究对象

选取诊断为轻度脊柱侧弯的青少年 30 人,随机分成对照组和实验组各 15 人。具体招募过程如下:课题组通过当地医院、学校组成体卫融合研究团队,招募身体姿态异常的青少年,在医院进行脊柱侧弯筛查,将轻度脊柱侧弯满足 Cobb 角度<25°的纳入实验对象(见表 7-16)。纳入标准如下:(1)轻度脊柱侧弯患者(10°<Cobb 角<25°);(2)未接受过手术治疗;(3)没有佩戴过矫形支具;(4)同意签署知情同意书,愿意配合进行体卫融合疗法。

表 7-16　受试者分组情况和基线水平一览表($N=30$)

组别	年龄/岁	身高/cm	体重/kg	Cobb 角/°
对照组	12.75±1.08	160.36±3.11	47.33±4.11	18.96±3.65
实验组	11.93±2.11	160.49±2.68	47.82±3.89	18.75±4.41

(二)研究方法

1. 专家访谈法

拟对国家体育总局科研所、北京体育大学、江苏省科研所、山西省、苏州、深圳的医院等单位中青少年脊柱侧弯方面的专家进行访谈,访谈形式拟采用当面访谈、通信软件交流(微信、QQ 等形式)、电话访谈三种形式,主要就形体健康制约因素、趋势以及体卫融合干预方法、问卷和实验设计等问题进行咨询。

2. 测量法

通过脊柱专用测试设备对青少年进行脊柱健康的筛查和监测。具体做法如下:要求青少年受试者保持站立姿态,双手自然垂下,两眼目视前方。通过脊柱侧弯设备,测量青少年在展示站立和前屈、旋转三个动作时,脊柱关节弯曲的角度,并及时记录保存。

3. 实验法

实验法所采用的运动处方设计是依据《中国预防医学杂志》2023 年第一期《体医融合指导下的青少年特发性脊柱侧弯运动疗法的实施路径》提

出的体医融合运动疗法的三级诊疗理念,即由医院骨科和脊柱外科医生进行初筛、身体功能能力评估和鉴别诊断,由课题组负责承担对受试者进行运动处方训练的监督和指导(表7-17)。实验组采用肌力训练＋施罗斯体操的形式展开干预。对照组不采取任何形式的干预措施。主要干预地点采取医院和社区康体中心,课题组指定专人参与运动处方执行、监督和记录等工作。体卫融合干预周期共计12周,不包括干预前和干预后的指标测试时间,具体的运动处方实施方案见表7-18。

表7-17 体育与卫生健康分工概览

职责分工	筛查	诊断	评估	实施	监督
体育	仪器检测初筛			运动处方指导	干预效果监督
卫生健康		影像学诊断确诊;鉴别诊断	临床评估	参与运动处方制定	

表7-18 运动处方一览表

要素		具体内容	
基本信息		性别、年龄、身高、体重等信息	
运动目标		矫正身体姿态,减少侧弯角度	
体卫融合内容	干预内容	肌力训练	施罗斯体操
	频率	每周至少在不连续的2天	每周2~3天
	具体形式	中等强度(50%1 RM),逐渐递增至较大强度(85%1 RM)	50x瑞士球、俯卧式运动、帆船运动、侧卧运动
	组次	核心力量训练,每组10~15次,重复1~3组	每个动作持续3分钟,每个动作重复3~4次
干预周期		3个月	

二、青少年脊柱侧弯基本情况调查

(一)青少年对脊柱侧弯的认知情况

通过访谈得知,青少年在就诊前,一般不会意识到自己有脊柱侧弯的问题,治疗过程中会意识到自己存在身体姿态异常问题,但是重视程度不同。即使已经存在脊柱侧弯的青少年,对脊柱侧弯导致的身体损害也知之甚少,这反映出相关科普及宣传知识有限。

(二)家长的重视程度

通过对 30 名轻度脊柱侧弯的青少年的家长进行访谈发现,8~12 岁的小孩出现体态异常,家长重视程度比较高,特别是独生子女的家庭,对于侧弯都积极治疗。12 岁以上的孩子家长相对消极不重视,认为保持坐姿端正或者多抬头挺胸就可恢复。家长一般都比较焦虑,一旦发现孩子存在脊柱侧弯的问题都会积极寻求医治,但很少考虑运动干预疗法,对于体卫融合健康促进这种新模式也知之甚少,有些家长没有听说过,自然也不会对其有深刻的认知。

(三)静态生活情况

由于学生学习压力较大,在学校期间存在久坐少动问题。通过访谈进一步发现,有些学生对于自己的行为习惯和生活方式不太重视,主要表现在对规范站姿和坐姿的正确认知存在较大差异,采取不正确或者不规范坐姿和站姿的青少年所占比例较高。另外,学生书包重量也是身体姿态异常的潜在因素。调研中发现,青少年学生的书包重量超过 5 公斤的占到很高的比例。

三、青少年脊柱 Cobb 角变化情况分析

当前对脊柱侧弯的评估都是采用三维静态、动态方法,最准确的评价方式是依据脊柱全片测量法(Cobb 角测量法)利用 X 光的脊柱全片进行针对性的分析。一般来说,在三维检测中会选择冠状面、矢状面及轴状面进行评价,代表性指标有 Cobb 角、胸椎后凸角、腰椎前凸角、椎体旋转度,本书根据研究需要以及操作的方式选择了其中的 Cobb 角和椎体旋转度进行效果评价。

从表 7-19 可以看出,通过体卫融合干预疗法后,实验组的青少年 Cobb 角度出现显著性差异,差值要比对照组改善程度高。经统计学检验,与对照组相比,实验组在实验后均值出现非常显著性差异($p<0.01$)。在椎体旋转度方面,经统计学检验发现,实验组在经过 12 周的体卫融合促进方案的干预后,结果具有统计学意义,具有显著性差异,也证实了体卫融合训练方案对于矫正青少年脊柱侧弯的效果还是明显的,尤其是对轻度脊柱侧弯的青少年患者更有利。

表 7-19 Cobb 角变化情况一览表(单位:°)

参数	组别	干预前	干预后
Cobb 角	对照组	18.96±3.65	19.23±5.26
	实验组	18.75±4.41	12.01±3.95**
椎体旋转度	对照组	2.11±0.47	1.98±0.8
	实验组	2.04±0.36	1.52±0.51*

注：*表示各组组内变化具有显著性差异，即 $p<0.05$，**表示各组组内具有非常显著性的差异 $p<0.01$，以下各表同。

四、青少年脊柱活动度变化情况分析

由于脊柱侧弯会给青少年的运动技能学习、基本姿势的保持和形象带来一定程度的影响。因此，本次实验中增加了颈椎前屈、腰椎前屈、颈椎旋转以及腰椎旋转四个指标来评估青少年的脊柱活动度。

从表 7-20 可以看出，经过体卫融合干预疗法后，在颈椎前屈和腰椎前屈两项指标中没出现显著性差异($p>0.05$)，差值大小变化不明显。经统计学检验，与对照组相比，实验组在实验后均值没有统计学意义。12 周的体卫融合干预练习对提升实验组颈椎前屈和腰椎前屈活动度的治疗效果不明显。在颈椎旋转以及腰椎旋转方面，经统计学检验发现，实验组在经过 12 周的体卫融合促进方案的干预后，结果具有统计学意义，具有显著性差异($p<0.01$)，也证实了体卫融合训练方案对于矫正青少年脊柱活动度还是比较有效的，尤其是腰椎旋转这一指标的改善程度更好，对于轻度脊柱侧弯的青少年患者是比较有帮助的。

表 7-20 脊柱活动度情况一览表(单位:°)

位置	组别	干预前	干预后
颈椎前屈	对照组	36.34±5.12	35.74±5.15
	实验组	36.61±46.35	37.48±5.03
腰椎前屈	对照组	69.82±6.33	68.54±6.07
	实验组	70.22±4.97	71.24±5.72
颈椎旋转	对照组	71.45±6.11	70.82±5.89
	实验组	72.26±5.26	75.76±6.45*
腰椎旋转	对照组	70.65±5.4	71.09±5.8
	实验组	72.39±6.43	80.21±6.44**

五、青少年躯干稳定性变化情况分析

为了从核心稳定性视角评估青少年脊柱侧弯的改善程度,选取八级腹桥作为躯干稳定性的评价指标。

从表 7-21 可以看出,不管是对照组还是实验组,躯干稳定性测试的前后数据变化差异不大,经统计学检验,与对照组相比,实验组在实验后均值不具显著性差异($p>0.05$),即体卫融合干预练习对青少年的躯干稳定能力的提高不显著,不具有统计学意义。

表 7-21　躯干稳定性情况一览表(单位:°)

指标	组别	干预前	干预后
八级腹桥	对照组	98.77±32.18	99.51±29.33
	实验组	83.37±56.31	85.42±41.89

六、青少年生活质量变化情况分析

借鉴国内外相关研究成果,选取功能活动度、疼痛、自我形象、精神健康 4 个指标来评估脊柱侧弯青少年的生活质量。

从表 7-22 可以看出,通过体卫融合干预疗法后,实验组的青少年在功能活动度、疼痛、自我形象、精神健康 4 项指标上都有不同程度的改善,均出现显著性差异,差值要比对照组的大。经统计学检验,与对照组相比,实验组在实验后的功能活动度、疼痛、精神健康 3 项均值出现非常显著性的差异($p<0.01$),在自我形象指标方面出现显著性的差异($p<0.05$)。实验数据验证了体卫融合干预可以提高脊柱侧弯青少年患者的生活质量。

表 7-22　生活质量变化情况一览表(单位:°)

指标	组别	干预前	干预后
功能活动度	对照组	16.32±1.93	16.06±2.28
	实验组	16.01±3.21	21.33±2.74**
疼痛	对照组	13.55±1.62	12.17±2.52
	实验组	13.83±1.86	16.29±2.44**
自我形象	对照组	16.21±3.76	16.69±2.34
	实验组	16.11±2.62	20.33±3.65*
精神健康	对照组	13.54±1.86	14.60±1.14
	实验组	13.98±1.25	19.76±2.77**

七、讨论

青少年脊柱侧弯是一种常见的疾病,其治疗方式多样,其中体卫融合疗法备受关注。体卫融合疗法是一种综合性的治疗方式,将体育与物理治疗相结合,旨在通过运动和物理治疗手段来改善患者的身体状况。在青少年脊柱侧弯的治疗中,体卫融合疗法可以通过以下方式实施。目前国内关于运动疗法在脊柱侧弯中的作用报道较少,国外虽研究开展较早,但是观点做法还存在争议。体卫融合疗法针对青少年轻度脊柱侧弯的角度问题具有较好的矫正作用,能缓解因脊柱侧弯带来的身体姿态不适感,抑制脊柱侧弯角度的加大,这种效果在轻度脊柱侧弯患者身上尤为明显,但是脊柱侧弯角度较大时需要联合医疗临床手段进行诊治。

本书通过文献研读、专家访谈以及问卷调查等研究方法,确定青少年脊柱侧弯方面存在的问题及制约因素,以此构建运动处方;然后,通过测量法筛查符合要求的青少年受试者,同时,设计出针对青少年脊柱侧弯问题的训练模式,并通过为期3个月的运动干预验证运动处方的有效性和科学性。脊柱侧弯青少年通常表现出脊柱在冠状面出现结构性的倾斜旋转,导致脊柱与周围器官的稳定性缺失。本书所涉研究发现,实验组的青少年Cobb角出现显著性差异,差值要比对照组的大。经统计学检验,与对照组相比,实验组在实验后均值出现非常显著性的差异($p<0.01$)。这一点与国内相关研究结果一致:对于轻度脊柱侧弯患者而言,体育与医疗融合治疗效果要好于单纯的运动干预或者手术疗法。从体卫融合干预方法的本质看,其是将竞技体育领域的核心稳定性训练、功能性力量训练、体适能训练理论与方法和临床治疗相结合的产物。运动疗法是体卫融合疗法的重要组成部分。运动疗法通过特定的运动来改善患者的身体状况,包括增强肌肉力量、提高柔韧性和平衡能力等。

对于青少年脊柱侧弯患者来说,运动疗法可以通过游泳、瑜伽、普拉提等方式进行,这些运动可以有效地减轻脊柱负担,改善脊柱侧弯状况。另外,单纯的医院治疗资源和场地平台是有限的,只能依赖传统的临床手术。在椎体旋转度方面,经统计学检验发现,实验组在经过12周的体卫融合促进方案的干预后,结果具有统计学意义。在颈椎前屈和腰椎前屈两项指标中没出现显著性差异($p>0.05$),差值大小变化不明显。在颈椎旋转以及腰椎旋转方面,经统计学检验发现,实验组在经过12周的体卫融合促进方案的干预后,结果具有统计学意义,具有显著性差异($p<0.01$)。脊柱活动度是依赖颈胸腰骶尾各段椎骨构成的角度,另外也需要筋膜和韧带的加

持,主要用于把肌肉连接并组合成不同的动力链。物理治疗也是体卫融合疗法的重要组成部分。物理治疗通过物理手段来改善患者的身体状况,包括热敷、冷敷、按摩、牵引等方式。对于青少年脊柱侧弯患者来说,物理治疗可以通过理疗仪器、按摩椅、牵引设备等进行,这些物理治疗手段可以有效地缓解脊柱疼痛,改善脊柱侧弯状况。当出现脊柱弯曲时,会使韧带出现过度扭曲或者拉伸,增加了旋转度的变化。躯干稳定性测试的前后数据变化差异不大,经统计学检验,与对照组相比,实验组在实验后均值不具显著性差异($p>0.05$)。有研究结果证实,传统的力量训练和运动神经肌肉控制之间关系不大,即核心肌群的力量强弱不一定直接制约着躯干稳定性的高低,肌肉力量的大小与脊柱侧弯患者弯曲程度不能构成正相关关系。体卫融合疗法还可以通过心理疗法来改善患者的身体状况。心理疗法通过心理咨询、心理疏导等方式来帮助患者缓解心理压力,改善身体状况。对于青少年脊柱侧弯患者来说,心理疗法可以通过心理咨询、家庭治疗等方式进行,这些心理治疗手段可以有效地提高患者的生活质量,改善脊柱侧弯状况。

综上所述,体卫融合疗法是一种综合性的治疗方式,将体育、物理治疗和心理治疗相结合,旨在通过多种手段来改善患者的身体状况。在青少年脊柱侧弯的治疗中,体卫融合疗法可以有效地缓解脊柱疼痛,改善脊柱侧弯状况,提高患者的生活质量。

八、研究结论

从访谈情况看,患有脊柱侧弯的青少年群体对脊柱侧弯导致的身体损害知之甚少,这反映出相关科普及宣传知识有限。在家长的重视程度方面,8～12岁的小孩出现体态异常,家长重视程度比较高,特别是独生子女的家庭,对于侧弯都积极治疗。在静态生活情况方面,采取不正确或者不规范坐姿和站姿的青少年所占比例较高。另外,学生书包重量也是身体姿态异常的潜在因素。青少年学生的书包重量超过5公斤的占到很高的比例。

从实验干预的数据对比看,通过体卫融合干预疗法后,实验组的青少年脊柱侧弯 Cobb 角出现显著性差异,差值要比对照组的大。体卫融合训练方案对于矫正青少年脊柱侧弯的效果还是明显的。体卫融合训练方案在矫正青少年脊柱活动度方面还是比较有效的,尤其是对腰椎旋转这一指标的改善程度更好,对于轻度脊柱侧弯的青少年患者是比较有帮助的。体卫融合干预练习对青少年的躯干稳定能力的提高不显著,不具有统计学意义。另外,从实验干预组的运动效果看,青少年的关节活动度变大,疼痛感得到缓解改善，自我形象更加完善，精神健康水平有所提升，均出现显著性差异，差值要比对照组的大。实验数据证明体卫融合干预可以提高脊柱侧弯青少年患者的生活质量。

第三节 体卫融合对老年人认知功能退化的循证医学研究

轻度运动与诱导内源性"瘦素"的膳食抗氧化剂相结合，或是一种有效的非药物策略，可以预防或改善认知功能和大脑健康，并减缓认知功能下降。这种策略对于包括老年人在内的弱势人群尤为有用。目前动物实验证实[1][2][3]，脑老化小鼠海马区认知能力会因突触数量、突触素含量的减少以及突触体膜流动性的下降而出现减退，经规律运动可以使其得到适当的改善。但这些证据能否支持体育锻炼对人类大脑海马体积同样的良性变化，就现有研究看仍存在争议。虽然Pajonk等[4]随机对照试验研究发现有氧运动能够对成年人的右脑海马体产生影响或者左脑海马体产生影响，但Jackson等[5]和Morris等[6]研究的结论是否定的。从最近的一项Meta系统综述的研究看，体力活动水平和大脑白质之间呈现正相关，但这也仅是一个横断面的相关关系研究，而对于其明确的因果关系没有提及。[7] 对于不同体育锻炼形式对不同健康状况的中老年人群的大脑海马体及左脑或

---

[1] Barr A M, Wu C H, Wong C, et al. Effects of chronic exercise and treatment with the antipsychotic drug olanzapine on hippocampal volume in adult female rats[J]. Neuroscience, 2013, 255(7): 147-157.

[2] Jack C R, Petersen R C, Xu Y C, et al. Prediction of AD with MRI-based hippocampal volume in mild cognitive impairment[J]. Neurology, 1999, 52(7): 1397-1403.

[3] Henriette V P, Tiffany S, Chunmei Z, et al. Exercise enhances learning and hippocampal neurogenesis in aged mice[J]. Journal of neuroscience, 2005, 25(38): 8680.

[4] Pajonk F-G, Wobrock T, Gruber O, et al. Hippocampal plasticity in response to exercise in schizophrenia[J]. Arch gen psychiatry, 2010, 67(2): 133.

[5] Jackson P A, Pialoux V, Corbett D, et al. Promoting brain health through exercise and diet in older adults: A physiological perspective[J]. Journal of physiology, 2015, 594(16): 4485-4498.

[6] Yuede C M, Zimmerman S D, Dong H X, et al. Effects of voluntary and forced exercise on plaque deposition, hippocampal volume, and behavior in the Tg2576 mouse model of Alzheimer's disease[J]. Neurobiology of disease, 2009, 35(3): 426-432.

[7] Sexton C E, Betts J F, Demnitz N, et al. A systematic review of MRI studies examining the relationship between physical fitness and activity and the white matter of the ageing brain[J]. Neuroimage, 2016, 131: 81-90.

右脑的体积是否起到促进作用,目前缺乏足够的证据和研究支撑。因此,本书通过 Meta 分析来评价现有的相关研究成果,通过亚组分析来探讨不同运动形式、健康状况、干预周期等因素对于中老年人群大脑海马体积的影响。以此来验证适宜的体育锻炼对延缓相关认知功能退化,即提高海马体形态结构的作用效果,达到改善中老年人生活质量的目的,为中老年体育锻炼运动处方的完善提供循证医学推荐量参考。

一、研究设计

(一)文献检索策略

研究人员于 2021 年 3 月 10 日对中、英文数据库进行检索,中文数据库包括中国知网(CNKI)、万方、维普,英文数据库包括 Web of Science、PubMed、Embase、EBSCO、Medline、Elsevier Science Direct 等 6 个数据库。检索范围为建库至 2021 年 3 月 10 日。中文检索的关键词包括:体育锻炼、运动、有氧运动、抗阻训练、力量训练。检索关键词内部用 OR,两组关键词之间用 AND,使用布尔运算符进行运算。

英文检索关键词包括:exercise、resistance exercise、aerobic exercise、brain volume、hippocampal volume *。以数据库 Web of Science 为例,其检索式为:

♯1 TI=("exercise")OR TI=("resistance exercise")OR TI=("aerobic exercise")

♯2 TI=(hippocampal volume *)OR TI=("brain volume *")

♯3=♯2 AND ♯1

经过初步筛选获取中文文献共 237 篇,英文文献共 653 篇。

(二)纳入与排除标准

如果纳入的文献符合以下条件中的一条则排除:文献中与本书所需资料不完整、数据结果重复的文献、动物实验类文章,非中老年人群的受试者、没有全文或者为综述类文章。(见图 7-1)。

(三)数据提取与合并方法

两名检索人员采用独立双盲的方式对纳入的文献进行相关指标的提取,内容包括:文献的第一作者、发表年限、健康状况、性别、年龄、样本量、实验设计方案等。

1. 效应量计算方法

效应量计算用 Cohen's d 来表示标准化均数差(SMD)的值,根据 Cohen 等对效应量的划分标准:小于 0.2 为小效应,$0.2<d<0.8$ 为中等效

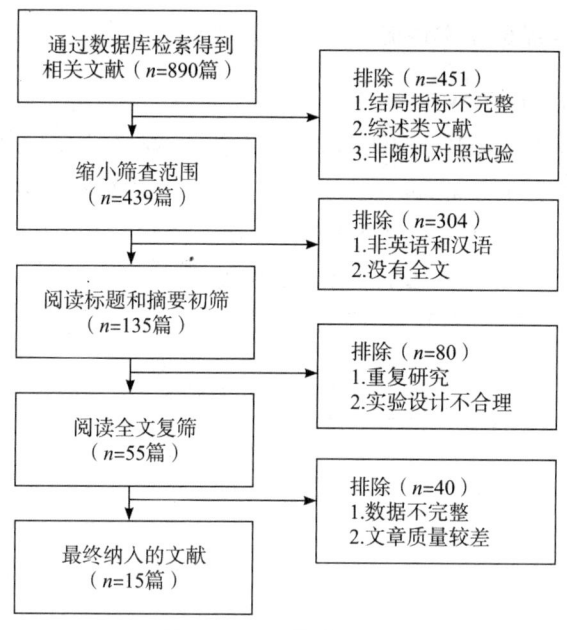

图 7-1 文献筛选流程图

应,大于 0.8 为大效应。

2. 合并亚组数据方法

依据 Cochrane 协作网工作手册要求①,设亚组 A 的样本量为 n_1,均数为 m_1,标准差为 SD_1;亚组 B 的样本量为 n_2,均数为 m_2,标准差为 SD_2,则合并后的样本量 $N=n_1+n_2$,均数 $m=(n_1m_1+n_2m_2)/(n_1+m_2)$,标准差:

$$SD=\sqrt{\frac{SD_1^2(n_1-1)+SD_2^2(n_2-1)+\frac{n_1n_2}{n_1+n_2}(m_1^2+m_2^2-2m_1m_2)}{(n_1+n_2-1)}}$$

(四)数据分析

所纳入文献的结局指标运用 RevMan 5.3 软件进行分析,用 I^2 统计量进行各研究间异质性的检验,当 $I^2=0$ 时表明各研究间无异质性;当 $I^2>50\%$ 时表明研究间存在异质性。无异质性时采用固定效应模型分析;若存在异质性,则采用随机效应模型,同时运用 Stata 12.1 软件进行敏感性分析和亚组分析。采用森林图判断标准均数差,发表偏倚依据漏斗图判断。

---

① 刘括,孙殿钦,廖星,等.随机对照试验偏倚风险评估工具 2.0 修订版解读[J]. 中国循证心血管医学杂志,2019,11(3):284-291.

二、纳入文献的基本情况

(一)纳入文献的特征

通过对检索结果进行筛选和阅读,共有15篇文献符合纳入标准。研究对象均为中老年人群,样本量共计915例,而且女性偏多,年龄范围为67.6～76.1岁,所测受试者健康状况以健康人群为主,具体如表7-23所示。

表7-23 纳入文献的基本特征一览表($n=15$)

文献来源	样本量/例	年龄/岁 对照组	年龄/岁 实验组	性别 男：女	健康状况
Best 2015	155	70±3.3	69.5±2.7	未知	健康
Brinke 2015	29	75.46±3.93	73.75±3.72	未知	非健康
Erickson 2011	120	65.5±5.44	67.6±5.81	40：80	健康
Frederiksen 2018	41	69.8±7.7	67.8±7.7	41：17	非健康
Head 2012	88	71±7	74±9	43：45	健康
Jonasson 2016	58	68.97±2.91	68.40±2.54	21：37	健康
Kim 2017	21	76.4±3.27	76.1±3.85	0：21	健康
Kleemeyer 2016	52	61.1±4.6	65.93±4.63	20：32	健康
Krogh 2014	79	38.9±11	43.3±12.2	25：53	非健康
Maass 2015	40	67.9±4.1	68.8±4.5	18：22	健康
Morris 2017	76	71.4±8.4	74.4±6.73	32：44	非健康
Niemann 2014	32	68.77±2.56	69.63±5.10	12：20	健康
Rosano 2017	26	76.4±9.8	73.8±5.6	5：21	非健康
Smith 2014	58	74.4±5.2	72.2.4±4.6	16：42	非健康
Teixeira 2018	40	68.9±5.5	69.4±5.2	11：29	非健康

(二)纳入文献的干预特征

本书所纳入的15篇文献中运动干预方案设计较为固定,基本以有氧运动方式为主,辅以抗阻训练。干预方案并非完全的随机对照试验,运动强度基本为中等运动强度,运动频率以2次/周和3次/周两种方式居多;运动时间从40分钟到60分钟不等。从干预周期范围方面看,跨度较大,但以6个月以上的干预研究居多,具体如表7-24所示。

表7-24 纳入文献运动干预方案一览表($n=15$)

文献来源	干预方案 干预组	干预方案 对照组	干预周期
Best 2015	两个抗阻力量训练干预组,一组为1次/周,一组为2次/周,均为40 min/次;2组6～8次重复	不运动	12个月
Brinke 2015	有氧组:健步走,60 min/次,2次/周,70%～80%目标心率(HR)强度 抗阻组:抗阻训练,训练刺激强度在6～8次重复(两组)的最大RM,疲劳感觉依据13～15 RPE等级	伸展运动、平衡练习、功能训练和放松练习,不负重	6.5个月
Erickson 2011	中等强度有氧运动,3次/周,45 min/次	不运动	12个月
Frederiksen 2018	中等强度有氧运动,3次/周,60 min/次	不运动	4个月
Head 2012	中等强度有氧运动,5次/周,30 min/次	低体力活动(3.15 MET-h/week)	5.5个月
Jonasson 2016	慢跑和自行车练习,3次/周,30～60 min/次,40%～80%目标心率(HR)强度	拉伸练习	6个月
Kim 2017	有氧体操,3次/周。30～60 min/次,1～4周;40 min/次,5～8周,50 min/次,6～15周,60 min/次,16～24周。运动强度为RPE 11～13等级	不运动	6个月
Kleemeyer 2016	80%目标心率(HR)强度有氧运动,3次/周,55 min/次	不运动	6个月
Krogh 2014	80%目标心率(HR)强度有氧运动,3次/周,45 min/次	不运动	3个月
Maass 2015	单车练习,3次/周,30 min/次,65%～85%目标心率(HR)强度	拉伸练习,每周2次	3个月
Morris 2017	有氧运动,3次/周,50 min/次。目标心率(HR)从40%～55%逐渐增加到60%～75%	非有氧运动。心率保持在100次/min以下	6.5个月
Niemann 2014	健步走,3次/周,45～60 min/次	伸展和放松训练	12个月
Rosano 2017	中等强度的健步走,2次/周,40 min/次	健康教育	24个月

续表

文献来源	干预方案 干预组	干预方案 对照组	干预周期
Smith 2014	中等强度有氧运动,3次/周,45 min/次	轻体力活动	18个月
Teixeira 2018	有氧运动,3次/周,30 min/次。目标心率(HR)为70%～90%	不运动	6个月

三、纳入文献的质量评价

(一)文献质量的偏倚风险评估

采用Cochrane偏倚风险评估工具进行方法学质量评价,具体检验结果见图7-2。

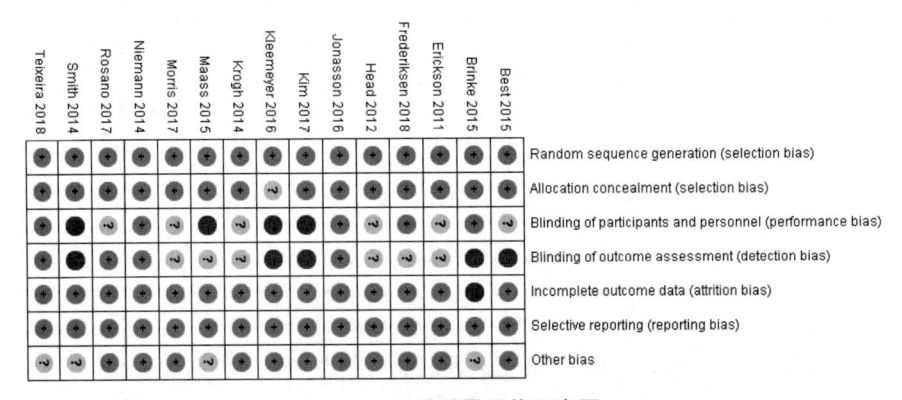

图7-2 文献质量评估示意图

在图7-2中达标为圈"＋",未达标为圈"－",未明确为圈"?"。有4篇文章未交代研究参与者和人员采用盲法(执行偏倚);有5篇未交代结果评估的盲法(观察偏倚);有1篇文章存在失访偏倚。

其中,27%的盲法分配(选择偏倚)评价、33%的研究参与者和人员采用盲法(执行偏倚)评价、7%的研究结果的盲法评估评价为"high risk of bias";随机序列的产生(选择偏倚)和结果数据的完整性(失访偏倚)评价全部为"low risk of bias"。另外,还有一定比例的评价为"unclear risk of bias"(图7-3)。

(二)纳入文献的敏感性分析

对纳入的32项研究进行敏感性分析发现(图7-4),合并结果改变不明显,95%的置信区间在[0.05,0.24]内波动,说明本书的Meta分析结果较为可信。

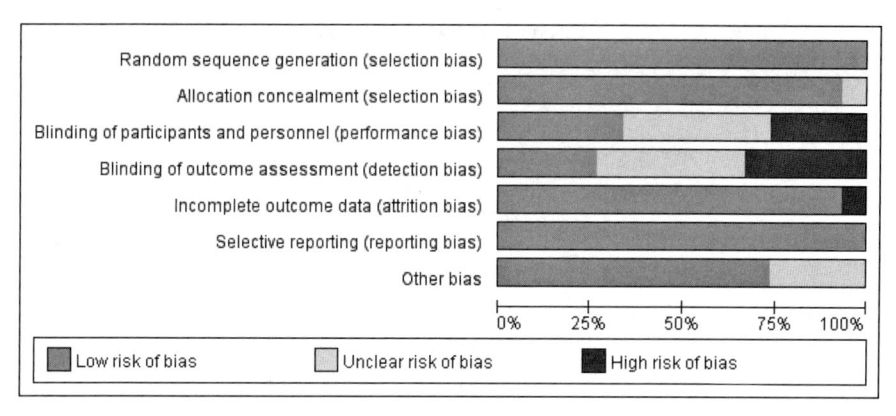

图 7-3　文献质量评估各项占比图

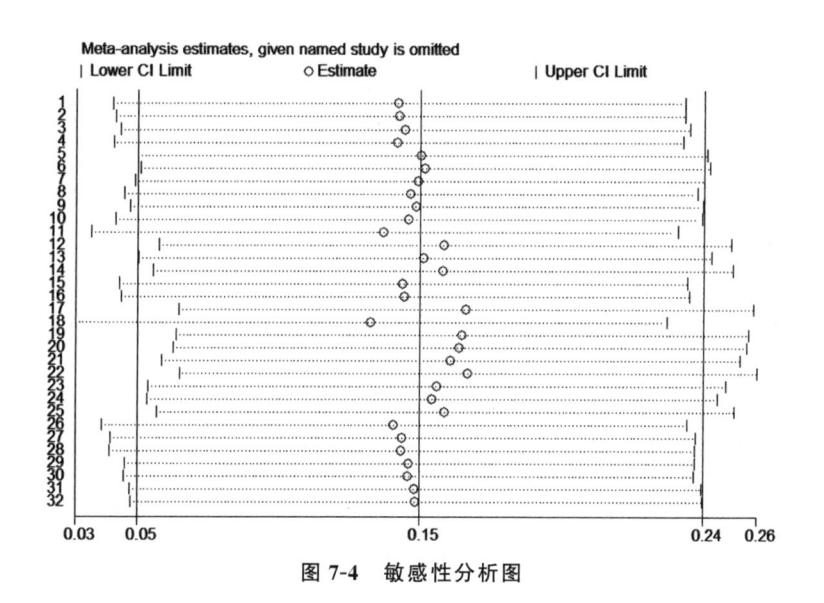

图 7-4　敏感性分析图

(三)纳入文献的发表偏倚分析

漏斗图显示各个研究基本可以形成左右对称性分布,但存在个别研究偏离中心,表明存在轻微发表偏倚。一方面可能与低质量的小样本实验,如方法学设计差、分析不充分有关;另一方面代表真实异质性的存在,如样本量不同而导致效应量的差异,见图 7-5。

四、体育锻炼干预效果的 Meta 分析

本书纳入的 15 篇文献包含了 32 项研究,Meta 分析结果(表 7-25)显示,研究间具有同质性(Chi^2=28.89,p=0.575,I^2=0%)。因此,采用固定效应模型进行合并效应量分析,合并效应量 SMD=0.148,95%CI 为

具有伪95%置信极限的漏斗图

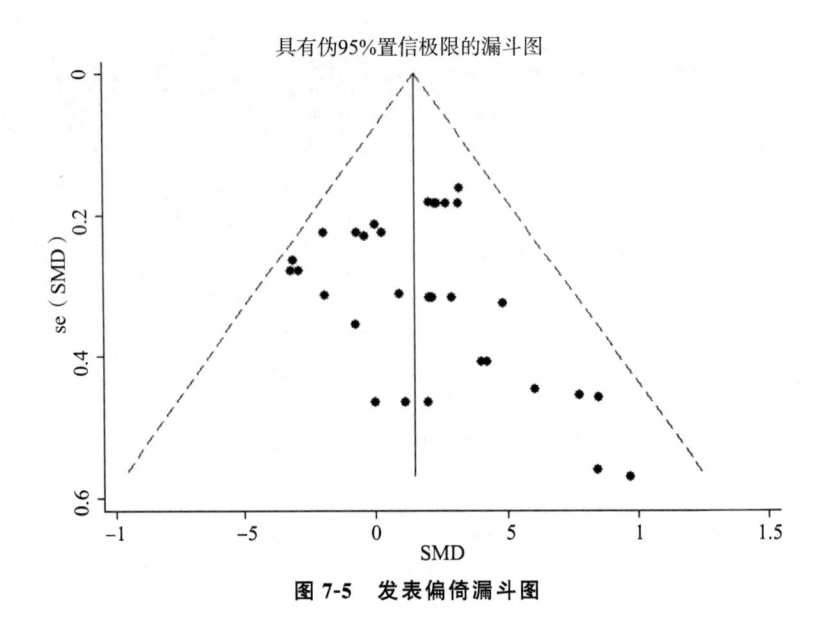

图 7-5　发表偏倚漏斗图

[0.056,0.241],双尾检验的结果具有统计学意义($p<0.01$)。森林图结果显示(图 7-6),菱形效应量 95% 的置信区间不包含 0,表示这 32 项研究的效应量具有统计学意义,而且效应量位于无效线的右侧,说明干预组中老年人群大脑海马体积改善情况优于对照组。提示,体育锻炼对中老年人群大脑海马体积产生了一定的影响。

表 7-25　体育锻炼对大脑海马体整体效应影响结果一览表

项数	异质性检验			SMD 及置信区间	双尾检验	
	Chi²	P	I²	95%CI	Z	P
32	28.89	0.575	0%	0.148[0.056,0.241]	3.10	0.002**

注:*差异具有显著性($p<0.05$),**差异具有非常显著性($p<0.01$),以下各表同。

如图 7-6 所示,在纳入的文献中,为了便于 Meta 分析,对 32 项研究进行编号,以 a、b 代表运动形式,其中 a 为有氧运动,b 为抗阻运动。以序号 1、2、3 表示海马体测试的部位。

五、体育锻炼干预效果的亚组分析

(一)不同测试区域干预效果的亚组分析

本书通过对纳入的 32 项研究进一步采用亚组分析,分析不同测试区域、不同健康状况以及不同运动干预方案对于中老年人群大脑海马体积的

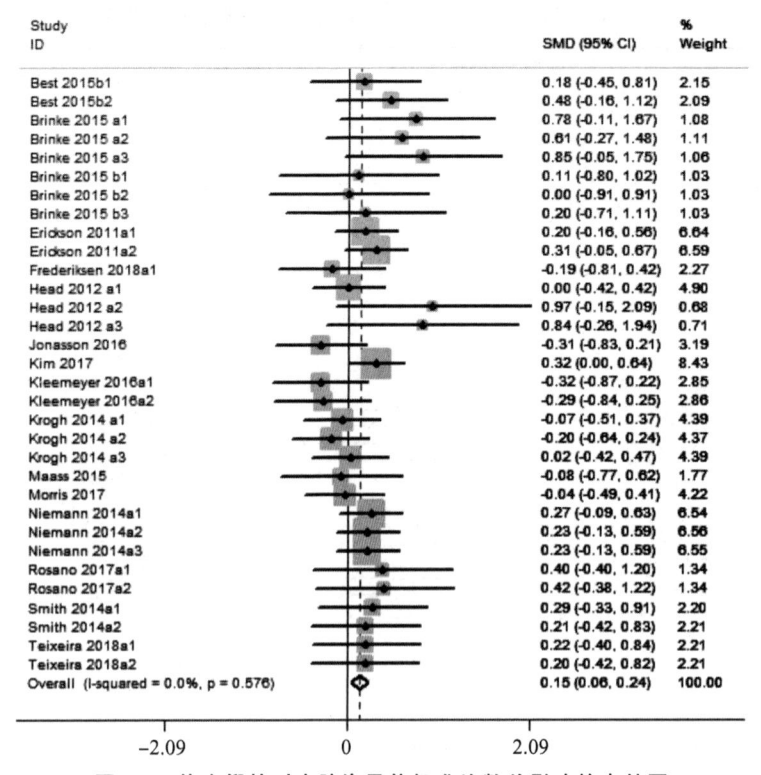

| 图 7-6　体育锻炼对大脑海马体标准均数差影响的森林图

干预效果。

在纳入的 32 项研究中,有 12 项研究了中老年人群大脑海马体的总体积改善效果,分别有 11 项和 9 项研究了中老年人群的左脑或者右脑海马体积。Meta 分析结果(表 7-26)显示,研究间具有同质性(Chi^2 = 9.91,P = 0.539,I^2 = 0%),采用固定效应模型进行合并效应量分析,合并效应量 SMD = 0.15,95%CI 为[0.01,0.29]。森林图结果显示(图 7-7),大脑海马体的总体积菱形效应量 95% 的置信区间不与无效线相交,表示这 11 项研究的效应量具有统计学意义($p < 0.05$)。这说明体育锻炼对中老年人群大脑海马体总体积影响效果明显。针对左脑海马体的研究有 11 项,针对右脑海马体的研究有 9 项,Meta 分析结果显示,合并效应量后,只有右脑海马体 SMD 的 P = 0.018(<0.05),提示其差异有统计学意义;左脑海马体差异不具有统计学意义($p > 0.05$)。森林图结果也显示,干预组中老年人群右脑海马体改善效果好于对照组。

表 7-26 不同测试区域干预效果的亚组分析结果一览表

区域	项数 N	异质性检验 Chi²	P	I^2	SMD 及置信区间 95%CI	双尾检验 Z	P
总体	12	9.91	0.539	0%	0.15[0.01,0.29]	1.75	0.043*
左侧	11	10.28	0.416	2.7%	0.09[−0.08,0.26]	1.27	0.204
右侧	9	7.91	0.456	0%	0.21[0.03,0.39]	2.37	0.018*

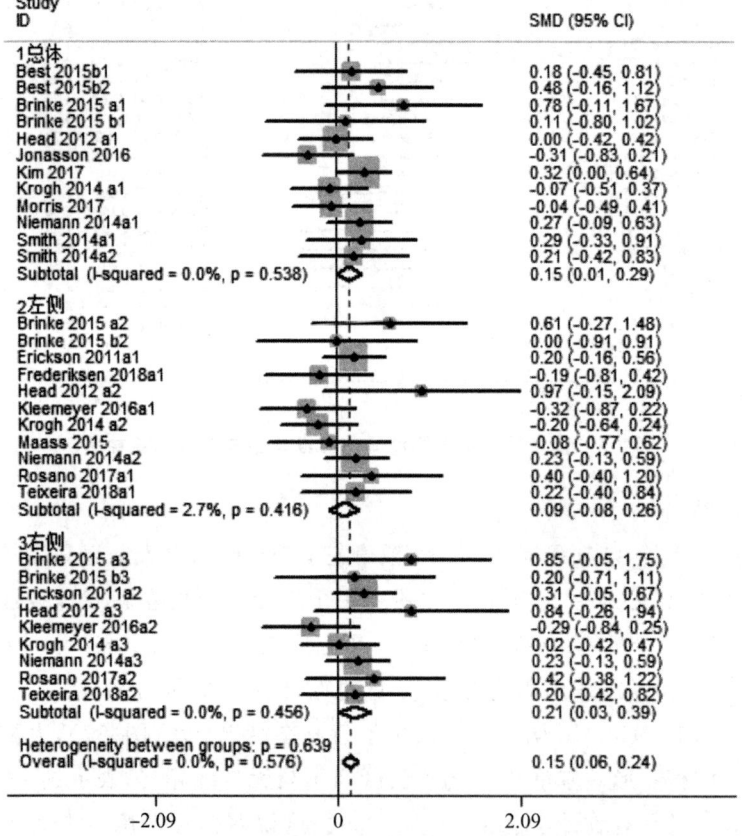

图 7-7 不同测试区域海马体标准均数差森林图

(二)不同健康状况干预效果的亚组分析

最终纳入的 32 项研究中,有 17 项研究比较了患病人群干预组与对照组在体育锻炼后海马体积的差异(表 7-27)。各研究结果合并效应量分析显示,Chi²=11.81,I^2=0%,p>0.05,说明各研究间无异质性。采用固定效应模型进行 Meta 分析,SMD=0.11,95%CI 为[−0.04,0.26],SMD 的 P=0.078(>0.05),提示其差异无统计学意义。另外,针对健康人群的研究有15篇,合并效应量SMD=0.17,95%CI为[0.05,0.29],并且差异具有非常显著性($P=0.009<0.01$),见表7-27。森林图显示(图7-8),健康人群SMD的95%CI横线落在无效竖线右侧,而且未与无效线相交,表明干预组健康人群大脑海马体积均值优于对照组,即体育锻炼能够增加健康人群的大脑海马体积。

表7-27 不同健康状况干预效果的亚组分析结果一览表

人群	项数	异质性检验			SMD及置信区间	双尾检验	
	N	Chi^2	P	I^2	95%CI	Z	P
患病人群	17	11.81	0.757	0%	0.11[−0.04,0.26]	1.76	0.078
健康人群	15	16.69	0.273	16.1%	0.17[0.05,0.29]	2.59	0.009**

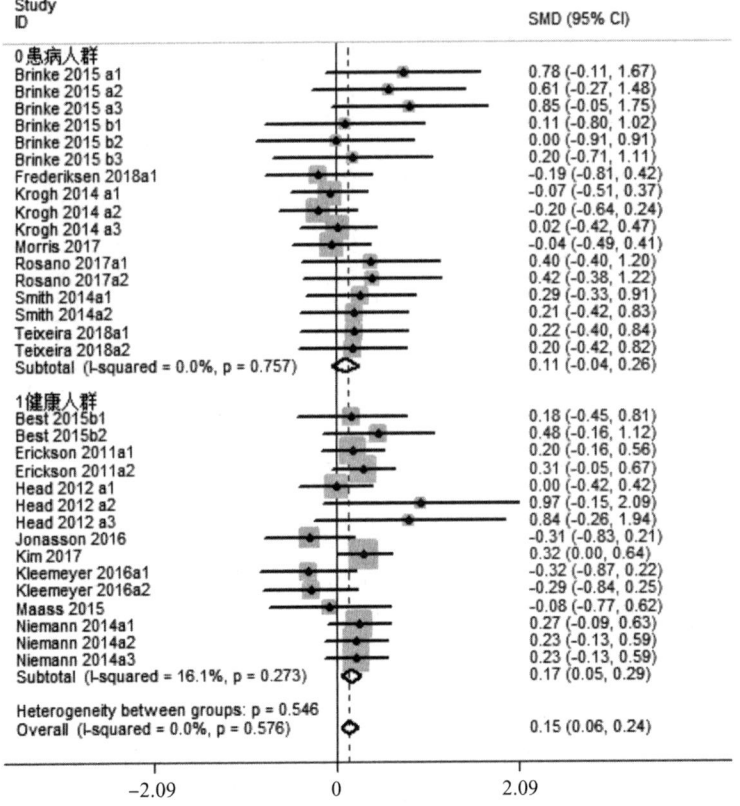

图7-8 不同健康状况人群海马体标准均数差森林图

(三)不同运动干预方案调节变量亚组分析

如前文所述,在纳入的15篇文献中,运动干预方案中运动强度基本为中等运动强度。因此,仅针对运动形式、运动频率、持续时间及干预周期

4个调节变量进行亚组分析,以期探讨体育锻炼过程中,各调节变量对中老年人群大脑海马体干预的效果。

由表7-28所示,有27项研究报道了有氧运动对中老年人群大脑海马体积的影响。Meta分析结果显示,研究间具有同质性(Chi² = 27.31,P = 0.393,I^2 = 4.8%),合并效应量SMD = 0.144,95%CI为[0.048,0.240],差异具有非常显著性(P = 0.003<0.01),提示有氧运动有助于增加中老年人群大脑海马体积。另外,有5项研究涉及抗阻训练,合并效应量SMD = 0.146,95%CI为[0.054,0.239],不具有统计学差异(P = 0.336>0.05),说明抗阻训练对于提高中老年人群海马体积的作用效果不大。

表7-28 不同运动方案调节变量亚组分析一览表

参数	调节效应	项数 N	异质性检验 Chi²	P	I^2	SMD及置信区间 95%CI	双尾检验 Z	P
运动形式	有氧运动	27	27.31	0.393	4.8%	0.144[0.048,0.240]	2.95	0.003**
	抗阻运动	5	1.55	0.817	0%	0.146[0.054,0.239]	0.96	0.336
运动频率	2次/周	11	3.71	0.960	0%	0.383[0.148,0.617]	3.2	0.001**
	3~5次/周	21	20.57	0.423	2.8%	0.103[0.002,0.203]	2.00	0.045*
持续时间	30~40 min	9	5.78	0.672	0%	0.242[0.019,0.464]	2.13	0.033*
	45~60 min	23	22.25	0.445	1.1%	0.126[0.025,0.228]	2.44	0.015*
干预周期	<6个月	11	7.67	0.661	0%	0.030[−0.138,0.199]	0.35	0.725
	≥6个月	21	18.60	0.548	0%	0.196[0.086,0.307]	3.48	0.001**

注:项数是以源文献中海马体测试部位和实验组组数进行计数。

在训练频率方面,Meta分析结果显示,2次/周组别和3~5次/周组别的研究间均具有同质性(I^2<25%),采用固定效应模型进行合并效应量分析,2次/周组别达到了中等效应量水平,大于3~5次/周组别,而且差异具有显著性(p<0.01),提示在同等条件下训练频率的选择,可以优先考虑每周安排训练2次。

在持续时间方面,体育锻炼在两个组别均产生了显著效应,差异具有显著性(p<0.05)。体育锻炼时间控制在30~40分钟范围内,中老年人群大脑海马体积变化值可以达到中等效应量(SMD = 0.242,P = 0.033)。

在干预周期方面,仅在大于等于6个月的亚组上产生了显著效应,研究间具有同质性(Chi² = 18.60,P = 0.548,I^2 = 0%),小于6个月的亚组对中老年人群大脑海马体积的影响无显著效应(p>0.05),提示干预周期持续6个月以上,能够有效提高中老年人群大脑海马体积的干预效果,干预周期太短(小于6个月)不利于发挥体育锻炼的潜在功效或价值。

六、体育锻炼对中老年大脑海马体的影响

海马是人体在认知、学习和记忆方面的控制中枢。运动对健康老年人海马体积的积极影响具有重要意义,因为在衰老期间,几乎所有人的神经元数量都会随着年龄的增加而减少[1],即脑老化时,海马成年神经是减少的。

本节研究结果显示,体育锻炼对中老年人群大脑海马体总体积影响效果明显。干预组中老年人群大脑海马体积改善情况优于对照组,提示体育锻炼对中老年人群大脑海马体积产生了一定的影响。右脑海马体积差异有统计学意义($p<0.05$);左脑海马体积差异不具有统计学意义($p>0.05$)。本书结果与Feter研究结果相一致。Feter研究发现,体育锻炼能够起到保护神经的功能,这种作用足够诱导海马体积的增加,主要体现在右半球的体积和海马体的总体积得以增加[2]。这个结果可以说明体育锻炼能够增加脑源性神经营养因子(BDNF)浓度以及增强大脑的可塑性。体育锻炼能够在整个海马体积中产生积极的反应,可能是由运动诱导的胰岛素样生长因子(IGF-1)浓度过高造成的,在其产生过程中起着重要的神经元保护作用。另外,Rosano等研究发现,组间差异对左侧海马和右侧海马的体积有显著影响[3]。基线体积的调整减弱了右侧海马和左侧海马的统计学差异;但所有的调整都无法对左侧海马体积产生影响。

研究还发现,患病人群干预组与对照组在体育锻炼后海马体积的差异无统计学意义。干预组健康人群大脑海马体积均值优于对照组,即体育锻炼能够增加健康人群的大脑海马体积。Firth等的最新研究也证实了这一

---

[1] Duff K, Anderson J S, Mallik A K, et al. Short-term repeat cognitive testing and its relationship to hippocampal volumes in older adults[J]. Journal of clinical neuroscience, 2018, 12(5):45-48.

[2] Feter N, Freitas M, Gonzales N, et al. Effects of physical exercise on myelin sheath regeneration: A systematic review and meta-analysis[J]. Science & sports, 2018, 33(1):8-21.

[3] Rosano C, Guralnik J, Pahor M, et al. Hippocampal response to a 24-month physical activity intervention in sedentary older adults[J]. American journal of geriatric psychiatry, 2017, 25(3):209-217.

点,有氧运动可以延缓由衰老引起的海马萎缩,从而改善记忆力①。主要表现在运动能增加健康人群的海马体积。原因是人体在运动过程中会分泌一种叫作脑源性神经营养因子的蛋白质,它可以防止因衰老而引起的脑功能恶化,减缓海马萎缩,维持大脑健康。

在人口老龄化方面,减轻认知能力下降会对健康产生实质性的积极影响。值得肯定的是,研究的结果表明,运动促进老年人群海马体积的增加。众所周知,海马齿状回的神经源性发育贯穿人的一生,但存在明显的增龄性特征。随着年龄的增长,海马齿状回增加明显。新生神经元数量的减少主要是由于神经前体细胞数量的减少和增殖,或者是新生神经元存活和分化的减少。因此,海马神经和新生神经元的数量在脑老化过程中减少。Rosano等进一步探讨这些关联是否被与痴呆相关的因素影响。研究结果显示,在静坐少动的老年人中进行长期有计划的中等强度体力活动后,他们的海马体积发生改变,运动可能改变白质区域的结构和连通性。本节还对不同运动形式刺激对大脑海马体的影响进行了分析,主要探讨有氧运动和抗阻训练哪种运动形式更有利于中老年人群大脑海马体积的增加。Meta 分析结果发现,有氧运动有助于增加中老年人群大脑海马体积。抗阻训练对于提高中老年人群海马体积的作用效果不大。本节所涉研究结果与 Brinke 等②和 Erickson 等③研究相一致,但与 Best 等④研究不一致。其中 Erickson 等研究发现,经过 1 年有氧运动后,老年人左右海马回分别增加 2.12% 和 1.97%,而不运动对照组平均减少 1.4%,与空间记忆表现显著正相关。Best 等的研究虽然也是随机对照试验,但是所纳入的受试者

---

① Firth J, Stubbs B, Vancampfort D, et al. Effect of aerobic exercise on hippocampal volume in humans: A systematic review and meta-analysis[J]. Neuroimage, 2017, 6(3):230-233.

② Brinke L F T, Bolandzadeh N, Nagamatsu L S, et al. Aerobic exercise increases hippocampal volume in older women with probable mild cognitive impairment: A 6-month randomized controlled trial[J]. British journal of sports medicine, 2015, 49(4): 248-254.

③ Erickson K I, Voss M W, Prakash R S, et al. Exercise training increases size of hippocampus and improves memory[J]. Proceedings of the National Academy of Sciences-PNAS, 2011, 108(7):3017-3022.

④ Best J R, Chiu B K, HSU C L, et al. Long-term effects of resistance exercise training on cognition and brain volume in older women: results from a randomized controlled trial[J]. Journal of the international neuropsychological society, 2015, 21(10): 745-756.

均为老年女性,而且包括人数相对较少,仅依靠测试后的改变不考虑基线上的群体差异,这可能影响了研究结果。而且,Woodward等人也证实了本书的观点,将62名健康老年人随机分为中强度运动组、低强度运动组和非运动对照组。① 本书并没有单独针对性别特征进行分析,原因在于符合纳入标准的文献中,基本均将男女混合测试,很少涉及单一性别的实验。但Eggenberger等人将86名患有轻度认知障碍的女性作为研究对象,研究结果显示,完成有氧运动6个月的女性海马体积明显大于阻力训练组和对照组。② 这提示有阿尔茨海默病风险的女性进行有氧运动可以延缓海马体的收缩,并保持其体积。健美操组海马数量增加2%,而厌氧组海马数量减少1.7%。有氧运动对维持海马功能的重要性在于提高老年人的学习记忆能力。

此前动物实验已经发现,主动转轮运动能促进血液循环,提高大脑的供氧量,从而改善大脑的功能。长期坚持有氧运动的老龄小鼠,其海马区的血管密度明显高于不运动的小鼠,这表明运动可以促进海马区的血管新生,增加脑血流量,为大脑提供更多的氧气和营养物质,有利于维持大脑的正常功能。③ 同时,运动还能降低炎症反应,减少脑内炎症因子的产生,保护大脑免受炎症的损害。因此,对于老年人来说,积极参与有氧运动,如散步、慢跑、游泳等,不仅可以改善心肺功能,增强免疫力,还能有效提高记忆力和学习能力,延缓认知功能的衰退。然而,尽管运动对认知功能的好处已经得到广泛认可,但具体的运动方式和运动强度对认知功能的影响仍存在争议。总之,主动转轮运动作为一种简单、易行的运动方式,对老龄小鼠的认知功能具有显著的改善作用。其机制可能与促进海马区神经元生成、上调脑源性神经营养因子表达、激活海马区小胶质细胞以及改善大脑的供氧和血液循环等因素有关。对于老年人来说,积极参与有氧运动,如转轮

---

① Woodward M L, Gicas K M, Warburton D E, et al. Hippocampal volume and vasculature before and after exercise in treatment-resistant schizophrenia[J]. Schizophrenia Research, 2018, 2(5):19-21.

② Eggenberger P, Schumacher V, Angst m et al. Does multicomponent physical exercise with stmultaneous cognitive training boost congmitive performance in older adults? A 6-mouth randomized controlled trial with a 1-year follow-up.[J]. Clin Interv Aging, 2015, 10:1335-49.

③ Mokhtari-Zaer A, Hosseini M, Boskabady M H. The effects of exercise on depressive- and anxiety-like behaviors as well as lung and hippocampus oxidative stress in ovalbumin-sensitized juvenile rats[J]. Respiratory physiology neurobiology, 2018, 248: 55-62.

运动,对提高记忆力和学习能力具有重要的意义。

从上述研究可以看出,中、高强度的有氧运动较抗阻训练、静力拉伸、平衡练习相比,能更好地改善老年人的海马体积。关于体育锻炼的推荐量,依据 Meta 分析结果发现,在训练频率方面,2 次/周组别达到了中等效应量水平,在同等条件下训练频率的选择,可以优先考虑每周安排训练 2 次。在持续时间方面,体育锻炼在两个组别均产生了显著效应,差异具有显著性($p<0.05$)。体育锻炼时间控制在 30~40 分钟范围内,中老年人群大脑海马体积变化值可以达到中等效应量。在干预周期方面,仅在大于等于 6 个月亚组上产生了显著效应,小于 6 个月亚组对中老年人群大脑海马体积的影响无显著效应($p>0.05$)。这提示,干预周期持续 6 个月以上,能够有效提高中老年人群大脑海马体积的干预效果,干预周期太短(<6 个月)不利于发挥体育锻炼的潜在功效或价值。体育锻炼可以通过改善锻炼者大脑的功能来延缓认知老化。越来越多的证据表明,六个月的有氧运动足以显著提高老年人的认知能力和执行控制能力[1]。

此外,研究者还发现,2 周的体育锻炼能够降低中老年人群中与阿尔茨海默病相关的生物标志物的水平。运动对这些生物标志物的降低作用可能表明,有氧运动具有预防或延缓阿尔茨海默病的作用。然而,尽管有氧运动对中老年人群的记忆力改善具有显著的效果,但具体的运动方式和运动强度对认知功能的影响仍需进一步研究。因为不同的运动方式,如骑自行车、跑步、游泳等,可能对认知功能产生不同的影响。同样,运动强度、持续时间、频率等因素也可能影响运动的认知效益。因此,对于中老年人群来说,选择适合自己的运动方式,制订合理的运动计划,是提高记忆力和认知功能的关键。同时,未来的研究需要进一步探讨不同运动方式和运动强度对认知功能的影响,以指导中老年人更科学地进行运动,最大程度地发挥运动对认知功能的改善作用,并找出最适合中老年人群的运动方式和运动强度,以实现运动对认知功能的最大效益。

七、研究结论

有氧运动比抗阻训练更能使健康的中老年人群大脑海马体积显著增长,尤其表现在促进右脑海马体的体积增加方面。针对健康中老年人群安

---

[1] Brinke L F T, Bolandzadeh N, Nagamatsu L S, et al. Aerobic exercise increases hippocampal volume in older women with probable mild cognitive impairment: A 6-month randomized controlled trial[J]. British journal of sports medicine, 2015, 49(4):248-254.

全有效的体育锻炼推荐量为每周锻炼 2 次、每次锻炼时间控制在 30～40 分钟范围内、持续 6 个月以上的中等强度锻炼,这样可以有效地延缓大脑海马体的萎缩。

第四节 体卫融合背景下中年人群体育锻炼与自评健康关系研究

体育参与是广大人民群众积极响应全民健身战略实施的具体方式。体育锻炼也包含在公共文化生活中,对于丰富群众体育文化生活、提升居民体质健康、营造良好的社会和谐氛围具有重要的价值。[①] 回顾以往关于参与全民健身运动的研究及其影响因素,主要包括以下几个方面:一是参与全民健身运动的现状和问题的研究;二是公众体育参与的影响因素方面的研究;三是公众体育参与的社会效应方面的研究。通过总结上述研究发现,研究对象虽涉及各个群体和年龄段,但总体层面的研究较少;并且研究方法采用多元回归路径检验方法,无法避免检验过程中评价路径的复杂性,但在评价中介变量时也会产生偏差,可能会影响研究的质量,阶层线性模型(hierarchical linear model,HLM)的统计方法应用在体育参与影响因素方面的研究较少。从社会学的角度看,个体特征、家庭因素、社区特征等方面因素都可能制约着群众的体育参与。高层次的数据(如区域)往往被视为低层次的数据(如个体),这会导致许多统计偏差。基于此,本书针对以上几点,采用多阶层线性模型对中年人群体育参与机制进行建模,将宏观层面变量纳入 HLM 模型,深入分析不同地区差异对体育参与的影响,厘清个体特征和地区特征的影响机制,同时为体育部门进行群众体育锻炼相关决策提供依据和参考。

一、研究设计

(一)数据来源

本节所涉研究使用中国综合社会调查(Chinese general social survey,CGSS)2015 年的基线调查数据。研究采用多阶段随机抽样方法,根据研究需要,选定年龄段在 40～59 岁的中年人群样本,并且删除了在分析变量上缺失的个案后,最终分析样本为来自 28 个省 150 个县区的 3157 名中年人。

[①] 王智勇.公众体育参与的城乡差异及其影响因素:基于 CGSS 2013 数据的分析[J].云南行政学院学报,2018,20(4):119-127.

(二)变量选取与描述

(1)因变量:体育参与程度,将因变量转变为二分类变量。

(2)自变量:采用二阶层逻辑回归模型进行建模分析,自变量第一层为个体层面变量,第二层为总体层面变量。自变量的指标提取均来自与 2015 CGSS 问卷相关的问题。个体层面主要设置了性别、年龄、居住地、肥胖程度、教育程度、健康状况以及家庭收入等七个变量,总体层面设置了地区位置,还包含平均受教育程度和平均收入两个脉络项。

具体变量解释见表 7-29 及下文论述。

表 7-29 描述性统计结果表

自变量	变量	指标解释	样本量	平均值	标准差
	体育参与	0=不参与,1=参与	3157	0.57	0.49
个体层面	性别	0=女、1=男	3157	0.50	0.50
	年龄	40~59 岁	3157	49.94	5.43
	居住地	0=农村、1=城市	3157	0.57	0.50
	教育程度	1~20,单位:年	3157	9.49	4.02
	肥胖程度	连续变量	3157	23.09	3.26
	健康状况	0=不健康、1=健康	3157	0.87	0.33
	家庭收入	连续变量,单位:元	3157	71821.72	123204.06
总体层面	地区位置	0=西部地区、1=东部地区 2=中部地区	28	0.93	0.81
	平均教育度	连续变量	28	9.45	1.89
	平均收入	连续变量	28	70205.47	41314.47

①性别:虚拟变量(男=1、女=0)。

②年龄:连续变量(40~59 岁)。

③地区归属:分类变量,根据问卷样本类型设置(城市=1、农村=0)。

④肥胖程度(BMI):连续变量,采用原始数据中的身高和体重数据,根据 BMI 计算公式换算所得。

⑤教育程度:连续变量,CGSS 问卷操作化问题为"您目前的最高受教育程度(包括目前在读的)"。

⑥家庭收入:连续变量,CGSS 问卷操作化问题为"您家庭去年全年的

总收入",单位:元。

⑦健康状况:分类变量,CGSS 问卷操作化问题为"您觉得您目前的身体健康状况",问题答案的选项为"很不健康"到"很健康",分别赋值 1~5。本书根据研究需要将其转换为二分类变量(健康=1,不健康=0)。

⑧地区位置:分类变量,根据采访地点(省、自治区、直辖市编码)划分(东部地区=1、中部地区=2、西部地区=0)。

⑨平均受教育程度:由 28 个省市地区样本受教育程度的总体平均值换算得来,作为完整模型分析时阶层二的脉络变项。

⑩平均收入:28 个省市区家庭收入总体平均值换算得来,作为完整模型分析时阶层二的脉络变项。

(三)研究方法

运用 HLM 6.08 软件对数据进行分层分析,由于因变量为二分类变量,因此采用阶层线性模型对其进行二分类逻辑回归分层统计。

二、体育参与的空模型分析

空模型是在既不加入个体特征变量,也不加入地区特征变量的情况下对 HLM 模型方差进行分解,判定是否有必要构建阶层线性模型。本书使用的二阶层线性逻辑回归空模型的具体形式如下:

第一层(个体层次):$\text{Prob}(Y_{ij}=1|\beta_j)=\phi_{ij}$ $\lg[\phi_{ij}/(1-\phi_{ij})]=\eta_{ij}$

$$\eta_{ij}=\beta_{0j} \tag{7-1}$$

第二层(地区层次): $\beta_{0j}=\gamma_{00}+\mu_{0j}$ (7-2)

混合模型: $\eta_{ij}=\gamma_{00}+\mu_{0j}$ (7-3)

在公式(7-1)中,Y_{ij} 为群体 j 个体 i 与结果变量事件发生的情况,1 为中年人参与体育锻炼、0 为中年人不参与体育锻炼,ϕ_{ij} 为群体 j 中所有个体 i 参与体育锻炼的概率,$(1-\phi_{ij})$ 为群体 j 中不参加体育锻炼的概率,$\text{Log}[\phi_{ij}/(1-\phi_{ij})]$ 为对数胜算比;公式(7-2)中,γ_{00} 为所有地区对数胜算比的总平均值,μ_{0j} 为阶层二的误差项,对应平均数为 0,变异数为 σ^2 的常态分配为 3.29。

由表 7-30 计算得出,空模型截距 β_0 的信度系数为 0.919,表示以 β_{0j} 估计值作为 γ_{00} 估计值的可靠度非常高,即以各地区的样本平均数估计值作为真实地区平均值时的可靠程度很大。总体均值 $\gamma_{00}=0.32$,标准误为 0.13,$t(27)=2.37(p<0.05)$,达到统计显著性水平,代表所有样本的中年人体育参与次数的总平均值为 0.32 次。运用阶层线性模型进行数据分析

的条件之一是因变量的组间差异必须显著,卡方检验结果显示,$\mu_0(\tau_{00})=0.47,\chi^2(27)=286.01,p<0.001$,即体育参与次数的方差成分达到显著水平,说明体育参与影响因素的两个层次模型是适当的,各地区的中年人平均体育参与次数之间具有明显的差异。空模型的组内相关系数 ρ(intraclass correlation coeffient,ICC)为 0.13,所以不能用一般回归模型分析,必须考虑组间差异的特性,引入二阶层线性逻辑回归模型进行更准确的分析。但主观因素、客观因素中的具体变量对体育参与次数的影响程度,还需建立完整模型进行分析。

表 7-30 空模型效果估计值与信度(稳健性标准误)

效果模型		回归系数	标准误	OR 值	t 值	自由度
固定效果	总体均值 γ_{00}	0.32	0.13	1.37	2.37*	27
随机效果	阶层二误差 μ_0	0.47	0.68		286.01***	27
	阶层一误差 σ^2	3.29				

注:模型计算得出截距 β_0 信度估计系数为 0.919。*** 代表 $p<0.001$,** 代表 $p<0.01$,* 代表 $p<0.05$,下同。OR 值指胜算比。

三、体育参与的完整模型分析

由于影响体育参与程度的自变量较多,而且涉及两个层面的变量因素,所以在采用 HLM 模型分析的时候,按照 HLM 模型的经典分析步骤,先采用随机系数回归模型对第一阶层的变量单独进行分析;然后采用截距(平均数)模型对第二阶层的变量单独进行分析;最后纳入脉络变量,对两个阶层变量及层次间交互作用进行完整模型的回归分析,其中完整模型的公式如下:

(1)阶层一模型:$\text{Prob}(Y_{ij}=1|\beta_j)=\phi_{ij}$ $\text{Log}[\phi_{ij}/(1-\phi_{ij})]=\eta_{ij}$

$\eta_{ij}=\beta_{0j}+\beta_{1j}*$ 性别 $*\beta_{2j}$ 年龄 $*\beta_{3j}$ 居住地 $+\beta_{4j}*$ 教育程度 $*\beta_{5j}$ 肥胖程度 $*\beta_{6j}$ 健康状况 $*\beta_{7j}$ 家庭收入 (7-4)

(2)阶层二模型:$\beta_{0j}=\gamma_{01}+\gamma_{02}*$ 地区位置 $+\gamma_{03}*$ 平均收入 $+\mu_{0j}$

$\beta_{1j}=\gamma_{10}+\gamma_{11}*$ 地区位置

……

$\beta_{7j}=\gamma_{70}+\gamma_{71}*$ 地区位置 (7-5)

本书采用 4 种模型对体育参与影响机制进行分析(表 7-31),以模型 1 作为空模型。以模型 2 和模型 3 进行对比分析。模型 2 为随机系数回归

表 7-31 体育参与影响因素的多模型逻辑回归统计结果

变量		模型 1 系数	模型 1 t值	模型 2 系数	模型 2 SD	模型 2 OR	模型 2 t值	模型 3 系数	模型 3 SD	模型 3 OR	模型 3 t值	模型 4 系数	模型 4 SD	模型 4 OR	模型 4 t值
固定效果	总体均值 γ_{00}	0.32	2.37*	0.27	0.18	1.75	1.51***	0.37	0.10	1.44	3.62**	0.26	0.15	1.12	4.73*
	性别 γ_{10}			−0.22	0.08	0.83	−2.22*					−0.19	0.08	0.83	−2.26*
	年龄 γ_{20}			0.00	0.01	1.00	0.29					0.01	0.01	1.01	0.02
	居住地 γ_{30}			0.63	0.09	1.89	5.27***					0.79	0.16	2.20	5.02***
	教育程度 γ_{40}			0.15	0.02	1.16	10.68***					0.15	0.02	1.16	6.55***
	肥胖程度 γ_{50}			0.01	0.01	1.01	1.23					0.02	0.02	1.02	1.12
	健康状况 γ_{60}			0.45	0.02	1.54	3.47**					0.46	0.19	2.71	2.58*
	家庭收入 γ_{70}			0.37	0.12	1.06	2.31*					0.42	0.15	1.06	2.27*
	地区位置 γ_{01}							−0.05	0.08	0.94	−0.64	−0.03	0.17	0.97	−0.17
	平均教育 γ_{02}							0.11	0.00	1.00	1.25	0.00	0.00	1.00	0.56
	平均收入 γ_{03}							0.04	0.08	1.11	3.63**	0.04	0.07	1.04	4.15***
随机效果	误差项 $\mu_0(\tau_{00})$	0.47	286.01***	0.17			241.82***	0.07		63.15***		0.11	0.33		74.76***
	误差项 $r(\sigma^2)$	3.29		3.29				3.29				3.29			

注:模型 1 为空模型,模型 2 为随机系数回归模型,模型 3 为截距平均数模型,模型 4 为完整模型,OR 值胜算比,系数指对数胜算比,系数。

模型,主要在阶层一加入解释变量,研究模式中投入的解释变量有年龄、性别(男＝1,女＝0)、居住地(城市＝1,农村＝0)、肥胖程度、受教育程度、健康状况(健康＝1,不健康＝0)、家庭收入等。其中,年龄、肥胖程度、受教育程度、家庭收入四个解释变量经总平均数集中化(简称总平减)转换。模型3为截距平均数模型,模型4为完整模型,主要用于总体层面的变量分析。根据阶层二变量性质,采用二分类逻辑回归分析模型,设置阶层二的各斜率为固定效应,斜率误差项不加以估计,主要用于探究个体层面解释变量是否对中年人群的体育参与有直接显著的影响效果。

四、体育参与个体层次影响因素分析

从表7-31可以看出,随机系数回归模型(模型2)分析表明,个体特征对体育参与度的总平均水平具有显著影响($\gamma_{00}=0.27,p<0.001$)。其中,性别、居住地、受教育程度、健康状况和家庭收入变量均达到不同程度的显著性水平。性别$\gamma_{10}=-0.22(t=-2.22,p<0.05)$,OR＝0.83(<1),表示性别对体育参与有负向的显著影响作用,说明中年男性体育参与的概率为中年女性的0.83倍。居住地$\gamma_{30}=0.63(t=5.27,p<0.001)$,OR值为1.89(>1),表示居住地对中年人的体育参与有正向显著影响,提示生活在城市环境中的中年人群体育参与的概率要高出农村环境中的中年人群1.89倍。受教育程度$\gamma_{40}=0.15(p<0.001)$,OR值>1,表示受教育程度对体育参与有正向的显著影响作用,反映出中年人群的受教育程度越高,体育参与程度越高。当受教育程度每增加一个单位(SD＝0.02),体育参与的概率增加1倍[$\exp(0.15*0.02)=1$]。健康状况$\gamma_{60}=0.45(t=3.47,p<0.01)$,OR＝1.54(>1),表示健康状况对体育参与有正向的显著影响,说明健康的中年人体育参与的概率为不健康的中年人参与概率的1.54倍。家庭收入$\gamma_{70}=0.37(p<0.05)$,OR值>1,表示家庭收入对体育参与率有正向显著影响,即家庭收入越高,体育参与率越高。家庭收入每增加一单位,体育参与的概率增加1.06倍。另外,年龄、肥胖程度两个变量却没有表现出显著性差异($p>0.05$),说明年龄和肥胖程度对中年人群的体育参与率没影响。此外,在随机效果估计值中,截距$\tau_{00}=0.17$,达到统计学显著水平($p<0.001$),表示控制性别、居住地、受教育程度、健康状况和家庭收入对体育参与与否的影响后,地区间平均体育参与率的比例存在显著性差异,即地区间平均体育参与率的比例有显著不同,提示造成地区间中年人群体育参与对数胜算比的差异还有其他原因存在。

五、体育参与地区层次影响因素分析

截距平均数模型(模型 3)表明,在阶层二总体层次的固定效果估计中,变量地区位置和脉络变量平均受教育程度均未达到显著性水平($p>0.05$),表示地区位置和平均受教育程度对中年人群体育参与率没有显著影响效果。脉络项平均收入 $\gamma_{03}=0.04(t=3.63,p<0.001)$,OR$=1.04(>1)$,表示平均收入对体育参与有正向的显著影响作用,提示地区平均家庭收入越高,体育参与程度越高。当地区平均家庭收入每增加一个单位,体育参与的概率是不参与人群概率的 1.11 倍。

此外,在随机效果估计值中,随机效果的变异成分 $\tau_{00}=0.07$,达到统计学显著水平($p<0.001$),组内在相关系数:

$$\rho(\text{ICC})=\frac{\tau_{00}}{\tau_{00}+3.29}=\frac{0.07}{0.07+3.29}=0.02$$

与空模型对比发现,截距回归模型让组内在相关系数从 0.13 降至 0.02。这说明各地区中年人群的体育参与胜算比值间,还有显著地区差异存在,可见除纳入模型的解释变量外,影响体育参与率的原因,可能还有人群个体层次的预测变量或总体层次的地区属性解释变量。

六、体育参与跨层次交互作用分析

居民(中年人群)作为社区(地区)的组成部分,与其存在明显的嵌套关系。通过完整模型(模型 4),将地区特征与个体特征进行嵌套模型分析,进而体现不同层级间的交互作用机制。

由表 7-32 可知,在固定效果估计值中,γ_{11}、γ_{21}、γ_{31}、γ_{41}、γ_{51}、γ_{61}、γ_{71} 为跨层次交互作用项,其中,七个交互作用项没有统计学差异($p>0.05$),表明总体层次解释变量不具有调节作用。

表 7-32　体育参与跨层次交互作用回归统计

效果模型	回归系数	标准误	OR 值	t 值	自由度
性别 γ_{10} 地区位置 γ_{11}	0.00	0.10	1.00	0.05	3139
年龄 γ_{20} 地区位置 γ_{21}	−0.01	0.01	0.99	−1.13	3139
居住地 γ_{30} 地区位置 γ_{31}	−0.19	0.11	0.82	−1.77	3139

续表

效果模型	回归系数	标准误	OR 值	t 值	自由度
教育程度 γ_{40} 地区位置 γ_{41}	0.21	0.15	1.01	0.81	3139
肥胖程度 γ_{50} 地区位置 γ_{51}	−0.01	0.02	0.99	−0.79	3139
健康状况 γ_{60} 地区位置 γ_{61}	0.06	0.15	1.06	0.43	3139
家庭收入 γ_{70} 地区划分 γ_{71}	0.09	0.24	1.08	0.45	3139

七、自评健康干预效果的讨论

当前体育资源和公共体育服务的配置，都不能充分满足社区居民的健身需求与多样化之间的矛盾。多层次的运动健身需求、社区居民人数不断增加，导致体育服务有效供给不足的问题日益突出。

本书通过采用阶层线性模型对社会层面和个体层面的体育参与影响因素进行了回归分析。本书发现，性别对体育参与有负向的显著影响作用，而且证实中年男性体育参与的概率为中年女性的 83%。这一结果与熊欢和 Tuyckom 的研究结论相一致。熊欢认为，社会工作自由的剥夺导致参与体育运动的机会丧失，女性在家庭中的角色以及性别权利导致的阶级边缘化是限制女性参与体育运动的主要原因[①]。Tuyckom 等研究发现，在欧盟国家，男性参与体育活动的概率是女性的 1.26 倍。此种现象背后的原因可能与女性的角色有关：首先，女性独特的家庭角色及其复杂的家庭关系影响了她们参与体育活动；其次，繁重的家事和女性传统"美德"的规范对女性参与体育活动有一定的限制；再次，中国女性还没有充分、公平地取得城市大潮带来的城市体育快速发展的成果[②]。本书发现，居住地对中年人的体育参与也产生了正向影响作用，体现在生活在城市环境中的中年人群体育参与的概率要高出农村环境中的中年人群 2 倍。部义峰的研

---

① 熊欢.中国城市女性体育参与分层现象的质性研究[J].体育科学，2012，32(2)：28-38.

② Van Tuyckom C, Bracke P. Survey quality and cross-national sports research: A case study of the 2007 ISSP survey[J]. European journal of sport science, 2014, 14 (suppl1): S228-S234.

究也证实了这一点,该研究证实居住在城市地区的居民参加体育活动的可能性是居住在郊区或农村地区的居民的3.73倍。[①] 这是因为农村居民认为田间劳作等同于健身锻炼,导致体育参与程度低。这与教育程度变量对体育活动行为具有显著正向影响的观点是一致的。结果显示,教育程度对体育参与有正向的显著影响作用,当教育程度每增加一个单位,体育参与的概率增加1倍。中国人的体育参与和受教育程度密切相关,这种不平等的模式体现了教育对居民体育参与的刚性影响。[②] 满江虹认为,深层次的原因归结为以下几点:一是虽然供给侧解构改革推动了体育公共服务均衡化的发展,但是相对于人口基数来看,农村体育资源还是相对稀缺,而且在物质没有极大满足的前提下,这部分人群很难在短时间内转变为体育人口;二是目前社会阶层结构的流动性问题,使城市的群体拥有较高的教育学历及较高的收入水平,所以在短时间内农村居民不管在体育参与认知方面,或是物质支持上暂时都处于较低水平。[③] 王睿研究发现,我国实行的城市化战略正向影响了农民的收入水平,从而间接正向影响了农民体质。[④] 这提示居住于城区的居民体育参与群体比例高存在多条影响路径。

研究结果显示,健康状况和家庭收入对体育参与有正向的显著影响,而且健康的中年人体育参与概率为不健康的中年人参与概率的1.54倍;家庭收入越高,体育参与概率越高。家庭收入每增加一个单位,家庭中的中年人的体育参与概率是体育不参与概率的1.06倍。这一点与部义峰和彭大松[⑤]的研究结果相类似。部义峰认为,居民参与体育运动对其自我感知健康有积极影响的假设已在主要城乡人群中得到证实。这反映出居民参与体育运动的程度越高,其自身健康水平就越高[⑥]。此外,收入差距可能导致参与体育运动的机会不平等。这些研究结果提示我们,公共服务不

---

① 部义峰,周武,赵刚,等.社会分层视域下中国居民体育参与、偏好与层化研究[J].中国体育科技,2015,51(5):78-93.

② 彭大松.不平等视角下体育参与差异的经验研究[J].上海体育学院学报,2014,38(4):13-19.

③ 满江虹.阶层认同对城镇居民体育参与的影响研究:基于结构方程模型的分析[J].天津体育学院学报,2016,31(2):152-156.

④ 王睿,王树进,邓汉.新型城镇化影响农民体质了吗?——基于农民收入水平的中介效应检验[J].体育科学,2014,34(10):15-20.

⑤ 彭大松.不平等视角下体育参与差异的经验研究[J].上海体育学院学报,2014,38(4):13-19.

⑥ 部义峰,周武,赵刚,等.社会分层视域下中国居民体育参与、偏好与层化研究[J].中国体育科技,2015,51(5):78-93.

仅是满足公民生活、生存和发展的直接需求,而且为公众参与社会活动、融入社会环境提供保障。公共服务资源的不平等分配,不仅造成了人口健康风险的差异,还影响了他们对健康的感知和自尊水平。公共服务水平的评估可以反映出居民对其获得公共服务的数量和质量的满意程度。为缩小城乡公共服务差距,我国政府已经采取了一系列措施。首先,政府加大对农村公共服务的投入,提高农村基础设施建设水平,保障农村居民的基本生活需求。其次,政府还积极推动城乡融合发展,打破城乡二元社会结构,实现城乡一体化发展。

公共服务水平的不平等对居民的健康感知和自尊水平具有重要影响。为了提高居民的生活质量和健康水平,我国政府需要继续加大对公共服务的投入,促进公共服务资源的均衡分配,为城乡居民提供更加公平、优质的服务。同时,我们还需要进一步加强对公共服务水平的研究,以期为政府决策提供有力支持,助力我国公共服务事业的发展。另外,年龄、肥胖程度两个变量却没有表现出显著性差异($p>0.05$),说明年龄和肥胖程度对中年人群的体育参与率没影响。这与部义峰的研究相一致,但与彭大松和李骁天等人的结果[①]不一致。一是可能采用的统计方法不同。本书采用阶层线性回归分析,彭大松采用二类分逻辑回归。二是样本的类型不同,本书采用2015年的基层数据,涵盖城市和农村两个城乡类型。李骁天的研究采用2008年的城市人群样本量。另外,研究还发现,地区位置对中年人群体育参与率没有显著影响效果,东部地区、西部地区和中部地区的中年人群体育参与率和地区经济发展水平之间的直接的相关关系不明显。可能是由不同地区的生活方式差异引起的。西部地区居民生活节奏较慢,有较多的休闲时间用于支配,中东部体育资源相对较多,体育运动的种类和形式较多,使地区差异并不明显。

八、研究结论

在个体层面,性别对体育参与有负向的显著影响作用,中年男性体育参与率高于女性。居住地、教育程度、健康状况、家庭收入对体育参与有正向的显著影响作用。年龄和肥胖程度对中年人群的体育参与作用不明显。在地区层面,中年人群参与体育运动的概率与地区位置之间的线性关系不显著。在中年人群体育参与的跨层次交互作用中,总体层次的地区位置不具有调节作用。

---

① 李骁天,邢晓燕.社会分层视角下中国城市社区居民体育锻炼行为分析——基于CGSS数据的实证研究[J].北京体育大学学报.2014,37(09):17-25.

第五节　体卫融合背景下体力活动与居民抑郁症关系研究

从国家来看,美国、澳大利亚、巴西、爱沙尼亚、芬兰、希腊、葡萄牙、俄罗斯等国家的抑郁症患者占全国人口的5.5%以上,中国为4.2%[1]。抑郁症是心理健康评价的重要指标,主要表现为情绪低落、兴趣下降、思维迟钝、缺乏主动性、容易悲观与自责、睡眠不佳、担心自己的疾病或身体多个部位感到不适。抑郁症可导致不同程度的身体功能障碍、日常生活能力下降和认知能力下降。目前,社区环境、体育活动与中年人抑郁症状有待进一步探索的问题主要集中在以下几个方面:(1)不同类型的体育活动与抑郁症状的关系是否相同;(2)体育活动强度、频率和时间是行为本身的重要参数,是最重要的抑郁预测因子;(3)患忧郁症状者因身心不适而缺乏动机,是建成环境(社区环境)抑制还是身体活动参与不足引起,抑或是存在交互作用。有关身体活动介入对于减缓忧郁症的可能机制还存在争议。一般回归模型很难从社会生态学视角下进行分层构建研究,由于涉及个体和社区两个层次,本书通过构建阶层线性模型从社区环境、身体活动的社区层面和个人层面进行数据挖掘,分析其脉络关系;并从其影响机制入手分析社区环境作为中介变量如何影响中年人群的抑郁程度,为政府部门进行决策提供参考依据。

一、研究设计

(一)数据来源

本书使用中国健康与养老追踪调查(CHARLS)2015年的基线调查数据。2015年CHARLS共完成有效问卷21095份。根据研究需要,截取其中年龄段在40~59岁的中年人群样本,对于缺失值采用缺失值分析填补个案后,最终分析样本来自442社区(村)的5212名中年人。

(二)研究方法

运用HLM 6.08软件对数据进行分层分析,阶层线性模型是一种用于分析多层数据的统计模型,广泛应用于教育学、心理学、社会学、经济学等学科领域。它能够有效地处理阶层结构中不同层次之间的关系,同时考

---

[1] World Health Organization WHO(2017).Depression and other common mental disorders,Global Health Estimates[EB/OL].(2017-02-23).https://apps.Who.int/iris/.

虑个体和群体层面的影响。在阶层线性模型中,数据被组织成一个树状结构,其中包括个体、群体和层次三层。在这个模型中,个体层面的数据被视为第一层,群体层面的数据被视为第二层,层次层面的数据被视为第三层。通过对这三个层次的数据进行分析,研究者可以探讨不同层次之间的关系,以及它们对结果变量的影响。所得结果以平均数、标准差、回归系数、变异数等指标来表示,以 $p<0.001$ 和 $p<0.05$ 表示显著性差异程度。

(三)变量描述

1. 变量指标选取与描述

(1)因变量:抑郁症状。根据抑郁量表中文版 4 个等级分别编码为 0、1、2、3 分,其中第五项和第八项采用反向计分,将总评分≥10 定义为抑郁。本书根据赋值方法记总分,作为居民抑郁水平得分。

(2)自变量:采用二阶层线性模型进行建模分析,自变量第一层为个体层面变量,第二层为社区层面变量。个体层面主要设置了性别、年龄、婚姻状况、居住地、自评健康、睡眠状况、身体活动等变量,社区层面设置了社区人均收入、社区本地企业、社区公共设施、社区健身活动场所、社区生态环境,还包含脉络项平均睡眠状况。

①性别:虚拟变量(男=1,女=0)。

②年龄:连续变量(40~59 岁)。

③居住地:分类变量,根据问卷样本类型设置(主城区=1、城乡接合区=2、镇中心区=3、镇乡接合区=4、特殊区域=5、乡中心区=6、村庄=7)。

④婚姻状况:CHARLS 问卷操作化问题为"您目前的婚姻状态?"(已婚=1、未婚=0)。

⑤自评健康:本书根据研究需要将转换为二分类变量(健康=1、不健康=0)。

⑥睡眠状况:过去一个月内,您平均每天晚上真正睡着的时间大约是几小时。

⑦身体活动:每周进行中等强度的身体活动情况。(规律运动=1、不运动=0)。

⑧社区类型:CHARLS 问卷操作化问题为"您所在的社区类型属于哪种?"(主城区=1、城乡接合区=2、镇中心区=3、镇乡接合区=4、特殊区域=5、乡中心区=6、村庄=7)。

⑨社区人均收入:简称人均收入。CHARLS 问卷操作化问题为

"2014年你们村/社区人均纯收入/人均可支配收入是多少元?"。

⑩社区本地企业:简称本地企业。CHARLS问卷操作化问题为"2014年底,你们村/社区有多少家企业(企业至少应有8名员工)?"。

⑪社区公共设施:简称公共设施。CHARLS问卷操作化问题为"你们村/社区有多少个这种设施?",原问题是问13种设施各自的数量,但是本书想用公共设施种类来反映社区硬件配套情况,所以将原始数据只记拥有的种类多少,忽略各自的数量,赋值为0~13种。

⑫社区健身活动场所:简称健身场所。你们村/社区有下列机构或者活动场所吗?(有＝1、没有＝2)。研究想用社区活动场所种类来反映社区健身设施配套情况(篮球场、露天健身器材、乒乓球桌、健身队伍),所以将二分类变量数据(有＝1、没有＝2)记为健身设施种类数量,赋值为0~4种。

⑬社区生态环境:用"工业污染"指标衡量。CHARLS问卷操作化问题为"在你们村/社区有工业污染排放吗?"(污染＝1,无污染＝0)。

⑭平均睡眠状况:为脉络项,是由各社区样本均值计算得来。

2. 身体活动介入与抑郁症状双向关系的结果分析

零模型(null model)是一种统计分析方法,主要用于对比观察到的数据与预期数据的差异,从而评估某一现象或变量之间的关联程度。零模型假设所有变量之间不存在关联性,仅仅是随机分布的。通过比较实际观测数据与零模型预测的数据,可以计算出变量之间的关联度,以及这种关联的显著性水平。在应用零模型的过程中,首先需要收集相关变量的数据,并计算出这些数据在零模型下的预期分布。然后,通过对比实际观测数据与预期数据的差异,可以评估出变量之间的关联程度。如果观察到的数据与预期数据的差异显著,那么就说明变量之间存在关联;反之,如果差异不显著,那么就说明变量之间没有显著的关联。

第一层(个体层次): $Y_{ij} = \beta_{0j} + r_{ij}$ (7-6)

第二层(社区层次): $\beta_{0j} = \gamma_{00} + U_{0j}$ (7-7)

合并模型: $Y_{ij} = \gamma_{00} + r_{ij} + U_{0j}$ (7-8)

在上述模型中,Y_{ij}是指个人i在j群体中的结果变量,β_{0j}是每个j群体分别被估计出的截距项与斜率,r_{ij}为残差项。γ_{00}为第二层的截距项,U_{0j}为第二层的残差项。

由表7-33可知,零模型截距β_0的信度估计系数为0.879,表示以β_{0j}估计值作为γ_{00}估计值的可靠度非常高,即以各地区的样本平均数估计值作为真实地区平均值时的可靠程度较好。截距项 $\gamma_{00}=7.55$, SD$=0.12$, $t(441)=61.61(P<0.001)$,具有非常显著性差异,代表所有样本的中年居民抑郁症状得分的总平均值为 7.55 分。在随机效果中,两个层次方差估计值卡方检验结果显示,$\mu_0(\tau_{00})=6.26$, $\chi^2(27)=1.80$, $p<0.001$,即抑郁症状的方差成分达到显著水平,层次模型的分析结果显示,各地区的中年人平均抑郁症状得分之间具有明显的差异,说明从社区层次和个体层次构建分析抑郁症状的层次模型是合适的。在个体层次,不同个体之间的抑郁症状得分也有显著差异,表明抑郁症状受到个体特征的影响。在制定心理健康促进政策时,应充分考虑地区和个体的特点,有针对性地开展心理健康教育和干预。此外,加大心理健康领域的科研投入,提高心理健康服务的质量和覆盖面,对于预防和减少抑郁症状具有重要作用。

$$\rho(\text{ICC})=\frac{\tau_{00}}{\tau_{00}+\sigma^2}=\frac{6.26}{6.26+1.77}=0.78$$

τ_{00} 是指组间方差,σ^2 是指组内方差。这表明,在抑郁症状得分的总方差中,78%源自社区层面的差异,即社区层面差异可以解释 78%的抑郁症状得分的变异。根据 Cohen 的标准[①],$0.01 \leqslant \text{ICC} \leqslant 0.059$ 为低关联;$0.059 \leqslant \text{ICC} \leqslant 0.138$ 为中等关联;$0.138 \leqslant \text{ICC}$ 为高关联。

Level-1 Model: $Y_{ij}=\beta_{0j}+\beta_{1j}X_{ij}+r_{ij}$ (7-9)

Level-2 Model: $\beta_{0j}=\gamma_{00}+\gamma_{01}G_j+U_{0j}$ (7-10)

$\beta_{1j}=\gamma_{10}+\gamma_{11}G_j+U_{1j}$ (7-11)

……

表 7-33 零模型效果估计值与信度(稳健性标准误)

效果模型		回归系数	SD/χ^2	自由度	t 值
固定效果	总体均值 γ_{00}	7.55	0.12	441	61.61***
随机效果	阶层二误差 μ_0	6.26	1.80	441	905.85***
	阶层一误差 σ^2	1.77	5.98		
	离异数($-2LL$)	33743.91			

注:截距 β_0 信度估计系数为 0.879。*** 代表 $p<0.001$,** 代表 $p<0.01$,* 代表 $p<0.05$,下同。

---

① Cohen J. Statistical power analysis for the behavioral sciences[M]. New York: Routledge, 2013.

二、居民自身因素的影响机制分析

随机系数回归模型结果表明(见表 7-34),性别($\gamma_{10}=-1.60, p<0.001$)、年龄($\gamma_{20}=0.05, p<0.001$)、婚姻状况($\gamma_{30}=-1.88, p<0.001$)、居住地($\gamma_{40}=0.18, p<0.001$)、自评健康($\gamma_{50}=-3.32, p<0.001$)、睡眠状况($\gamma_{60}=-0.63, p<0.001$)、身体活动($\gamma_{70}=-7.67, p<0.001$)均达到非常显著性水平,表示各社区内居民的性别、年龄、婚姻状况等自变量对居民的抑郁程度均有显著影响效果。其中,性别、婚姻状况、自评健康、睡眠状况以及身体活动等变量的参数估计为负值,说明中年女性(男=1,女=0。0 为参照,以下各二分类变量相同)抑郁程度均值显著高于中年男性。这提示,中年女性抑郁程度是中年男性的 1.6 倍;未婚比已婚患抑郁症的程度高 1.88 倍;生活在农村的居民抑郁程度高于城市社区的居民;居民健康状况越差,睡眠时间越少,则其抑郁程度就越高。健康状况每变差一个单位,睡眠时间每减少一个小时,抑郁程度便会分别增加 3.32 分、0.63 分。在身体活动方面,每周不坚持中等强度身体活动的居民要比规律进行身体活动的居民,在抑郁程度得分方面高出 7.67 分。另外,年龄和居住地变量的参数估计为正值,说明随着居民年龄的增加,抑郁程度升高。

表 7-34 随机系数回归模型统计结果

变量		零模型		随机系数模型		
		回归系数	t 值	回归系数	SD	t 值
固定效果	总体均值 γ_{00}	7.55	61.61***	8.28	0.40	45.30***
	性别 γ_{10}			-1.60	0.14	-11.70***
	年龄 γ_{20}			0.05	0.01	3.72***
	婚姻状况 γ_{30}			-1.88	0.29	-6.46***
	居住地 γ_{40}			0.18	0.03	6.37***
	自评健康 γ_{50}			-3.32	0.27	-12.13***
	睡眠状况 γ_{60}			-0.63	0.04	-14.13***
	身体活动 γ_{70}			-7.67	0.18	-42.04***
随机效果	误差项 $\mu_0(\tau_{00})$	6.26	905.85***	1.09	1.04	696.69***
	误差项 $r(\sigma^2)$	1.77		1.03	4.65	
	离异数(-2LL)	33743.91		31018.18		

从个体层面看,影响居民抑郁程度的重要因素从大到小依次为:身体活动、自评健康、婚姻状况、性别、睡眠状况、居住地、年龄。在随机效果估计结果方面,两个层次方差估计值卡方检验结果显示,$\mu_0(\tau_{00})=1.09$,$\chi^2(442)=1.04$,$p<0.001$,说明社区间抑郁症状的得分变动有意义,即控制个体层次的性别、年龄、身体活动等自变量对抑郁得分的影响后,社区间居民平均抑郁得分的差异显著。与零模型相比,离异数($-2LL$)由33743.91降为31018.18,减少2725.73,表示本书随机效应分析模型比零模型的适配度更好。

三、社区环境因素的影响机制分析

为分析社区环境因素的影响机制,在阶层二加入社区层面解释变量,研究模式中投入的总体层次有社区类型、人均收入、本地企业、公共设施、健身场所、工业污染及脉络变量平均睡眠状况。其中,人均收入、本地企业、公共设施、健身场所、平均睡眠状况解释变量经总平减转换。

截距平均数模型统计结果(表7-35)表明,在阶层二社区层次的固定效果估计中,变量社区类型 $\gamma_{01}=0.23(t=4.81,p<0.001)$、人均收入 $\gamma_{02}=0.00(t=-3.71,p<0.001)$、本地企业 $\gamma_{03}=0.00(t=-2.21,p<0.05)$、健身场所 $\gamma_{05}=-1.67(t=-1.00,p<0.001)$ 以及脉络项平均睡眠状况 $\gamma_{07}=-1.01(t=-5.08,p<0.001)$ 均达不同程度显著性水平。其中,社区类型和居民居住地类似,同样表现出农村社区居民抑郁症状高于城市社区。值得注意的是,社区人均收入和社区企业数量虽然具有显著性差异,但是其回归系数和标准差均为0。这提示,社区人均收入和社区企业数量与居民抑郁症状得分不是线性关系。健身场所种类和平均睡眠状况变量为负值,说明健身场所种类越多、平均睡眠时间越长,则居民抑郁程度就会越低,即健身场所种类每增加一种(一个单位)、平均睡眠时间多一个小时(一个单位),居民抑郁程度得分分别下降1.67分和1.01分。此外,公共设施 $\gamma_{04}=-0.43(t=-4.88,p>0.05)$ 和工业污染 $\gamma_{06}=0.20(t=0.79,p>0.05)$,经统计学检验,差异不显著,反映出公共设施和工业污染程度对居民抑郁症状的影响作用不明显。同理,社区层面按照影响重要性程度从大到小排序依次为:健身设施种类、社区类型、社区人均收入和本地企业数量。

表 7-35　截距平均数模型统计结果

变量		零模型		截距平均数模型		
		回归系数	t 值	回归系数	SD	t 值
固定效果	总体均值 γ_{00}	7.55	61.61***	6.30	0.26	24.40***
	社区类型 γ_{01}			0.23	0.05	4.81***
	人均收入 γ_{02}			0.00	0.00	−3.71***
	本地企业 γ_{03}			0.00	0.00	−2.21*
	公共设施 γ_{04}			−0.43	0.09	−4.88
	健身场所 γ_{05}			−1.67	0.54	−1.00***
	工业污染 γ_{06}			0.20	0.26	0.79
	平均睡眠状况 γ_{07}			−1.01	0.20	−5.08***
随机效果	误差项 $\mu_0(\tau_{00})$	6.26	905.85***	1.88	1.37	687.04***
	误差项 $r(\sigma^2)$	1.77		0.92	5.98	
	离异数(−2LL)	33743.91		33671.68		

四、跨层次交互作用影响机制分析

居民(中年人群)作为社区的组成部分,与其存在明显的嵌套关系。通过完整模型,对社区特征与个体特征嵌套模型进行分析,进而体现不同层级间的交互作用机制,并分析中介变量的作用大小。

如表 7-36 所示,就完整模型估计结果而言,在跨层次交互作用项估计值中,除 $\gamma_{64}=-0.32$,$t(5176)=-2.32$,$p<0.05$ 外,其余如 $\gamma_{12}=0.00$,$t(5176)=1.39$,$p>0.05$ 等均未达到统计显著水平。这说明同时纳入总体层次解释变量和个体层次解释变量对居民抑郁症状的影响时,各社区个体层次的性别、年龄、身体活动等自变量对抑郁症状的影响效果,会受到社区层次健身场所的影响。社区层次的健身场所对于社区内居民的身体活动与其抑郁症状的得分间的关系,具有调节作用效果,即社区层面的健身场所可以作为中介变量,影响身体活动与居民抑郁症状的关系,而且这种关系是线性的负相关。

表 7-36　完整模型跨层次交互作用回归统计

效果模型	回归系数	标准误	自由度	t 值
性别 γ_{10}				$P<0.001$
社区类型 γ_{11}	−0.04	0.06	5176	−0.69

续表

效果模型	回归系数	标准误	自由度	t 值
人均收入 γ_{12}	0.00	0.00	5176	1.39
本地企业 γ_{13}	0.00	0.00	5176	−0.05
健身场所 γ_{14}	0.13	0.10	5176	1.33
年龄 γ_{20}				$p>0.05$
社区类型 γ_{21}	0.00	0.01	5176	−0.12
人均收入 γ_{22}	0.00	0.00	5176	1.31
本地企业 γ_{23}	0.00	0.00	5176	−0.62
健身场所 γ_{24}	−0.02	0.01	5176	−1.74
婚姻状况 γ_{30}				$p<0.05$
社区类型 γ_{31}	−0.07	0.11	5176	−0.65
人均收入 γ_{32}	0.00	0.00	5176	0.22
本地企业 γ_{33}	0.00	0.01	5176	−0.62
健身场所 γ_{34}	0.10	0.19	5176	0.54
自评健康 γ_{40}				$p<0.001$
社区类型 γ_{41}	−0.13	0.11	5176	−1.26
人均收入 γ_{42}	0.00	0.00	5176	0.10
本地企业 γ_{43}	−0.01	0.01	5176	−0.88
健身场所 γ_{44}	−0.07	0.16	5176	−0.45
睡眠状况 γ_{50}				$p<0.001$
社区类型 γ_{51}	0.03	0.02	5176	1.29
人均收入 γ_{52}	0.00	0.00	5176	0.34
本地企业 γ_{53}	0.00	0.00	5176	1.04
健身场所 γ_{54}	0.02	0.03	5176	0.68
身体活动 γ_{60}				$p<0.001$
社区类型 γ_{61}	0.13	0.09	5176	1.47
人均收入 γ_{62}	0.00	0.00	5176	−0.23
本地企业 γ_{63}	0.00	0.01	5176	−0.39
健身场所 γ_{64}	−0.32	0.14	5176	−2.32*

五、体卫融合干预机制探讨

随着我国人口老龄化程度的加深,老年人的身心健康问题日益受到关注。其中,抑郁症作为老年人常见的心理疾病,不仅影响到患者的生活质量,还可能引发严重的社会问题。[①] 中老年人患抑郁症的原因可能是多方面的,包括生理、心理和社会因素。生理因素包括荷尔蒙水平变化、疾病和药物副作用等。心理因素包括心理压力、失落和孤独感等。社会因素包括社交隔离、失去亲友和工作压力等。抑郁是一种常见的心理问题,会影响人们的情绪和生活质量。过去的研究已经表明,女性比男性更容易受到抑郁的困扰。然而,关于中年人群抑郁情况的研究却相对较少。本书发现,中年女性居民的抑郁程度均值显著高于中年男性居民。进一步的分析表明,中年女性抑郁程度是中年男性的1.6倍。本书通过对中年男性和女性居民的调查和分析,发现中年女性居民的抑郁程度均值显著高于中年男性居民。此结果和曹裴娅等人[②]的研究相一致,也证实了女性在中年时期更容易出现抑郁的情况。这一结果更加明显地揭示了中年女性抑郁问题的严重性。可能的原因包括女性在家庭和社会中承担的角色和压力,以及生理和激素方面的差异。首先,生物学因素是导致抑郁症性别差异的一个重要原因。男性和女性在生理结构和激素水平方面存在差异,这些差异可能导致抑郁症的发病率和表现形式不同。例如,女性在经期、怀孕期和更年期等特殊生理时期,激素水平波动较大,容易导致情绪波动,增加抑郁症的发病风险。而男性激素水平相对稳定,但研究发现男性抑郁症患者的大脑结构和功能可能存在异常,如海马体积减小等,这也可能是导致抑郁症性别差异的原因之一。其次,社会文化因素对抑郁症性别差异的影响也不容忽视。传统的社会角色分工使男性和女性在家庭、职业和社会中承担不同的责任。女性通常在家庭中承担更多的照顾子女和家庭琐事的责任,这种长期的精神压力可能导致女性更容易出现抑郁情绪。而男性在社会中承担更多的经济支持和保护家庭的责任,可能使他们在面对抑郁症时更加沉默和压抑,从而导致抑郁症的发病率较高。此外,社会大众对抑郁症的认识和接纳程度不同,也可能导致抑郁症在男性和女性中的表现和诊断率存在差异。再次,心理因素也是导致抑郁症性别差异的原因之一。研究发

---

① 吴霜,张坊钰,臧召燕,等.中国老年人抑郁和生活满意度现状及影响因素分析[J].郑州大学学报(医学版),2019,54(1):88-92.

② 曹裴娅,罗会强,侯利莎,等.中国45岁及以上中老年抑郁症状及影响因素研究[J].四川大学学报(医学版),2016,47(5):763-767.

现,男性和女性在压力应对、情绪表达和认知方式等方面存在差异。女性更倾向于表达和倾诉情感,而男性则更倾向于压抑情感。这种差异可能导致女性在遇到抑郁情绪时更容易寻求帮助,而男性则更容易忽视自己的心理问题,从而使抑郁症在女性中的表现更为明显。此外,女性在社交活动中更倾向于建立亲密的人际关系,而男性则更注重独立和自主。这种差异可能导致女性在面临人际关系困扰时更容易出现抑郁情绪。[①]

研究发现,生活在农村的居民抑郁程度高于城市社区的居民。李甲森等人的研究也证实了这一点,其研究结果表明,我国中老年人抑郁状况出现了城乡与地区间的严重不均衡,健康不公平问题严重。[②] 这种社会现象的产生,从社会公平角度来看,是由城乡、地区间中老年人公共资源配置不均以及城乡居民巨大的收入和福利差异造成的。因此,促进城乡、地区间中老年人心理健康公平、均衡发展,加快养老保障体系的完善,建立健全社区服务和教育干预系统等就显得尤为重要。从城乡二元结构角度分析,我国社会结构性资源匮乏可能是农村地区居民更易产生抑郁症状的原因。[③] 研究结果表明,居民健康状况越差,睡眠时间越少,则其抑郁程度就越高。健康状况每变差一个单位,睡眠时间每减少一个小时,抑郁程度便会分别增加3.32分、0.63分。路明等人的研究结果也证实,自评健康是指个体对自己的身体健康和心理状况的主观评价,而抑郁则是一种情绪障碍,表现为持续的低落、悲观和失望。路明等人通过对大量样本的研究发现,自评健康状况较差的人群更容易出现抑郁症状,两者之间具有明显的正相关性。[④] 这可能是因为自评健康差的人群对自己身体状况的担忧和不满,导致他们在心理上产生压力和负面情绪,进而影响他们的心理健康。根据一项研究,睡眠时长较短的人更容易出现抑郁症状。这是因为在睡眠不足的情况下,人体内的生物钟可能会受到影响,导致情绪调节能力下降。同时,睡眠质量不佳还可能影响大脑中神经递质的平衡,如褪黑素、多巴胺和5-羟色胺等,进而导致抑郁症状的出现。研究表明,睡眠时长较短的人往往

---

① 苏宝兰,孙福刚,云维生,等.抑郁症的性别差异[J].临床精神医学杂志,2008,18(2):97-98.

② 李甲森,马文军.中国中老年人抑郁症状现状及影响因素分析[J].中国公共卫生,2017,33(2):177-181.

③ 唐丹.城乡因素在老年人抑郁症状影响模型中的调节效应[J].人口研究,2010,34(3):53-63.

④ 路明,许文忠,张耀华,等.上海市安亭镇居民抑郁状况及关联因素分析[J].上海预防医学,2017,29(3):222-224.

具有不稳定的个性,他们在面对压力时更容易产生焦虑和抑郁情绪。此外,这些人更倾向于采用不成熟的方式来应对压力,如逃避、压抑或发泄等。这些应对方式不仅无法解决问题,还可能使情绪更加恶化,从而导致抑郁症状的加重。[1]

研究的另一个重要发现是每周不坚持中等强度身体活动的居民要比规律参加身体活动的居民,在抑郁程度得分方面高出 7.67 分。健身场所种类每增加一种(一个单位),居民抑郁程度得分分别下降 1.67 分,与王红雨等人研究结果一致。经常参与身体锻炼不仅可以扩大社交网络,提高社会支持水平,还能作为一种有效的应对资源,帮助人们缓解日常心理压力。[2] 多项研究表明,身体活动可以促进身体和心理的健康,包括降低抑郁和焦虑的风险。锻炼设施的可及性也是影响身体活动水平的重要因素。如果人们能够方便地获取健身房、运动场、步行道等设施,他们就更有可能积极参与身体活动。此外,锻炼设施的质量和安全性也是影响人们是否愿意使用这些设施的重要因素。除了锻炼设施,社会支持也可以促进身体活动。社会支持可以来自家人、朋友、同事或社区成员,可以提供鼓励、支持和激励,帮助人们坚持锻炼。研究表明,那些得到更多社会支持的人更容易积极参与身体活动,并且更容易形成长期的锻炼习惯。身体活动水平的提高对人们的健康和幸福感有着深远的影响。锻炼可以降低患心血管疾病、糖尿病和肥胖症的风险,同时还可以提高人们的心理健康和认知功能。此外,锻炼还可以提高人们的自我意识和自信心,增强社交能力和人际关系。锻炼设施的可及性对身体活动水平以及休闲性步行有促进作用。

许多大型的流行病学研究都一致证实身体活动量较大或是有规律运动的中老年人具有较低忧郁的关联。[3][4] 经常参与身体锻炼可以扩大社交网络,提高社会支持水平,而社会支持作为一种有效的应对资源,能够有效缓解日常心理压力,对降低抑郁发生具有一定的作用。锻炼设施的可及性

---

[1] 赖爱群,何玉球,罗玉玲,等.失眠症患者心理健康状况调查[J].临床心身疾病杂志,2015(3):71-73.

[2] 王红雨,韦伟.社区老年人身体活动、社会支持与抑郁症状的关系分析[J].中华疾病控制杂志,2018,22(11):1198-1200.

[3] 李漫漫,付轶男,吴茂春,等.老年人日常生活活动能力与抑郁相关性的研究[J].现代预防医学,2017,44(21):3957-3961.

[4] 丁贤彬.重庆市居民身体活动水平与慢性病的相关关系研究[J].现代预防医学,2016,43(16):2992-2996.

对身体活动水平以及休闲性步行有促进作用。① 居住社区的环境对于居民身体活动水平有着较大的影响。因此,改善环境状况、优化锻炼设施和场所的可及性、优化步道等建成环境对于提高居民身体活动水平和促进居民身心健康具有重要意义。

研究还发现,社区层次的健身场所对于社区内居民的身体活动与其抑郁症状的得分间的关系,具有调节作用。Mutrie 等认为社区层面的健身场所可以作为中介变量,影响身体活动与居民抑郁症状的关系,而且这种关系呈线性的负相关。② 从认知行为理论分析身体活动与抑郁症状的线性关系,运动对认知功能具有显著的改善作用。研究发现,有氧运动可以提高大脑的血流量,改善大脑的供氧情况,从而提高大脑的工作效率。此外,运动还可以促进神经递质的释放,如多巴胺、5-羟色胺等,这些神经递质对情绪调节和认知功能具有重要的影响。运动对抑郁症的改善作用已经得到了大量研究的证实。运动可以减轻抑郁症状,降低抑郁症复发的风险,提高患者的生活质量。运动对抗抑郁症的可能机制包括,运动可能干扰忧郁者传递负面想法,促使他们从积极的角度看待环境,从而产生正面的认知转变。这种认知转变有助于患者更加积极地应对生活中的挑战,降低抑郁症状的复发风险。运动可以增强个体的自我效能感,让他们相信自己有能力应对生活中的困难。同时,运动可以提高自尊心,改善患者对自己的评价,增强自信心。此外,运动还可以促进社会整合,使患者更好地融入社会,提高社会支持水平。③

针对自评健康与抑郁的正相关性,需要采取有效的干预策略,既要关注个体的身体健康,也要关注心理健康。首先,在身体治疗方面,要根据个体的身体状况和需求,制订个性化的治疗方案,提高治疗效果。其次,在心理健康方面,要加强对自评健康状况较差的人群的精神关怀和心理疏导,帮助他们调整心态,减轻心理压力。此外,还可以通过心理健康教育、心理咨询和心理治疗等手段,提高个体的心理素质和应对压力的能力,预防和

---

① 年云鹏,符茂真,吴琦欣,等.社区环境对居民身体活动的影响研究[J].现代预防医学,2018,45(8):1413-1416.

② Mutrie N.The relationship between physical activity and clinically defined depression[M]// Biddle S J H, Fox K, Boutcher S. Physical activity and psychological well-being. London:Routledge,2003,58-72.

③ Hua B,Stanis S A W,Kaczynski A T,et al.Perceptions of neighborhood park quality:Associations with physical activity and body mass index[J].Annals of behavioral medicine,2013,45(1):S39-S48.

减少抑郁症状的发生。

六、研究结论

从个体层面看,影响居民抑郁程度的重要因素从大到小依次为:身体活动、自评健康、婚姻状况、性别、睡眠状况、居住地、年龄。其中,在身体活动方面,规律进行身体活动的居民在抑郁程度得分方面显著低于每周不坚持中等强度身体活动的居民。从社区层面看,影响居民抑郁程度的重要因素从大到小排序依次为:健身场所种类、社区类型、社区人均收入和本地企业数量。其中,健身场所种类越多,则居民抑郁程度就会越低。社区层面的健身场所可以作为中介变量,影响身体活动与居民抑郁症状的关系,而且这种关系是线性的负相关。

第六节 血流限制训练对不同人群肌肉力量的干预效果研究

血流限制训练,也可以译为加压训练,1966年由日本学者佐藤吉明发明。KAATSU是日语单词,也是一个商标的名称,其中KA(加)表示"附加",ATSU(压)表示"压力"。血流限制训练/加压训练是指将专业可调节式训练带缠绕在上肢/下肢的根部,减缓静脉血液回流,适度控制血液循环,并进行低强度运动的训练方法。[1] 目前在国外,血流限制训练体系从安全性与有效性上得到了不断的革新,迅速被美国男子职业篮球联赛(NBA)、美国职业橄榄球大联盟(NFL)等赛事中诸多球队采用。在中国,也被运用到体育赛事的竞技体育训练中,这种训练模式的好处在于采用较小强度和运动量就可以刺激肌肉持续发力,达到提高运动表现的目标。使用低强度的运动配合血流限制训练引起了下肢肌肉力量的明显变化,大多数研究都观察到肌肉明显增加。然而,在整个血流限制训练/加压训练的文献中存在许多研究设计上的差异,特别是要考虑不同的训练变量(例如运动方式、训练频率、持续时间、休息时间、训练强度、练习量等),即没有一个明确的训练方案或者推荐量,用以阐明哪些变量是最重要的影响训练效果的因素。国内的竞技体育运动队也在此领域进行探索和尝试,并且将血

---

[1] Bennett H, Slattery F. Effects of blood flow restriction training on aerobic capacity and performance: A systematic review[J]. The journal of strength & conditioning research, 2019, 33(2):1.

流限制性训练作为一种新的训练模式应用在国家队备战周期性奥运会的赛程中,通过挖掘分析其中潜在的科技元素达到助力的效果。然而,众多教练员和竞技选手使用血流限制性训练时,对于其中内在机制缺乏必要的认知,会影响其功能的发挥,比如何种训练强度、训练量可能产生剂量效应关系,何种训练计划会存在过度训练的结果。基于此,本书在前人研究的基础上,运用 Meta 分析方法综合定量评价血流限制训练对机体下肢肌力训练效果的影响,以期发现是否存在引起机体下肢肌力提高的"最小训练强度""最少训练频率""最短训练周期"等亟须解决的实践问题,为增强血流限制训练的相关研究提供一定的理论参考。另外,阅读本书有助于深入了解血流限制训练模式对于下肢伸肌和屈肌力量的影响因素,不仅能为教练员和运动员运用血流限制训练提供科学依据,而且能够为大众健身指导者制定运动处方提供量效参考。

一、研究设计

(一)文献检索策略

研究人员对中、英文数据库进行检索,中文数据库包括中国知网(CNKI)、万方、维普,英文数据库包括 Web of Science、PubMed、Embase、EBSCO、Medline、Elsevier Science Direct 等6个数据库。检索范围为建库至 2021 年 2 月 10 日。中文检索式的第 1 组关键词包括:血流限制训练、加压训练;第 2 组关键词包括:下肢力量、下肢肌力、肌肉力量。两组检索关键词内部用 OR,两组关键词之间用 AND,使用布尔运算符进行运算。

英文检索第 1 组关键词包括:restricted muscle blood flow、blood flow restriction training、KAATSU;第 2 组关键词包括:lower extremity muscle strength*、muscle strength*。

以数据库 Web of Science 为例,其检索式为:

♯1 TI=("restricted muscle blood flow")OR TI=("blood flow restriction training")OR TI=("KAATSU")

♯2 TI=(lower extremity muscle strength *)OR TI=("muscle strength *")

♯3=♯2 AND ♯1

经过初步筛查获取中文文献共 65 篇,英文文献共 772 篇。

(二)纳入与排除标准

纳入标准:(1)文献类型:随机对照实验设计,无论是否采用盲法或者实行分配隐藏;(2)有完整的血流限制训练设计方案;(3)结局指标包括膝关节屈伸肌群、股四头肌屈伸肌群等主要下肢肌群;(4)实验对象为健康人/患病人群、成年人/老年人、性别不限、有无锻炼均可。

排除标准:(1)不符合前文纳入标准要求的文献;(2)文献中包含的本书所需资料较少;(3)数据结果重复的文献;(4)动物实验;(5)结局指标不完整;(6)没有全文或者为综述类文章。(见图7-9)

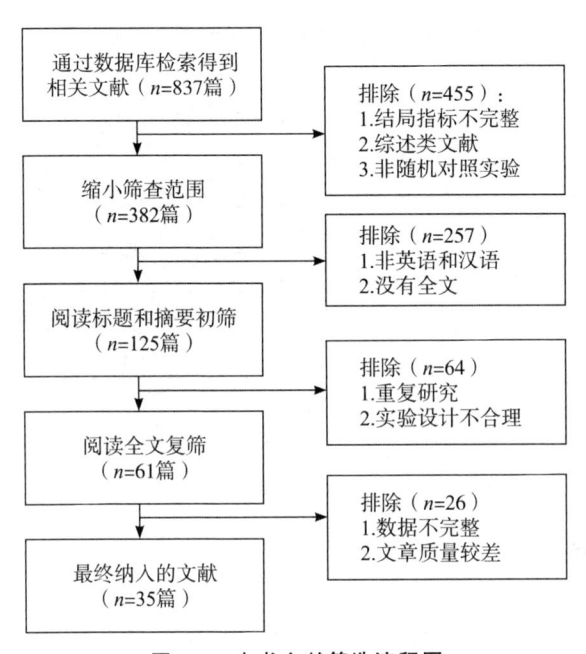

```
通过数据库检索得到              排除（n=455）：
相关文献（n=837篇）    →       1.结局指标不完整
       ↓                      2.综述类文献
                              3.非随机对照实验
缩小筛查范围
（n=382篇）            →       排除（n=257）
       ↓                      1.非英语和汉语
                              2.没有全文
阅读标题和摘要初筛
（n=125篇）            →       排除（n=64）
       ↓                      1.重复研究
                              2.实验设计不合理
阅读全文复筛
（n=61篇）             →       排除（n=26）
       ↓                      1.数据不完整
                              2.文章质量较差
最终纳入的文献
（n=35篇）
```

图7-9 本书文献筛选流程图

(三)质量评价

本书的Meta分析研究质量评价,采用Cochrane方法学工作组推荐的Cochrane偏倚风险评估工具进行方法学质量评价。Cochrane偏倚风险评估工具既不是量表也不是评价清单,它是基于区域范围的评估。在图7-10中达标为圈"+",未达标为圈"-",未明确为圈"?"。有1篇文章存在盲法分配(选择偏倚);有10篇文章没有交代研究参与者和人员采用盲法(执行偏倚)情况;有7篇文章忽略了结果评估的盲法(观察偏倚)(图7-10)。其中,3%的盲法分配(选择偏倚)评价、28.6%的研究参与者和人员采用盲法(执行偏倚)评价、21.2%的研究结果的盲法评估评价为"high risk of bias";随机序列的产生(选择偏倚)和结果数据的完整性(失访偏倚)评价全部为"low risk of bias"。另外,还有一定比例的评价为"unclear risk of bias"(图7-11)。

图 7-10 文献方法学质量评估示意图

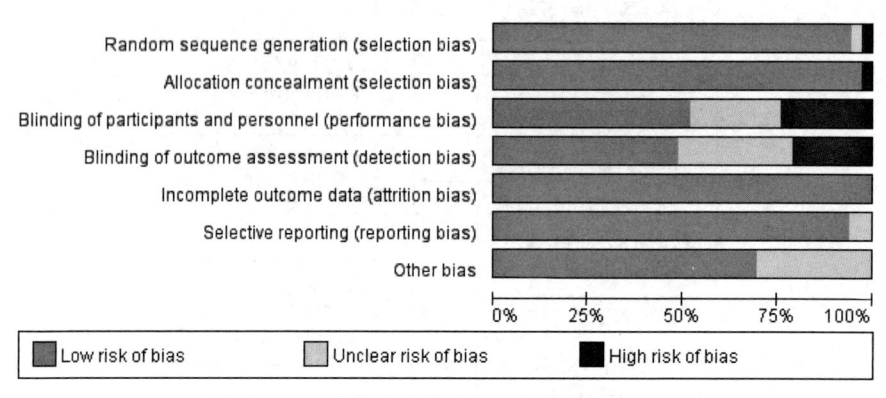

图 7-11 文献方法学质量评估各项占比图

(四)数据分析

1. 统计方法

运用 Revman 5.3 软件来进行方法学质量评价的统计。由于所纳文献测试方法和测试单位不一致,因此效应尺度指标选择标准化均数差(SMD)进行统计。用 I^2 统计量进行各研究间异质性的检验,当 $I^2=0$ 时表明各研究间无异质性;当 $I^2>50\%$ 时表明研究间存在异质性。无异质性时采用固定效应模型分析;存在异质性时,运用 Stata 12.0 软件进行敏感性分析,寻找异质性来源,之后进行亚组分析确定异质性,采用漏斗图进行发表偏倚的影响分析。

2. 数据提取

两名检索人员在检索过程中采用独立双盲的方式,对纳入的文献进行相关指标的提取,内容包括:文献的第一作者、发表年限、运动经历、性别、年龄、样本量、实验设计方案等。效果量计算用 Cohen's d 来表示标准化均数差(SMD)的值,划分标准为小于 0.2 为小效应,$0.2<d<0.8$ 为中等效应,大于 0.8 为大效应。

3. 亚组划分

(1)人群特征。

人群特征的划分为无锻炼组、普通锻炼组和运动员组。依据纳入文献的原始阐述而定,将描述为静坐少动或不运动的人群划分为无锻炼组;将规律锻炼和进行不规律身体活动的人群均划分为普通锻炼组,将职业运动员和体育院校(系)高水平队员划分为运动员组。

(2)训练剂量。

训练剂量由训练频率、训练周期和训练强度组成。按照训练强度等级和相应换算公式(表 7-37),将 Meta 分析的训练强度亚组按%1 RM 划分为低强度组(<30)、较低强度组(30~<50)和中大强度组(≥50)。采用百分位数法将原始数据的连续变量分割成分类变量,即取 33%和 66%两个节点并结合实践经验,将训练频率亚组分成≤2 次/周、3~5 次/周、≥6 次/周 3 个亚组,将训练周期划分为≤3 周、4~7 周及≥8 周 3 个亚组。

表 7-37 训练强度等级换算一览表

强度等级	%HRR	%VO$_2$max	MET	%1 RM	速度 m/min
低	<30	<37	<2	<30	—
较低	30~<40	37~<45	2.0~<3.0	30~<50	—
中等	40~<60	46~<64	3.0~<6.0	50~<70	50*
较大	60~<90	64~<91	6.0~<8.8	70~<85	67[#]
大到最大	≥90	≥91	≥8.8	≥85	—

注:此表依据《ACSM 运动测试与运动处方指南》(第九版)整理。* 和 [#] 为纳入文献的原始取值,按照走路能耗计算公式=3.5+0.1×速度+1.8×速度×坡度换算划分。

二、文献纳入的基本情况

通过制定文献纳入标准和排除标准对检索结果进行筛查和阅读,共计 35 篇文献(60 项研究)涉及血流限制训练/加压训练对下肢肌力训练效果影响的随机对照试验符合纳入标准。其中涉及伸肌力量的研究 42 项和屈肌力量的研究 18 项。人群特征包括有无锻炼经历者或运动员,性别以男性居多。样本量共计 1325 例,年龄范围为 20~80 岁,运动干预方案设计较为灵活,单次训练持续时间几乎没有明确说明,干预持续时间范围 0.8~12 周不等。具体如表 7-38 所示。

表 7-38　本书纳入的研究文献基本特征（$N=35$）

| 文献来源 | 人群特征 | 年龄/岁 | 性别 | N | 血流限制/加压训练方案设计 ||||
					强度	频率（次/周）	周期/周	内容
Abe,2005a	运动员	未提及	男	15	20%1 RM	14	1.1	抗阻伸膝练习15次/组×3组,间歇30秒
Abe,2005b	普通锻炼	<25	男	16	20%1 RM	12	2	抗阻伸膝练习15次/组*3组,间歇30秒
Abe,2009	普通锻炼	<25	男	12	50 m/min	6	3	往返步行52分钟,间歇60秒
Abe,2010a	普通锻炼	<25	男	19	40% VO_2 max	3	8	骑单车15分钟
Abe,2010b	普通锻炼	60~78	男/女	19	67 m/min	5	6	健步走20分钟,间歇30秒
Anthony,2018	无锻炼	<25	男	24	30%1 RM	5	8	抗阻伸膝练习15~30次/组*4组,间歇30秒
Beekley,2005	普通锻炼	<25	男	18	50 m/min	12	3	往返步行52分钟,间歇60秒
Behringer,2016	运动员	19~27	男	24	60%~70% VO_2 max	2	6	变速跑,100/组*6组,间歇1分钟
Benedito,2017	运动员	<25	男	22	30%1 RM	2	6	伸膝练习30次/组*4组;屈膝练习30次/组*4组,间歇30秒

续表

文献来源	人群特征	年龄/岁	性别	N	血流限制/加压训练方案设计			
					强度	频率（次/周）	周期/周	内容
Bowman,2019	运动员	<30	男/女	36	30%1 RM	2	6	抗阻伸膝练习15~30次/组*4组，间歇30秒
Bryk,2016	无锻炼	≥60	女	34	30%1 RM	3	6	自重组合训练，8个练习动作，10次/组*3组
Clark,2011	普通锻炼	<25	男/女	16	30%1 RM	3	4	等张练习，离心运动2 s和向心运动2 s/组*3组，间歇30秒
Cook,2017	无锻炼	≥65	男/女	36	30%1 RM	2	12	抗阻伸膝练习，练习3组到力竭，间歇60秒
Fujita,2008	普通锻炼	<25	男	16	20%1 RM	12	0.8	抗阻伸膝练习15~30次/组*4组，间歇30秒
Gilberto,2012	普通锻炼	<25	男	29	20%1 RM	2	8	伸膝练习15次/组*3~4组，间歇30秒
Hernandez,2013	无锻炼	<25	男	39	20%1 RM	2	5	伸膝练习15~30次/组*4组，间歇30秒

续表

文献来源	人群特征	年龄/岁	性别	N	血流限制/加压训练方案设计			
^	^	^	^	^	强度	频率（次/周）	周期/周	内容
Karabulut,2010	普通锻炼	≥56	男	37	20%1 RM	3	6	抗阻伸膝练习15～30次/组*3组，间歇30秒
Kubo,2006	无锻炼	<25	男	9	20%1 RM	3	12	抗阻伸膝练习15～30次/组*3组，间歇30秒
Libardi,2015	无锻炼	≥65	未交代	25	20%～30%1 RM	2	12	抗阻伸膝练习15～30次/组*4组，间歇60秒
Lixandrao,2015	无锻炼	20～40	男	35	20%～40%1 RM	2	12	抗阻伸膝练习15次/组*3组，间歇30秒
Madarame,2008	无锻炼	<25	男	15	30%1 RM	2	6	抗阻伸膝练习15～30次/组*3组，间歇30秒
Ohta,2003	普通锻炼	18～52	男/女	44	<30%1 RM	6	16	6个动作的组合训练
Ozaki,2011a	无锻炼	≥65	男/女	23	45%HRR	4	10	健步走20分钟
Ozaki,2011b	无锻炼	57～73	女	18	45%HRR	4	10	健步走20分钟
Park,2010	运动员	<25	男	14	40% VO_2 max	12	2	5组3分钟速跑，间歇60秒，持续19分钟

续表

文献来源	人群特征	年龄/岁	性别	N	强度	频率(次/周)	周期/周	内容
Patterson,2011	普通锻炼	≥65	男/女	10	25%1 RM	3	4	抗阻伸膝练习3组到力竭,间歇60秒
Segal,2015a	普通锻炼	45~65	女	45	30%1 RM	3	4	抗阻伸膝练习15~30次/组*4组,间歇30秒
Segal,2015b	普通锻炼	≥56	男	41	30%1 RM	3	4	抗阻伸膝练习15~30次/组*4组,间歇30秒
Shimizu,2016	无锻炼	≥70	男/女	40	20%1 RM	3	4	抗阻伸膝练习20次/组*4组,间歇30秒
Thiebaud,2013	普通锻炼	≥60	女	14	10%~30%1 RM	3	8	抗阻伸膝练习15~30次/组*3组,间歇30秒
Vechin,2015	无锻炼	59~71	男/女	23	20%~30%1 RM	2	12	抗阻伸膝练习20次/组*4组,间歇30秒
Yokokawa,2008	无锻炼	≥65	男/女	51	<30%1 RM	2	8	6个动作的组合训练
刘莉,2017	无锻炼	≥35	男/女	77	30%1 RM	14	2	抗阻伸膝练习15次/组*4组,间歇30秒

续表

文献来源	人群特征	年龄/岁	性别	N	血流限制/加压训练方案设计			
					强度	频率（次/周）	周期/周	内容
李志远,2019	运动员	<25	男	16	30%1 RM	3	4	深蹲、负重弓箭步和抗阻跑步加压练习，第1组30次，其余各组15次，组间歇为60秒
王明波,2019	运动员	<30	男	18	30%1 RM	3	4	深蹲、负重弓箭步和抗阻跑步加压练习，第1组30次，其余各组20次，组间歇为60秒

（一）敏感性分析

通过对纳入的35篇文献进行敏感性分析，如改变研究质量差异、纳入标准、统计模型以及效应量的选择等，重新进行 Meta 分析，发现合并结果改变不明显，说明研究的 Meta 分析结果较为可信。

（二）发表偏倚分析

采用漏斗图（图7-12），对纳入的文献进行发表偏移分析。在伸肌力量和屈肌力量方面，仅屈肌力量有一项研究位于区域外侧，其他纳入的研究均能较好分布于对称轴的两侧，说明所纳入的研究不存在明显的发表偏倚。

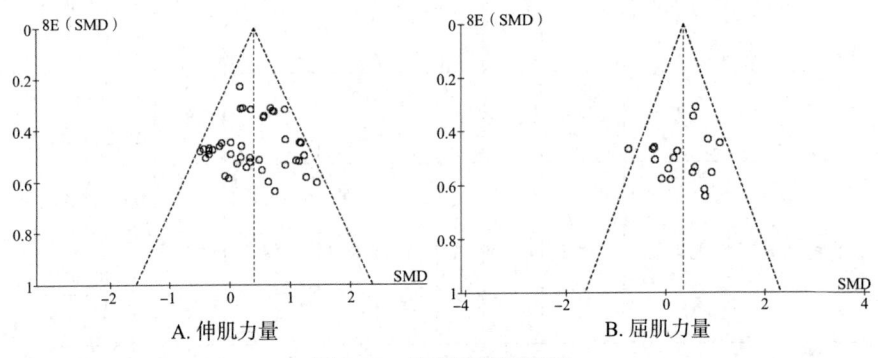

A. 伸肌力量　　B. 屈肌力量

图 7-12　发表偏倚漏斗图

三、血流限制训练对下肢伸肌力量的影响

Meta 分析结果显示(见表 7-39),伸肌力量和屈肌力量各研究结果间异质性较小($I^2<50\%$, $p<0.01$),采用固定效应模型合并伸肌力量效应量 $d_{伸肌力量}=0.39$,属于中等效应,双尾检验的结果具有统计学意义($p<0.01$);屈肌力量合并效应量 $d_{屈肌力量}=0.35$,也属于中等效应,双尾检验的结果差异具有非常显著性($p<0.01$)。

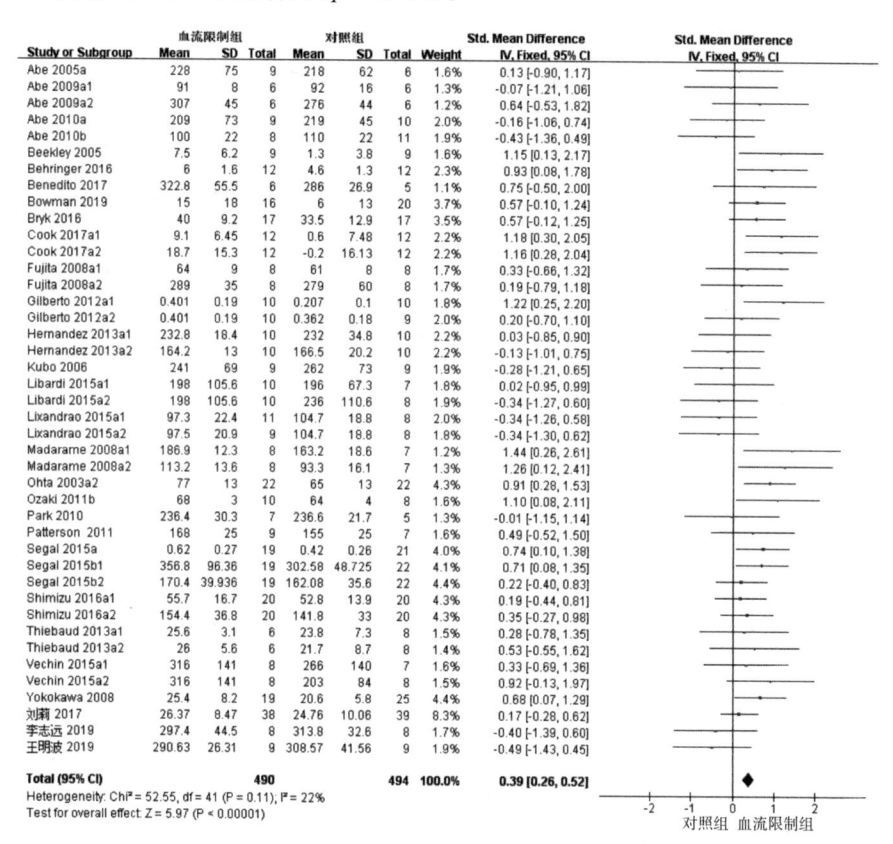

图 7-13 血流限制训练对下肢伸肌力量影响的森林图

表 7-39 血流限制训练与下肢肌力关系的整体效应结果一览表

类型	研究数量/项	异质性检验 Tau²	P	I²	双尾检验 Z	P	SMD(置信区间) d(95%CI)
伸肌力量	42	52.55	0.11	22%	5.97	0.000**	0.39[0.26,0.52]
屈肌力量	18	18.8	0.34	10%	3.13	0.002**	0.35[0.13,0.57]

注:* 差异具有显著性($p<0.05$),** 差异具有非常显著性($p<0.01$),以下各表同。

在纳入的文献中,共有 27 篇(42 项研究)报道了血流限制训练对下肢伸肌力量的影响,在纳入的研究对象中,血流限制组 490 例,对照组 494 例。森林图结果显示(图 7-13),菱形效应量的 95% 置信区间不包含 0,表示这 42 项研究的效应量具有统计学意义,而且效应量位于无效线的右侧,说明血流限制组人群下肢伸肌力量提升效果优于对照组。这提示,血流限制训练对机体下肢伸肌力量产生了一定的影响。本书根据纳入文献的特征,仅对人群特征、训练强度、训练频率及训练周期 4 个调节变量进行亚组分析(表 7-40)。

表 7-40 伸肌力量影响的调节效应结果一览表

调节效应		纳入研究项数	异质性检验			SMD 及置信区间	双尾检验	
			Tau^2	P	I^2	95%CI	Z	P
人群特征	无锻炼	19	12.34	0.768	0%	0.192(−0.007,0.389)	5.19	0.000**
	普通锻炼	15	10.07	0.580	0%	0.402(0.147,0.645)	5.77	0.000**
	运动员	8	1.28	1.113	5%	0.604(0.251,1.128)	4.90	0.003**
训练强度	<30% 1RM	16	6.36	0.961	0%	0.205(−0.058,0.421)	1.96	0.113
训练强度	30%~<50% 1RM	20	12.97	0.815	0%	0.377(0.169,0.501)	4.77	0.000**
	≥50%1RM	6	8.22	0.152	13.7%	0.422(0.001,0.632)	2.55	0.059
训练频率	≤2 次/周	15	13.54	0.248	27.9%	0.265(−0.005,0.522)	2.50	0.014
	3~5 次/周	15	12.24	0.686	0%	0.331(0.116,0.437)	3.90	0.003**
	≥6 次/周	12	8.15	0.936	0%	0.339(0.061,0.613)	3.11	0.011*
训练周期	≤2 周	10	0.15	1.292	0%	0.176(−0.160,0.517)	1.35	0.301
	3~7 周	20	16.72	0.651	0%	0.473(0.241,0.561)	5.69	0.000**
	≥8 周	12	11.37	0.469	12.1%	0.145(−0.117,0.326)	1.47	0.347

由表 7-40 所示,在人群特征方面,血流限制训练在 3 个亚组上对不同人群下肢伸肌力量的影响均产生了显著效应。各研究间具有同质性($I^2<50\%$, $p<0.01$),采用固定效应模型合并效应量得出,运动员组的效应量达到最大值($d_{运动员}=0.604$),其次为普通锻炼组($d_{普通锻炼}=0.402$),无锻炼组效应量最小($d_{无锻炼}=0.192$),差异均具有非常显著性($p<0.01$)。这提示,血流限制训练对机体下肢伸肌力量的提高具有一定的促进作用。

在训练强度方面,血流限制训练仅在30%~<50%1 RM组别产生了显著效应,差异具有非常显著性($Z=4.77, p<0.01$)。其他两个组别均没有呈现出显著性差异($p\geqslant0.05$)。在30%~<50%1 RM训练强度下进行血流限制训练,下肢伸肌力量产生了中等效应量($d=0.377, P=0.000$)。

在训练频率方面,Meta分析结果显示,3~5次/周和≥6次/周组别的研究间均具有同质性($Q_{3\sim5次/周}=12.24, p=0.686, i^2=0\%$;$Q_{\geqslant6次/周}=8.15, p=0.936, I^2=0\%$),采用固定效应模型进行合并效应量分析发现,3~5次/周和≥6次/周均达到了中等效应量水平,效应量较为均衡($d_{3\sim5次/周}=0.331$;$d_{\geqslant6次/周}=0.339$)。但≤2次/周亚组经检验,无统计学意义($p>0.05$)。这提示,在同等条件下训练频率的选择,可以优先考虑每周安排训练3~5次。

在训练周期方面,仅在3~7周亚组上产生了显著效应,研究间具有同质性($Chi^2=16.72, P=0.651, I^2=0\%$),其效应量达到最大值($d_{3\sim7周}=0.473, P=0.000$),≤2周和≥8周两个亚组对下肢伸肌力量的影响无显著效应($p>0.05$)。这提示,训练周期控制在3~7周范围内,能够有效提高下肢伸肌力量的训练效果,训练周期太短(≤2周)或者太长(≥8周)均不利于发挥血流限制训练的潜在功效或价值。

四、血流限制训练对下肢屈肌力量的影响

在纳入的文献中,共有8篇(18项研究)报道了血流限制训练对下肢屈肌力量的影响,在纳入的研究对象中,血流限制组168例,对照组173例。森林图结果显示(图7-14),菱形效应量的95%置信区间不包含0,表示这18项研究的效应量具有统计学意义,而且效应量位于无效线的右侧,

	血流限制组			对照组				Std. Mean Difference
Study or Subgroup	Mean	SD	Total	Mean	SD	Total	Weight	IV, Fixed, 95% CI
Abe 2005b	63	23	9	67	11	7	4.9%	-0.20 [-1.19, 0.79]
Abe 2009a1	61	16	6	62	9	6	3.7%	-0.07 [-1.20, 1.06]
Abe 2009a2	121	14	6	119	21	6	3.7%	0.10 [-1.03, 1.24]
Abe 2010a	79	27	9	84	16	10	5.9%	-0.22 [-1.12, 0.69]
Abe 2010b	53	11	8	56	12	11	5.7%	-0.25 [-1.16, 0.67]
Anthony 2018	10.1	1.5	12	8.5	1.3	12	6.3%	1.10 [0.23, 1.97]
Benedito 2017	175.6	32.9	6	153	11.4	5	3.0%	0.80 [-0.45, 2.06]
Bowman 2019	27	26	16	14	19	20	10.6%	0.57 [-0.10, 1.24]
Cook 2017b	5.4	7.63	12	0.4	2.2	12	6.7%	0.86 [0.02, 1.70]
Hernandez 2013a2	101.9	18.3	10	113.7	11.6	10	5.7%	-0.74 [-1.65, 0.18]
Madarame 2008a1	81.5	7.8	8	74.7	13.3	7	4.4%	0.60 [-0.45, 1.64]
Madarame 2008a2	51	3.8	8	45.4	7.3	7	4.1%	0.93 [-0.16, 2.01]
Ohta 2003a1	81	14	22	72	15	22	13.0%	0.61 [0.00, 1.21]
Park 2010	153.3	24.1	7	136.4	11.3	5	3.3%	0.78 [-0.43, 1.99]
Thiebaud 2013a1	26	3.8	6	23.1	5.6	8	4.1%	0.55 [-0.53, 1.64]
Thiebaud 2013a2	24.6	6.6	6	24.2	7.1	8	4.3%	0.05 [-1.00, 1.11]
李志远 2019	170.7	16.2	8	167.8	18.2	8	5.0%	0.16 [-0.82, 1.14]
王明波 2019	170.72	21.84	9	165.92	15.43	9	5.6%	0.24 [-0.69, 1.17]
Total (95% CI)			**168**			**173**	**100.0%**	**0.35 [0.13, 0.57]**

Heterogeneity: $Chi^2=18.80$, df = 17 (P = 0.34); $I^2=10\%$
Test for overall effect: Z = 3.13 (P = 0.002)

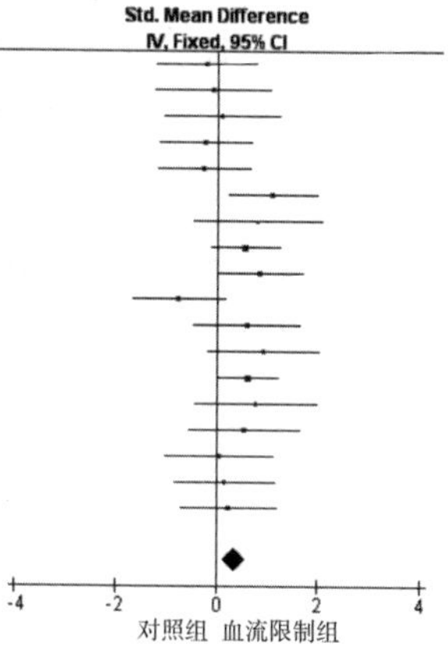

图 7-14 血流限制训练对下肢屈肌力量影响的森林图

说明血流限制训练对下肢屈肌力量具有明显的提升效果($p<0.01$),且各研究间存在同质性。另外,本书进一步对人群特征、训练强度、训练频率及训练周期4个调节变量进行亚组分析(表7-41)。

表7-41 屈肌力量影响的调节效应结果一览表

调节效应		纳入研究	异质性检验			SMD及置信区间	双尾检验	
		N	Tau^2	P	I^2	95%CI	Z	P
人群特征	无锻炼	4	0.72	1.18	1.3%	0.931(0.459,1.481)	5.03	0.000**
	普通锻炼	7	2.47	1.21	0%	-0.034(-0.419,0.375)	0.22	0.823
	运动员	7	0.36	1.25	0%	0.653(0.258,1.032)	4.20	0.001**
训练强度	<30%1RM	6	2.30	0.24	4.3%	0.215(-0.552,0.661)	1.85	0.046
	30%~<50%1RM	9	6.60	0.69	0%	0.563(0.217,0.922)	5.02	0.000**
	≥50%1RM	3	7.97	0.38	0%	0.411(0.037,0.758)	0.18	0.327
训练频率	≤2次/周	4	0.81	1.25	0%	0.743(0.343,1.163)	4.69	0.000**
	3~5次/周	5	8.83	0.19	40.4%	0.259(-0.158,0.687)	1.60	0.539
	≥6次/周	9	4.38	0.65	0%	0.344(-0.061,0.736)	2.17	0.076
训练周期	≤2周	5	2.52	0.76	0%	0.184(-0.433,0.644)	0.56	0.471
	3~7周	8	11.87	0.43	12.8%	0.452(0.155,0.791)	3.81	0.003**
	≥8周	5	0.34	0.79	0%	0.768(0.221,1.264)	3.69	0.004**

从表7-41可知,通过人群特征亚组分析,人群特征对血流限制训练和下肢屈肌力量两者的关系存在一定影响($p<0.05$),但这种效应仅体现在无锻炼组($Z=5.03,p<0.01$)和运动员组($Z=4.20,p<0.01$),普通锻炼组则没有统计学意义($p>0.05$)。无锻炼组血流限制训练对提高下肢屈肌力量产生了最大的效应量($d_{无锻炼}=0.931,P=0.000$),其次为运动员组($d_{运动员}=0.653,P=0.001$)。

在训练强度方面,用30%~<50%1RM的强度能够显著提高训练者的下肢屈肌力量($p<0.01$),其他两个组别均没有表现出显著效应($P<30\%1RM,P=0.046$)。这提示,采用较低强度的血流限制训练进行下肢屈肌力量训练,可以取得较大的训练效果($d=0.563,P=0.000$)。

在训练频率方面,由于这些研究结果的异质性不高($I^2<50\%$),采用固定效应模型,对其进行统计学分析找到最佳的合并效果值。与伸肌力量结果不同的是,屈肌力量训练效果仅在≤2次/周组别产生了最大的效应

量($d=0.743, P=0.000$),而且效应具有显著性($Z=4.69, p<0.01$),3～5次/周和≥6次/周两个组别对下肢屈肌力量的提高没有效果($p>0.05$)。

在训练周期方面,Meta分析结果显示,3～7周和≥8周均表现出显著性差异($p<0.01$),其中,≥8周组的效应量达到最大值($d_{≥8周}=0.768$),其次为3～7周组($d_{3～7周}=0.452$),差异具有非常显著性($p<0.01$)。

五、下肢伸肌力量和屈肌力量的变化情况

血流限制训练/加压训练是在适当限制血流的情况下进行的训练方法。血流限制训练是一种安全有效的运动、康复干预方式,其原理是通过改变加压部位(手臂或腿部)静脉血流,从而产生一系列积极的生理效应。加压训练效果受到众多变量的影响,并有相应的禁忌证,盲目参与和使用不当可能会对身体的血管、心肺、神经感觉等方面造成相应的风险。鉴于血流限制训练具有可发掘机体潜能、促进机体提高血管扩张和收缩功能,同时训练快肌和慢肌的优势,目前血流限制训练相关研究引起了国际体育科学界和医学界的极大关注。[1]

本书主要从下肢伸肌力量和屈肌力量的变化情况,来分析血流限制训练对机体肌肉力量的训练效果。有研究指出,虽然血流限制训练发展到今天已经在各人群层面展开了大量的实验研究,但是从高质量的随机对照实验研究来看,血流限制训练更适于运动员群体。[2] Meta分析结果也证实了这一点,血流限制训练对机体下肢伸肌力量的提高具有一定的促进作用,在提高伸肌力量训练效果方面,运动员群体的合并效应量最大($d_{运动员}=0.604$)。但在发展屈肌力量方面,无锻炼组血流限制训练对提高下肢屈肌力量产生了最大的效应量($d_{无锻炼}=0.931$),其次为运动员组($d_{运动员}=0.653$),普通锻炼组没产生显著性差异。Loenneke等推测血流限制训练的适应性主要发生在肌肉的力量,然后是肌肉的大小,最后是神经的适应

---

[1] Bowman E N, Elshaar R, Milligan H, et al. Proximal, distal, and contralateral effects of blood flow restriction training on the lower extremities: A randomized controlled trial[J]. Sports health: A multidisciplinary approach, 2019, 11(2): 149-156.

[2] Bennett H, Slattery F. Effects of blood flow restriction training on aerobic capacity and performance: A systematic review[J]. The journal of strength & conditioning research, 2019, 33(2): 1.

性。① 分析其机制,可能是由于施加负荷与神经肌肉的适应性、运动单位和肌纤维募集模式的改变间存在某种剂量—反应关系,使无锻炼者和运动员在利用血流限制训练时屈肌力量得到了加强,无锻炼者由于没有经过系统锻炼,下肢肌力相对薄弱,在完成膝关节屈环节运动时速度比伸环节运动速度相对要快,这就引起肌肉牵张反射发生相应的变化。速度变化受牵张反射的影响和制约,例如较快的速度表现下会激活牵张反射的高位点活跃度,也就是表面上所看到的离心收缩时运动员的爆发力明显增强,超出同情况下的向心收缩的两倍,屈膝离心力远高于伸膝离心力。Takarada 等在男运动员和女运动员群体身上也证实了血流限制训练能够提高优秀运动员的肌肉力量。② 健康的无锻炼者要比普通锻炼者在提高肌肉力量方面效果更好。通过对比上述研究发现:一是纳入文献质量不同,研究纳入的基本为高质量的随机对照试验;二是人群分类特征不同,研究将体育院校(系)高水平运动学生研究也纳入运动员范畴,而没有归属到普通锻炼者范畴;三是同类 Meta 分析研究将健康人群和患病人群分开研究,而本书扩大了纳入范围,将患病人群研究也纳入 Meta 分析中。

众所周知,传统力量训练理论认为,大强度和极限强度的抗阻训练是提高肌肉力量和横断面积的重要途径。但血流限制训练强调的是采用低强度训练模式,但是低强度到底多低才有效,众多专家学者从各自研究的视角进行了不同低强度血流限制模式训练的实验论证。Meta 分析结果发现,用 30%~<50%1 RM 的较低强度训练能够显著提高训练者的下肢肌力。而低于 30%1 RM 和高于 50%1 RM 的训练强度合并效应量后差异不显著。这说明太低或者太高的训练强度均不利于发挥血流限制训练的

---

① Loenneke J P,Thiebaud R S,Takashi A.The application of blood flow restriction training into Western medicine:Isn't it about time? [J]. The Journal of alternative and complementary medicine.2013,19(10):843-844.

② Takarada Y,Takazawa H,Ishii N.Applications of vascular occlusion diminish disuse atrophy of knee extensor muscles[J].Medicine and science in sports and exercise,2000,32(12):2035-2039.

潜在价值。与 Abe 等[1]和 Yamanaka 等[2]的研究结果相一致,Slysz 等[3]对健康人群的 Meta 分析结果证实,与 20%1 RM 相比较而言,30%1 RM 引起的肌肉力量增益最大。但 Cook 等[4]的研究发现,通过 3 周中等强度(70%1 RM)抗阻力量进行血流限制训练,运动员的腿部深蹲力量提高了 2%。采用 50%1 RM 的中大强度进行训练后,发现肘部屈肌的力量提高了 18%。出现这种结果差异的原因在于 Cook 等采用的是多关节肌的训练模式,而以往的血流限制训练均采用单一关节运动(屈、伸)形式。到目前为止,大多数研究并不推荐中大强度血流限制训练用于增加力量和肌肉大小或运动后即刻的力量表现,即没有足够的证据表明,中大强度对于提高机体下肢力量是有益的。而且,有证据表明,在低强度(20%1 RM)收缩时,运动单位的动员速率和运动单位的峰值振幅才开始显著增加。骨骼肌强度的变化可以归因于肌肉神经的适应,如肌肉神经协调能力的改善和快肌纤维的募集能力。因此,考虑到当前的研究选择血流限制训练强度为 20%~40%1 RM 或 MVC 运动,似乎更有利于增强肌肉力量。

研究发现,每周 3~5 次和每周≥6 次均达到了中等效应量水平,效应量较为均衡($d_{3\sim5次/周}=0.331$;$d_{\geq6次/周}=0.339$),即在同等条件下训练频率的选择,可以优先考虑每周安排训练 3~5 次。与伸肌力量结果不同的是,屈肌力量训练效果仅在≤2 次/周组别产生了最大的效应量。有观点支持本书的结论,较低的训练强度可引起轻微的疲劳,但疲劳恢复的速度较快,即使用血流限制训练进行更频繁的训练(2~3 次/天)也是可行的。Abe 等招募男性田径运动员(跳高运动员、短跑运动员)完成 8 天(每天 2~3 次)的训练计划,包括 3 组蹲举和 15 次腿部弯曲训练。与对照组相比,血流限制训练使肌肉大小(大腿中部横断面积)、力量(腿部肌肉)和 30 米短

---

[1] Abe T,Kawamoto K,Yasuda T,et al.Eight days KAATSU-resistance training inproved sprint but not jump performance in collegiate male track and field athletes[J]. International journal of KAATSU trainning research,2005,1(1):19-23.

[2] Yamanaka T,Farley R S,Caputo J L.Occlusion training increases muscular strength in division ZA football players[J].Journal of strength and conditioning Research,2012,26(9):2523-2529.

[3] Slysz J,Stultz J,Burr J F.The efficacy of blood flow restricted exercise:A systematic review & meta-analysis[J].Journal of science & medicine in sport,2016,19(8):669-675.

[4] Cook C J,Kildulf L P,Beaven C M.Improving strength and power in trained athletes with 3 weeks of occlusion training[J].International journal of sports physiology and performance,2014,9(1):166.

跑时间有显著改善。另一项研究使用了顶尖篮球运动员训练2周,每周训练6天,每天采用血流限制训练行走两次,每次5组,每组3分钟(4~6 km/h,坡度5%),每组之间休息1分钟,结果发现膝关节伸肌力量得到提高。

Meta分析结果还发现,训练周期控制在3~7周内,能够有效提高下肢伸肌力量的训练效果,训练周期太短(≤2周)或者太长(≥8周)均不利于发挥血流限制训练的潜在功效或价值。在屈肌力量训练方面,≥8周组的效应量达到最大值($d_{⩾8周}=0.768$),其次为3~7周组($d_{3~7周}=0.452$)。Luebbers等通过对训练有素的运动员进行血流限制训练,发现下肢力量增加至少在为期7周的训练后才能出现显著性改善。[①] 持续运动5~8周才会使肌肉力量得到显著提高。上述研究表明,力量训练后力量能力的早期提高部分是由于神经兴奋的改善引起,训练开始后3~5周才可观察到。肌肉增加随时间改变的机制尚不完全清楚,但代谢压力在这过程中扮演着重要的角色。当训练处在氧气供应受到限制时,代谢压力会十分普遍,即在局部血流限制下,肌肉处于低氧状态使需要氧气的慢肌受到限制,但快肌则因可以无氧代谢而优先被动员参与收缩活动,加压训练能更加有效地促进与肌肉合成相关的生长激素和生物活性因子的良性变化。近期研究更针对细胞分子基因的改变来探讨肌肉产生的变化,也都发现长时间、低强度负荷的血流限制训练后,可以形成有利于肌肉蛋白合成的环境条件[②],是比较适合体弱人群在较短时间内迅速提高肌肉量的有效运动方式。但现阶段对于确切形成肌肉细胞增长的机制仍有待厘清。

六、研究结论

血流限制训练能够使机体下肢肌力的训练效果达到中等效应量。它们之间的关系受到人群特征、训练强度、训练频率及训练周期的影响。具体而言,发展下肢伸肌力量的血流限制训练模式宜采用30%~<50% 1 RM的较低强度,每周训练3~5次,训练周期控制在3~7周为佳;发展下肢屈肌力量的血流限制训练模式宜采用30%~<50% 1 RM的较低强度、每周2次及以下的低频率、持续训练8周及以上效果最好。

[①] Luebbers P E, Fry A C, Kriley L M, et al. The effects of a 7-week practical blood flow restriction program on well-trained collegiate athletes[J]. Journal of strength & conditioning research, 2014, 28(8):2270.

[②] Centner C, Wiegel P, Gollhofer A, et al. Effects of blood flow restriction training on muscular strength and hypertrophy in older individuals: A systematic review and meta-analysis [J]. Sports medicine, 2019, 49(1):95-108.

第八章　中国体卫融合发展的时代走向

结合前面章节的理论和实践研究，从积极应对人口老龄化、青少年身体姿态健康促进、场景赋能业态融合、均等可及的普惠性服务、高质量发展路径几个方面深入探讨体卫融合的时代发展方向。针对新发展阶段体卫融合创新发展问题，在主动健康理念下，结合结构主义理论，深入挖掘中国式现代化背景下体卫融合高质量发展过程中面临的供给侧改革、体制机制、多元主体协同治理、健康素养水平方面的新走向。

本章通过对"中国体卫融合发展的时代走向"的分析，形成以下观点：

（1）新发展阶段构建更高水平的全民健身公共服务体系过程中，全民健身公共服务供给应该逐渐向适度普惠性供给转型升级，形成"有质量"为其外在价值追求的、以低收费为主要特征的服务供给。

（2）体医融合正在逐渐向体卫融合功能升级，服务围绕科学健身进行健康促进，推广集预防、治疗和康复为一体的慢性非传染性疾病干预方案。体卫融合包含体医融合，即体卫融合是在体医融合基础上的扩大化的转型升级。

第一节　民族传统体育与中西医结合的体卫融合模式

随着健康观念的转变和健康需求的日益增长，如何运用民族传统体育与中西医结合的体卫融合服务模式来提高人们的身体健康水平成了一个热门话题。本节从概念、渊源、内容、类型、案例和发展等方面对中西医结合的体卫融合服务模式进行了详细介绍，旨在为相关领域的研究提供参考。民族传统体育作为我国传统文化的重要组成部分，具有丰富的健康促进资源。中西医结合在健康领域的应用为人们提供了更加全面、有效的健康服务。本节旨在探讨中华民族传统体育与中西医结合的体卫融合服务模式的形成、发展及应用。

一、民族传统体育与中西医结合模式的概念

民族传统体育与中西医结合模式是指将民族传统体育与现代医学相

结合，为人们提供个性化、全方位的健康保障。这一模式充分体现了我国古代医学和体育文化的传承与发展，以及现代医学对民族传统体育的认可与借鉴。中西医结合，可以为人们提供更加全面、有效的健康服务。

二、民族传统体育与中西医结合模式的渊源

（一）中国古代医学和体育文化的传承与发展

自古以来，我国的医学和体育文化就在相互影响中共同发展。古代医学家们早已认识到运动对于健康的重要性，并将体育与养生相结合，形成了独特的健身理念和方法。在古代，体育活动被视为一种调养身体、强身健体的有效手段，与医学理论相互补充，共同守护人们的健康。

（二）现代医学对民族传统体育的认可与借鉴

随着现代医学的发展，越来越多的民族传统体育项目被认可，如太极拳、五禽戏等，这些项目对于增强体质、预防和治疗疾病具有显著效果。现代医学研究发现，民族传统体育项目在锻炼身体、调整身心、缓解疾病症状等方面具有显著作用，因此将这些项目融入体卫融合服务模式中，可以更好地满足人们对于健康的需求。

（三）中西医结合理论体系的建立与发展

中西医结合是将中医和西医的优势相结合，形成一个更全面、更有效的医学体系。这一理论体系在体卫融合服务模式中发挥着重要作用。中西医结合理论不仅包括中医的整体观念和调理方法，还包括西医的病因治疗和现代科学技术的应用。中西医结合，可以为人们提供更加全面、有效的健康服务。

三、民族传统体育与中西医结合模式的内容

民族传统体育在提高人们的身体素质、预防和治疗疾病方面具有重要作用，是体卫融合服务模式的重要组成部分。例如，太极拳、五禽戏等传统体育项目有助于增强心肺功能、柔韧性、平衡感和协调性等方面的身体素质，同时还具有调节心理、缓解压力等作用。将这些传统体育项目融入体卫融合服务模式，可以帮助人们更好地保持身心健康。

中西医结合在体卫融合服务模式中发挥着关键作用，它将中医的整体观念和调理方法与西医的病因治疗相结合，为人们提供更加全面、有效的健康服务。例如，在慢性病管理、康复治疗等方面，中西医结合的体卫融合服务模式可以提供更优质的医疗服务。

四、民族传统体育与中西医结合模式的类型

(一)医院型体卫融合服务模式

医院型体卫融合服务模式主要是指在医院内设立相关科室,提供中西医结合的体卫融合服务。这种模式以医疗机构为主体,通过专业的医疗团队为患者提供全面的诊疗和康复服务。患者在医院内可以接受中西医结合的诊断和治疗,如中医的针灸、推拿等康复疗法与西医的药物治疗、手术治疗等。这种模式的优势在于可以充分利用医院的医疗资源,为患者提供专业、系统化的医疗服务。

(二)社区型体卫融合服务模式

社区型体卫融合服务模式主要是指在社区设立相关服务机构,为居民提供中西医结合的体卫融合服务。这种模式以社区为服务平台,通过与医疗机构、社会体育组织等合作,为居民提供家门口的医疗服务。社区居民可以在社区服务中心接受健康检查、疾病预防和康复治疗等服务,如中医养生讲座、民族传统体育活动等。这种模式的优势在于方便居民参与,提高健康服务的可及性和普及性。

(三)家庭型体卫融合服务模式

家庭型体卫融合服务模式主要是指通过家庭医生、家庭护理等方式,为居民提供中西医结合的体卫融合服务。这种模式以家庭为服务单位,为居民提供个性化的健康管理和诊疗服务。家庭医生和护理人员可以为居民提供健康咨询、慢性病管理、居家康复等服务,如中医的养生调理、西医的疾病诊疗等。这种模式的优势在于能够更好地满足居民对于个性化、亲情化服务的需求。

(四)民族传统体育与中西医结合的新型体卫融合服务模式

新型体卫融合服务模式主要是指利用现代科技手段,如互联网、大数据等,为人们提供更加个性化、精准化的中西医结合的体卫融合服务。这种模式通过智能穿戴设备、健康 APP 等手段,收集居民的健康数据,结合中医养生理论和现代医学技术,为用户提供个性化的健康干预方案。此外,新型体卫融合服务模式还可以实现线上线下的互动,如在线预约诊疗、远程会诊等,提高医疗服务的效率和质量。这种模式的优势在于能充分利用现代科技手段,为人们提供更加便捷、智能化的健康服务。

五、民族传统体育与中西医结合模式的案例分析

北京市社区卫生服务机构针对居民的个性化健康需求,推出了"体卫

融合服务包",旨在为居民提供个性化、全方位的健康保障。在实施过程中,社区卫生服务机构充分利用中西医结合的优势,根据居民的体质特点和健康状况,制订相应的健康干预方案。例如,对于患有慢性病的居民,推荐适宜的民族传统体育项目,如太极拳、五禽戏等,以帮助他们增强体质、缓解病痛。通过这一服务包的推行,北京市社区卫生服务机构为居民提供了更加精准、有效的健康服务。

上海市中西医结合医院针对不同人群的健康需求,开展了一系列中西医结合的健康干预项目。该项目充分发挥中医的整体观念和调理方法以及西医的病因治疗优势,为患者制订个性化的健康干预方案。在实施过程中,医生根据患者的病情和体质特点,采用中西医结合的诊疗方法,如中医的针灸、推拿等康复疗法与西医的药物治疗、手术治疗等。经过一段时间的治疗,患者的生活质量得到了显著提高。这一项目的成功开展,为中西医结合的体卫融合服务模式提供了有力的实践支持。

江苏省以社区为平台,大力推广民族传统体育项目,如太极拳、健身气功等,并结合西医的健康管理理念,为居民提供个性化的健康服务。同时,江苏省还通过举办民族传统体育比赛,提高居民参与民族传统体育活动的积极性,从而提高全民健康水平。

浙江省充分发挥中医药资源优势,结合民族传统体育项目,推广中西医结合的体卫融合服务模式。例如,在慢性病管理、康复治疗等方面,中西医结合的体卫融合服务模式可以提供更优质的医疗服务。此外,浙江省还通过网络平台,为居民提供在线健康咨询、预约诊疗等服务,方便居民参与中西医结合的体卫融合服务。

广西壮族自治区以民族传统体育项目为载体,结合中医养生理论,推广中西医结合的体卫融合服务模式。例如,壮族的壮拳、瑶族的瑶族舞蹈等民族传统体育项目在广西壮族自治区得到了广泛推广。同时,广西壮族自治区还通过中西医结合疗法,为居民提供个性化的健康服务,取得了显著的成效。

六、民族传统体育与中西医结合模式的发展路径

(一)体卫融合服务模式在健康促进领域的广泛应用

随着人们对健康的重视,体卫融合服务模式将在健康促进领域得到更广泛的应用。从个人、家庭到社区,体卫融合服务模式将全面覆盖人们的日常生活,为全民提供个性化、全方位的健康保障。将民族传统体育与现代医学相结合的模式将有助于预防和治疗疾病,提高人们的身体素质,缓

解社会老龄化带来的健康问题,助力健康中国战略的实施。

(二)中西医结合理论体系的不断完善与创新

中西医结合理论体系将在未来得到不断完善和创新,为体卫融合服务模式的发展提供有力支持。随着科研技术的进步,中西医结合将从理论和实践两个层面取得更多突破,为体卫融合服务模式提供更加丰富、科学的理论依据。中西医结合将从疾病治疗、康复干预、养生保健等多个方面,进一步发挥体卫融合服务模式的优势,提高人们的健康水平。

(三)民族传统体育与现代医学的深度融合

民族传统体育与现代医学将在人才培养、科研项目等方面进行深度融合,为体卫融合服务模式的发展注入新的活力。现代医学将借鉴民族传统体育的优点,提高康复治疗、慢性病管理等方面的服务水平。同时,民族传统体育将借鉴现代医学的成果,进一步优化运动疗法、养生保健等方面的实践。通过深度融合,民族传统体育与现代医学将为体卫融合服务模式的发展提供更多可能。

(四)体卫融合服务模式在健康政策制定与实施方面的影响

体卫融合服务模式将在健康政策制定和实施方面发挥重要作用,为提高人们的身体健康水平提供有力保障。政府将加大对体卫融合服务模式的投入和支持,鼓励医疗机构、社区、家庭等多元化服务体系的发展。此外,政府还将推动中西医结合的科研创新,提升体卫融合服务模式的科技水平。通过政策引导和扶持,体卫融合服务模式将更好地满足人们的健康需求,提高全民健康水平。

第二节 体卫融合积极应对人口老龄化的方案

一、积极老龄化的背景

当前积极应对老龄化问题逐渐上升为国家战略,党的十九大报告和二十大报告中都指出,国家要采取积极应对老龄化的有效举措。《关于加强新时代老龄工作的意见》也提出了"积极老龄化"和"健康老龄化"。一般来说,政策法规的出台一般与当下的经济社会问题相伴随。最新的数据显示,我国老年人群数量高达 2.6 亿左右。因此,在这种人口老龄化向健康老龄化过渡的时代背景下,建立健全老龄化公共服务模式和健康促进服务体系显得尤为迫切。其也成为一道重要的时代命题。

当前我国老年人选择居家养老的比例最高,依托社区和机构养老的比例仅为7%和3%,但医养结合式的养老服务体系在应对人口老龄化方面表现出诸多困境和难题。体医养结合的新型健康促进模式成为新的学术命题。体卫融合在防治老年人身心疾病、促进健康老龄化进程中大有可为,且具有深远意义和重要价值。

二、体卫融合应对积极老龄化的价值

积极老龄化社会所面临的新的健康问题、养老问题、健身诉求问题是公共卫生部门无法单独解决的,也是传统疾病治疗诊断知识体系无法涵盖的,这就凸显了体医康养多方融合发展的价值所在。2022年11月,住建部、民政部发布通知,要求各地重点探索推进社区进行科学合理的适老化改造和布局,开展完整社区建设试点。其中,提出鼓励在社区广场、公园、闲置厂房空地以及楼宇间建设或者改造出适合老年人健身锻炼的场地。山西太原和上海已经开始了相关适老化的健身场地设施改造。例如山西太原的兴安苑社区,引进社会力量提供服务的日间照料室,帮助各类不同患病性质的老年人预防和缓解慢性病,提高中老年人的生存质量。另外,上海市静安区通过政府购买服务的形式引进专业的团队进行运动管理,建成规模化的养老健康促进服务中心,包含了为不同类型的老年人提供体卫融合健康服务的项目:心血管健康检查、八段锦健身类指导、抗阻类器械练习、健康教育类宣传、运动处方类宣传,尤其是针对不同体质的老年人进行慢性病防治与康养维护,实现了便于基层社区老年群体参与其中的体卫融合公共服务。

体卫融合的治未病理念和预防康复在当今体、医、养、健融合发展的潮流中逐渐被大众所关注。这是因为体卫融合这种主动健康促进模式不仅能通过科学合理的健身锻炼,个性化的身体机能恢复训练,精细化、针对性的慢性病干预运动处方,为老年人节省治疗费用、固本强身、增强生活信心,最大程度地减缓老人生理机能退化的速度;同时,还能有效干预和控制糖尿病、高血压、高血脂等老年人常见慢性病,降低老年人因健康衰退不断加剧的风险。通过主动健康理念的引导,通过鼓励老年人参与到体育锻炼中,建立社群机制,让积极老龄化的意识逐渐深入人心,使老年人从健康管理和生活习惯方面逐渐转变,过上有质量的老年生活和休闲时光。

相关的报告也证实了这一点,如中日友好医院的报告中,体卫融合联合干预疗法,使患有呼吸疾病的老年人群的花费下降了50%,极大地降低了老年患者的家庭医疗支出,并且通过医疗体育疗法促进了老年人情绪和病情的向好向上的发展局面。而且,《2020年成都市探索"体医融合"路径工作项目评估报告》显示,通过体卫融合干预,中老年人的心肺功能、血管机能、平衡能力等得到一定程度的改善,尤其表现在焦虑、抑郁等心理状况得到一定程度的缓解。

三、体卫融合应对积极老龄化的模式

老年人面临着慢性病的困扰,而且又是脑卒中、跌倒、骨质疏松等病症的高发易发人群。这一群体的高患病率、复杂化的病症、长周期、照护时间长的特点给医疗体系和公共卫生体系带来了更大的压力。这就要求各地在传统养老服务模式的基础上,引进体卫融合的健康促进管理模式,实现老年慢性病群体的健康促进模式发展,打造融合预防、诊治、康养、护理、文化旅游元素的功能化、社交化的开放式养老服务综合体。

通过调研发现,各地的体医养模式可以概括为以社区为中心的体卫融合促进管理模式和以医院康复机构为中心的体卫融合促进管理模式。前者主要是针对亚健康、慢性病类型的人群,整合社区卫生服务中心、社区居委会、社区健身中心、属地科研院校、社会体育指导员等人力资源,为辖区老年群体提供健康咨询、健身指导、康复保健、诊疗等服务;后者基于医院开展体卫融合的医生诊疗模式,主要以不同疾病群体为主,通过专业临床医师的诊疗与康复团队对老年患者群体进行会诊,采取医疗体育的方案施治。

四、体卫融合应对积极老龄化的方案

(一)健全体卫融合促进健康老龄化的制度保障

建议进一步建立健全体卫融合制度,加强制度保障,可通过加强新修订的《体育法》《老年人权益保障法》的执法力度,配套出台相关体卫融合促进积极老龄化的政策,将体卫融合服务支出纳入现行各类由财政支出安排的养老服务项目,通过将老年人体卫融合服务均衡发展融入地方政府的考评体系,把老年人体卫融合服务纳入乡村体育振兴、健康中国、全民健身等政策中,形成不同职能部门之间老年人体卫融合服务多元协同、和谐共治的整体性治理格局。

(二)完善健康老龄化的体卫融合服务模式

通过创新地方体卫融合实践模式和借鉴欧美发达国家的成果经验,总结老龄化的客观需求,提供多元化、多方法、多路径的健康供给服务,即构建体医养三结合的老年健康促进服务新模式。通过三维立体模式的构建,如社区层面注重老年人的健康促进效应,提高主动健康意识;医院层面注

重治病救人的医疗干预;互联网层面注重线上线下基础疾病防治与高质量生活咨询干预一体化模式,完善健康老龄化的体卫融合服务模式。

(三)加快健康老龄化标准化体系建设

一是从业人员执业准入规范,从不同等级的从业人员类别、基本要求、专业技能要求、专业知识要求、执业资格要求等层面进行严格的把控规范;二是运动处方的技术要求和规范,针对不同的诊疗对象能够科学合理制定;三是运动处方的制定与执行流程规范,从问诊、医学基础监测、体质监测、运动测试、风险评估、处方制定、运动计划制订、跟踪随访到运动效果评估等一系列服务流程,都需要规范执行。

(四)打通老年体育公共服务的最后"一公里"

在进行创新建设多层次老年公共体育服务体系的实践探索过程中,可以发挥典型示范区作用。江苏省与国家体育总局共建的公共体育服务体系示范区中,江苏省的"老年体育节"就是一个亮点。各乡镇老体协组织重点抓规范,村级老体协组织重点抓健全和完善。在老年事业发展经费、专项活动经费、彩票公益金、社会赞助等方面争取支持,破解发展难题。着力打造"一县一品牌、一乡一强项、一村一特色"的体育健身项目。最终实现农村要在普及中普惠,城市要在普惠中普及的目标。

第三节 体卫融合促进青少年身体姿态健康的方案

近年来,由于学业压力增加、运动缺乏、睡眠不足、上网课姿势不规范、生活方式变化等因素,我国青少年身体姿态异常检出率较高,存在 2 项及以上身体姿态问题的青少年比例达到 68.7%,至少存在 1 项身体姿态问题的青少年比例高达 80%[①]。根据样本估算,我国目前青少年群体已有约 500 万人口存在体态异常现象,这对中国式现代化背景下的青少年身心健康和未来发展造成一定的影响,制约着国家人才培养的质量,已成为我国新的、突出的公共卫生问题。《青少年体育活动促进计划》《体育"十四五"规划》《"十四五"国民健康规划》等政策文件均提及,"加强对青少年肥胖、近视、脊柱形态不良、骨质健康和心理认知等重要问题的研究,积极探索行之有效的预防、干预模式,形成有针对性的解决方案"。青少年的身体姿态

---

① 国家体育总局官网.全社会协同挺起青少年脊梁[EB/OL].(2022-9-30)[2022-10-10].https://www.sport.gov.cn/n20001280/n20067626/n20067732/c24761902/content.html.

异常与其行为习惯具有一定关联性,不良身体姿态既是脊柱健康问题诱发因素,又是脊柱健康问题外在表现,青少年身体姿态异常干预已成为脊柱侧弯预防关口前移不可或缺的重要环节。通过文献回顾发现,目前学界将身体姿态健康促进的视角聚焦在体卫融合领域,曹磊认为,体医融合落实到学校中将体育教育与课后体育服务、健康宣传教育、防治融合相结合,促进学生体育核心素养的提高,让广大青少年群体具备向上向好的精神面貌、健康行为习惯,不断适应中国式现代化建设的需要,也是贯彻立德树人和健康第一理念的必经之路。[1] 属地医院、各级各类学校和家长应该在防治青少年脊柱健康问题上达成一致,改善青少年群体的行为水平,完善三甲医院和社区卫生服务制度,提高青少年群体对健康资源的获取能力,加强青少年对生活方式、潜在危险因素的控制。[2] 梁思雨等人通过结构功能主义理论分析发现,青少年身体姿态健康促进主要面临指导人员缺少、政策引导缺乏、政社联动欠缺、文化内化缺失等方面的困境。[3] 魏铭针对我国青少年体态异常防治面临行政管理体制失范、青少年体育生态环境恶劣、体态健康科研基础薄弱、主体体态健康素养缺失等现实困境,提出了基于体医融合的"四维一体"青少年体态异常风险防控和管理体系。[4] 青少年身体姿态健康促进问题的解决逐渐演变为一个需要跨界、跨学科融合研究的议题。本节试图聚焦"青少年身体姿态异常"这一特定对象,从体卫融合视角,探讨青少年身体姿态健康促进的现实困境,提出体卫融合是目前干预青少年身体姿态健康的有效路径之一,为有效提高青少年脊柱健康水平提供新模式。

一、体卫融合促进青少年身体姿态健康的价值意蕴

在主动健康背景下,随着全民健康和全民健身的深度融合发展,体卫融合的多元价值也逐渐被体现出来,因此剖析体卫融合在促进青少年身体姿态健康方面的价值意蕴便成了必要的前置条件,为促进青少年健康发展

---

[1] 曹磊,葛新."体医"融合视域下我国健康教育融入学校体育的路径.[J].体育学刊,2022,29(4):126-130.

[2] 张翠娴,项明强,侯晓晖,等.脊柱侧弯青少年社会支持自我效能与健康行为的关系[J].中国学校卫生,2016,37(10):1523-1525.

[3] 梁思雨,杨光,赵洪波.体医融合视域下青少年身体姿态健康促进研究[J].沈阳体育学院学报,2021,40(4):8-14.

[4] 魏铭,牛雪松,吴昊.体医融合视域下青少年体态异常防治的现实路径[J].沈阳体育学院学报,2022,41(4):57-63.

提供了重要的着力点。

(一)践行"健康第一"促进青少年健康高质量发展的价值旨归

以"健康第一"理念促进青少年健康高质量发展的价值旨归,就是把以青少年健康为中心作为体卫融合的价值导向。2021年,教育部等五部门发布《关于全面加强和改进新时代学校卫生与健康教育工作的意见》提出,坚持健康第一,让学生学会学习的同时加深"每个人是自己健康第一责任人"的主动健康意识,学会和掌握体育与健康知识、技能,为全民健康,建成健康中国、体育强国铸就坚实的人力资源保障。这凸显了青少年在卫生与健康教育中的主体地位,只有青少年自己认识到健康促进的重要性,国家和社会为青少年提供的健康服务和保障才能得到充分落实。有研究显示,91%的青少年表示身体姿态"重要",在改变身体姿态需要的条件中,自我意识、方法指导和家长监督是最被家长看重和认可的,分别占到32%、23%、22%,这也揭示出自我意识和方法指导在健康促进中的价值和作用,说明身体姿态健康促进教育是青少年的主要体态健康诉求[①]。坚持"健康第一"的教育理念,需要实现大健康教育和学校体育教育镶嵌融合,引导和帮助青少年在体育锻炼过程中,实现体质健康发展和健康成长。这不仅是加强学校体育工作,也不只是在体育教学中增加卫生与健康的内容,而是要形成一个以促进学生健康发展为中心的体卫融合健康促进教育工作体系。一方面需要将学校体育教育工作扩大到提升学生健康素养、加强卫生知识普及教育、加强合理膳食教育、养成健康行为习惯、培养健康文明生活方式等全方位卫生健康教育范畴。另一方面,需要扩大学校卫生与健康教育的范围和规模,强化卫生与健康教育的功能和作用,提高卫生与健康教育的层次和地位,内在地要求相关责任主体积极协同配合,形成多方参与、共建共享的综合治理格局。

(二)实现体卫融合促进身体姿态健康的政策法律化保障

从改革开放的进程看,共有286件政策法规与青少年体质健康相关,达到了每年发文保持在7.3件,反映出国家对于青少年体质健康问题的重视程度。

青少年的体质健康促进政策实施的进程里有些多元主体参与的协同效果不理想,使教育部门、体育部门、卫生健康部门之间的职能边界、协同

---

① 王富百慧,李雅倩,郭晓丹,等.久坐时间、身体活动与青少年身体姿态异常[J].中国青年研究,2021(6):5-12.

联动、政策体系、组织机构方面仍缺乏有效的互动和建设,导致健康促进政策法规实施存在障碍和阻滞,不能够像法律法规一样具有强有力的权威位阶属性,最后表现在学校体育方面则是体育与健康课程改革后劲不足。体育法的价值在这个时候就得到凸显和发挥,通过对体育法的修改,很多体育健康促进政策被采纳融入体育法的青少年和校园体育章节中,形成比较稳健的法律条文。从法理上看,体育法律要比体育政策的权利与义务关系更明确、规范性更强。一方面,从健康中国战略和行动计划中看到,党中央和国务院对国民的体质健康促进提出了新要求,这也预示着要进行大健康领域的变革来适应新时代的健康诉求和健身需要。《中华人民共和国基本医疗卫生与健康促进法》和新修订体育法的出台,为体卫融合政策法律化道路提供了法理基础,进而体卫融合政策法律化为青少年身体姿态健康治理提供了决策手段。另一方面,体卫融合政策法律化为行为主体的法治提供了强有力的约束机制。

中国义务教育质量监测报告统计数据显示,有79.8%的学生认为家长最关注自己的学习情况,其次是身体健康情况和人身安全情况。但是针对学生日常行为习惯、生活方式、心理状况、兴趣爱好等方面的关注度反而偏低,这揭示了家庭支持方面存在较大的不足。教育行政部门、体育行政部门、学校和教师主体是目前政策支持中强调和倡导的重点,但是涉及体质健康促进的青少年自身和家长的责任和义务方面较为缺乏,这使政策供给端频发,但内涵发展、动力机制方面后劲不足,呈现出家校社风险共担的对称性整体治理困境。因此,青少年身体姿态健康政策治理体系需要以青少年健康利益与诉求为导向,以跨部门协同治理为主要方式,创建青少年体态健康的整体性政策立法环境。

(三)形成体卫融合健康促进新模式

体卫融合的本质是实现关口前移主动健康生活方式的一种健康促进模式,集成了体医融合服务内核,并纳入了以预防为特点的公共卫生服务,使体卫融合服务得以覆盖到学校体育中的青少年群体。因此以康复治疗为特点的体医融合服务范围受到限制,这需要构建以健身指导为特点的全民健身公共服务、以预防为特点的公共卫生服务和以临床康复治疗为特点的医疗服务相互融合的体卫融合健康促进新模式。从身体姿态健康促进的类型看,脊柱侧弯属于体态疾病范畴,其中青少年特发性脊柱侧弯最为常见,约占脊柱侧弯的70%~80%,好发年龄为10~17岁。以青少年脊柱侧弯防治常态化开展的深圳市为例分析,2021年,深圳市青少年脊柱侧弯筛查的项目筛查了全市近102万名中小学生,结果发现3.9万名学生有相关问题,患病率达到3.86%。① 深圳市卫生健康委员会、教育局、体育行政部门从加强青少年的健康管理入手,开展了系列中小学生脊柱健康"医校结合"综合干预活动。具体实施流程是对学校外表健康的人群进行脊柱侧弯筛查,区分出体态正常、姿态异常、疑似侧弯。体态正常的学生进行定期筛查,姿态异常的学生在社康中心接受形体指导,疑似侧弯的学生及时就医,接受医院专家初诊,进一步评估、诊断。深圳市体卫融合模式是基于"学校—社区—医院"三位一体的脊柱健康促进模式,具体流程是由学校联合属地脊柱侧弯干预中心,对诊断出的青少年患者进行联合诊治,运动处方由医院的医生出具,具体的运动处方执行要借助属地体质测定中心和专业的体卫融合服务机构进行运动干预或形体治疗。联合诊治的范围包括轻度形体不正的脊柱问题,相关诊疗费用可以从医保账户中支出。因此,可以说体卫融合管理模式实现了健康服务供给侧结构性改革,加强了医疗保障政策与健康服务的衔接。

(四)加大青少年体态健康促进的全场域支持力度

新时代学校卫生与健康教育工作意见中指出,青少年脊柱侧弯是当前一段时间需要着力解决和处理的关键性健康问题,要定时对青少年的体态健康和桌椅高度进行监测。因此,青少年体育与健康促进是保障青少年体育工作顺利推进、促进青少年身心全面健康成长的现实诉求。因此,健全青少年身体姿态异常预防体系就显得尤为重要,这需要体卫深度融合,构建出提升青少年身体姿态健康的全场域社会支持体系。通过拓展体育、卫生健康教育的场域,以健康的观念、方法、知识、能力、科学健身指导作为主攻方向,让青少年养成良好的生活卫生习惯和体育锻炼习惯,引导学生主动学习掌握日常锻炼、合理膳食、体格检查、生长发育等方面的知识和技能。构建跨部门密切协作的新时代学校体卫融合健康促进工作机制,需要家庭、学校、社区、机构等同时发力,明晰各方健康促进责任,创新协同联动方式。在体育场域中,家校社要实现体育健康促进的联动机制;在卫生场域中,各级各类疾病预防控制中心或者服务机构、基层社区卫生医疗中心、区域性学校卫生保健中心、高校校医院和中小学卫生室(保健室)要为校园健康提供专业技术指导;在医疗场域中,通过政府购买服务提供学校医务

---

① 深圳政府在线网.我市开展中小学生脊柱健康评估 首次将一年级学生纳入[EB/OL],(2022-07-07)[2022-10-10].http://www.sz.gov.cn/cn/xxgk/zfxxgj/zwdt/content/post_9936327.html.

服务(表 8-1)。

表 8-1 全场域社会支持结构

类别	体育场域	卫生场域	医疗场域
本质属性	以身体活动为依托形成的关系网络	以预防保健为依托形成的关系网络	以临床治疗为依托形成的关系网络
功能目标	强身健体、以体育人	卫生保健、疾病防控	疾病的检查、诊疗
实践地点	家庭场所、学校场所、社区场所	基层社区卫生医疗中心、区域性学校卫生保健中心、高校校医院和中小学卫生室(保健室)	各级各类医院
实践主体	教师、学生、家长、社会体育指导员等	卫生专业技术人员、专(兼)职保健教师、健康教育教师、全科医生等	医生
支持环境	健身监测环境	预防保健环境	临床治疗环境

二、青少年身体姿态健康促进的现实困境

通过聚焦体卫融合视角,梳理青少年身体姿态健康促进进程发现,组织管理、政策保障、技术工具、支持环境要素均存在不同程度的治理困境。

(一)组织管理:跨部门合作机制不完善

从狭义上说,跨部门协同是指政府内部各层级、各部门间的横向协同关系。[①] 青少年体质健康促进需求的转变、三级预防理论的要求,迫切需要全民健身公共服务、医疗卫生服务体系克服碎片化,实现全民健身公共服务、公共卫生服务和医疗服务三者有机融合,以达到组织管理的一致性和服务的连续性,但青少年身体姿态健康促进中的跨部门合作主要面临结构性和程序性困境。

1. 跨部门协同的结构性机制不健全

跨部门协同结构性机制是为实现跨部门协同而设计的结构性安排,教育机构和医疗机构在权责利方面的分工逐渐明确,但是跨部门横向协同治理的格局仍未形成。一是发挥议事协调作用的跨部门领导机构并未成立。

---

① 鹿斌.重大突发事件中领导小组的运行机制分析:基于跨部门协同视角[J].福建论坛(人文社会科学版),2022(7):191-200.

在青少年身体姿态异常综合干预方面,教育、卫生、体育等相关部门没有成立跨部门协同治理的委员会或者领导小组,这种过度分立的跨部门沟通受限于部门各自的利益问题,不存在平等协作的动力和诉求,自然也就很难形成协同治理的认知框架。虽然当前已成立"健康中国行动推进委员会""全民健身工作部际联席会议制度""青少年体育工作部际联席会议制度"等领导机构,但从主要职能上看,更多的是落实体教融合、体质健康方面的工作任务,身体姿态健康评价指标并未纳入《国家学生体质健康标准》,造成现有各类"联席会议制度"的统筹协调作用发挥不够明显,导致多元主体彼此间缺乏约束力,行政权威过度分散,政策执行缺乏中心。二是部门之间正式的、制度化的协同机制并未建立。目前,我国体态异常综合干预的统筹机制和执行机制不够到位,行政性阻滞依然存在。不同的体育、医疗卫生机构拥有各自的发展目标管理制度,没有在功能定位、责任划分、风险共担、资源共享、利益分配等方面形成明确的协作机制,造成多元主体参与的共识度不高和服务存在碎片化,表现出不同机构所提供的身体姿态健康促进服务存在错位或者缺失的现象。

2. 跨部门协同的程序性机制缺失

跨部门协同程序性机制涉及跨部门协同具体实施过程的操作内容,在支撑跨部门协同工作开展方面存在困境。一是筛查监督机制不健全。《中小学生健康体检管理办法(2021年版)》规定,教育行政部门和卫生健康行政部门负责中小学生健康体检任务,通过对学生体质健康测试和健康体检的数据进行分析,给出相关的健康指导意见,并负责对学生健康促进方案进行制定,针对性地完成部门责任内容的工作任务。但学校开展的学生体检大多数是在非医疗场所完成,体检存在"检而不管"的现象。二是在技术性手段方面,以5G网络、大数据、云计算、人工智能、区块链等为代表的新一代信息技术应用在学生健康体检和体质健康监测方面有待优化和更新。体育部门和教育部门、卫生部门信息化、数字化平台的连接缺乏有效端口,即技术性手段没有为跨部门协同提供坚实的运行保障。

(二)政策保障:政策法规的指向性不明确

从1990年《学校卫生工作条例》的颁布,到2022年新修订的《体育法》颁布,这三十多年来,国家级别的行政法规,部委、职能部门的指导性文件不仅要求强化学生体质健康促进,而且始终强调学生身体形态促进工作(表8-2),但青少年身体姿态健康促进工作仍存在政策法规的指向性不足问题。

表 8-2 青少年身体姿态健康促进相关政策法规一览表

政策名称	颁布部门	执行主体	颁布时间	政策内容
《学校卫生工作条例》	国家教育委员会	教育、卫生	1990年6月	学校应当积极做好近视眼、弱视、沙眼、龋齿、寄生虫、营养不良、贫血、脊柱弯曲、神经衰弱等学生常见疾病的群体预防和矫治工作
《关于加强青少年体育增强青少年体质的意见》	中共中央国务院	体育、卫生、教育	2007年5月	努力改善学生的身体形态和机能，提高运动能力，达到体质健康标准
《青少年体育活动促进计划》	国家体育总局等7个部门联合	体育、教育、文明办、发改委、民政、财政、共青团	2017年11月	加强对青少年肥胖、近视、脊柱侧弯等重要问题的研究，积极探索行之有效的预防、干预模式，形成有针对性的解决方案，促进青少年身心全面发展
《健康中国行动(2019—2030年)》	健康中国行动推进委员会	教育、卫生	2019年7月	完善学生健康体检制度和学生体质健康监测制度。增加地方政府、教育行政部门和学校考核指标体系，将学校体育发展和青少年健康促进状况纳入其中，与学校负责人奖惩挂钩
《中华人民共和国基本医疗卫生与健康促进法》	全国人民代表大会常务委员会	卫生、有关部门	2019年12月	居民健康状况调查和分析必须由国家统一组织实施，针对居民的体质、健康状况进行分析，根据相关统计分析的数据信息，制定合理完善的政策法规、条例规划等

续表

政策名称	颁布部门	执行主体	颁布时间	政策内容
《关于全面加强和改进新时代学校卫生与健康教育工作的意见》	教育部等5个部门	教育、卫生、发改委、财政、市场监管	2021年8月	预防、控制学生近视、肥胖、脊柱弯曲异常等发生、发展,定期对学生课桌椅高度进行个性化调整。将脊柱健康检查纳入中小学生体检项目
《"十四五"体育发展规划》	国家体育总局	体育、有关部门	2021年10月	研究并推广针对青少年近视、肥胖、脊柱形态不良、心理亚健康等健康问题的运动干预方法
《"十四五"国民健康规划》	国务院办公厅	未明确	2022年4月	加强对儿童青少年贫血、视力不良、肥胖、脊柱侧弯等风险因素和疾病的筛查、诊断和干预
《中华人民共和国体育法》	全国人民代表大会常务委员会	教育、体育和卫生	2022年6月	各级各类学校要把体质健康检查机制作为重要的制度建设,而且要求体育、教育、卫生健康部门协同参与青少年体质健康的评估工作

1. 政策执行主体的权责利关系不明确

从青少年这一特殊群体看,在学校属于教育行政部门主管,但是在社会竞技体育训练、全民健身参与方面又归属体育行政部门主管,另外卫生健康部门和共青团也存在相关交集,这些都构成青少年体态健康政策的实施主体。但分析文本发现,一方面,同样涉及脊柱侧弯等体态问题防治干预的政策表述,在联合发文中,有的没有体育部门参与,有的没有卫生健康部门参与。如国家体育总局等7个部门联合发文的《青少年体育活动促进计划》中,没有涉及卫生健康部门;由教育部等发布的《关于全面加强和改进新时代学校卫生与健康教育工作的意见》中没有涉及体育部门。但在体态问题防治干预方面,卫生保健的预防和体育健身的健康促进价值重要性均不能忽略,这反映出缺乏政策环境支持的情况下,受影响者的局部个体利益会占主导,这种狭隘的单向度考量会偏离青少年身体姿态健康促进的目标和宗旨,在具体执行相关政策举措时受到限制或者出现方向性的偏轨。另一方面,各相关政策法规体系并没将教育、体育、卫生部门的职权和职责进行明确的界定和监督,也没有赋予其处理和协调本部门以外相关事务和职能部门的权力,这就造成了职能部门间仍然存在权责利不明晰,上下纵向、左右横向的协同机制缺乏,执行效率不高的难题。① 虽然新修订的《体育法》第三十条规定,各级各类学校要把体质健康检查机制作为重要的制度建设,而且要求体育、教育、卫生健康部门要协同参与青少年体质健康的评估工作,但具体跨部门执行过程中仍有待实践的检验。因此,政策文件本身的不清晰也带来政策执行的偏离。②

2. 身体姿态健康促进配套政策体系缺乏

青少年身体姿态健康促进政策在关联社会多方政策系统上仍表现出诸多不足。其一,我国青少年身体姿态健康促进相关政策虽然发布规格、级别、颁布主体较为宽泛,但最终仅指向学校体育或者学校卫生部门,其他部门政策介入明显不足,政策制定的协同性亟待提高,这种单一指向忽视了体育教育、健康教育和校园公共卫生等政策内在的关联性、协同性,这是对青少年身体姿态健康促进问题的认识偏差。③ 青少年体态健康促进的工作重点和任务几乎全由学校一方承担,本应该协同分担治理职责的家庭和属地社区却没有提供体育类支持性环境,青少年日益增长的健康发展需求得不到根本性的满足。④ 其二,体卫融合政策自身发展的瓶颈制约着青少年身体姿态健康促进配套政策体系的构建。即体卫融合政策执行的主体和实施内容存在复合对象,难免存在认知差异。⑤ 另外,健身健康相关法规的配套衔接不畅,体卫融合的场地、科技、人才等方面配套政策和体卫融合领域标准规范和指南缺乏,不利于不同部门之间政策的互补,使青少

---

① 杜建军,张瑞林,冯振伟.我国青少年体质健康教育政策的现实审视与优化策略[J].西南大学学报(社会科学版),2017,43(6):82-90.

② 张晓林,文烨,陈新键,等.我国青少年体质健康政策执行困境及纾解路径[J].西安体育学院学报,2017,34(4):426-431.

③ 陈长洲,王红英,项贤林,等.改革开放40年我国青少年体质健康政策的回顾、反思与展望[J].体育科学,2019,39(3):38-47.

④ 汪晓赞,杨燕国,孔琳,等.中国儿童青少年体育健康促进发展战略研究[J].成都体育学院学报,2020,46(3):6-12.

⑤ 杨继星,陈家起,高奎亭,等.体育与医疗融合发展的政策研究:起始诉求及路径选择:基于习近平总书记关于融合发展重要论述的解构[J].武汉体育学院学报,2022,56(1):45-53.

年身体姿态健康促进工作者在实际工作中缺乏强有力的配套政策支持。

(三)技术工具:测评标准与干预模式有待优化

2019年7月,《国务院关于实施健康中国行动的意见》出台,明确要求实施中小学健康促进计划。虽然国家层面不断强调开展身体活动与健康促进的重要性,但青少年健康促进模式不适应性问题没有得到根本解决。

1. 青少年身体姿态测评标准未统一

从表8-3可知,当前针对青少年身体姿态的筛查、干预、综合防控方面"政出多门",国家和地方均有不同的防控指南和标准,造成测评标准无法统一。调研中发现,在进行脊柱健康体检时,医护人员更多的是采用观察法,并没有借助专业的测试仪器和设备进行筛查。这种大规模的筛查结果精确性受到医护人员业务水平、常见病防治相关的知识和技能、标准化的测试和评估方案的影响,给身体姿态异常防控增加了难度和潜在的风险。

表8-3 青少年身体姿态测评相关标准一览表

测评标准	颁布部门	标准属性	颁布时间	评测指标体系
《国家学校体育卫生条件试行基本标准》	教育部、卫生部、财政部	基本标准	2008年6月	外科检查项目(头、颈、脊柱、四肢)、形态指标(身高、体重)
《国家学生体质健康标准(2014年修订)》	教育部	基本标准	2014年7月	身体形态类(身高、体重)
《儿童青少年脊柱弯曲异常的筛查》	国家卫生和计划生育委员会	专业标准	2014年9月	脊柱弯曲异常
《中小学生健康体检管理办法(2021年版)》	卫生健康委、教育部	管理办法	2021年9月	外科检查项目(头、颈、脊柱、四肢)、形态指标(身高、体重)
《儿童青少年脊柱弯曲异常防控技术指南》	国家卫生健康委	技术指南	2021年11月	脊柱侧弯、脊柱前后弯曲异常
《儿童青少年身体姿态测试指标与方法》	国家体育总局	行业标准	2022年2月	颈部前伸、高低肩、骨盆异常、脊柱侧弯等
《脊柱侧弯防控指南(征求意见稿)》	深圳市	地方标准	2022年3月	脊柱侧弯

2. 青少年身体姿态健康干预模式有待优化

一是对体卫融合的体态健康促进模式的构建存在认知困境。在青少年体态异常的协同管理中,多元主体过于强调学科分野,体育主体局限在体育教学、体育活动及体育锻炼的干预策略[1],预防保健与临床治疗的协同意识不强;医疗卫生主体局限在脊柱侧弯疾病端的临床治疗,针对脊柱侧弯病发之前的各类身体姿态异常的预防关注不足,体育介入的认知理念仍有待加强。二是传统健康干预模式存在局限性。不管是家校社干预模式还是学校体育干预模式基本都是将认知局限在体育教育范围内,没有关注健康卫生方面,学校体育干预模式单一,对体卫融合的复合式闭环干预模式涉及较少。青少年身体姿态促进中的整体与个体出现分层,内生性动力机制缺乏,各主体之间的理念共识和责任认同没有与大健康理念实现有效的衔接,出现因价值差异而导致的协同乏力。三是实施健康促进的专业技术人员不足。健康促进模式的实施离不开实践主体的参与,有数据显示,学校在资源配置中基本都是兼任卫生健康相关的职责,专职的学校医生、健康促进教师所占比例较低,大部分以本校教师转岗为主,全职的技术老师占31.2%。[2] 与国外发达国家对比分析,我国的基层公共卫生服务体系相对薄弱,资金支持少,人员流动大,技术队伍结构不稳定,现有的医务人员由于自身知识体系更新慢、职称学历层次低,严重影响了基层公共服务的供给能力[3],同期数据对比发现,我国在2010—2018年平均每万人拥有的医生为19.8位,但美国、英国、日本高达26.1、28.1和24.1位。[4] 公共卫生不能给予专业的健康指导、与临床脱节严重,这给青少年身体姿态异常筛查和风险防治带来挑战。普通体育教师针对青少年体态的运动康复、测评、训练体系缺乏足够专业知识、技术经验,往往在体育教学干预中流于形式。在体卫融合背景下形成的运动处方师培训、晋升、准入机制和继续教育制度有待完善,以上种种问题,限制了健康促进模式的开展与优化。

(四)支持环境:社会网络支持体系不完善

青少年身体姿态健康促进是一个涉及广泛的场域,其中社会干预系统

---

[1] 于素梅.体育课程一体化背景下学生体质健康综合性精准干预研究[J].体育学研究,2020,34(3):1-6.
[2] 马德浩.从割裂走向融合:论我国学校、社区、家庭体育的协同治理[J].中国体育科技,2020,56(3):46-54.
[3] 刘万奇,杨金侠,汪志豪,等.中国基本公共卫生服务实施经验、问题与挑战[J].中国公共卫生,2020,36(12):1677-1681.
[4] 谭秋成.基层医疗卫生机构的性质、行为及发展问题[J].学术界,2021(8):195-209.

复杂交织,社会支持性环境建设为青少年体态健康干预提供了重要的外部支撑。从宏观环境层面看,需要在体育、卫生及医疗场域形成协同;从中观场所层面看,需要家庭、社区、学校、医院协同;从微观执行层面看,需要家长、体育教师、卫生保健师、社会体育指导员、医生等主体参与。但从现实情况看,受制于发展理念、管理体制、运行机制等方面的原因,学校、社区与家庭体育整体上处于相对割裂的状态。

1. "家庭—学校—社区"三位一体协同联动格局未形成

家庭、学校和社区体育多元主体之间的发展并不是同步的,使"家校社"协同、联动的合力没有充分发挥出来。在体育场域中,"家校社"未能实现体育健康促进的联动机制。由于家庭—学校—社区三位一体的格局与教育主体的关系不同,存在教育目的性质各异导致理念错位。家长望子成龙的教育方式突出体现为对青少年文化教育的重视,在选取的工具上倾向于工具理性,但家长缺乏获得相关知识、信息的途径,忽视了对子女体态异常的监督与预防。有数据显示,家长对子女关心度最高的指标仍是"学习成绩","体育锻炼"仅排第9位。[①] 在支持子女参与体育活动上,家长群体中仍普遍存在着"说起来重要,做起来次要,忙起来不要"的现状,这也是家庭体育与学校体育、社区体育缺乏互动的重要原因,无法形成学生健康成长的良好生态体系。

2. 防治融合服务供给存在结构性失衡

防治融合是公共卫生服务与医疗服务融合的简称。如脊柱侧弯的防控重点应从源头入手,明确防控的核心要点,并采取相应的指导及干预措施。在卫生场域中,疾病预防控制机构、区域性中小学卫生保健机构由于自身职责与现行的任务不匹配,在为学校提供专业指导和技术支持方面表现出心有余而力不足的局面。原因在于我国医疗服务体系和公共卫生体系仍然缺乏一套系统化、制度化的流程方案,不能系统化梳理提炼身体姿态异常防控所需的有效要素,导致容易出现错过脊柱侧弯等疾病预防黄金期、矫正不及时等问题。在医疗场域中,医疗机构服务进校园的机制不健全。学校开展的学生体检大多数是在非医疗场所完成的,对青少年缺乏主动、连续的健康筛查与管理,缺乏对青少年重要疾病健康状况变化的监测,未形成有效的青少年健康数据[②],造成基本公共卫生服务中青少年健康管

---

① 马德浩,季浏.我国中小学生体质健康中存在的问题、致因及其对策[J].西安体育学院学报,2017,34(2):182-188.

② 刘荣梅,刘帅彬,郑全顺,等.医校联合下儿童青少年体态、视力筛查现状及健康管理模式探讨[J].中国全科医学,2022,25(30):3810-3816.

理断层的问题。青少年身体姿态健康存在供给侧结构性失衡,主要体现在体质健康促进的多方参与主体部门协同乏力,信息化、科技化、资源共享化的高效融合缺乏,致使体态健康服务的协同供给局面没有形成。

三、体卫融合促进青少年身体姿态健康的方案

本书结合现实困境与实践经验,提出了集"组织管理、政策保障、技术工具、支持环境"的综合干预路径,具体体现在通过多元主体预防和诊治的协同融合举措,优化政策法规体系,研究成立青少年体态健康促进工作委员会,以此创新出基于体卫融合的"预防保健—健康促进—临床治疗"三位一体身体姿态健康促进模式,最后在体育、卫生、医疗场域,通过家庭、学校、社区、机构等场所,从前端、中端、后端全方位促进青少年身体姿态的健康发展。

(一)加强顶层设计,提高跨部门协同治理能力

制度学派认为,组织的产生与变革受到"合法性机制"的影响。通过明确体卫融合服务体系中体育健身指导机构、公共卫生服务机构和医疗服务机构在青少年身体姿态健康促进中的职能定位,从而进一步确定体卫融合服务内容。

1. 完善跨部门协同的结构性机制

通过建立跨部门、跨区域管理协调机制促进各级各类机构的协同,充分发挥现有整合型体卫融合服务体系横向和纵向的合作关系。一是成立跨部门领导机构。成立由体育部门和卫生、医疗机构牵头,教育机构、财政部门协助,社会力量参与其中的多元主体领导小组,即成立青少年身体姿态健康促进工作委员会(图8-1),每年明确重点工作,统筹推进青少年体态健康发展,并做好部署安排和落实检查。在一致的目标下,实现技术、资源和能力的互嵌互融互补、主体行为的有序,形成以政府为主导提供基本体卫融合服务,社会和市场提供适度普惠性的体卫融合服务,实现青少年身体姿态健康促进服务的有效供给和体卫融合治理体制的创新。二是建立利益协调机制,消除实际运作中的随意性和不规范行为。刚性的制度设计难以适应实践的动态性变化,通过关口前移式预防为主的理念强化多元主体参与的凝聚力,通过行动者网络的建立促使行动者慢慢适应新角色,达到多元主体协同治理青少年脊柱侧弯的良好局面,严格控制因利益冲突产生的行为不当或者健康责任共同体失范。政府通过购买服务的方式把各类社会资本纳入青少年身体姿态健康治理体系,以战略合作伙伴或建立契约责任关系的形式代替传统的行政权力关系,达成体卫融合服务多元主体

之间新的联系。

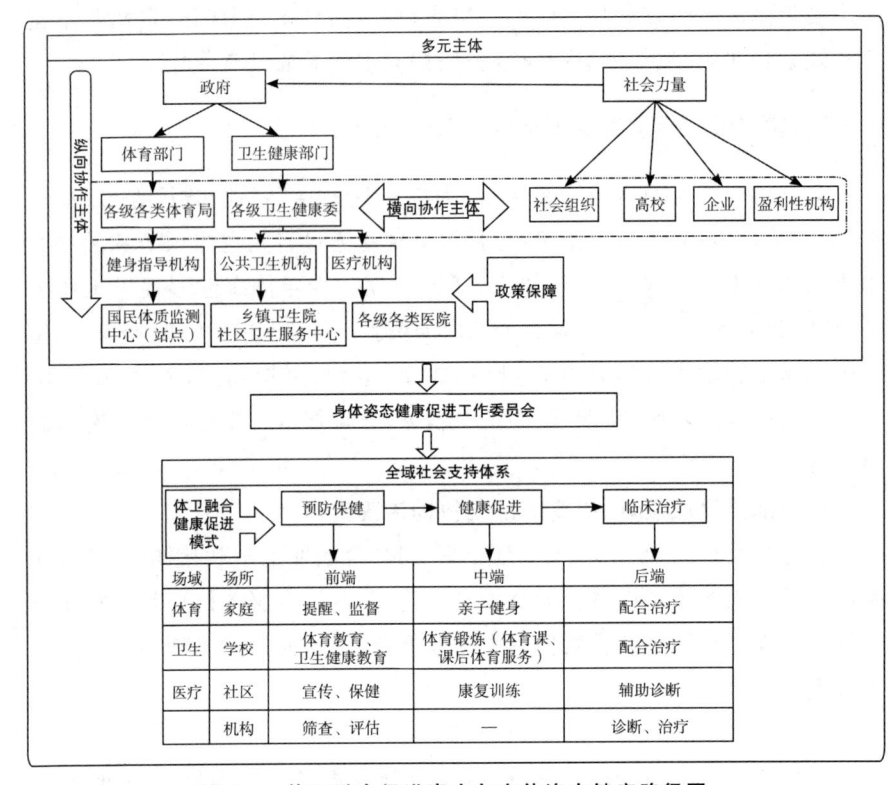

```
┌─────────────────────────────────────────────────────────────────┐
│                          多元主体                                │
│                                                                 │
│  纵              政府  ←────────────  社会力量                   │
│  向         ┌────┴────┐         ┌──────┼──────┬──────┐         │
│  协       体育部门  卫生健康部门                                │
│  作         │         │                                        │
│  主    各级各类体育局 各级卫生健康委 ←横向协作主体→ 社会组织 高校 企业 盈利性机构 │
│  体      ┌──┼──┐                                               │
│       健身指导机构 公共卫生机构 医疗机构                         │
│          │       │         │        ←── 政策保障               │
│       国民体质监测 乡镇卫生院 各级各类医院                       │
│       中心（站点） 社区卫生服务中心                              │
│                                                                 │
│                          ↓                                      │
│              身体姿态健康促进工作委员会                          │
│                          ↓                                      │
│  ┌──────────────── 全域社会支持体系 ────────────────┐           │
│  │ 体卫融合  │ 预防保健 → 健康促进 → 临床治疗       │           │
│  │ 健康促进  │                                        │           │
│  │ 模式      │                                        │           │
│  ├──────────┼──────────┼──────────┼──────────┤                  │
│  │ 场域 场所 │ 前端     │ 中端     │ 后端     │                  │
│  ├──────────┼──────────┼──────────┼──────────┤                  │
│  │ 体育 家庭 │ 提醒、监督│ 亲子健身 │ 配合治疗 │                  │
│  │ 卫生 学校 │ 体育教育、│ 体育锻炼（│ 配合治疗 │                  │
│  │          │ 卫生健康教育│体育课、课后体育服务）│          │     │
│  │ 医疗 社区 │ 宣传、保健│ 康复训练 │ 辅助诊断 │                  │
│  │      机构 │ 筛查、评估│   —      │ 诊断、治疗│                  │
│  └──────────────────────────────────────────────┘                │
└─────────────────────────────────────────────────────────────────┘
```

图 8-1　体卫融合促进青少年身体姿态健康路径图

2. 建立跨部门协同的程序性机制

一是建立筛查监督机制。考虑到我国基层医疗服务机构、体检从业人员对脊柱健康促进和异常排查的专业知识储备不足，抑或缺乏健康干预师，青少年学生的体检项目中并没有周期性地安排脊柱健康的监测和检查。一方面建议调整体育部门在体质测试、健康体检中的职能，探索体质测定与健康体检融合的筛查机制，打通多元数据采集渠道，建立青少年体质测评的连续档案。另一方面，从青少年身体姿态健康促进工作委员会成员单位中随机抽取不同部门专家组成监督工作组，建立青少年体育健康促进和健康教育政策系统运转的常态化、制度化督导机制，加强对健康体检机构的质量控制管理，并对辖区内中小学生体检质量进行监督与指导，加大对政策执行主体的问责力度，及时将执行检查结果向社会公示。二是促进青少年健康信息联通应用。积极探索5G、物联网、大数据、人工智能等新型技术在学生健康体检和体质健康监测方面的应用，推行新技术与健康体检平台和学生体质健康监测平台、全民健身信息服务平台融合，落实体育、医疗卫生机构信息化建设标准与规范。例如将电子健康体检信息、电子形式的检查和诊断病历,逐步与体育系统的相关数据进行对接,强化终端反馈的力度和效果。

(二)改善政策环境,提升政策协同效能

《"健康中国 2030"规划纲要》提出,开展包括"骨健康促进"在内的"中小学健康促进行动",预防儿童青少年的常见病和多发病,促进儿童青少年健康。青少年身体姿态健康促进政策的有效执行需要从根本上理顺和解决政策执行主体与客体之间的利益矛盾和冲突,提高执行主体的素质和执行能力,从而提升对政策的认同度。[①]

1.科学界定政策执行主体权责边界

随着青少年体态健康研究的深入,跨部门、跨系统、跨机构、跨学科的日益融合,可以看到政策制定呈现出多元主体协同的局面,这就需要提高主体间对政策协同的认同度,形成以共有价值为导向的目标性共识。一是以政策协同观念为共识导向,制定政策协同框架。通过跨部门合作的行政文化教育与培训,培育从国家层面到具体实施方案的各级学校层面协同意识,提升决策者的整体视野与觉悟,增强各层级政策制定主体的合作精神。政策制定涉及决策者和参与者以及执行者多方主体,不能任由决策者的喜好和专业限制影响顶层设计的政策输出,如理想化和偏好式的供给内容,也要避免陷入本位主义的认知。[②]二是发挥青少年体态健康促进工作委员会的主导价值,科学合理地配置资源,从跨部门各自的权责利边界分配出台,明确工作任务,避免职能配置出现重叠交叉,促进政策执行主体的多元联动,明确执行主体责任与义务。尝试通过行政授权和行政委托的形式,引导非政府组织的参与,促进身体姿态健康促进政策执行的公平性与公正性,促进身体姿态健康促进政策执行的效率。如教育部严格落实每人每年至少一次的青少年体检工作等;住建部则创建有利于青少年体育参与的社区环境;财政部门根据体检人群总量适当调整体检经费;卫生健康部门要合理安排有医疗卫生资质的专业技术人员承担青少年脊柱健康的常规体检及监测工作。通过政策创新促进融合协同,形成科学的政策执行机制和格局,提高政策协同质量。体育部门开展"全国青少年科学健身指导普及"工作,围绕青少年"增强体质"健康问题,开展青少年体质健康评价和

---

① 刘荣梅,刘帅彬,郑全顺,等.医校联合下儿童青少年体态、视力筛查现状及健康管理模式探讨[J].中国全科医学,2022,25(30):3810-3816.

② 武东海.青少年体质健康监测政策协同研究[J].北京体育大学学报,2019,42(8):37-45.

干预试点工作。

  2. 出台体卫融合配套政策

  一是以"健康入万策"为基本价值遵循,以《体育法》《健康促进法》为法律依据,重新修订《学校卫生工作条例》《学校体育工作条例》《中小学生健康体检管理办法》等政策法规,适时分批将青少年身体姿态指标纳入《国家学生体质健康标准》监测中,消除彼此隔膜与相关掣肘,以此解决青少年体质健康促进法规、条例、实施细则,身体姿态干预政策法规与其他体育类、教育类、公共卫生类政策法规体系相协同发展的路径。依据青少年体质与健康筛查结果,根据现行脊柱健康体育与医疗干预疗法形成不同患病阶段的治疗方案。为基层医院、体卫融合服务机构(中心)、体育医院的相关从业人员开展与体态健康有关的预防、治疗等专业化培训,提高基层筛查、诊疗、健康促进能力。二是在制约体卫融合的关键障碍上进行政策突破,包括建立体卫融合执业资格的转入机制,在医院等医疗机构和体育健康监测中心等体育机构设置运动健康防护师或者运动处方师等岗位。另外,加快推进我国脊柱健康专项科学研究和专科医院建设工作。抽取骨干精英力量,实行交叉业务培训,如在体育部门组织的社会体育指导员培训中增加脊柱健康、姿态异常、骨折等专项知识技能,在医疗系统开展的业务培训中增加医疗体育、健康指导、体能训练相关的知识补充,实现复合型人才或复合型团队的建设。

  (三)统一测评实施标准,构建体卫融合健康促进模式

  青少年的体态异常属于一种可矫正、可改善的功能性障碍。通过"体育+医疗""体育+卫生"的方法手段,可以形成体卫融合的健康促进新模式。

  1. 统一青少年身体姿态测评标准体系

  针对当前因国家和地方采用不同的身体姿态防控指南和标准,造成测评标准无法统一的问题,建议由青少年身体姿态健康促进工作委员会负责落实身体姿态标准的研制、测试技术的开发及科普资料的编写工作,如整合《儿童青少年脊柱弯曲异常防控技术指南》《儿童青少年身体姿态测试指标与方法》等标准,发挥体育、医疗、卫生科研成果转化能力与平台优势,从顶层设计层面形成权威、统一的身体姿态测评标准体系,并推广应用到卫生部门和教育部门负责的学生健康体检与教育部负责的学生体质健康体检中,破解体育资源(人力、技术、场地等)的"缺席"困境,实现体卫融合助力青少年身体姿态测评标准的实施与应用。另外,高校、体育科研所、体育和医疗健康科技公司应合作加快研发身体姿态人工智能监测仪器设备,提高身体姿态筛查技术手段,并在基层卫生服务机构、公立医院、私立医疗机构、体卫融合机构中推广身体姿态筛查标准与干预技术。

2. 创建三位一体主动健康促进模式

体卫融合健康促进模式是体育部门与卫生健康部门以主动健康为协同治理目标,通过青少年身体姿态异常防治项目,以卫生保健、健康指导及运动处方为载体,共同实现对青少年体态异常预防、体态健康管理、健康教育普及、脊柱侧弯康复治疗的服务模式。一是创新"分层＋分诊＋分工"的融合理念。分层主要是指将不同层次类型的体态健康状况的学生进行分层干预;分诊主要是指依据分层的类型分诊到体育、卫生、医疗场域中实施健康促进;分工是指多元管理主体与多元实践主体按照权责进行的协同干预。多元主体需要更新传统体育健康促进与临床治疗分割的、碎片化的身体姿态健康促进认知,以"分层＋分诊＋分工"的融合理念,联合属地医院、社区卫生服务中心、体卫融合机构(中心、站)等医疗卫生服务机构针对性地制订青少年身体姿态异常防治的评估、诊断以及干预方案。二是形成以防治融合为导向的"预防保健—健康促进—临床治疗"三位一体的主动健康促进模式。在预防保健环节,通过构建身体姿态异常预防平台实现体育与公共卫生服务体系的融合。在健康促进环节,制定明确的青少年体态改善策略,依照体态异常程度,灵活采取"体育为主、医疗为辅"的校内干预和"医疗为主、体育为辅"的校外干预形式。在临床治疗环节,将中度或重度异常体态的青少年分诊到医疗卫生机构,由临床医生做出诊断性评估并进行康复治疗,对于康复治疗后期的青少年患者,如有需要可以继续转诊到属地或定点社区服务中心,接受形体指导和脊柱健康教育。三是加快体卫融合复合型人才建设。以体卫融合健康服务模式的构建为导向,推动"运动处方师"资质的认证机制、体卫联合会诊机制的形成,提高体育和医疗、卫生等多元主体的协同联动能力。建立与国际运动处方实质等效的体卫融合各类认证制度,探索引进美国运动医学学会、世界物理治疗师联盟的培训流程和考试制度,并与中国体育科学学会现有研究成果进行融合创新,构建国家体卫融合标准体系,将身体姿态健康相关知识的掌握与运用纳入校医岗位培训、体育教师岗位培训、运动处方师培训体系中,探索开展家庭医生、社会体育指导员和区域患者家庭的签约服务。

(四)建立全场域赋能路径,形成社会多元多层支持体系

为破解家校社体育联动困境和身体姿态防治融合脱节问题,本书提出构建"三端全域"的社会多元多层支持体系,来全方位地保障青少年身体姿态的健康发展。从前端、中端和后端赋能"家庭—学校—社区—机构"的职

责和任务;从体育、卫生、医疗多元主体场域融合形成体卫场域,依托家庭、学校、社区、机构多层范围实现全场域支撑的多元多层体系构建。

1. 前端:优化以体育与健康素养教育为载体的主动健康路径

通过升级体育与健康素养教育,推动体卫融合助力青少年主动健康能力提升。在学校健康促进方面,一是鼓励学校采购符合标准的矫正器械和可变化高度的移动式学生桌椅,实现根据青少年的身高特征针对性地改变桌椅的位置和高度,达到与青少年身体发育变化规律相吻合的目的,积极倡导学生形成良好健康行为,培养正确的坐、立、睡、行姿势习惯。二是在体育课、大课间体育活动中将脊柱锻炼统筹纳入活动内容,通过将知识传授与活动锻炼结合,改正不正确的身体姿势,维护学生脊柱健康。家长应当常态化关注孩子是否有经常性的头痛和脊柱疼痛现象,并需要及时督促、指导孩子使用正确的坐姿学习;通过政府购买服务的形式,依托学校健康宣传周、社会主题场景活动和社区公益场景活动实现青少年体态健康教育的网格化覆盖。以社区卫生服务中心为载体,搭建"医校结合"干预平台,进行身体姿态常态化筛查,并建立脊柱健康电子档案,向疑似侧弯的学生发送《家长告知书》,同时向家长普及身体姿态健康和脊柱保健相关知识,并对脊柱侧弯的学生进行分类干预。

2. 中端:整合以"传统食养+体育健身"方案为载体的健康促进路径

通过体卫联合行动加强传统食养指导,推动传统食养与体育健身有效融合的路径。家长对青少年进行体态教育、塑造体态自觉,利用云健身资源,选择居家和户外健身环境,与孩子一起做扩胸运动和户外锻炼,提升青少年的体育与健康素养及运动技能;通过开展校园营养餐行动,加强运动营养和食品卫生健康教育。启动《学校卫生工作条例》《中小学健康教育指导纲要》等政策文件的修订工作,研究规划学校食品安全和营养健康管理条例等办法的制定,在体育课和课后体育服务中,引导开展体操、引体向上、传统功法、瑜伽、功能性力量训练等项目,锻炼学生身体姿态和脊柱形态,以求达到既改善体态又增强体能的多元价值目标。在社区卫生服务中心、定点医疗机构进行青少年脊柱健康的康复干预,并协同高校、体育科研所、公司合作研制体态健康促进标准测评体系及开发身体姿态健康促进的智能化运动处方系统。

3. 后端:重构以"临床治疗+功能性训练"方案为载体的康复治疗路径

身体姿态异常的学生与家长配合医疗机构进行相应的临床治疗,家长应该加深对体态健康的认知与医学预防纠正方法的学习;相关学校教师、班主任应该密切关注学生的治疗结果,结合临床治疗反馈情况,配合做好后续的常态化校园干预。在课后体育服务、体育课中设计相关形体训练内容,进行针对性的预防训练和康复训练;在社区依托卫生服务中心和健身活动中心辅助学校、医疗机构承担青少年异常体态问题的初步诊断和干预训练,医疗机构承担起脊柱侧弯青少年的疾病诊治和反馈,并会同运动处方师出具运动处方。

四、结语

当前我国青少年高低肩、胸椎后凸、头部前伸、长短腿与脊柱健康问题难以量化、认知程度低,简单统一的标准难以衡量体态异常状况,而家长和体育教师也缺乏判断和认知,无法对青少年的体态做出正确引导。体卫融合助力青少年身体姿态异常防治需要做到精准施策,既要考虑跨部门管理问题的复杂化、多样化和动态性,又要考虑体卫融合治理本身具有的主体多元性、对象诉求多样性以及效应外溢性。通过多元主体的协同治理实现健康服务供给侧结构性改革,提供系统连续的预防、健康促进、康复治疗一体化服务模式,有利于加强青少年体育健康保障政策与医疗服务的衔接。

在中国式体育现代化进程中,青少年身体姿态健康促进需要以学校体育与卫生教育改革为重点,立足体育与医疗卫生机构的技术融合、资源融合、业务融合、市场融合,提高青少年体态健康促进一体化服务的公平性和可及性,加强政府、社会、市场在体卫融合服务资源供应和配置方面的政策连续性,并实施青少年主动健康素养行动计划,不断完善我国青少年健康体系的治理能力建设。

第四节 场景赋能体卫融合产业化策略

一、场景赋能提出的时代背景

"场景"一词,最早出现在戏剧或影视剧中,后来被学者引入城市社会学、传播学、营销学等领域。《全民科学素质行动规划纲要(2021—2035年)》明确提出,推行场景式、体验式、沉浸式学习。场景赋能是指通过应用新兴技术将场景化元素嵌入某个载体,为行动主体实现目标提供一种新的方法、路径或可能性。因此,从场景赋能视角,将体卫融合作为青少年健康促进新模式生成的重要着力点,推进体卫融合助力青少年身心健康发展成为具有现实关怀、政策期待的研究课题。

2022年10月,工业和信息化部、教育部、文化和旅游部、国家广播电视总局、国家体育总局关于印发《虚拟现实与行业应用融合发展行动计划（2022—2026年）》的通知中提出，要实现虚拟现实赋能体育健康发展的策略。聚焦在大体育与大健康融合的发展诉求下，通过体育用品、健身设施、健身平台与软件开发，提高虚拟现实终端内容的匹配度，促进两者的互融互通。积极开发虚拟现实技术与室内外健身项目的产品和服务，尤其是在竞技体育训练、赛事直播中的应用。通过打造数字体育、智慧体育、沉浸式体验的新型运动方案，开辟出新业态、新模式、新项目。而且，政策中还提及要推动虚拟现实在医疗教育、临床治疗、康复保健等场景中的应用。

虚拟现实（VR）和增强现实（AR）技术可用于训练和比赛中的数据分析。智能设备和应用程序也可以帮助人们跟踪他们的运动和健康状况，改善锻炼和保养身体的方式。但从当前的学术研究看，体育领域研究较晚，主要集中在学校体育场景创设与教育和体育赛事及文化软实力传播方面。对青少年的生活方式、体育行为有明显带动和针对性的渗透力和浸润力，如体育全息教室、智能健身舱、VR滑雪模拟器等运动场景。欧美国家的K12学校已将VR技术融入"运动游戏"中。体育场景至少包括视觉维度、技术与服务、媒介维度、心理维度及商业维度。校园体育赛事活动的虚拟现实场景重塑与再现，可以有效地连接观众和媒体之间的视觉体验，在虚拟仿真、情景再现中淡化时空感、距离感以及提高两者之间的融合、共时、交互。通过场景表现出的独有价值观和生活方式，对特定群体形成吸引力。

二、体卫融合科技创新案例

体卫融合技术创新作为推动体卫融合发展的重要驱动力，在促进全民健康方面具有不可忽视的作用。从国际经验来看，体卫融合技术创新已经在很多国家和地区取得了显著的成果，例如智能运动器材、可穿戴健康设备、运动与健康管理系统等。在智能技术应用方面，主要借助互联网、大数据、人工智能等现代信息技术手段，为体卫融合发展提供智能化支持，提高服务效率和质量。在生物科技应用方面，生物科技的发展为体卫融合提供了新的技术支持，如运动生理监测、运动损伤康复等方面的应用。因此，应紧紧抓住这一发展趋势，加强体卫融合技术创新，为全民健康提供有力支撑。

（一）体卫融合科技创新内容

1. 智能运动器材

智能跑步机可以根据用户的运动水平和目标，自动调整运动速度和坡度；智能健身球可以通过内置传感器，实时监测用户的运动数据，并提供专业建议。

2. 可穿戴健康设备

可穿戴健康设备如智能手环、智能手表等，可以实时监测用户的生理数据，如心率、血压、运动量等，并通过手机 APP 或云端平台将这些数据进行分析，为用户提供个性化的健康建议。

3. 运动与健康管理系统

运动与健康管理系统通过收集和分析用户的运动数据、生理数据和生活方式数据，为用户提供更加精准和个性化的健康管理和运动建议。例如，运动与健康管理系统可以根据用户的年龄、性别、体重、运动习惯等，制订合适的运动计划和健康方案。

4. 虚拟现实（VR）健身

虚拟现实技术在健身领域的应用，为用户带来了全新的健身体验。例如，用户可以通过 VR 设备，在家中进行沉浸式的健身体验，如在虚拟的户外环境中进行徒步、骑行等运动。

5. 健康医疗机器人

健康医疗机器人如康复机器人、护理机器人等，可以为患者提供智能化、个性化的康复和护理服务。例如，康复机器人可以帮助患者进行康复训练，提高康复效果；护理机器人可以协助医护人员照顾病人，减轻医护人员的工作负担。

6. 基于大数据的健康分析与预测

通过收集和分析大量用户的健康数据，可以挖掘出有价值的信息，为用户提供更加精准的健康预测和干预建议。例如，通过对用户的生活方式、生理指标等数据的分析，可以预测用户未来可能出现的健康问题，并提供相应的预防措施。

(二)科技创新的主要举措

1. 加强关键技术研发

在体卫融合领域，有一些关键技术具有广泛的应用前景，如生物传感器技术、健康大数据分析、运动生理监测等。企业和科研机构应加大投入，突破这些关键技术，为体卫融合产品和服务提供技术支持。

2. 注重产品的人性化设计

体卫融合产品和服务要关注用户体验，充分考虑人们的需求和习惯。在产品设计过程中，应注重人性化设计，使产品易于使用、操作简便，让更多人愿意使用并从中受益。

3. 推动跨界合作

体卫融合技术创新需要跨学科、跨领域的合作。企业、科研机构、医疗机构、教育机构等应加强合作,共同推进体卫融合技术创新,形成创新合力。

4. 完善创新生态系统

政府、企业、高校和科研机构等要共同构建一个有利于体卫融合技术创新的生态系统,包括政策支持、资金投入、人才培养、市场推广等方面,为体卫融合技术创新创造良好的环境。

5. 强化知识产权保护

知识产权保护对于体卫融合技术创新具有重要意义。政府部门应打击侵权行为,保护创新者的合法权益,为体卫融合技术创新提供有力保障。

6. 拓展应用场景

体卫融合技术创新应关注不同应用场景的需求,开发出适应不同场景的产品和服务。例如,在家庭、社区、运动场馆等不同场所,人们对于体卫融合产品和服务的需求有所差异,应针对这些差异进行创新。充分发挥体卫融合技术创新在推动全民健康方面的作用,为人们提供更加便捷、高效、个性化的健康服务。同时,体卫融合技术创新也有助于推动我国健康产业的发展,培育新的经济增长点。

(三)科技创新的实施路径

首先,政府应当加大对体卫融合技术创新的扶持力度,通过制定相关政策、提供资金支持、优化创新环境等手段,推动企业和科研机构加大对体卫融合技术创新的投入。同时,政府还应该引导社会资本投向体卫融合技术创新领域,形成政府、企业、社会共同参与的多元化投入格局。

其次,企业作为技术创新的主体,要注重发挥市场机制作用,强化与科研机构、医疗机构的合作,形成产学研用紧密结合的创新链条。企业应关注市场需求,以用户为导向,开发出更多符合人们需求的体卫融合产品和服务,推动体卫融合技术创新成果的转化应用。

再次,教育和培训机构要加强体卫融合技术创新人才队伍建设,培养一批具有跨学科知识、创新能力和实践经验的复合型人才。同时,要关注人才激励机制,确保人才在体卫融合技术创新领域能够发挥出最大的价值。

最后,国际合作在体卫融合技术创新中扮演着重要角色。我们要积极参与国际交流与合作,引进国外先进技术和经验,促进我国体卫融合技术创新水平的提升。同时,要积极参与国际竞争,推动我国体卫融合技术创新成果走向世界,为全球健康事业做出贡献。

总之,体卫融合技术创新对于推动全民健康具有重要意义。政府、企业、教育和培训机构以及国际合作等方面共同努力,有望为全民健康提供有力保障,让更多人享受到体卫融合技术创新带来的健康红利。

三、体卫融合产业化概述

产业化是指在市场经济条件下以市场需求为导向、以实现效益增长为目标形成的全产业链、系列化和品牌化的经营方式和组织形式。随着科技的发展和人们对健康的重视,体卫融合产业逐渐崛起,成为一个充满潜力的新兴产业。体卫融合产业化发展也离不开政府强有力的支撑,在市场主体发育不成熟情况下,体卫融合产业化更多的是紧扣基本公共体育服务和基本公共卫生服务需求,尝试推动体育与医疗卫生相关产业链的整合发展,凸显出有别于体育和医疗卫生产业的社会效益和经济效益。体卫融合产业以体育和卫生领域的技术、产品和服务为基础,将两个领域的优势相结合,为人们提供更加便捷、高效、个性化的健康服务。从现有研究的归纳总结看,体卫融合产业属于健康产业范畴,也属于公共服务范畴。现有研究将体卫融合公共服务界定为一种准公共产品。

(一)体卫融合产业的主要特点

1. 高度融合

具有社会公共性、非排他性等准公共产品服务的特点。体卫融合产业将体育和卫生领域的技术、产品和服务有机结合,形成了一个高度融合的产业体系。例如,在健身器材、可穿戴设备、运动与健康管理系统等领域,体育和卫生领域的技术相互渗透,共同推动产业发展。

2. 技术创新

体卫融合产业的发展离不开技术创新。在生物传感器技术、健康大数据分析、运动生理监测等方面,体卫融合产业不断取得突破,为产业发展提供了技术支持。

3. 个性化服务

体卫融合产业注重满足人们个性化的健康需求。通过收集和分析用户的运动数据、生理数据和生活方式数据,为用户提供更加精准和个性化的健康管理和运动建议。

4. 跨界合作

体卫融合属于新兴交叉领域中衍生的新产业、新业态和新模式。其产业的发展需要跨学科、跨领域的合作。企业、科研机构、医疗机构、教育机构等应加强合作,共同推进体卫融合技术创新,形成创新合力。

(二)体卫融合产业的发展趋势

1. 产业规模持续扩大

随着人们对健康的关注度不断提高,体卫融合产业的市场需求持续增长,产业规模有望继续扩大。政府将在政策层面加大对体卫融合产业的支持力度,推动产业健康、有序发展。

2. 技术进步推动产业发展

未来,体卫融合产业将继续受益于科技创新。生物传感器技术、虚拟现实技术、人工智能等前沿技术的应用将为产业发展提供新的动力。随着体卫融合产业的快速发展,产业链上下游企业将加强合作与整合,形成一个完整的产业链体系。例如,健身器材制造商可以与健康数据监测企业、健康服务提供商等合作,共同打造端到端的健康解决方案。

3. 国际合作日益密切

体卫融合产业具有广泛的国际合作空间,未来我国与其他国家的技术交流和合作将更加密切,共同推动全球体卫融合产业的发展。

4. 市场竞争加剧

随着越来越多的企业进入体卫融合产业,市场竞争将逐渐加剧。企业需要不断创新产品和服务,以满足多样化的市场需求,提高自身竞争力。

5. 健康意识普及

随着健康意识的普及,越来越多的人将关注自己的身体健康,积极参与体育运动和健康活动。这将为体卫融合产业带来广阔的市场空间,推动产业的快速发展。社区和养老机构可以提供适合老年人的体育活动,如散步、瑜伽、游泳等;开展健康促进和康复性的体育活动,为老年人提供适当的锻炼和社交机会。

6. 线上线下融合

体卫融合产业将加速线上线下融合,通过线上平台为用户提供健康咨询、运动指导、产品购买等服务,同时通过线下实体店为用户提供体验、交流、互动等服务。线上线下融合将有助于提高用户体验,扩大产业影响力。

体卫融合产业在未来将迎来更多的发展机遇与挑战。在不断拓展市场、深化技术创新、加强跨界合作的过程中,体卫融合产业将为人们提供更加优质、便捷的健康服务,助力全民健康事业取得更大的进步。

四、体卫融合产业化发展策略

体卫融合产业化是要走一条产业融合发展的道路。在中国式现代化背景下,从促进体育消费助力双循环协同发展的角度看,体育与医疗卫生融合要破圈突围,不能只停留在体育部门和卫生健康部门,文化旅游、康养服务也可以融入其中,实现融合发展的新路径。

首先,大力倡导"体育+旅游"融合发展,鼓励国内旅行社结合健身休闲项目和体育赛事活动、中医药文化传播基地设计开发旅游产品和路线,结合美丽乡村建设、特色小镇建设和全域旅游发展等,设计开发健身休闲和体育赛事项目相结合的旅游产品和路线。

其次,扩大产业布局,实现协同发展。将体育健康产业发展核心指标纳入国家卫生城市、全民健身模范市县、国家体育消费试点城市评选体系。加强针对老年群体的非医疗健康干预,普及健身知识,组织开展健身活动。

再次,推动体育与医疗、卫生、旅游、康养、文化等融合产业发展,加强产学研合作。结合康养旅游休闲度假区、国家健康旅游示范基地、国家中医药健康旅游示范区以及养老服务业综合改革核心区、国家医养结合试点市、休闲养生养老产业示范区等建设,推动具有地方区域优势的体卫融合大健康产业发展。

最后,开展运动康复培训与国际交流,鼓励社会力量开办体卫融合服务机构,打造一批健康促进、健身培训、康复养生知名企业和品牌项目。联合高新技术产业园区,理工科类高等院校、研究所开发运动康复技术、产品、康复辅助器具产品等,并推广可穿戴式、便携式、非接触式采集健康信息的智能化健康管理、运动健身等电子产品。

第五节　体卫融合背景下全民健身公共服务普惠性供给策略

党的二十大报告指出要广泛开展全民健身活动。这为体育现代化发展提供了道路指引,也对全民健身工作提出了新要求和新指向。当前普惠性健康服务已经纳入"健康中国"的政策行动体系,尤其是在公共卫生、疾病预防相关领域,已建立较为完善的普惠性服务体系,反观全民健身领域的普惠性民生建设仍有待进一步优化。[1] 普惠性资源投入在促进社会公平和共同富裕方面具有重要作用,尤其在全民健身公共服务领域,更是亟待解决的问题。当前,全民健身公共服务供需矛盾仍然突出,主要表现在供给主体间协同不足,以及社会力量参与的积极性和力度不够。因此,

---

[1] 关信平.全面建成小康社会条件下我国普惠性民生建设的方向与重点[J].经济社会体制比较,2020(5):8-15.

我们需要关注高质量供给要素,包括普惠性、智慧化的场地设施,个性化健身指导服务,以及群众身边种类繁多的赛事活动等,以增加群众获得感和幸福感,提高群众的生活品质和健康水平。总之,要提高全民健身公共服务的质量,我们需要关注高质量供给要素,加强普惠性、智慧化的场地设施建设,提供个性化健身指导服务,以及举办群众身边的赛事活动。只有这样,才能让全民健身公共服务更好地满足群众的需求,实现社会公平和共同富裕。现代信息技术的迅速发展、产业结构的不断优化、区域协同战略的出台、跨领域融合发展模式以及全民健身公共服务体系的逐渐完善都为全民健身公共服务的高质量供给提供了有力支撑。[①] 高质量的产品和服务供给可以有效缓解人民日益增长的美好健身休闲生活需要与全民健身公共服务发展之间的矛盾。针对现存的问题提出进一步的推进策略,以期为实现更高水平的全民健身公共服务供给提供资鉴。

一、研究设计

(一)对象选取

为了对普惠视角下全民健身公共服务高质量供给的实态进行全面客观反映,梳理出供给主体、财政投入、场地设施、服务体系方面的主要问题,结合全民运动健身模范市创建中的典型案例,重点选取全民运动健身模范市创建中的上海市、江苏省、广东省、湖北省、广西壮族自治区5个省(直辖市、自治区)16个全民运动健身模范市展开调研,其依据在于全民运动健身模范市创建工作某种程度上代表了地方全民健身工作开展的成效和经验。从全民运动健身模范市中选取调查对象,一方面可以保证数据来源的可重复性、可对比性、可评价性;另一方面也有助于探析当前地方全民健身公共服务供给的内部差异性和多样性。

(二)数据来源

通过全民健身微信公众号平台获取"模范市县创建展示"资料,进一步提取《全民运动健身模范市创建工作摘要》中的指标数据,为资源配置数据提供支撑。课题组对江苏省盐城市、苏州市,广西壮族自治区桂林市、柳州市的相关负责人进行了一次深度访谈,主要包括一线体育局工作人员3人,体育组织负责人2人,社会体育指导员4人,社区街道体育负责人1人,共计10人。对访谈的资料进行编码处理,在数据分析过程中,对运用

---

① 郑家鲲."十四五"时期构建更高水平全民健身公共服务体系:机遇、挑战、任务与对策[J].体育科学,2021,41(7):3-12.

到的访谈资料采用了"X-Y-Z"的编码形式,"X"代表访谈者的姓名首字母,"Y"代表访谈的时间段,"Z"代表访谈对象的姓名首字母。

二、全民健身公共服务高质量供给内涵要义与特征

(一)全民健身公共服务高质量供给内涵界定

全民健身公共服务高质量供给由"全民健身公共服务"和"高质量供给"两个词构成,全民健身公共服务是我国政府高度重视的一项民生工程。作为一项基本公共体育服务,全民健身公共服务旨在满足社会公众参与体育活动的需求,以公益性和基础性为导向,为全体人民提供丰富多样的体育产品和健身服务,主要涉及体育健身和运动休闲需求的场地设施、赛事活动、健身指导等产品和服务。[①] 供给即按一定的规格或作为伴随物而配给。高质量供给是高质量发展阶段的必然趋势,当前学界认为,高质量供给是指在注重供给的公平公正的前提下,供给的产品或服务本身质量要好、要高,在实现高质量供给的过程中,需要注重供需匹配,即根据公众的需求和市场的需求,制定相应的产品和服务,以满足公众的需求。同时,需要建立科学的服务标准和规范,确保服务流程和服务的质量符合标准。此外,还需要注重服务的可及性和公平性,确保公众能够公平地享受到高质量的体育服务。为了实现高质量供给,需要加强对体育服务业的制度建设,完善政策法规,优化管理体制,提高服务质量,推进体育服务业的现代化。同时,需要加强对体育服务人员的培训和管理,提高他们的服务能力和素质,确保服务的专业性和规范性。[②] 全民健身公共服务高质量供给是指在全民健身领域,政府部门、社会组织和企业等多元主体,通过提供充足的体育设施、专业的体育指导、完善的体育服务等,满足广大人民群众日益增长的体育健身需求,从而实现全民健康水平和生活品质的提升。[③] 普惠背景下全民健身公共服务的高质量供给是坚持以居民诉求为中心,制度设计完善、流程高效协同、服务普惠可及、资源高度整合的服务供给,是由多元供给主体、组合式财政投入、适度普惠性场地设施、精准化服务体系构成。

[①] 王莉,孟亚峥,黄亚玲,等.全民健身公共服务体系构成与标准化研究[J].北京体育大学学报,2015,38(3):1-7.

[②] 刘望,王政,谢正阳,等.新时代我国公共体育服务高质量供给研究[J].体育学研究,2020,34(2):73-80.

[③] 史琳,何强.我国全民健身公共服务供给:逻辑、困境与纾解[J].体育文化导刊,2022(8):43-49.

(二)全民健身公共服务高质量供给特征

新发展阶段全民健身公共服务高质量供给由政府"保基本、兜底线"的基本公共服务和社会力量"补缺、拔高"的普惠性公共服务供给构成,其中社会力量同时也兼顾"保基本、兜底线"供给的一些理念和特征,满足人民的基本需要,适度满足人民的高级需要。因此,人民共享、多重性价值、阶段性需求、体系化走向是全民健身公共服务高质量供给的时代特征,这些特征的形成与演化印证着我国全民健身高质量发展的最新动向。

1. 人民性:全民健身公共服务高质量供给的共享特征

以人民为中心的发展思想即把人民作为实践主体、认识主体、价值主体、历史主体,坚信党的根基和力量在人民。[1] 习近平总书记提出没有全民健康,就没有全面小康。为了全面提升我国人民的健康水平,需要加快建设体育强国的步伐,充分发挥人民群众的主体地位。这种思想充分体现了健康为本、人民至上的核心理念,为我国体育事业的发展指明了方向。首先,我们要坚定不移地贯彻以人民为中心的发展思想,把人民群众的身体健康放在首位。这意味着要关注全民健康,尤其是弱势群体的健康需求,提供公平、公正的健康保障体系。其次,要以人民至上的原则来推进体育强国建设。这意味着要充分尊重和保障人民群众的体育权益,努力提高体育公共服务水平,让全民共享体育事业的发展成果。最后,紧紧围绕健康为本这一核心理念,全面推进全民健康水平的提升。这包括加强健康教育,提高人民群众的健康素养;完善公共卫生体系,预防和控制重大疾病;推动全民健身运动普及,让更多人享受到运动带来的健康和快乐。虽然场地设施、赛事活动、健身指导等产品和服务各有不同和侧重点,但最终还是回归到"供给成果由人民共享"这一鲜明主题,无一不凸显了"人民性"的特质。智慧化场地设施供给、个性化健身指导、群众身边的种类繁多的赛事活动都是增加群众的获得感和幸福感的关键途径,也是提高群众生活品质和健康水平的重要基石。[2]

2. 多重性:全民健身公共服务高质量供给的价值特征

公共服务的高质量供给主要指场地设施、赛事活动、健身指导等产品和服务本身的数量足、质量优、供需匹配程度高。全民健身场地设施和赛事活动的社会力量参与程度、科学健身指导的标准化程度、智慧化信息平

---

[1] 张业安,李鉴,杜恺,等.以人民为中心的体育主体性的实践逻辑[J].体育科学,2021,41(12):30-38.

[2] 韩慧,郑家鲲."以人民为中心"的体育发展观探赜:逻辑、内涵与价值:基于习近平总书记关于体育工作重要论述研读[J].武汉体育学院学报,2018,52(11):5-11.

台的搭建数量等则反映出供给的多重性特征。改革开放以来,全民健身公共服务供给越来越重视主体性、均等化、可及性和普惠性,这便使全民健身公共服务供给具有了多重性特征。主体性强调的是政府不再是单一的供给来源,讲求体育社会组织、市场力量、个人都可以作为供给的来源,多元主体参与供给的现实诉求保障了供给形式的多样性和供给内容的丰富性;暗含服务体系与公民需求、特征等的"适配度"问题,即公共服务的均等、可及问题。从2007年民政部提出将建设适度普惠型福利社会以来,围绕福利型、公益型、补缺型、适度普惠型出台了较多的保障政策,普惠性是实现均等可及的目标后,向共同富裕目标迈进的战略选择。由供给的主体性可知,完全依靠政府提供的基本公共服务无法满足人民日益增长的运动与健康促进需求,但现阶段社会力量提供的普惠型非基本公共服务,既无法实现全覆盖,又不能兼顾全周期全人群的体育健康需求。从发展角度看,全民健身公共服务的主体性、均等化、可及性和普惠性的价值特征在不断均衡发展。其中,主体性是全民健身公共服务供给的核心,是指公共服务供给应该以人民群众的需求为导向,以满足人民群众的健康需求为目标。在实践中,需要通过开展公众参与和民主协商等方式,让人民群众参与到全民健身公共服务的决策和实施中来,提高公共服务的针对性和有效性。均等化是确保全民健身公共服务供给公平公正的关键,是指公共服务供给应该在城乡、地区、社会群体之间均衡分配。在实践中,需要通过政策引导、资金支持、人才培训等方式,加强对农村和欠发达地区的支持,促进全民健身公共服务供给的均等化。可及性是保障全民健身公共服务供给的普及程度和便利性的重要因素,是指公共服务供给应该让尽可能多的人能够方便地获得。在实践中,需要通过完善全民健身设施网络、加强公共交通配套等措施,提高公共服务的可及性和便利性。普惠性是全民健身公共服务供给的重要目标之一,是指公共服务供给应该让广大人民群众受益,而不是只针对少数人。在实践中,需要通过推广全民健身的理念和方式,加强对老年人、残疾人等弱势群体的关注和支持,实现全民健身公共服务供给的普惠性。综上所述,合理调适全民健身公共服务供给的主体性、均等化、可及性和普惠性,是实现全民健身公共服务均衡发展的关键。

3. 阶段性:全民健身公共服务高质量供给的需求特征

全民健身公共服务体系需要政府提供的全民健身基本公共服务体系

和社会力量提供的普惠性公共服务同步发力构建。从需求内容层面看,①全民健身公共服务供给由过去单一的体育健身需求逐步发展为当前的高品质健身休闲、竞赛参与、体育观赏等方面的综合需求。从参与目的层面看,由过去单一的增强国民体质诉求逐步发展为集运动健身、社群交际、娱乐休闲等于一体的多元需求。从需求个性化层面看,体育项目从过去的传统体育项目逐步发展为包括民族传统体育项目与新兴项目在内的多种运动项目需求,尤其是冬奥会的项目推介,衍生了"冰雪热""全民上冰雪"等后奥运效应。从人群特征层面看,随着多层级健身设施网络和城镇社区15分钟健身圈的全覆盖,以及部分地区推出的"适老化""适少化"户外健身路径,极大地激发了全周期全人群的参与力度。从场地设施方面看,二代健身路径的普及和科技赋能室外智能健身房的出现,如设置AI智慧步道数据大屏和AI人脸、肢体识别杆,为健身的市民提供多项智慧服务,让健身锻炼变得更加科学。从健身形式层面看,疫情常态化背景下催生了"云健身""云减肥"热潮,这种新模式在健身市场中具有较高的使用比例和巨大的发展潜力。因此,相关企业和投资者应该加大对"互联网+健身"新模式的投入和开发,满足广大运动爱好者的需求,推动健身市场的进一步发展。

4. 体系化:全民健身公共服务高质量供给的新走向

当前我国社会主要矛盾已经发生质的转变,这种不平衡在全民健身领域表现为城乡、区域发展的不平衡,体育健身项目发展的不平衡,体育资源供需的不平衡,居民健康素养水平的不均衡,观赏型消费、参与型消费与实物型消费结构的不均衡;不充分的矛盾体现在社会力量参与全民健身的体制机制不完善,健身设施绿色低碳转型滞后,赛事活动、学校体育场地全面开放不充分,全民健身衍生消费不充分等。体系化是应对当前全民健身公共服务高质量发展动力不足、全民健身与全民健康深度融合发展力度不够的重要保障。为构建更高水平的全民健身公共服务体系,要打造绿色便捷的全民健身新载体和符合新发展阶段供需适配的供给体系。

三、全民健身公共服务高质量供给现状

(一)多元供给主体的参与情况

1. 地方政府主导作用的发挥情况

地方政府主导作用的发挥情况着重从全民健身工作领导体制与协调

---

① 张业安,李鉴,杜恺,等.以人民为中心的体育主体性的实践逻辑[J].体育科学,2021,41(12):30-38.

机制、相关配套政策、政府购买服务三方面进行考察,探析全民健身工作领导体制与协调机制作用发挥情况有助于了解地方全民健身工作的政府行动;探析配套出台的相关政策文件情况有助于廓清地方政府的政策执行和政策落实水平的能动性和差异性;探析政府购买公共体育服务情况有助于分析政社合作伙伴关系。从表 8-4 可知,其一,全民健身组织保障体系基本形成了以党政领导牵头、部门协同、群众广泛参与的全民健身工作机制,领导体制与协调机制主要通过创建工作领导小组和联席会议制度起作用。其二,与全民健身工作相关的配套政策和政府购买公共体育服务的区域间差异显著,相关配套政策数量变异系数值(1.06)要大于政府购买公共体育服务变异系数值(0.72),这表明相关配套政策数量存在较大差异,主要表现在江苏省(南京、苏州、无锡)和广西壮族自治区(桂林、柳州)之间的差异。调研发现,地方政府将全民健身工作纳入政府工作报告和年度考核内容,并在创建全国文明城区的指标体系中,把全民健身作为测评内容,但占据比例或者分值差异较大。其三,政府购买公共体育服务占比指标的极差率较小(13.89),但区域间的差异依旧凸显,最大值为柳州占比 100%,最小值为上海静安占比 7.2%。政府购买服务是政府与社会力量建立伙伴关系的重要桥梁和平台,也是保障社会力量经费来源的重要渠道,这些经费投入也为地方体育社会组织的日常运转提供了基本条件保障。

表 8-4 地方政府主导作用发挥情况

省市	领导体制与协调机制建设情况	相关配套政策数量/件	政府购买公共体育服务/%
上海静安	领导小组	8	7.2
上海黄浦	联席会议制度	4	43.23
上海浦东	联席会议制度	6	45.06
广州	领导小组	10	26.15
深圳	领导小组	3	51.8
肇庆	联席会议制度	2	53
南京	联席会议制度	32	15.1
苏州	联席会议制度	29	19.6
无锡	领导小组	11	12.69
盐城	联席会议制度	6	31.2
桂林	联席会议制度	2	10.6

续表

省市	领导体制与协调机制建设情况	相关配套政策数量/件	政府购买公共体育服务/%
柳州	联席会议制度	2	100
来宾	联席会议制度	9	30
京山	领导小组	3	93
宜昌	领导小组	6	30
枝江	联席会议制度	4	30
最小值		2	7.2
最大值		32	100
极差率		16.00	13.89
变异系数		1.06	0.72

注：根据《全民运动健身模范市创建工作摘要》资料统计汇总，下同。

2. 社会力量对全民健身事业的参与情况

社会力量是指除政府以外影响社会发展的基本单元，主要包括社会组织、机构、企业和自然人等主体，[1]而本书所涉及的社会力量主体为体育社会组织和企业。社会力量参与全民健身事业形式多样、种类繁多，但社会力量参与集中在举办全民健身赛事活动和体育产业方面，而参与建设和管理的体育设施占比较低（表8-5）。其中，社会力量参与举办全民健身赛事活动占比（0.40%）、社会资本在体育产业中发挥作用占比（0.47%）差异最小，体育社会组织数量变异系数值（0.91）最大，说明体育社会组织数量存在较大差异，差异主要体现在苏州（784家）和枝江（18家）之间，而且江苏省体育社会组织发展要好于湖北省、广西壮族自治区、上海市，反映出省市区之间、省域之内离散程度、变异范围比较明显。社会力量参与建设和管理的体育设施方面，市场化程度普遍较低，广州参与建设和管理的比例最高（35.1%），桂林及来宾市场化管理程度最低。调研中发现，广州社会资金投入或参与投入资金建设的体育场地合计11711个，占全市体育场地数量（33397个）的35.1%。来宾的社会力量参与建设与管理的体育设施数量有60多个，约占本地区内所有体育设施数量的比例为0.1%。桂林社会力量参与建设与管理的体育设施有54个，占本地区内所有体育设施数量

---

[1] 杨金娥,陈元欣,黄昌瑞.社会力量投资运营体育场地的政策困境及消解路径[J].上海体育学院学报,2019,43(5):1-6.

的0.4%。社会力量参与举办全民健身赛事活动的情况,除广东省外,其余各市社会力量参与差异较大,主要体现在深圳(100%)最高和京山(20.12%)最低,深圳社会力量参与举办的市级全民健身赛事活动269场次,市级全民健身赛事活动实现100%由社会力量举办;京山举办全民健身赛事活动159个。其中,社会力量参与举办了全民健身赛事活动32个。社会资本在体育产业中发挥作用的情况也呈现出区域化特点,在体育产业园区比较密集的东部地区,社会资本活跃度较高。

表8-5 社会力量对全民健身事业的参与情况

省市	体育社会组织数量/家	参与建设和管理的体育设施情况/%	参与举办全民健身赛事活动情况/%	社会资本在体育产业中占比/%
上海静安	70	29.3	88	86.4
上海黄浦	61	31.09	84.6	95
上海浦东	100	10.2	57.3	80
广州	771	35.1	95.19	77.9
深圳	640	16.9	100	90.1
肇庆	154	5	93	33
南京	675	18.05	78.4	81
苏州	784	30	90	24.4
无锡	539	26.09	28.99	38.1
盐城	750	23.8	55.1	39
桂林	159	0.4	79	28.69
柳州	199	28.84	26.3	45.8
来宾	93	0.1	32.25	17
京山	35	7.1	20.12	38.1
宜昌	229	10	84	85
枝江	18	10	80	60
最小值	18	0.1	20.12	17
最大值	784	35.1	100	95
极差率	43.56	351.00	4.91	5.59
变异系数	0.91	0.66	0.40	0.47

(二)财政投入结构现状

财政投入是指财政支出方向,财政用于社会公共服务管理、外交、国防、教科文、社会保障、医疗卫生等方面的支出。财政体育投入即财政资金用于发展我国体育事业方面的支出,通常通过中央和地方财政拨款,它是体育事业发展的基本保障。[1] 当前体育财政投入主要由国家财政拨款和体育系统非财政收入(如体育彩票公益金)构成,本书全民健身财政投入结构主要由省市财政资金投入和彩票公益金投入构成。有数据显示[2],2019年全国体育财政总投入462.9亿元,其中省级投入458.1亿元,占比为99%。如表8-6所示,财政资金投入变异系数(1.29)、彩票公益金投入变异系数(1.06)以及人均全民健身财政资金投入量变异系数(1.45)等全民健身经费投入指标的差异较大,尤其是用于评估全民健身公共服务资源配置水平的相对指标,人均全民健身财政资金投入量是差异最大的一项,最高的肇庆与最低的桂林差距悬殊。财政资金投入最多的是肇庆、深圳、苏州、无锡,上海、广西、湖北财政资金投入相对较少。彩票公益金投入总量与财政资金投入不匹配,如上海市浦东新区财政资金和彩票公益金投入均偏低;肇庆财政资金投入多但彩票公益金投入少。

表8-6 2019年度全民健身经费投入情况

省市	财政资金投入/万元	彩票公益金投入/万元	人均全民健身财政资金投入量/元
上海静安	3294	1092.45	31.14
上海黄浦	2148.5	541.5	33.01
上海浦东	20149.67	1225.86	36.3
广州	52466	26430.9	34.28
深圳	98700	14977	75.8
肇庆	210953.7	8282.77	502.3
南京	36958.36	22163.15	43.48
苏州	88200	17141.19	82
无锡	81990	22750	124.38
盐城	53000	15120	73.7
桂林	2465.75	753.55	4.85
柳州	10861.5	1416.15	26.63

[1] 朱汉义.我国财政体育投入效能实证分析[J].上海体育学院学报,2015,39(1):12-17.

[2] 袁凌峰."体育强国"建设背景下我国省级体育公共财政投入效益研究[J].体育科学,2022,42(5):38-46.

续表

省市	财政资金投入/万元	彩票公益金投入/万元	人均全民健身财政资金投入量/元
来宾	1884.54	599.5	8
京山	13284.3	1195	210.86
宜昌	15521	7317	37.4
枝江	1829.76	1127.09	27
最小值	1829.76	541.5	4.85
最大值	210953.7	26430.9	502.3
极差率	115.29	48.81	103.57
变异系数	1.29	1.06	1.45

(三)场地设施供给现状

全民健身场地设施是全体人民进行体育锻炼的重要场所,也是追求高品质休闲生活的重要载体。对全民健身设施实施有效供给有助于实现全民健身场地设施从有到好、从数量多到质量高、从传统式到智慧化、从公益性向普惠性方向转型。因此,选取全民健身场地设施建设中的体育设施覆盖率、体育场地建设情况及体育设施开放情况等指标来审视当前场地设施的供给现状。如表8-7所示,15分钟健身圈在城市社区的覆盖率变异系数值(0)、农民体育健身工程在乡镇及行政村的覆盖率变异系数值(0)、公共体育设施开放率变异系数值(0.01)差异最小,人均场地面积变异系数值(0.34)、体育场地总数量变异系数值(0.75)、学校体育场地开放率变异系数值(0.26)三项指标变异系数值最大,表明体育场地、学校体育场地开放率存在较大差异,主要表现在广东省和江苏省体育场地整体上优于上海市、湖北省、广西壮族自治区。虽然《关于构建更高水平的全民健身公共服务体系的意见》《全民健身计划(2021—2025年)》等政策文件提出,"已建成且有条件的学校要进行体育设施安全隔离改造;鼓励学校体育场地设施对社会开放实行免费和低收费政策",但符合体育场地设施开放条件的学校开放率存在差异性,开放率较高的为上海、广州、苏州、盐城、桂林、柳州、京山,开放程度较低的深圳、南京、宜昌、枝江的开放率分别为57.85%、62.5%、42.6%、50%。通过对各城市学校体育场地设施开放条件的数据进行分析发现,在学校体育场地设施开放率方面,开放程度较高的城市普遍具有较好的政策环境和市场需求,而开放程度较低的城市则需要进一步加强政策引导和市场培育。

表 8-7　全民健身场地设施建设情况

省市	体育设施覆盖率		体育场地		体育设施开放情况	
	城市社区/%	乡镇及行政村/%	人均面积/m²	总数量/个	公共体育设施开放率/%	学校体育场地开放率/%
上海静安	100	100	0.67	1945	100	100
上海黄浦	100	100	0.64	1261	100	100
上海浦东	100	100	2.35	9100	100	95
广州	100	100	2.54	33397	100	97.92
深圳	100	—	1.88	18000	100	57.85
肇庆	100	100	2.78	11700	100	65
南京	100	100	3.19	18854	100	62.5
苏州	100	100	3.39	27168	100	98.4
无锡	100	100	2.82	19511	100	80
盐城	100	100	2.56	18452	100	100
桂林	100	100	1.8	13597	100	95
柳州	100	100	2.1	9889	100	100
来宾	100	100	2.5	6842	100	60
京山	100	100	1.9	1572	95	95
宜昌	100	100	2.34	11076	100	42.6
枝江	100	100	2.11	995	100	50
最小值	100	100	0.64	995	95	42.6
最大值	100	100	3.39	33397	100	100
极差率	1.00	1.00	5.30	33.56	1.05	2.35
变异系数	0.00	0.00	0.34	0.75	0.01	0.26

(四)服务体系供给现状

1. 服务均等化水平

全民健身公共服务体系是政府为满足人民群众参与健身的现实需求，向全社会提供体育服务(产品)所形成的系统性、整体性的一种制度安排。全民健身信息化平台数量、品牌类赛事、综合性及单项类赛事、城乡活动等变异系数存在不同程度差异(见表8-8)，也证实了这些地方的全民健身公共服务均等化水平存在不平衡现象，直接反映了地方政府全民健身公共服务资源的配置能力。全民健身公共服务信息化平台、健身健康智慧管理平台和服务平台建设和运转的非均衡性主要体现在湖北省和广东省之间。在举办综合性全民健身运动会、单项全民健身赛事情况方面,上海市和江苏省虽然位于长三角区域,但公共体育资源配置的优势并没有得以充分体现,如江苏省内的南京、苏州和无锡、盐城之间的举办场次数量差距较大,而且远低于地处西部的广西壮族自治区,这反映出政府主导行为、文化驱动机制、供给效率在制约着赛事活动均等化的资源配置。① 举办全民健身品牌赛事活动情况差异较大的地区体现在中西部区域的湖北省和广西壮族自治区。另外,虽然每千人拥有的公益社会体育指导员变异系数值(0.33)、上岗率变异系数值(0.38)差异较小,但也揭示出每千人拥有的公益性指导员数量与实际到岗率之间不存在正相关趋势,即每千人拥有的公益性指导员数量较多的城市,其实际到岗率不一定高。深圳、桂林、广州每千人拥有的公益性指导员数量与实际到岗率普遍较低;上海浦东虽每千人拥有的公益性指导员数量仅为2.12人,但其实际到岗率较高。这说明广东省社会体育指导员建设与管理亟待加强,社会体育指导员作用发挥有待提升,公益性社会体育指导员管理模式缺乏合理、有效的绩效考核。

表8-8 全民健身公共服务均等化水平

省市	服务平台 信息化平台数量/个	赛事活动 综合性及单项类赛事/场	品牌类赛事/项	城乡活动类/次	健身指导 每千人拥有的公益社会体育指导员/人	上岗率/%
上海静安	14	409	14	501	2.86	80
上海黄浦	40	211	7	97	3.23	80
上海浦东	70	147	11	2608	2.12	82.3
广州	95	366	35	2246	2.66	19.75
深圳	77	958	11	2500	2.48	25.3
肇庆	35	252	5	2890	3.06	47
南京	43	79	72	3189	5.1	95
苏州	8	80	105	4914	4.4	85
无锡	166	322	69	3926	3.5	82
盐城	90	986	9	5650	5.2	91

① 樊炳有,王继帅.经济百强县公共体育资源配置的差异性研究[J].北京体育大学学报,2019,42(12):127-138.

续表

省市	服务平台	赛事活动			健身指导	
	信息化平台数量/个	综合性及单项类赛事/场	品牌类赛事/项	城乡活动类/次	每千人拥有的公益社会体育指导员/人	上岗率/％
桂林	13	334	7	3468	3.2	17.5
柳州	168	431	8	1050	1.8	81
来宾	7	124	2	2100	2.5	60
京山	4	15	2	3702	3.4	65
宜昌	5	279	9	1063	3.18	80
枝江	2	15	4	303	1.6	75
最小值	2	15	2	97	1.6	17.5
最大值	168	986	105	5650	5.2	95
极差率	84.00	65.73	52.50	58.25	3.25	5.43
变异系数	1.05	0.93	1.34	0.65	0.33	0.38

2. 全民健身及健康素养水平情况

健康素养不仅包括身体健康,还包括心理健康和社交健康。具备健康素养的人能够更好地管理自己的健康,预防疾病,保持健康的生活方式,并在需要时寻求医疗帮助。[①] 健康素养的重要性在于,可以帮助人们更好地掌握自己的健康水平,减少不必要的医疗费用,提高生活质量。健康素养还可以促进健康教育,帮助人们更好地了解健康知识、提高健康水平。由图8-2可知,居民经常参加体育锻炼的比例大部分高于40％,达到健康中国行动2022年的目标值,其中,上海静安、浦东、广州及枝江均达到体育强国战略2035年目标要求(45％)。健康中国行动要求居民健康素养水平2022年和2030年目标值分别达到22％和30％,从目前调研情况看,大部分城市均已提前实现2022年目标值,而且上海、深圳、南京、苏州、桂林已提前实现2030年目标值。但这次调研还发现,经常参加体育锻炼的人数比例高,并不意味着居民自身健康素养水平就高,如广州、枝江体育锻炼人数比例最高,桂林体育锻炼人数比例最低,但桂林整体居民健康素养水平比枝江高出44.5％。

---

① 于英红,晏秋雨,谢娟.中国居民健康素养研究进展[J].中国慢性病预防与控制,2021,29(7):530-534.

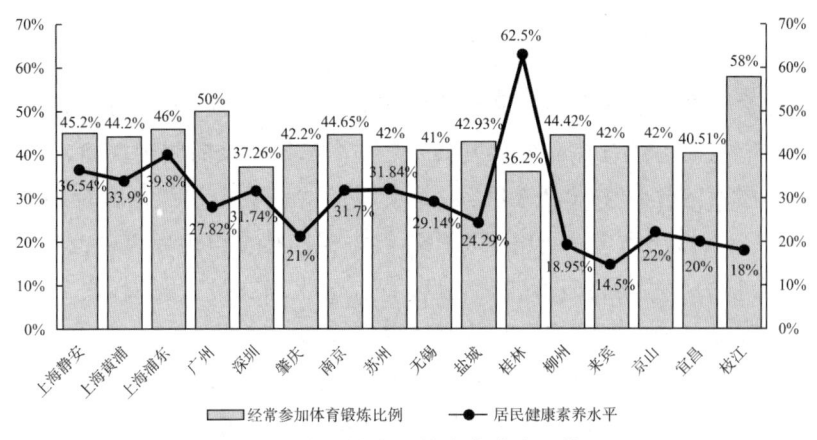

图 8-2 全民健身及健康素养水平情况

四、全民健身公共服务高质量供给困境

(一)多元供给主体联动治理存在短板

"放管服"改革不仅是我国当下全面深化改革的重要内容,也是强化我国行政改革与政府职能转变的延续与革新。尽管中央政府从顶层设计的战略高度对政府职能转变提出客观要求,但不同主体职责边界和利益取向仍存在联动困境。

1. 政府职能转变滞后于现实需求

一是统筹机制和执行机制不到位,现实中往往流于形式,失去了制度应有的规范和导向作用。二是配套政策落地执行方面存在区域差异。配套政策有些省市多达 32 件,有的省市仅有 2~3 件。三是地方政府在向社会组织购买服务时,可以将购买比例控制在 30%。但调研发现,仅有 43.8% 的省市超过这一水平,仍有 37.5% 的省市没有达到标准要求。一方面许多地方政府购买全民健身公共服务工作仍处于缓慢发展状态。另一方面,权责失衡导致财政资金服务性受限。这种权责失衡的现象在一定程度上导致了财政资金在体育领域的服务性受到限制。由于体育职能部门在事权方面的主导地位,财政资金的使用往往需要经过体育职能部门的管理和分配,而这种管理和分配往往存在一定的主观性和不透明性。体育职能部门在资金使用方面可能存在一些不合理的现象。比如,在某些体育项目上投入过多的资金,而忽略了其他体育项目的发展;或者将资金用于一些与体育本身无关的方面,会导致财政资金在服务体育事业方面的效果受到限制。①

2. 社会力量承接政府职能转移水平参差不齐

体育社会组织所面临的制度环境表现为宏观鼓励、微观约束的特点，现在政府层面为体育社会组织提供的是一个宽松积极的制度空间，但是微观操作层面暗含许多限制性因素，其束缚了体育社会组织的健康有序发展。② 第一，基层体育社会组织机构不够完善。社会组织在脱钩改革过程中，其公信力和稳定性有所变化，使体育社会组织在员工薪酬、晋升机会、就业保障等各个方面都难以与政府体育行政部门媲美。加之，部分省域体育社会组织的运营资金来源稳定性和持续性较差，难以吸引高学历、专业性人才加入。专业性人才队伍的缺失导致体育社会组织在组织管理、项目策划、活动宣传等方面的"业余主义"，进一步加剧了地方政府与社会公众的信任危机，这是摆在体育社会组织改革推进道路上的绊脚石。③ 尤其是农村地区体育社会组织机构仍存在专职人员缺乏、场地设施陈旧、经费投入不足等问题。部分组织内部设置的理事会、监事会、秘书处等重要机构或岗位形同虚设，部分组织仅靠1~2人的自身能力与魅力维持组织管理，治理结构松散，严重制约体育社会组织的社会服务能力的提升。通过对桂林体育总会的工作人员访谈得知，目前体育社会组织专职工作人员仅占33%，经费主要靠举办比赛、活动的方式筹集，但是缺乏稳定的资金保障。我国公共体育服务供给专业性不强、效率低下、居民满意度低，供需错配，这与专门性的社会体育治理人才稀缺密切相关。第二，社会力量办赛制度不完善，体育产业市场供给未形成有力支撑。地方政府普遍不愿把体育治理的公共权力让渡给社会力量。政府在体育治理过程中，出于自身权威和利益的考量，在发挥市场和社会作用的同时不放弃自身的责任，致使角色定位不清晰，导致政府扶持体育社会组织效果不佳。④

（二）全民健身公共服务财政支出结构不均衡

地方财政支出结构会因地域条件、资源禀赋状况对地区发展产生非一

---

① 张小航,杨华.政府购买公共体育服务中的现代财政保障机制研究[J].天津体育学院学报,2018,33(3):185-190.

② 郭梓焱,刘春湘.社会组织制度执行环境的结构维度、现实困境及优化路径[J].学习与实践,2022(3):113-122.

③ 春潮,高奎亭.困境与破局：体育强国建设背景下我国体育社会组织改革路径研究[J].天津体育学院学报,2021,36(4):393-398.

④ 季彦霞,吕万刚,沈克印,等.元治理视角下体育社会组织参与治理的现实困境与改革路径[J].体育学研究,2021,35(4):52-58.

致性的影响。从财政资金、彩票公积金及人均经费的投入结构看,资金投入的结构性失衡问题依然存在。区域间财力分配不均的问题并非一朝一夕能够解决,它是由历史、地理、政策等多种因素共同作用的结果。而依赖于税收返还的转移支付形式,虽然能够在一定程度上缓解这一问题,但它并不能从根本上解决问题。在新体制下,这一差距没有缩小,这主要表现在东中西部政府间体育公共服务财政投入的明显差异上。东部地区由于经济发展水平较高,财政收入较为丰厚,因此能够投入更多的资金用于体育公共服务的建设;而中西部地区由于经济发展水平较低,财政收入相对较少,因此投入体育公共服务的资金就相对较少。[1]

在产业政策的引导下,全民健身资金配置过于强调政府主导投入,未能对社会资金起到有效的引导作用,而且社会力量进入体育市场仍面临微观约束。我国彩票公益金用于体育事业支出配置的差异明显。体育彩票公益金投入群众体育的金额以年均16.76%的速度持续增长。[2] 有研究显示,彩票公益金用于体育事业支出总泰尔指数在0.33～0.47,这一结果表明,彩票公益金在体育事业支出方面的分配存在较大不公平性,需要关注和优化彩票公益金的分配策略,以实现更好的资源配置。[3] 另外,建设型财政制度对于公共服务类预算并不友好,更多的是倾向于经济建设领域,对于全民健身类的公共服务缺乏有效的金融支持,加之财权与事权存在一定的不对等,导致财政偏离其应有的服务功能。这就导致在以人口要素进行财政经费配置时,地区差异体现在全民健身人均经费方面均等化、公平性不足。

(三)体育场地设施"存量、增量、质量"结构性矛盾突出

1.存量资源级配不合理,体育设施覆盖率与开放率不能满足群众健身需求

城市街道、社区及农村乡镇、行政村体育设施的全覆盖只能说明城乡体育场地设施结构性供给得到了保障,但体育场地设施整体供给总量和质量仍然存在缺口,尤其是体育资源与人口、区域的匹配程度无法达到均衡,而且存量资源闲置与需求紧缺形成鲜明对比。人均体育场地面积都在

---

[1] 花楷,刘志云.财政转移支付:体育公共服务均等化的逻辑、困境与路径[J].天津体育学院学报,2016,31(4):283-286.

[2] 李丽,杨小龙,兰自力,等.我国群众体育公共财政投入研究[J].首都体育学院学报,2015,27(3):196-201.

[3] 王海霞,林瑜,王超凡,等.我国体育彩票公益金用于体育事业配置的均等化水平分析[J].曲阜师范大学学报(自然科学版),2022,48(1):111-117.

1.8平方米以上,但居民喜闻乐见的球类场地设施较少。学校自身管理制度问题制约着学校体育场地设施的开放率,原因在于很多学校面临管理困难、维护成本预算不足、政府与学校权责利不清晰的诸多现实问题而选择观望。学校体育场地对外开放推进难度大的本质是地方政府与学校、社会之间的博弈问题,是体育治理权利配置失衡导致。公共体育场地资源配置不平衡、不充分主要表现在城市规划结构性失衡,农村地区公共体育场地设施规划没有充分考虑户外运动场所类型、数量、布局是否能满足和吸引更多的村民参与健身活动。

2.增量资源区域供给不均衡,资金要素或空间要素受限

从调研结果看,区域性均等化差异缩小,但城市空间待挖掘潜力后劲不足。老城区人口居住密集,规划开发程度接近饱和状态,造成无法容纳更多场地器材设施,体育场地"无地可建"的问题突出;中心城区公共体育服务压力较大的问题未能得到有效缓解;城市住宅区域缺乏刚性制度约束,受城市用地成本、开发商投资收益、居民购房观念等因素的影响,住宅小区支持居民日常锻炼的价值未能体现出来,[1]部分城市住宅小区还存在体育场地被侵占的现象。利用非体育用地建设体育设施的建设、权属、管理等权力分散,使现有政策在实践中难以执行。[2] 另外,有些场地条件达不到运动健身的基本要求,场地建设还存在安全隐患。[3] 因场馆建设成本高、回报周期长、回报率低,社会力量不愿参与场馆建设。

3.高质量的智能化场地设施少,服务与管理机制有待健全

一是应当对已有的体育场馆设施进行全面评估,找出存在先天缺陷的设施,进行有针对性的改造升级。这需要政府、企业和社会的共同努力,加大投入,引进先进技术,提高场馆设施的使用效率和灵活性,以满足多类型赛事活动的需求。二是应当加大二代室外健身器材的配置力度,提高健身场地的建设和使用水平。对于场地条件达不到体育锻炼基本要求的,应当及时进行改造,确保健身者的安全和舒适。对于健身器材损坏、老化等问

---

[1] 游茂林.基于"十三五"实践的我国城市体育场地设施发展策略[J].体育文化导刊,2022(2):56-62.

[2] 陈元欣,何开放,杨金娥,等.我国利用非体育用地建设体育场地设施研究[J].体育学研究,2020,34(5):41-47.

[3] 孙成林.我国全民健身体育场地发展现状、制约因素及对策研究[J].西安体育学院学报,2021,38(5):571-579.

题,应当及时进行维修和更换,杜绝因器材问题导致的安全事故。[1] 整体上看,重大公共体育设施的规划需进一步完善,公共体育服务的内涵和空间有待进一步拓展,以适应区域经济发展、居民体育需求。

(四)全民健身公共服务体系亟待"提质增效"

1. 全民健身公共服务均等化程度较低

一是区域信息化、数据化程度存在不公平问题。从信息化平台的变异系数值(1.05)和极差率值(84)看(表 8-8),各省之间和省域之内城市全民健身公共服务信息化建设的不公平程度较高。信息化平台作为互联互通的重要媒介和窗口,数量较少则会造成信息传播的不对称或者覆盖面不足问题。二是赛事活动对优势资源的挖掘与利用不够充分。从品牌类赛事的变异系数值(1.34)可以看出,城市之间资源配置的不均衡、不充分问题较为突出。品牌类赛事可以用于反映城市体育的承载容量和能力,也可以从侧面验证赛事活动对城市社会环境、建成环境传播和综合利用效率的影响。

2. 居民经常参加体育锻炼比例与健康素养水平关联失衡

一是公益性社会体育指导员指导项目与居民体育锻炼多样化诉求之间的矛盾突出。公益性社会体育指导员的到岗率与经常参加体育锻炼比例、居民健康素养水平之间的关联度不高。针对个性化健身指导、新型冬奥冰雪项目指导、二代智能健身路径和设施指导的关注不足,加之智慧化健身服务平台整合功能的缺乏,不能有效盘活公益性社会体育指导员的服务效能。二是全民健身带动全民健康素养提升的阻滞较大。居民经常参加体育锻炼活动的比例高,并不代表居民自身健康素养水平也高。原因在于经常参加体育锻炼的统计口径与居民健康素养水平的统计口径端口缺乏有效衔接。目前,全国范围内大样本量调研没有将体育锻炼问卷与健康素养水平问卷进行整合,还是采用各自部门上报数据,即体育锻炼比例统计归口地方体育局,健康素养水平统计归口地方卫健委。全民健身公共服务的可及性程度也制约着居民知信行能力的转变。我国不同地区之间存在着显著的经济水平和文化差异,这在公共体育服务、医疗卫生服务、信息资源等方面表现得尤为明显。这些服务在不同地区的供给存在着不平衡和不可达的问题,使一些地区的居民难以享受到应有的服务。

与此同时,我国居民的基本技能、基本医疗素养、健康生活方式与行

---

[1] 杨涛.新型农村社区体育场地设施供给现状与问题研究[J].西安体育学院学报,2018,35(3):323-328.

为、慢性病防治素养水平普遍偏低。① 尽管他们对健康知识有所了解,但在将这些知识转化为实际行动上还存在一定的差距。这一现象的出现,可能是受健康指导者、宣传者自身能力的限制,也可能是他们对引导居民将接收到的健康知识转化为健康行为方面关注不足。目前,我国城市在体卫融合的实践中,主要以宣传健康知识为主。然而,如何帮助居民将接收到的健康知识转化为健康行为,是一个亟待解决的问题。我们需要从多方面着手,提高居民的健康素养,使他们不仅具备健康知识,而且能将知识转化为健康行为。

五、全民健身公共服务高质量供给的发展方略

(一)以制度建设补齐多元供给主体联动治理短板

1. 加强制度设计构建组织同构模式

科层制组织具备层级节制的权力体系、非人格化管理、职业化倾向、合理的权责边界等。当前全民健身领导工作小组、基层党委、城乡社区街道的居委会和村委会三者核心职责、派生功能等各不相同,但基本具备了科层制组织的基本特征,而且全民健身工作最终的落脚点仍是以基层为单位开展相关的全民健身赛事活动、健身指导、体质测试等,只有解决三大组织主体缺位问题,构建健全的组织同构模式,才能为全民健身公共服务高质量发展和高效能治理的全民健身目标实现奠定社会基础。其一,对创建工作跨部门协同绩效的考核可采用多元评估模式,由联席会议领导机构主持考核,统筹考核标准,加强跨部门绩效考核政策的衔接,组织第三方负责绩效打分,增强考核的合理性与客观性。其二,探索线下行政命令式、激励动员式政策工具和线上数字化、网络化、集成化政策工具的协同发展。在完善预算编制的前提下,把适宜体育社会组织承担的全民健身公共服务和产品,通过购买的形式,交由体育社会组织,并加强监管和效果评估力度。其三,加强体育社会组织自身建设,提高其服务能力和效率。体育社会组织应该加强内部管理,建立健全的财务、人力资源、项目管理等制度,提高组织运作效率和服务质量。同时,体育社会组织还应该加强人才队伍建设,吸引和培养具有专业技能和丰富经验的体育人才,提高全民健身公共服务的专业水平。其四,政府应该加强对体育社会组织的监管和指导,确保其服务质量和效率。政府可以建立专门的监管机构,对体育社会组织进行定

---

① 姚宏文,石琦,李英华.我国城乡居民健康素养现状及对策[J].人口研究,2016,40(2):88-97.

期的评估和监督,确保其服务符合标准和要求。同时,政府还可以提供技术支持和咨询服务,帮助体育社会组织提高服务能力和效率,促进其与政府、市场、社会的协同发展。通过探索线下行政命令式、激励动员式政策工具和线上数字化、网络化、集成化政策工具的协同发展,加强体育社会组织自身建设,提高其服务能力和效率,以及加强对体育社会组织的监管和指导,可以促进全民健身公共服务的发展和提高,为全体人民提供更加优质的服务。

2. 优化社会力量的培育和孵化体系

体育健康产业的注入为地方经济的发展提供了驱动力,产业经济的发展将推动城市基础设施建设,同时也拉动了对城市体育休闲、卫生、教育等的消费需求,推动了服务业发展。在当前社会背景下,体卫融合已经成为推动全民健康事业发展的重要途径。一是通过实施体育社会组织品牌示范战略,有计划、有重点地培育扶持一批运作规范有序、群众基础和社会影响力良好、作用发挥明显的全民健身类社会组织,实现全民健身类社会组织发展从存量到增量的转型变革。二是明确目标定位,强化政策支持。优化体卫融合社会力量的培育和孵化体系,首先要明确目标定位,即要培养和孵化出一批具有专业能力、富有创新精神、能够满足人民群众健康需求的体卫融合社会组织和企业。为此,政府需要加大对体卫融合领域的政策支持力度,包括资金投入、税收优惠、政策引导等,为社会组织和企业提供良好的发展环境。三是建立多元化培育机制,提升社会组织和企业的能力。优化体卫融合社会力量的培育和孵化体系,需要建立多元化培育机制,提升社会组织和企业的能力。这包括建立和完善体卫融合社会组织和企业的人才培训体系,提高其专业素质;搭建合作交流平台,促进社会组织和企业之间的资源共享和经验交流;加强创新创业支持,鼓励社会组织和企业开展体卫融合领域的创新实践。四是加强监管和评估,确保培育效果。优化体卫融合社会力量的培育和孵化体系,还需要加强监管和评估,确保培育效果。政府部门应建立健全对社会组织的监管机制,加强对体卫融合社会组织的规范管理,防范潜在风险。同时,通过定期评估和反馈,及时发现和解决问题,促进社会组织和企业持续改进和健康发展。五是深化合作,形成合力。积极发挥社会力量在资本引进、运动健康环境建设、体育健康产业资源优化等方面的促进作用,以体育类企业为主体推动运动健康及衍生产品研发建设,积极吸引国内外知名大型体育企业、体育机构、体育社会组织的总部落户地方,共同打造体育产业聚集高地。以国有体育与医疗健康属性的企业为载体,采用企业并购、联合重组等多种方式,培育一批体育健康产业效益突出、市场竞争力强、具有较大国际国内影响力的国有产业集团。

(二)以财政转移支付制度改革,优化全民健身公共服务财政支出结构

1. 加大财政数字化转型力度

建立一套完善的评价体系,对体育事业财政支出资金的使用效果进行评估。通过这个评价体系,及时了解资金的使用情况,为政府决策部门提供依据,帮助他们制定更加科学合理的政策。一是财政转移支付制度是实现区域财政均等化、均衡化的有效举措。在此基础上推行财政支付的直达机制可以降低中间环节的误差。[①] 二是合理划分中央和地方政府的公共服务事权和支出责任。依据当前财权和事权相匹配的原则,与财政直达机制相对应,对大量基层体育数据进行挖掘和分析,根据不同生产环节的管理和需求的优化,提供政策参考和调整对策。

2. 多层级财政支出引导社会资本参与城乡健身圈的培育

一是地方财政支出应该有明确的重点,适度加大地方彩票公益金对中心城区、老城区集约紧凑型健身设施,智慧化"百姓健身房"方面的资金支持力度。地方财政支出的明确重点,可以使财政资源得到更为有效的利用,避免资源的浪费。对于彩票公益金的运用,更体现了公平与公益的原则,使更多的人能够享受到公共服务的便利。同时,通过孵化特色体育产业,不同量级运动活力城市的高质量发展也能够得到有效推动。二是地方政府应进一步减少生产建设及行政管理等方面的财政支出,发挥中央预算内投资的引导和撬动作用,吸引社会资本注入,加快由建设型财政向公共服务型财政的转型,提高财政资金使用效率。减少生产建设及行政管理等方面的财政支出,不仅能够减轻企业的负担,更能够使地方政府有更多的财力投入公共服务领域,这对于全民健身事业的发展,无疑是一个巨大的推动。同时,吸引社会资本的注入,不仅能够解决财政资金的不足,更能够通过社会资本的专业化管理,提高财政资金的使用效率。三是地方政府可以尝试创新财政支持方式,例如发行体育产业专项债券,设立体育产业投资基金等,引导社会资本投向体育产业,特别是全民健身领域。同时,地方政府还可以通过政府购买服务、公私合作(PPP)等方式,与社会组织、企业等合作,共同推进全民健身设施的建设与运营。四是地方政府应注重政策协同,将全民健身事业与城市规划、文化旅游、健康养老等相关领域相结

---

① 王文成,焦英俊.我国体育事业公共财政支出的空间演化特征与空间溢出效应研究[J].北京体育大学学报,2020,43(6):74-83.

合,形成政策合力,共同推动全民健身事业的高质量发展。例如,在城市建设中,可以将全民健身设施与公园、绿地等公共空间相结合,打造宜居、宜游、宜健身的城市环境。

(三)以提增盘存原则优化场地供给结构,加快智慧化场馆设施转型升级

1. 盘活存量资源,调整场地设施资源配置

一是推进全民健身信息化平台的集约化建设。将公共体育场馆、设施器材管理纳入社会治理网格化管理范围,构建起完善、立体的公共体育场馆设施管理、维护体系。通过整合区县体育场馆,开发便捷查询、预订服务功能,破解"订场难""去哪健身"等问题。通过政府购买服务方式,采购体育场地惠民开放时段,通过优惠活动和积分兑换、定期发放体育消费券方式派发运动优惠券,推动精准惠民。二是强化社会力量参与。鼓励和引导社会资本投入学校体育场馆的建设和运营,形成政府主导、社会参与的多元化投入机制。同时,通过政府购买服务、公私合作等方式,吸引社会力量参与学校体育场馆的管理和运营,提高场馆的运营效率和服务质量。此外,还可以引入市场机制,通过设置合理的收费标准,满足公众的多元化需求,实现学校体育场馆的可持续发展。三是加强宣传和引导。通过各种形式的宣传活动,让公众了解学校体育场馆开放的重要性,提高公众的体育健身意识,引导公众合理使用学校体育场馆。同时,也要加强对学校体育场馆开放的政策解读和培训,提高学校管理人员和公众对政策的理解和认同,形成良好的社会氛围。四是建立完善的评估机制。通过科学的评估方法,对学校体育场馆的开放情况进行定期评估,及时发现问题并加以改进。评估结果可以作为政府对学校体育场馆开放工作的考核依据,也可以作为学校改进场馆开放工作的参考。

2. 结合区域特点和人口要素特征,从资金支持和城市空间挖掘优化资源投入

随着经济社会的快速发展,人们对健康生活的追求越来越强烈,全民健身已成为我国社会发展的一项重要事业。一是依据区域特点,科学规划选址。我国地大物博,自然资源丰富,江河湖海山川草地等地貌特色各异。在规划选址时,应充分利用这些自然资源,优化布局各类健身设施。重点增加市民健身步道、市民益智健身苑点、市民球场等社区体育设施,让人们在享受运动乐趣的同时,也能欣赏到自然美景,增强环保意识。二是按照人群特点、健身需求特点、常住人口数量等人口要素,在人流密集、交通便利、配套设施完善的城乡、商区、户外运动休闲场所等区域布局。这样既可以方便群众参与健身活动,又能带动周边经济发展,实现经济效益与社会

效益的双赢。三是应积极鼓励当地自主体育品牌及中小微体育企业向"专精特新"方向发展,实现城市公共体育场馆设施"提质"和"增量"同步推进。政府可以通过政策扶持、资金支持等方式,帮助这些企业提升技术水平,创新产品和服务,满足市场和群众需求。四是提高公共体育设施的使用率。政府部门可以通过举办各类体育活动、比赛和培训课程,吸引更多群众参与,提高公共体育设施的使用率。此外,还可以通过与学校、企事业单位等合作,实现公共体育设施的共享,提高资源利用效率。五是注重公共体育设施的智能化与信息化建设。借助现代信息技术,如大数据、云计算、物联网等,提升公共体育设施的服务质量和便利性。例如,可以通过智能管理系统,实现场馆预约、健身指导、运动数据统计等功能,这是推动全民健身事业发展的重要举措。我们应充分发挥政府、市场和社会各方面的作用,共同推动全民健身事业繁荣发展,助力健康中国战略的实施。

3. 数字技术赋能体育场馆设施运营与管理

数字化、智能化体育场馆能够融合商业、赛事、社交、管理等诸多元素,契合了现代体育场馆运营、服务、管理等多元化的发展诉求,需要依托"互联网＋体育"的创新技术模式,打造智慧体育场馆运营与管理新模式。其一,推进大数据、物联网、云计算、5G等新一代信息技术在智慧场馆中的创新应用,提高公共体育场馆智能化管理服务水平,如在体育锻炼方面,通过智能化运动健身系统,收集各类锻炼人群信息数据,依托大数据、区块链技术分析,向锻炼者提供适合的健身指导类型。其二,利用人工智能采集设备,对经营数据与客流数据进行综合应用,实现客流引导疏散、人力结构优化、场馆项目、功能区域设计等多项智慧化应用,提升公共体育场馆的服务水平,如在公共体育场馆设施运营方面,通过场馆信息化系统和官方数据管理平台,动态监控体育场馆设施人流、人群分布特征等情况。其三,通过收集和分析场馆运营数据,为管理者提供决策依据,优化场馆资源配置,提高运营效率。积极推动"数字孪生"技术在智慧场馆建设中的应用。在体育场馆建设中,数字孪生技术可以帮助我们更好地预测和优化场馆设施的性能,提高场馆的设计质量,降低建设成本。利用智能温控系统,根据锻炼者的需求自动调节室内温度,营造舒适的锻炼环境;通过智能照明系统,根据不同运动项目和时间段,调节照明强度和色温,保证锻炼者的视觉舒适度;此外,还可以利用智能预约系统,方便锻炼者在线预约场馆和设施,减少等待时间,提高使用效率。深入融合数字与实体体育产业,推进智慧场馆建设,将为广大健身爱好者带来更加便捷和舒适的健身体验。我们应抓住这一发展机遇,充分利用先进技术,推动我国体育场馆建设的现代化进程,助力全民健身事业的发展。

(四)以适度普惠供给,提高全民健身公共服务体系的可及性

1. 加大普惠性服务供给,提高全民健身服务体系的可获得性

从均等化和可及性角度看,全民健身公共服务体系是以保障公民基本权利为导向,其中暗含服务体系与公民需求、特征等的"适配度"问题,即公共服务的均等、可及问题。其一,加大社会力量投建智慧体育产业园的政策支持力度,辐射带动体育物联网建设、运动大数据技术研发、智能化场馆建设,通过"互联网+体育"模式,建立全新全民健身服务产业生态,切实提升全民健身综合服务水平。其二,以赛促练拓宽全民健身参与平台。通过引进和培育城市高端体育赛事满足居民对高品质生活期待的内在要求,实现在家门口得以欣赏到顶级赛事的愿望。实行"赛事+健身活动""赛事+品牌""赛事+娱乐"相结合的发展模式,衍生出与城市发展定位相匹配的"一镇(区)一品"全民健身系列活动,达到传播体育赛事文化,拉动体育消费,丰富居民的体育需求的目的,为城市经济、社会、文化发展注入推动力。其三,提高健身运动专业化水平。通过修订《社会体育指导员管理办法》,从组织管理、培训教育、上岗服务、工作保障等方面进行规范化完善,提高公益性社会体育指导员的服务质量、服务水平及上岗率。如通过各级各类社会体育指导员技能交流展示大赛,公益性社会体育指导员菜单式的公益服务进机关、进社区、进企业、进学校活动,省市区三级优秀公益性社会体育指导员的评选、表彰、专题宣传等形式,提高公益性社会体育指导员的社会影响力、知名度和专业化水平。

2. 打造普惠性服务网络,实施居民健康素养"补短板"工程

针对上述问题,需要从多方面着手,提高居民的健康素养,并促使他们将健康知识转化为健康行为。一是"三社"协同提供上岗服务的平台和阵地。以政府购买服务形式,协同社区、社会体育组织、公益性社会体育指导员共建共享科学健身指导示范区、指导站、示范点,组织开展站点服务工作,完善上岗服务网络并组织评估,对符合评估标准的给予不同等级财政补助支持。二是实施体卫融合助力居民健康素养"补短板"工程。针对居民健康素养薄弱环节,通过与医疗卫生相融合,在机关企事业单位、国民体质测试站点、晨晚练健身指导站点、各社会体育指导员服务站点开展上岗服务及送教上门。三是积极探索由社区全科医生或家庭医生、公共卫生专家和社会体育指导员组成复合型团队,形成"体质测定+健身健康指导+公益服务"的新型科学健身指导服务模式,保证队伍的稳定性和专业性。

由社区医生开具"运动处方",依托体质测定与运动健身指导站、体医融合健康服务指导站为慢性病患者和不良体态、肥胖青少年开展健康指导服务。四是政府部门应加大对公共体育服务、医疗卫生服务、信息资源等方面的投入,缩小区域之间的不平衡,提高居民的健康素养。一方面,教育部门应将健康教育纳入基础教育体系,从儿童时期开始培养他们的健康意识,树立科学的健康观。此外,还可以通过开设健康教育课程、开展健康知识竞赛等方式,激发居民学习健康知识的兴趣,提高他们的健康素养。另一方面,医疗卫生机构应充分发挥自身优势,积极开展健康教育和健康促进活动,提高居民的健康素养和慢性病防治素养。社会组织和企业也应积极参与健康教育和健康促进工作,通过举办各种健康活动,提高居民的健康素养,促使他们将健康知识转化为健康行为。例如,可以通过开展健康讲座、组织健康体检、建设健康步道等活动,让居民在参与过程中,逐渐养成健康的生活方式和行为。

六、结语

普惠性是高水平公共服务的必然要求,也是当前全民健身公共服务领域亟待着力解决的问题。新发展阶段构建更高水平的全民健身公共服务体系将由政府"保基本、兜底线"的基本公共服务和社会力量"补缺、拔高"的公共服务相结合的混合式供给组成。"十四五"期间,坚持"人民健康为中心"的体育主体性、均等可及的普惠性、供需结构的适配性将是有效破解全民健身公共服务中的不平衡、不充分问题的重要着力点。

第六节 我国体卫融合高质量发展战略

一、体卫融合转型升级的价值意义

从概念体系上看,体卫融合与主动健康、体医融合均有不可分割的交集,本质内涵都有运动促进健康的价值理念,能否实现三者之间的有效融合,主要取决于公共卫生服务和公共医疗服务的供给侧改革方面是否可以释放出较多的融合点,认可和接纳公共体育服务的支持和保障作用,形成有效的全人群、全周期的健康关口前移式的健康管理方案,具体见表8-9。

表 8-9 体医融合与体卫融合关系辨析

序号	要素对比	体医融合	体卫融合
1	提出时间	2016年("十三五"开局之年)	2021年("十四五"开局之年)
2	官方背景	"健康中国2030"规划	《中华人民共和国国民经济和社会发展第十四个五年规划纲要》
3	内涵本质	强调非医疗健康干预	坚持预防为主(主动健康+关口前移)
4	战略重点	体医结合的疾病管理和健康服务模式	运动促进健康新模式
5	人群类型	慢性病为主,兼顾全人群	全人群
6	门诊类型	运动处方门诊	科学健身门诊
7	参与主体	体育局、卫健委(医疗系统)	体育局、卫健委(医疗系统、卫生系统)
8	主体侧重	国务院倾向于医疗体系	国务院倾向于公共卫生体系
9	融合形式	体医共生、体中融医、医中融体、体医交叉	卫中融体、体卫共生
10	两者关系	包含或者交叉关系	包含关系

随着社会经济的快速发展,人们的生活水平逐步提高,对健康的需求也日益增长。在这个背景下,体卫融合转型升级成为时代发展的必然趋势。这种转型升级对于我国社会经济发展和全民健康水平的提升具有深远的影响。

首先,体卫融合转型升级有助于提高全民健康水平。在传统的观念中,体育和卫生是两个独立的概念,而在现实生活中,它们有着密切的联系。通过体卫融合,可以将体育锻炼与健康教育、预防、治疗等多种卫生服务相结合,从而为人们提供更加全面、科学的健康保障。这有利于提高全民的健康素养,减少疾病发生率,提升人民群众的生活质量。

其次,体卫融合转型升级有助于促进体育产业的发展。随着人们生活水平的提高,越来越多的人开始注重身体健康,愿意投入更多的时间和金钱来参与体育活动。体卫融合转型升级可以推动体育与卫生领域的深度融合,培育出更多具有创新性的体育产品和服务,满足人们多样化、个性化的健康需求。这将为体育产业带来巨大的市场机遇,进一步推动体育产业的繁荣与发展。

再次,体卫融合转型升级有助于推动卫生事业改革。在传统的卫生服务体系中,医疗机构主要负责疾病的治疗,而体卫融合则将体育纳入卫生服务体系,强调了疾病预防、健康促进的重要性。这有利于卫生事业从以治疗为主向以防病为主转变,推动卫生资源配置的优化,提高卫生服务的效率和质量。

最后,体卫融合转型升级有助于促进全民健康意识的提高。通过广泛开展体卫融合活动,可以向全民普及健康知识,提高人们的健康意识,引导人们树立正确的健康观念和生活方式。这有利于形成全民关注健康、追求健康的社会氛围,为全民健康水平的提升奠定坚实的群众基础。

二、我国体卫融合地方实践现状

表8-10是我国体卫融合典型案例的开展情况,通过对我国东部、中部、西部分别展开调研发现,从试点名称上看,呈现出各自的特色,门诊类、医院类、机构类等;从机构性质看,公立占主导地位;从参与主体看,大范围依托体育局和卫健委展开,当然也有多元主体参与其中的,诸如各级各类疾控中心、社管中心、教育局,体育类企业等;从覆盖人群看,以慢性病群体居多,其次围绕青少年的体质健康促进开展了相关的业务;从亮点做法看,以医疗机构的慢性疾病干预和复合型人才培训作为主要的促进方案。地方实践中创新出诸如运动健康指导门诊"411"工作模式、慢性病管理方面实施"133"工程、"3+3"柳州模式、社会体育指导员和医护人员双驻场模式,实行"健康指导"档案、送教上门、集中观课、构建一体化在线服务平台。另外,对"政企协作"模式和"产学研"模式也进行了些许探索,主要做法是企业提供场地、人员以及医学技术支持;体育局监督管理,提供器材及培训、经费支持,将国民体质监测工作纳入医院常规健康体检项目。围绕人才队伍建设、健身指导和运动处方服务、体卫结合诊疗体系建设、体医结合服务设施建设、对重点人群的健康指导开展体卫融合服务。具体做法是实行国民体质监测和开展科学健身宣传活动,进行医学筛查、运动风险筛查,开具运动处方及进行干预。

表 8-10 我国体卫融合典型案例一览表

所在省市	试点名称	机构性质	参与主体	覆盖人群	特色做法
北京东城	"体医融合"协同创新实验室	公立	体育局、卫健委、疾控中心、社管中心、医院	健身人群、青少年运动员	健康人群可通过体检在医院的健康管理中心获取运动处方;患病后康复人群则可通过心脑血管专科门诊,获取运动处方 围绕宣传健身健康新理念,发挥民族传统体育作用、复合型人才作用
广东深圳	体医融合青少年脊柱健康服务站	公立	体育局、教育局、卫健委	青少年	采用"医校结合"模式,医生开出"运动处方",依托体医融合脊柱健康服务站进行干预
江苏常州	常州体育医院	公立	体育局、市政府	各类人群	采用运动健康指导门诊"411"工作模式,体质体能测试、运动能力评估、科学健身指导、运动损伤预防和运动康复医疗
山东日照	中加国际健康管理中心	公立	体育局、卫健委、医管局	各类人群	慢性病管理方面实施"133"工程,开具运动干预处方、营养干预处方、中医干预处方
安徽合肥	庐阳区国民体质监测站	公立	教体局、卫健委、省体科所	慢性病人群	采用社会体育指导员和医护人员双驻场模式,实行"健康指导"档案、送教上门、集中观课、构建一体化在线服务平台
河南洛阳	体质测定与运动健身指导中心	政企合作	体育局、企业	各类人群	采取"政企协作"模式,企业提供场地、人员以及医学技术支持;体育局监督管理,提供器材及培训、经费支持

续表

所在省市	试点名称	机构性质	参与主体	覆盖人群	特色做法
广西柳州	国民体质监测与科学健身指导中心	公立	体育局、医院	各类人群	采用"3+3"柳州模式，将国民体质监测工作纳入医院常规健康体检项目。围绕人才队伍建设、健身指导和运动处方服务、体医结合诊疗体系建设、体医结合服务设施建设，对重点人群的健康指导开展服务
内蒙古包头	全民健康运动康复指导中心	公立	体育局、医院	各类人群	采取"体育+医院模式"康复医学、运动医学、体质检测、健康管理深度融合
四川温江	国民体质监测中心	公立	区政府、文体旅局、教育局、乡镇、街道、高校、医院	各类人群	采取"产学研"模式，实行国民体质监测和开展科学健身宣传活动，进行医学筛查、运动风险筛查，开具运动处方及进行干预

注：根据调研数据整理。

三、我国体卫融合转型发展面临的现实桎梏

（一）各类资源供给结构性存在失衡

1. 人力资源配置出现体制化阻滞

体卫融合的范围要比之前的体医融合范围更大，即新发展阶段的体卫融合要实现以健康促进为特点的全民健身公共服务、以预防为特点的公共卫生服务、以临床治疗为特点的医疗服务三者之间的相互融合，但融合中存在社会体育指导员和公共卫生人才参与不足的短板。因为体育系统和医疗卫生系统之间存在着很强的行业壁垒，医学高校和体育院校运动康复专业培养的学生缺乏有效进入体卫融合机构的端口，导致具备开具运动处方技能的医师体量仍然不足，且健身指导者和临床医师沟通对话的长效机制缺乏，信息交换和技术共享再次割裂。

表 8-11　体卫融合服务资源配置情况一览表

典型案例	人力资源类型	场地设施类型
北京"体医融合"协同创新实验室	队医、运动员、医生、社会体育指导员	整合型
上海殷行街道市民健康促进中心	社区健康师、家庭医生、科普专家、社会体育指导员	自建型
深圳体医融合青少年脊柱健康服务站	社康治疗师	整合型
江苏常州体育医院	医生、运动处方师、健身教练	自建型
山东中加国际健康管理中心	医生、护士、营养师、中医师、运动管理师、心理医师	自建型
安徽庐阳区国民体质监测站	社区医生、社会体育指导员	整合型
河南体质测定与运动健身指导中心	医师	整合型
广西国民体质监测与科学健身指导中心	医务人员、社会体育指导员	自建型
内蒙古全民健康运动康复指导中心	医师	自建型
四川国民体质监测中心	体测中心人员、高校大学生	整合型

注：整合型是指协同社区及机构周边场地设施资源进行健身指导；自建型是指机构自行建设进行健身指导。

首先，社会体育指导员和公共卫生人才的参与不足是体卫融合发展的一个短板。体育系统和医疗卫生系统之间的行业壁垒，导致这两个领域之间的交流与合作相对较少。尽管医学高校和体育院校运动康复专业培养了一定数量的学生，但他们进入体卫融合机构的端口仍然有限，无法充分发挥其专业技能。从收集的数据来看（图 8-3），公益性指导员数量与实际到岗率之间并没有明显的正相关关系。例如，北京市东城区的公益性指导员数量最多，但实际到岗率低于内蒙古包头市和四川省温江区。这可能说明，拥有更多的公益性指导员并不能保证他们都能有效地投入工作中。公益性指导员数量与实际到岗率之间并没有明显的正相关关系，到岗率的高低似乎更多地取决于地区的具体情况和政策实施有效性。[①]

其次，具备开具运动处方技能的医师体量仍然不足。在体卫融合的过

---

① 周玉强,闫民.山东省公益性社会体育指导员队伍发展困境及优化路径[J].山东体育学院学报,2017,33(6):26-30.

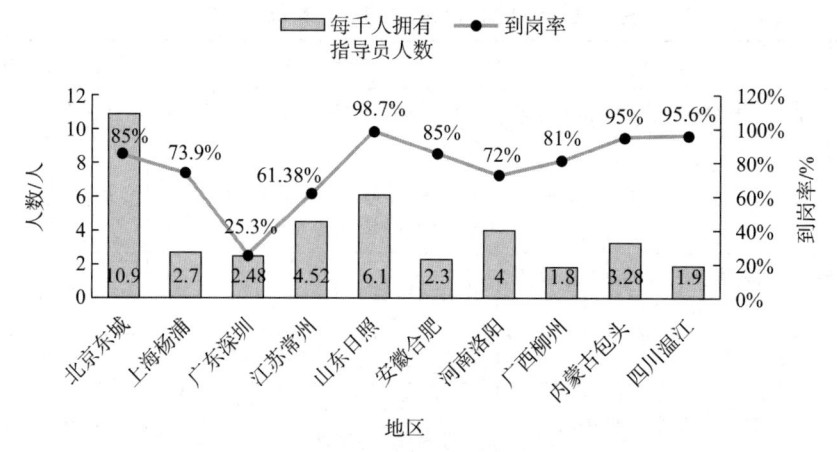

图 8-3 社会体育指导员比例统计图

程中,医师需要具备专业的医学知识和运动处方技能,以便更好地为患者提供个性化、精准化的健康服务。然而,目前我国具备这些技能的医师数量相对较少,难以满足体卫融合发展的需求。另外,健身指导者和临床医师之间缺乏长效的沟通对话机制。在体卫融合中,健身指导者和临床医师需要密切合作,共同为患者提供全面的健康服务。然而,目前这两个群体之间的沟通机制并不完善,导致信息交换和技术共享的过程中出现断裂,影响了体卫融合的实际效果。

2. 投融资主体与渠道单一

体卫融合存在着税收优惠政策不明确、财政扶持范围不明晰等问题,导致可操作性不强,政策难以有效执行。[①] 而且体卫融合发展中,各地区尚未形成具备区域特色的服务大众健康促进的长效体育健康产业,这就使很多企业处于观望状态。中国体育企业面临资金缺口的原因主要有以下三点。

其一,融资匹配方面,体育企业的融资需求满足程度相对较低。由于体育企业多为中小微企业,规模较小,财务状况不稳定,很难获得银行等传统金融机构的贷款支持。在当前的金融环境下,银行等传统金融机构往往更倾向于向大型企业提供贷款,因为这样能够降低贷款风险,而中小微体育企业由于其规模小、风险高,很难获得银行的贷款支持。

其二,融资可得性方面,体育企业的融资难度总体偏高。一方面,体育企业所处的行业特性决定了其投资回报周期长、风险大,使投资者望而却步。体育产业的投资回报周期通常较长,且风险较大,这使许多投资者对

---

① 杨京钟,于洪军,仇军,等.体医融合发展:财税激励模式与中国现实选择[J].武汉体育学院学报,2021,55(10):13-19.

其望而却步,从而导致了体育企业的融资难度增大。另一方面,体育企业缺乏有效的抵押物和担保,也使其难以获得融资。[①] 由于体育企业多为轻资产企业,缺乏有效的抵押物和担保,这使其在向金融机构申请贷款时面临很大的困难。

其三,体育企业规模方面,中小微体育企业发展规模较小、占比较低,在商业模式、服务方式、品牌建设等方面还不成熟,这使其在市场竞争中处于劣势,进一步加大了其融资难度。[②] 在我国,中小微体育企业的发展尚处于初级阶段,无论是在商业模式、服务方式,还是在品牌建设等方面都还不太成熟,这使它们在市场竞争中处于劣势,从而加大了它们的融资难度。有研究显示,全国各省市经济状况、人口数量差异较大,导致区域内彩票公益金用于全民健身的支出悬殊(见图 8-4)[③]。这种不公平性在一定程度上影响了体育事业的发展,特别是对于经济相对落后的地区,其体育事业的发展受到了较大的制约。体育事业财政投入与经济增长存在长期均衡关系,体育事业财政投入受经济增长的冲击效应明显。然而,经济增长对于体育投入的影响具有一定的时滞性,这也导致了彩票公益金用于体育事业支出的不公平性。

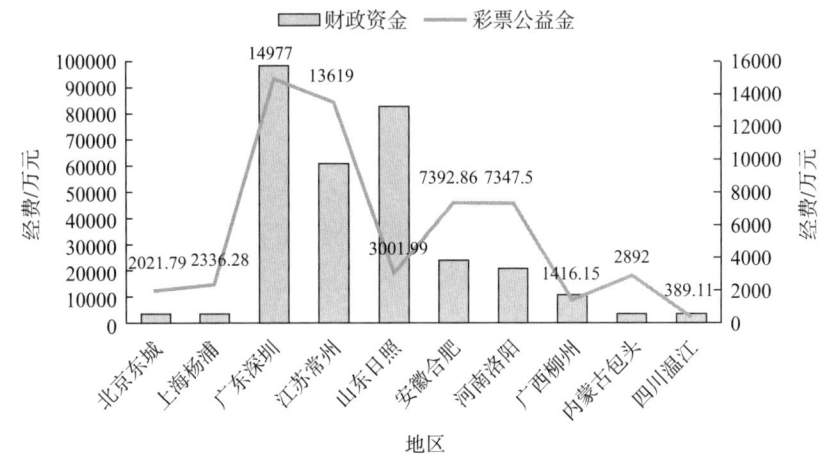

图 8-4 2019 年全民健身经费投入

---

① 朱启莹,徐开娟,黄海燕.资本市场支持体育产业高质量发展:作用机制、现实困境与路径选择[J].上海体育学院学报,2021,45(12):35-49.

② 李刚,张林.中国现代体育市场体系发展的历史溯源、现实审视与路径选择[J].体育科学,2020,40(9):3-13.

③ 王海霞,林瑜,王超凡,等.我国体育彩票公益金用于体育事业配置的均等化水平分析[J].曲阜师范大学学报(自然科学版),2022,48(1):111-117.

(二)体卫融合制度性构建存在的问题

1. 管理机制不健全

有些管理机制过于笼统、宽泛,造成组织结构、权利义务配置以及相互法律地位的不平等、不均衡。利益协调规则缺失,领导体制与协同机制相配套的正面激励机制和负面问责机制缺失,法律责任条款的缺位将从法律规制方面制约跨部门协同问责行为的合法性。

2. 政策协同方面需要加强

从表8-12可知,财政拨款和财政担保等支出型政策工具类型有待拓宽,现有政策工具集中在税收优惠、税前扣除等思路。对于体育产业内部的体育健康产业采用何种财税政策工具缺乏明晰的规则导向,笼统设置财税政策工具的方式会导致与公共性原理相悖。[①] 总之,体育、卫生健康、民政、老龄办、发改委等部门责任边界不清晰,缺乏具体的投入政策,导致政策碎片化,特别是土地政策、财税政策和运动风险方法的政府兜底政策。政策碎片化又导致体卫融合建设用地难、运营难。[②]

表8-12 体卫融合相关政策一览表

	颁布时间	颁布部门/机构	政策来源	政策核心内容
体卫融合直接相关政策	2019年12月	全国人民代表大会	《中华人民共和国基本医疗卫生与健康促进法》	医疗卫生、教育、体育、宣传等机构、基层群众性自治组织和社会组织应当开展健康知识的宣传和普及。
	2021年3月	中共中央政治局	《中华人民共和国国民经济和社会发展第十四个五年规划纲要》	推动健康关口前移,深化体卫融合。
	2021年10月	国家体育总局	《"十四五"体育发展规划》	倡导主动健康意识,推动健康关口前移,建立集科学健身、运动营养、伤病防护为一体的运动促进健康新模式。加强运动防护师、运动营养师等人才培养,建立体卫融合实验室,完善运动处方库。

---

① 叶金育.体育产业发展中的财税政策工具:选择、组合与应用[J].体育科学,2016,36(6):73-83.

② 陈佩杰,翁锡全,林文弢.体力活动促进型的建成环境研究:多学科、跨部门的共同行动[J].体育与科学,2014,35(1):22-29.

续表

	颁布时间	颁布部门/机构	政策来源	政策核心内容
体育健康服务业直接相关税收优惠政策	2014年10月	国务院办公厅	《关于加快发展体育产业促进体育消费的若干意见》	对于那些被认定为高新技术企业的体育公司,政府还将给予税收优惠政策,这些企业可以按照15%的税率征收企业所得税。
	2015年12月	财政部 国家税务总局	《关于体育场馆房产税和城镇土地使用税政策的通知》	鼓励全民健身活动的开展,对于国家机关、人民团体、财政补助事业单位、居民委员会、村民委员会所拥有的体育场馆,以及企业拥有并运营的大型体育场馆,其用于体育活动的房产和土地,实施了一系列的税收优惠政策。

(三)多主体参与的整体性治理不足

多主体参与体卫融合治理的作用机制并非单一的自上而下或自下而上的线性逻辑,而应该是多主体协作参与体卫融合互补嵌入式治理。在实际操作过程中,"委托—代理"关系不明确导致很多困境的存在,使项目无法落实。政府统筹方面,赋予医疗机构的公共卫生职能定位和职权不清晰、工作考核缺乏依据,导致医疗机构在参与体卫融合治理时积极性不高,工作效率低下。因此,需要在政府统筹层面明确医疗机构的公共卫生职能定位和职权,制定科学合理的工作考核机制,激发医疗机构参与体卫融合治理的积极性。社会参与方面,企业、社会组织和公众在体卫融合治理中的角色和责任尚未完全明确,导致他们在参与过程中缺乏动力和方向。此外,跨界协作也是体卫融合治理的关键环节。政府、医疗机构、企业、社会组织和公众之间需要建立起有效的协作机制,实现信息共享、资源互补和成果共享。通过跨界协作,可以有效提高体卫融合治理的效率和效果,实现各方共同发展。

四、我国体卫融合创新发展的战略选择

(一)完善要素资源适配机制,化解体卫融合的人财困局

一是打造"产学研用"四位一体新高地。将课堂教学、实践基地与科学研究相结合,将课堂教学与基地、医院、社区的实践教学打通。二是探索试点体卫融合卓越人才培训计划。建立与国际运动处方实质等效的体卫融合各类认证制度,探索引进美国运动医学学会、世界物理治疗师联盟的培训流程和考试制度,并与中国体育科学学会现有研究成果进行融合创新,构建国家体卫融合标准体系,完善全科医生、家庭医生、社会体育指导员、退役运动员培养培训制度,建立体卫融合卓越人才培训机制。三是国家层面和地方层面出台体卫融合机构服务规范标准。一方面明确和完善体卫融合服务机构,在建立、服务、管理和评价方面的规范和标准,制定有关医疗卫生机构技术岗位、管理岗位及体育健康指导技术岗位间比例结构的指导标准。另一方面,设置严格的准入机制和退出考核机制,将社会体育指导员和家庭医生等群体在辖区体卫融合服务机构的服务情况纳入年终考核体系,作为其业绩考核范畴。四是财政支出供给侧结构性优化。合理划分中央和地方政府的公共服务事权和支出责任。依据当前财权和事权相匹配的原则,合理确立中央公共服务财政投入的增长速度,强化其体育公共服务和卫生公共服务领域的事权。另外,要考虑各地的体育行政事业单位人员经费和公用经费等指标,还要综合人口要素统筹资源布局,加大体卫融合公共服务资源向基础薄弱区域和群众身边倾斜力度,与常住人口总量、结构、流动趋势相衔接。[①] 完善财政转移支付机制,继续加大对落后地区体育和医疗卫生事业财政转移支付的倾斜力度。

(二)优化体卫融合制度建设,统筹相关规章制度改革

体卫融合政策协同要求各政策主体间相互支持、配合,最大限度形成政策合力,以避免跨领域、跨部门政策间不兼容、不协调现象的出现,央地联动有助于公平、均等、可及远景目标的达成。一是财税政策工具与相关政策工具的组合使用。财税政策工具与全民健身、医疗卫生、养老服务政策的组合,保障财政资金的合理投向。实现政策工具之间的组合配置和政策工具内部不同形态的互动,如财政补贴与财政贴息的搭配,财政奖励与

[①] 李丽,杨小龙.体育公共服务财政支出区域差距及优化研究[J].中国体育科技,2019,55(11):21-30.

财政贴息、财政投资与财政奖励等的组合等。① 二是强化部门协同绩效考核。对体卫融合部门协同绩效的考核可采用多元评估模式，由体卫融合领导机构主持考核，统筹考核标准，加强跨部门绩效考核政策的衔接，组织第三方负责绩效打分，增强考核的合理性与客观性。三是加大对社会组织赋能和培育力度。通过实施体育社会组织品牌示范战略，有计划、有重点地培育扶持一批运作规范有序、群众基础和社会影响力大、作用发挥明显的体卫融合类社会组织，实现体卫融合类社会组织发展从存量到增量的转型变革。互动式治理要求政府不仅要有能力维护市场规则秩序，而且要规范自身权责边界及使用方式，在孵化市场体系过程中不被市场主体或利益集团所俘获。

(三)提高体卫融合服务可及性

为了进一步提高体卫融合的普及率，启动体卫联合会诊制度，并将体卫融合服务纳入医疗联合体建设中。首先，以社区居委会为核心，建立体卫融合健康知识宣传平台，通过各类宣传活动的开展，提高居民对体卫融合的认知和理解；其次，设立体卫融合医疗服务干预平台，为有需要的慢性病患者提供运动康复治疗，使他们能在住家附近就享受到专业的运动康复服务；最后，围绕科学健身指导、运动技能培训及体质健康测试等，广泛开展体育健康促进活动，让更多的人了解并参与到体卫融合实践中。

(四)构建以"多中心集聚"为导向的区域均衡发展路径

国家宏观调控职能发挥程度决定了体卫融合资源的优化配置效率。一是加强体卫融合中心(站点)的建设。这些中心应该以区域城市群为依托，形成一个多中心集聚的体系。这样，可以更好地满足人民群众的健康需求，提高健康教育的普及率和覆盖面。二是完善和优化健康教育的内容和形式。根据不同地区、不同人群的特点和需求，制订出更具针对性和实效性的健康教育方案。利用现代科技手段，如人工智能、大数据等，提升健康教育的效率和效果。三是加强健康教育与健康促进工作的人才培养。这包括加强健康教育专业人才的培养，以及加强对从事健康教育与健康促进工作的专业人员的培训。提高他们的专业素质和服务能力，可以更好地推动体卫融合资源的优化配置。四是加强对体卫融合资源的监管。这包括对健康教育与健康促进工作的监管，以及对体卫融合中心(站点)的运营管理。通过加强监管，可以确保体卫融合资源的优化配置，使其更好地服

---

① 叶金育.体育产业发展中的财税政策工具:选择、组合与应用[J].体育科学，2016,36(6):73-83.

务于人民群众的健康需求。五是强化区域间与区域内部的协作促进区域体卫融合发展。明确居民健康素养水平较低的区域中居民类别分布情况，使健康促进更有针对性。充分利用国家健康素养促进行动项目、基本公共卫生服务项目、全民健身场地设施建设工程、运动项目推广普及工程、体育文化创作精品工程，广泛、深入地开展重点人群的健康素养促进活动。针对居民健康素养短板问题，选择合理有效的健康传播材料和工具，建立健康教育信息资源库、新媒体传播资源库、运动处方库。

参考文献

[1]邱希,杜振巍."健康中国2030"背景下全民健身与全民健康深度融合发展的基本态势及发展策略[J].武汉体育学院学报,2021,55(11):41-49.

[2]尤传豹,刘红建,周杨,等.推动全民健身与全民健康深度融合的政策路径研究[J].沈阳体育学院学报,2022,41(3):56-63.

[3]卢文云,陈佩杰.全民健身与全民健康深度融合的内涵、路径与体制机制研究[J].体育科学,2018,38(5):25-39.

[4]曾義宇.新中国的医疗体育运动[J].中医杂志,1953(9):22-23.

[5]胡扬.从体医分离到体医融合:对全民健身与全民健康深度融合的思考[J].体育科学,2018,38(7):10-11.

[6]郭建军,郑富强.体医融合给体育和医疗带来的机遇与展望[J].慢性病学杂志,2017,18(10):1071-1073.

[7]刘海平,汪洪波."体医融合"促进全民健康的分析与思考[J].首都体育学院学报,2019,31(5):454-458.

[8]李璟圆,梁辰,高璨,等.体医融合的内涵与路径研究:以运动处方门诊为例[J].体育科学,2019,39(7):23-32.

[9]朱晓东,刘炎斌,赵慎.健康中国建设背景下的"体医结合"实践路径研究:基于现代医学模式视角[J].山东体育学院学报,2019,35(4):33-38.

[10]张波,刘排,葛春林,等.全民健身与全民健康融合发展研究[J].体育文化导刊,2019(5):28-33.

[11]姜庆丹,张艳,赵忠伟.体卫融合视域下全民健身促进全民健康的障碍及破解路径[J].沈阳体育学院学报,2022,41(6):85-89.

[12]倪国新,邓晓琴,徐玥,等.体医融合的历史推进与发展路径研究[J].北京体育大学学报,2020,43(12):22-34.

[13]刘海平,汪洪波."大健康"视域下中国城市社区"体医融合"健康促进服务体系的构建[J].首都体育学院学报,2020,32(6):492-498.

[14]沈世勇,李陈,谢亲卿,等.上海市居民"体医结合"满意度现状及其影响因素[J].医学与社会,2021,34(12):15-18.

[15]叶春明,于守娟,杨清杰."体医结合"复合型人才培养模式及策略[J].体育文化导刊,2019(1):7-10.

[16]杜本峰,郝昕.我国卫生健康服务体系的发展改革与建设路径[J].郑州大学学报(哲学社会科学版),2021,54(2):39-43.

[17]戴红磊,苏光颖.我国社区体医健康服务模式困境及发展路径[J].体育文化导刊,2020(3):62-66.

[18]贾三刚,乔玉成.体医融合:操作层面的困境与出路[J].体育学研究,2021,35(1):29-35.

[19]曹磊,葛新."体医"融合视域下我国健康教育融入学校体育的路径[J].体育学刊,2022,29(4):126-130.

[20]黄越,吴亚婷,万强,等.体医结合青少年健康素养促进模式构建[J].中国学校卫生,2019,40(3):325-329.

[21]魏铭,牛雪松,吴昊.体医融合视域下青少年体态异常防治的现实路径[J].沈阳体育学院学报,2022,41(4):57-63.

[22]梁思雨,杨光,赵洪波.体医融合视域下青少年身体姿态健康促进研究[J].沈阳体育学院学报,2021,40(4):8-14.

[23]岳建军,王运良,龚俊丽,等.后疫情时代体医融合新取向:健康储备[J].成都体育学院学报,2021,47(4):112-117.

[24]张阳,吴友良.健康中国战略下体医融合的实践成效、困境与推进策略[J].中国体育科技,2022,58(1):109-113.

[25]冯振伟,韩磊磊.融合·互惠·共生:体育与医疗卫生共生机制及路径探寻[J].体育科学,2019,39(1):35-46.

[26]常凤,李国平.健康中国战略下体育与医疗共生关系的实然与应然[J].体育科学,2019,39(6):13-21.

[27]李彦龙,陈德明,聂应军,等.场域论视域下我国体医融合的实然困境与应然进路[J].体育学研究,2021,35(1):36-43.

[28]刘颖,王月华.基于SFIC模型的我国体医融合推进困囿与纾解方略[J].沈阳体育学院学报,2021,40(4):1-7.

[29]段昊,吴香芝,刘耀荣,等.大数据视角下我国体医融合案例分析与推行方案[J].沈阳体育学院学报,2023,42(1):73-78,122.

[30]李靖,张漓.健康中国建设中慢性病防治体医融合的试点经验、现实挑战及应对策略[J].体育科学,2020,40(12):73-82.

[31]田学礼,赵修涵.体医融合示范区建设评价指标体系研究[J].成都体育学院学报,2021,47(5):59-64.

[32]张剑威,汤卫东."体医结合"协同发展的时代意蕴、地方实践与推进思路[J].首都体育学院学报,2018,30(1):73-77.

[33]薛欣,徐福振,郭建军.我国体医融合推行现状及政策问题确认研究[J].体育学研究,2021,35(1):20-28.

[34]杨京钟,于洪军,仇军,等.体医融合发展:财税激励模式与中国现实选择[J].武汉体育学院学报,2021,55(10):13-19.

[35]李扬,方慧,王随芳,等.体医融合服务的政策网络耦合协同:需求、供给与环境

分析[J].沈阳体育学院学报,2023,42(1):57-63.

[36]薛欣,徐福振,郭建军.我国体医融合推行现状及政策问题确认研究[J].体育学研究,2021,35(1):20-28.

[37]龙佳怀,刘玉.健康中国建设背景下全民科学健身的实然与应然[J].体育科学,2017,37(6):91-97.

[38]苏全生,解勇,何春江,等.体育院校医学专业"医体结合"的改革实践[J].成都体育学院学报,2001(5):44-46.

[39]袁琼嘉,侯乐荣,李雪.高等体育院校"体医渗透"实验教学模式的研究与实践[J].北京体育大学学报,2009,32(3):82-84.

[40]成明祥.体医结合:医学院校体育教学改革的发展模式[J].体育文化导刊,2006(2):66-67.

[41]傅兰英,付强,齐琦.医学院校体育课程的改革与实验[J].新乡学院学报(社会科学版),2011,25(4):171-173.

[42]郭海英,刘晖.生命健康共同体视域下社区"体卫融合"发展困境与推进策略[J].体育文化导刊,2022,243(9):52-58.

[43]刘晴,王世强,罗亮,等.产业链整合视角下我国体医融合健康促进服务产业化发展研究[J].沈阳体育学院学报,2023,42(1):87-93.

[44]张文亮,杨金田,张英建,等."体医融合"背景下体育健康综合体的建设[J].体育学刊,2018,25(6):60-67.

[45]Simopoulos A P.Nutrition and fitness from the first Olympiad in 776 BC to the 21st century and the concept of positive health[J].World review of nutrition and dietetics,2008,98:1-22.

[46]Kallings L V.The Swedish approach on physical activity on prescription[J].Clinical health promotion.2016,3(2):32-34.

[47]Wormald H,Ingle L.GP exercise referral schemes:Improving the patient's experience[J].Health education journal,2004,63(4):362-373.

[48]Stanner S.At least five a week:A summary of the report from the Chief Medical Officer on physical activity[J].Nutrition bulletin,2010,29(4):350-352.

[49]Penedo F J,Dahn J R.Exercise and well-being:A review of mental and physical health benefits associated with physical activity[J].Current opinion in psychiatry,2005,18(2):189-193.

[50]Lotan M,Merrick J,Carmeli E.A review of physical activity and well-being[J].International journal of adolescent medicine and health,2005,17(1):23-31.

[51]侯钧生.西方社会学理论教程[M].4版,天津:南开大学出版社,2017.

[52]梁思雨,杨光,赵洪波.体医融合视域下青少年身体姿态健康促进研究[J].沈阳体育学院学报,2021,40(4):8-14.

[53]于善旭.论我国全民健身的宪法地位[J].体育科学,2019,39(2):3-14.

[54]张剑威,汤卫东."体医结合"协同发展的时代意蕴、地方实践与推进思路[J].首都体育学院学报,2018,30(1):73-77.

[55]冯振伟,张瑞林,韩磊磊.体医融合协同治理:美国经验及其启示[J].武汉体育学院学报,2018,52(5):16-22.

[56]董传升,汪毅,郑松波.体育融入大健康:健康中国治理的"双轨并行"战略模式[J].北京体育大学学报,2018,41(2):7-16.

[57]王喆,丁姿.公共服务供给模式改革的多案例研究:以医疗服务为例[J].管理评论,2018,30(3):264-272.

[58]范宪伟,王阳.我国医疗服务供需矛盾及发展建议[J].宏观经济管理,2018(8):40-46.

[59]彭杰,张毅恒,柳鸣毅.国际体育城市的本质、特征与路径选择[J].体育文化导刊,2016(8):1-5.

[60]茹晓阳,王成,谭广鑫.让体育融于城市生活:波士顿体育城市发展历程、经验与启示[J].体育学研究,2022,36(1):113-122.

[61]李崟,李刚,黄海燕.全球体育城市视域下上海体育赛事体系构建战略[J].上海体育学院学报,2020,44(3):17-26.

[62]郑薇娜,刘志华.我国体育城市建设的概况及其生成的历史逻辑研究[J].武汉体育学院学报,2017,51(11):35-40.

[63]戴健,焦长庚.全球著名体育城市构建的内在逻辑与优化路径:基于上海体育名城建设的分析[J].体育学研究,2019,2(3):8-18.

[64]樊炳有,王继帅.经济百强县公共体育资源配置的差异性研究[J].北京体育大学学报,2019,42(12):127-138.

[65]王苹,王胡林.提升城市现代化治理能力和水平的实践进路[J].理论视野,2020(4):82-87.

[66]郭梓焱,刘春湘.社会组织制度执行环境的结构维度、现实困境及优化路径[J].学习与实践,2022(3):113-122.

[67]马培艳,张瑞林,陈圆.产业链现代化背景下我国体育产业链治理的理论要素、实践困境与优化路径[J].上海体育学院学报,2022,46(3):95-104.

[68]杨涛.新型农村社区体育场地设施供给现状与问题研究[J].西安体育学院学报,2018,35(3):323-328.

[69]陈元欣,陈磊,李震,等.新发展理念引领大型体育场馆高质量发展的方向与路径[J].上海体育学院学报,2022,46(1):72-85.

[70]Barr A M,Wu C H,Wong C,et al.Effects of chronic exercise and treatment with the antipsychotic drug olanzapine on hippocampal volume in adult female rats[J].Neuroscience,2013,255(7):147-157.

[71]Jack C R,Petersen R C,Xu Y C,et al.Prediction of AD with MRI-based hippocampal volume in mild cognitive impairment[J].Neurology,1999,52(7):1397-1403.

[72]Henriette V P,Tiffany S,Chunmei Z,et al.Exercise enhances learning and hippocampal neurogenesis in aged mice[J].Journal of neuroscience,2005,25(38):8680.

[73]Pajonk F-G,Wobrock T,Gruber O,et al.Hippocampal plasticity in response to exercise in schizophrenia[J].Arch gen psychiatry,2010,67(2):133.

[74]Jackson P A,Pialoux V,Corbett D,et al.Promoting brain health through exercise and diet in older adults:A physiological perspective[J].Journal of physiology,2015,594(16):4485-4498.

[75]Yuede C M,Zimmerman S D,Dong H X,et al.Effects of voluntary and forced exercise on plaque deposition,hippocampal volume,and behavior in the Tg2576 mouse model of Alzheimer's disease[J].Neurobiology of disease,2009,35(3):426-432.

[76]Sexton C E,Betts J F,Demnitz N,et al.A systematic review of MRI studies examining the relationship between physical fitness and activity and the white matter of the ageing brain[J].Neuroimage,2016,131:81-90.

[77]刘括,孙殿钦,廖星,等.随机对照试验偏倚风险评估工具2.0修订版解读[J].中国循证心血管医学杂志,2019,11(3):284-291.

[78]Duff K,Anderson J S,Mallik A K,et al.Short-term repeat cognitive testing and its relationship to hippocampal volumes in older adults[J].Journal of clinical neuroscience,2018,12(5):45-48.

[79]Feter N,Freitas M,Gonzales N,et al.Effects of physical exercise on myelin sheath regeneration:A systematic review and meta-analysis[J].Science & sports,2018,33(1):8-21.

[80]Rosano C,Guralnik J,Pahor M,et al.Hippocampal response to a 24-month physical activity intervention in sedentary older adults[J].American journal of geriatric psychiatry,2017,25(3):209-217.

[81]Firth J,Stubbs B,Vancampfort D,et al.Effect of aerobic exercise on hippocampal volume in humans:A systematic review and meta-analysis[J].Neuroimage,2017,6(3):230-233.

[82]Brinke L F T,Bolandzadeh N,Nagamatsu L S,et al.Aerobic exercise increases hippocampal volume in older women with probable mild cognitive impairment:A 6-month randomized controlled trial[J].British journal of sports medicine,2015,49(4):248-254.

[83]Erickson K I,Voss M W,Prakash R S,et al.Exercise training increases size of hippocampus and improves memory[J].Proceedings of the National Academy of Sciences - PNAS,2011,108(7):3017-3022.

[84]Best J R,Chiu B K,HSU C L,et al.Long-term effects of resistance exercise training on cognition and brain volume in older women:results from a randomized controlled trial[J].Journal of the international neuropsychological society,2015,21(10):

745-756.

[85] Mokhtari-Zaer A, Hosseini M, Boskabady M H. The effects of exercise on depressive- and anxiety-like behaviors as well as lung and hippocampus oxidative stress in ovalbumin-sensitized juvenile rats[J]. Respiratory physiology & neurobiology, 2018, 248:55-62.

[86] 王智勇.公众体育参与的城乡差异及其影响因素:基于CGSS 2013数据的分析[J].云南行政学院学报,2018,20(4):119-127.

[87] 熊欢.中国城市女性体育参与分层现象的质性研究[J].体育科学,2012,32(2):28-38.

[88] Van Tuyckom C, Bracke P. Survey quality and cross-national sports research: A case study of the 2007 ISSP survey[J]. European journal of sport science, 2014, 14(suppl1):S228-S234.

[89] 郜义峰,周武,赵刚,等.社会分层视域下中国居民体育参与、偏好与层化研究[J].中国体育科技,2015,51(5):78-93.

[90] 彭大松.不平等视角下体育参与差异的经验研究[J].上海体育学院学报,2014,38(4):13-19.

[91] 满江虹.阶层认同对城镇居民体育参与的影响研究:基于结构方程模型的分析[J].天津体育学院学报,2016,31(2):152-156.

[92] 王睿,王树进,邓汉.新型城镇化影响农民体质了吗?——基于农民收入水平的中介效应检验[J].体育科学,2014,34(10):15-20.

[93] Cohen J. Statistical power analysis for the behavioral sciences[M]. New York: Routledge, 2013.

[94] 吴霜,张坊钰,臧召燕,等.中国老年人抑郁和生活满意度现状及影响因素分析[J].郑州大学学报(医学版),2019,54(1):88-92.

[95] 曹裴娅,罗会强,侯利莎,等.中国45岁及以上中老年抑郁症状及影响因素研究[J].四川大学学报(医学版),2016,47(5):763-767.

[96] 苏宝兰,孙福刚,云维生,等.抑郁症的性别差异[J].临床精神医学杂志,2008,18(2):97-98.

[97] 李甲森,马文军.中国中老年人抑郁症状现状及影响因素分析[J].中国公共卫生,2017,33(2):177-181.

[98] 白涛.农村地区老年人社会支持与抑郁关系[J].中国公共卫生,2012,28(8):1044-1048.

[99] 唐丹.城乡因素在老年人抑郁症状影响模型中的调节效应[J].人口研究,2010,34(3):53-63.

[100] 路明,许文忠,张耀华,等.上海市安亭镇居民抑郁状况及关联因素分析[J].上海预防医学,2017,29(3):222-224.

[101] 赖爱群,何玉球,罗玉玲,等.失眠症患者心理健康状况调查[J].临床心身疾

病杂志,2015(3):71-73.

[102]王红雨,韦伟.社区老年人身体活动、社会支持与抑郁症状的关系分析[J].中华疾病控制杂志,2018,22(11):1198-1200.

[103]李漫漫,付轶男,吴茂春,等.老年人日常生活活动能力与抑郁相关性的研究[J].现代预防医学,2017,44(21):3957-3961.

[104]丁贤彬.重庆市居民身体活动水平与慢性病的相关关系研究[J].现代预防医学,2016,43(16):2992-2996.

[105]年云鹏,符茂真,吴琦欣,等.社区环境对居民身体活动的影响研究[J].现代预防医学,2018,45(8):1413-1416.

[106]Mutrie N.The relationship between physical activity and clinically defined depression[M]// Biddle S J H,Fox K,Boutcher S. Physical activity and psychological well-being. London:Routledge,2003,58-72.

[107]Hua B,Stanis S A W,Kaczynski A T,et al.Perceptions of neighborhood park quality:Associations with physical activity and body mass index[J].Annals of behavioral medicine,2013,45(1):S39-S48.

[108]Bennett H,Slattery F.Effects of blood flow restriction training on aerobic capacity and performance:A systematic review[J].The journal of strength & conditioning research,2019,33(2):1.

[109]Bowman E N,Elshaar R,Milligan H,et al.Proximal,distal,and contralateral effects of blood flow restriction training on the lower extremities:A randomized controlled trial[J].Sports health:A multidisciplinary approach,2019,11(2):149-156.

[110]Loenneke J P,Thiebaud R S,Takashi A.The application of blood flow restriction training into Western medicine:Isn't it about time? [J]. The Journal of alternative and complementary medicine.2013,19(10):843-844.

[111]Takarada Y,Takazawa H,Ishii N.Applications of vascular occlusion diminish disuse atrophy of knee extensor muscles[J].Medicine and science in sports and exercise,2000,32(12):2035-2039.

[112]Slysz J,Stultz J,Burr J F.The efficacy of blood flow restricted exercise:A systematic review & meta-analysis[J].Journal of science & medicine in Sport,2016,19(8):669-675.

[113]Luebbers P E,Fry A C,Kriley L M,et al.The effects of a 7-week practical blood flow restriction program on well-trained collegiate athletes[J].Journal of strength & conditioning research,2014,28(8):2270.

[114]Centner C,Wiegel P,Gollhofer A,et al.Effects of blood flow restriction training on muscular strength and hypertrophy in older individuals:A systematic review and meta-analysis [J].Sports medicine,2019,49(1):95-108.

[115]张翠娴,项明强,侯晓晖,等.脊柱侧弯青少年社会支持自我效能与健康行为

的关系[J].中国学校卫生,2016,37(10):1523-1525.

[116]王富百慧,李雅倩,郭晓丹,等.久坐时间、身体活动与青少年身体姿态异常[J].中国青年研究,2021(6):5-12.

[117]深圳政府在线网.我市开展中小学生脊柱健康评估 首次将一年级学生纳入[EB/OL].(2022-07-07)[2022-10-10].http://www.sz.gov.cn/cn/xxgk/zfxxgj/zwdt/content/post_9936327.html.

[118]鹿斌.重大突发事件中领导小组的运行机制分析:基于跨部门协同视角[J].福建论坛(人文社会科学版),2022(7):191-200.

[119]杜建军,张瑞林,冯振伟.我国青少年体质健康教育政策的现实审视与优化策略[J].西南大学学报(社会科学版),2017,43(6):82-90.

[120]张晓林,文烨,陈新键,等.我国青少年体质健康政策执行困境及纾解路径[J].西安体育学院学报,2017,34(4):426-431.

[121]陈长洲,王红英,项贤林,等.改革开放40年我国青少年体质健康政策的回顾、反思与展望[J].体育科学,2019,39(3):38-47.

[122]汪晓赞,杨燕国,孔琳,等.中国儿童青少年体育健康促进发展战略研究[J].成都体育学院学报,2020,46(3):6-12.

[123]杨继星,陈家起,高奎亭,等.体育与医疗融合发展的政策研究:起始诉求及路径选择:基于习近平总书记关于融合发展重要论述的解构[J].武汉体育学院学报,2022,56(1):45-53.

[124]于素梅.体育课程一体化背景下学生体质健康综合性精准干预研究[J].体育学研究,2020,34(3):1-6.

[125]马德浩.从割裂走向融合:论我国学校、社区、家庭体育的协同治理[J].中国体育科技,2020,56(3):46-54.

[126]刘万奇,杨金侠,汪志豪,等.中国基本公共卫生服务实施经验、问题与挑战[J].中国公共卫生,2020,36(12):1677-1681.

[127]谭秋成.基层医疗卫生机构的性质、行为及发展问题[J].学术界,2021(8):195-209.

[128]马德浩,季浏.我国中小学生体质健康中存在的问题、致因及其对策[J].西安体育学院学报,2017,34(2):182-188.

[129]刘荣梅,刘帅彬,郑全顺,等.医校联合下儿童青少年体态、视力筛查现状及健康管理模式探讨[J].中国全科医学,2022,25(30):3810-3816.

[130]武东海.青少年体质健康监测政策协同研究[J].北京体育大学学报,2019,42(8):37-45.

[131]关信平.全面建成小康社会条件下我国普惠性民生建设的方向与重点[J].经济社会体制比较,2020(5):8-15.

[132]郑家鲲."十四五"时期构建更高水平全民健身公共服务体系:机遇、挑战、任务与对策[J].体育科学,2021,41(7):3-12.

| 参考文献 |

[133]王莉,孟亚峥,黄亚玲,等.全民健身公共服务体系构成与标准化研究[J].北京体育大学学报,2015,38(3):1-7.

[134]刘望,王政,谢正阳,等.新时代我国公共体育服务高质量供给研究[J].体育学研究,2020,34(2):73-80.

[135]史琳,何强.我国全民健身公共服务供给:逻辑、困境与纾解[J].体育文化导刊,2022(8):43-49.

[136]张业安,李崟,杜恺,等.以人民为中心的体育主体性的实践逻辑[J].体育科学,2021,41(12):30-38.

[137]韩慧,郑家鲲."以人民为中心"的体育发展观探赜:逻辑、内涵与价值:基于习近平总书记关于体育工作重要论述研读[J].武汉体育学院学报,2018,52(11):5-11.

[138]杨金娥,陈元欣,黄昌瑞.社会力量投资运营体育场地的政策困境及消解路径[J].上海体育学院学报,2019,43(5):1-6.

[139]朱汉义.我国财政体育投入效能实证分析[J].上海体育学院学报,2015,39(1):12-17.

[140]于英红,晏秋雨,谢娟.中国居民健康素养研究进展[J].中国慢性病预防与控制,2021,29(7):530-534.

[141]张小航,杨华.政府购买公共体育服务中的现代财政保障机制研究[J].天津体育学院学报,2018,33(3):185-190.

[142]郭梓焱,刘春湘.社会组织制度执行环境的结构维度、现实困境及优化路径[J].学习与实践,2022(3):113-122.

[143]春潮,高奎亭.困境与破局:体育强国建设背景下我国体育社会组织改革路径研究[J].天津体育学院学报,2021,36(4):393-398.

[144]季彦霞,吕万刚,沈克印,等.元治理视角下体育社会组织参与治理的现实困境与改革路径[J].体育学研究,2021,35(4):52-58.

[145]花楷,刘志云.财政转移支付:体育公共服务均等化的逻辑、困境与路径[J].天津体育学院学报,2016,31(4):283-286.

[146]李丽,杨小龙,兰自力,等.我国群众体育公共财政投入研究[J].首都体育学院学报,2015,27(3):196-201.

[147]王海霞,林瑜,王超凡,等.我国体育彩票公益金用于体育事业配置的均等化水平分析[J].曲阜师范大学学报(自然科学版),2022,48(1):111-117.

[148]游茂林.基于"十三五"实践的我国城市体育场地设施发展策略[J].体育文化导刊,2022(2):56-62.

[149]陈元欣,何开放,杨金娥,等.我国利用非体育用地建设体育场地设施研究[J].体育学研究,2020,34(5):41-47.

[150]孙成林.我国全民健身体育场地发展现状、制约因素及对策研究[J].西安体育学院学报,2021,38(5):571-579.

[151]姚宏文,石琦,李英华.我国城乡居民健康素养现状及对策[J].人口研究,

2016,40(2):88-97.

[152]王文成,焦英俊.我国体育事业公共财政支出的空间演化特征与空间溢出效应研究[J].北京体育大学学报,2020,43(6):74-83.

[153]周玉强,闫民.山东省公益性社会体育指导员队伍发展困境及优化路径[J].山东体育学院学报,2017,33(6):26-30.

[154]朱启莹,徐开娟,黄海燕.资本市场支持体育产业高质量发展:作用机制、现实困境与路径选择[J].上海体育学院学报,2021,45(12):35-49.

[155]李刚,张林.中国现代体育市场体系发展的历史溯源、现实审视与路径选择[J].体育科学,2020,40(9):3-13.

[156]王海霞,林瑜,王超凡,等.我国体育彩票公益金用于体育事业配置的均等化水平分析[J].曲阜师范大学学报(自然科学版),2022,48(1):111-117.

[157]叶金育.体育产业发展中的财税政策工具:选择、组合与应用[J].体育科学,2016,36(6):73-83.

[158]陈佩杰,翁锡全,林文弢.体力活动促进型的建成环境研究:多学科、跨部门的共同行动[J].体育与科学,2014,35(1):22-29.

[159]李丽,杨小龙.体育公共服务财政支出区域差距及优化研究[J].中国体育科技,2019,55(11):21-30.

后 记

在本书的撰写过程中,笔者始终保持一种求知的心态,对体卫融合发展充满期待。体卫融合是近年来我国在健康领域提出的一个新发展理念,旨在通过体育和卫生的深度融合,实现全民健康素养的提升。从体医结合探索的起步阶段开始,到如今数字化、智慧化、场景化、产业化的迭代升级,体卫融合逐渐走上了技术革新的新道路。这一过程不仅体现了我国在健康领域的不懈努力,也展示了我国在健康科技创新方面的独特优势。

自健康中国政策提出"体医融合"的概念以来,我国学者和实践者便开始了对这一领域的研究和探讨。本书汇聚了笔者近五年来关于体卫融合的研究成果和观点,撰写过程中也参考了大量国内外相关学者的研究成果,旨在为我国体卫融合发展提供理论支持和实践参考。本书详细阐述了体卫融合发展的各个方面,包括政策解读、理论探讨、实践案例和未来展望等,为读者提供全面、系统的认识。首先,本书深入解析了健康中国战略和体卫融合政策,明确体卫融合发展的政策背景和目标。其次,对体卫融合发展的理论进行了探讨,包括体医融合、主动健康等核心概念,以及这些概念在实际应用中的相互关系。接着,本书重点介绍了体卫融合发展的实践案例,涵盖医疗、体育、教育、社会等多个领域,展示体卫融合在实际运作中的具体做法和成效。最后,本书展望体卫融合发展的未来,探讨在新技术、新理念和新政策的推动下,我国体卫融合将如何更加深入、更加广泛地发展。

在推动体卫融合的过程中,还需关注前沿科技的发展和学科交叉融合的新趋势。例如,人工智能、大数据、物联网等新兴科技在医疗和体育领域的应用日益广泛,为体卫融合提供了新的技术支持。体育科学、医学、心理学、社会学等多个学科之间的交叉融合,有助于更深入地理解健康问题的复杂性,并为体卫融合提供更加全面、科学的理论支持。

在实践中,体卫融合的转型发展面临着诸多机遇与挑战。一方面,随着人民生活水平的提高,人们对高品质生活的追求越来越强烈,对健康服务的需求也在不断增加,这为体卫融合提供了广阔的市场空间。另一方面,体卫融合涉及多个领域的技术融合、业务融合和市场融合,需要我们在政策制定、资源配置、服务提供等方面进行深入研究和探索。面对体卫融合转型期中的机遇与挑战,要在立足国内实际的基础上,充分关注前沿科技发展,推动学科交叉融合,加强国际合作与交流,以实现体卫融合服务体系的可持续发展,实现全民健康素养的提升,助力健康中国的建设。

董宏

2024 年 2 月